生 物 学 教 学 论

窦福良　朱家华　王学慧　主编

吉林大学出版社

图书在版编目（CIP）数据

生物学教学论 / 窦福良，朱家华，王学慧主编．——
长春：吉林大学出版社，2024.4
ISBN 978-7-5768-2306-6

Ⅰ．①生… Ⅱ．①窦… ②朱… ③王… Ⅲ．①中学－
生物课－教学研究－高等学校－教材 Ⅳ．① G633.912

中国国家版本馆 CIP 数据核字（2023）第 195159 号

生物学教学论
SHENGWUXUE JIAOXUE LUN

作　　者	窦福良　朱家华　王学慧
策划编辑	张文涛
责任编辑	马宁徽
责任校对	樊俊恒
装帧设计	魏大庆
出版发行	吉林大学出版社
社　　址	长春市人民大街4059号
邮政编码	130021
发行电话	0431-89580028/29/21
网　　址	http://www.jlup.com.cn
电子邮箱	jldxcbs@sina.com
印　　刷	河北赛文印刷有限公司
开　　本	710mm×1000mm　　1/16
印　　张	27
字　　数	442千字
版　　次	2024年4月第1版
印　　次	2024年4月第1次
书　　号	ISBN 978-7-5768-2306-6
定　　价	68.00元

主编 窦福良 朱家华 王学慧

编委（以姓氏笔画为序）

王　静　庄国郑　李　洁

李巧玲　伊丽莎　赵倩文

张　娜　熊永华　薛　松

前　言

党的二十大报告中指出："教育是国之大计、党之大计。培养什么人、怎样培养人、为谁培养人是教育的根本问题。""加强师德师风建设，培养高素质教师队伍。"早在 2018 年，《中共中央、国务院关于全面深化新时代教师队伍建设改革的意见》中指出："百年大计，教育为本；教育大计，教师为本。"提出实施教师教育振兴行动计划，建立以师范院校为主体、高水平非师范院校参与的中国特色师范教育体系，推进地方政府、高等学校、中小学"三位一体"协同育人。2022 年，教育部、中宣部等八部门印发了《新时代基础教育强师计划》，提出要强化师范院校在教师教育体系中的主体地位，推进职前培养和职后培训一体化，创新师范生教育实践和教师专业发展机制模式，提升教师培养培训质量。进入 21 世纪以来，从第八次基础教育课程改革强调三维目标，到现在突出发展学生核心素养，无不对中小学教师提出了更多更高的要求，同样教师教育也迎来了新的机遇和挑战。

生物学教学论是高等师范院校生物科学（师范）专业必修的主干课程之一，也是教师教育的核心课程。该课程的基本目标是让学生掌握中学生物学教学的基本理论、培养师范生从事中学生物学教学工作所必备的教学技能和教学能力，为其教师专业发展奠定坚实的基础。鉴于此，我们编写了这本教材，主要内容包括中学生物学课程发展与改革、课程标准与教材、学习理论与方式、教学技能与运用、教学设计与实施、实践活动与教学、教学媒体与技术、教学测量与评价、教育科研与教研、教师的专业发展等十章。该书可以作为高师院校生物科学师范类专业的教材，可以作为教师资格证备考、教师招聘考试的参考书，也可以作为广大中学生物学教师的参考资料。

本教材既是多年教学的积累，更是集体智慧的结晶。编写团队具体分工为：

绪　　论　窦福良（临沂大学）

第一章　薛松（淮阴师范学院）

第二章　窦福良（临沂大学）

第三章　熊永华（华中师范大学第一附属中学）

第四章　庄国郑（深圳高级中学北校区）、王学慧（临沂大学）

第五章　赵倩文（临沂第二中学）、朱家华（临沂大学）

第六章　李洁（临沂第九中学）、窦福良（临沂大学）

第七章　朱家华（临沂大学）、张娜（内蒙古民族大学）

第八章　王静（深圳市光明区高级中学）、朱家华（临沂大学）

第九章　李巧灵（武汉市汉南第一中学）、窦福良（临沂大学）

第十章　伊丽莎（临沂第十二中学）、王学慧（临沂大学）

最后由窦福良进行了全书统稿。

在该教材编写过程中，我们参考、引用了大量的文献资料，在此对文献作者表示诚挚的感谢。

由于编者水平所限，书中定有很多不足及不妥之处，敬请广大师生批评指正。

编者

2024 年 4 月

目录

绪　论

本章要览

生物学教学论是高校生物科学师范类专业的专业必修课程，绪论部分主要明确生物学教学论的基本概念和课程地位；介绍该门课程在我国的发展历史，说明该课程的研究范畴和任务。

学习目标

1. 说明生物学教学论的概念与地位；

2. 了解生物学教学论的产生与发展；

3. 阐明生物学教学论的研究范畴；

4. 学会生物学教学论的学习方法。

一、生物学教学论的概念与地位

生物学教学论是高等学校生物科学（师范）或生物学教育专业的专业必修课程。作为教师教育的核心课程，生物学教学论课程的主要目的是培养学生从事中等学校生物学教育工作所必备的一些专业技能和持续发展自身专业素养的基本能力。

生物学教学论是以中学生物学教育为研究对象，在现代教育理论和传播理论基础上，对中学生物学课程标准、教学规律、教学方法、实践教学、教学评价、教学研究方面进行研究的一门应用性理论科学。

对于生物学教学论的学科属性，概括起来可以从以下三个方面加以认识：

从学科分类讲，生物学教学论属于教育学科；

从学科特点讲，生物学教学论属于生物科学与教育科学的交叉学科；

从学科内容讲，生物学教学论包含生物学教学的基本理论与方法。

生物学教学论课程具有很强的思想性、师范性和实践性。思想性是指课程具有坚定的思想政治信念，坚决贯彻党的教育方针，按照"四有好老师"的理想追求，坚持德育为先、立德树人、全面育人；师范性是指遵循师范教育规律，回归师范教育初心，体现其专门、专业的特点，培养师范生的专业素养和道德品格；实践性是指加强理论与实践相结合，紧密联系中学生物学教学实际，突出教师职业特点，强化教学技能训练和可持续专业发展能力的培养。

二、生物学教学论的发展

从早期的师范学堂到今天的师范院校，生物学教学论学科也走过了一百多年的不平岁月。我国生物学教学论的发展历程见表0-1。

表0-1　我国生物学教学论发展历程

时间	主要标志
1904 年	清（光绪）政府颁布了《奏定学堂章程》，其中的《优级师范学堂章程》中明文规定：高师生物系师范生要学习教育学，内容包括"生物教授法"
1913 年	民国政府公布的《高等师范学校课程标准》规定，只设"普通教授法"，不单设"生物教授法"
1919 年	陶行知先生提出以"教学法"代替"教授法"
1930 年	改为《生物教材教法研究》
1946 年	《修正师范学院规程》中明确规定《生物学教学法》是高师生物学专业训练科目，在第四年学习
20 世纪 50 年代	《师范院校教学计划》中规定开设"生物学教学法"。
1957 年	国家修改高师教学计划时，再次改称为"生物学教材教法"

续表

时间	主要标志
20 世纪 60 年代	取消
1977 年	恢复高考后,又明确了"生物学教学法"的地位
1980 年	我国制定了《高等师范院校中学生物学教材教法教学大纲》
1982 年	高等教育出版社出版了赵锡鑫、张国柱编著的《中学生物学教学法》
1983 年后	生物学教学法更名为生物学教学论
1986 年	学科教育学(生物教育学)
20 世纪 90 年代	学科课程与教学论(生物学课程与教学论)

三、生物学教学论的研究范畴

生物学教学论课程以生物学教学为研究对象,主要研究内容包括生物学课程发展与改革、生物学课程标准与教材、生物学学习理论与策略、生物学教学方法与技能、生物学教学设计与实施、生物学实践活动与教学、生物学教学媒体与技术、生物学教学测量与评价、生物学教育科研与教研、生物学教师的专业发展等方面的问题。

概括地说,"教什么""学什么"属于中学生物学教学内容和教材知识技能体系;而"为什么教""为什么学"的中学生物学教学目的,"怎样教""怎样学"的中学生物学教学原理方法和规律,"教得怎么样""学得怎么样"的教学评价问题即属于生物学教学论研究的核心内容。

四、生物学教学论的学习方法

1. 加强教育理论学习,提高认识问题分析问题的能力

生物学教学论属于实践性强的理论科学,首先必须在深入学习教育学、

心理学、教育心理学、教育技术学，以及传播理论的基础上，系统学习具有自身学科特点的生物学教学理论，进而指导自己的教学实践活动，避免盲目性，提高目的性，不断提升自己的教学技能水平和教学能力。

2. 积极进行教学实践，促进由学生向教师的转变

积极进行教学实践是学好本课程的有效途径。学习本课程必须从内心深处进行角色转变，不能仅仅以"学生"角色听课、记忆和考试，应该将自己置于"教师"角色，通过教学技能训练、教育见习等活动，互相观摩、听课评课、共同讨论等一系列实践训练，一方面加深对教学理论的理解，更重要的是促进自己由"师范生"向"教师"的转变。

3. 注重教学自我反思，实现自身的教师专业发展

反思是教师专业发展的前提和有效途径。一方面，对文献资料、观摩课例、积极思考，深刻反思，敢于质疑；另一方面，更重要的是自我反思，将自身和自己的教学活动作为意识对象，不断地对自我及教学进行积极、主动的设计、检查、评价、反馈、控制和调节，实现教师专业发展。

4. 充分利用各种资源，造就全面发展的新型教师

学习本课程一定不要拘泥于现成的教材，也不要迷信所谓的权威资料。珍惜大学时光，利用好图书馆、实验室、实践基地、学术报告等资源，不断充实自己、提高自己。

综合训练

1. 到图书馆借阅相关参考教材，查阅生物学教学期刊，了解当今生物学课程与教学改革动态。

2. 准备中学生物学教科书和教师用书、《课程标准》及其解读等。

3. 访问生物学教育网站。

资源推介

1. 常用中学生物学教学杂志：

①华东师范大学：《生物学教学》；

②陕西师范大学：《中学生物教学》；

③南京师范大学：《中学生物学》；

④北京师范大学：《生物学通报》。

2.常用中学生物学教学网站:

①国家智慧教育平台:http://www.smartedu.cn/;

②人民教育出版社:http://www.pep.com.cn;

③中国中小学教育教学网:http://www.k12.com.cn;

④全国中小学实验在线平台:http://www.syzx-edu.com;

⑤学科网:http://www.zxxk.com。

第一章　生物学课程发展与改革

本章要览

　　生命科学是自然科学领域的重要分支，旨在解释生命现象、揭示生命活动规律。生物学课程是基础教育阶段的必修课程。本章主要介绍生物学课程的缘起与发展历程，同时结合当前科技创新、社会发展等给教育所带来的机遇和挑战，主要包括发展学生的核心素养、信息技术应用等，对生物学课程的改革与创新进行展望。

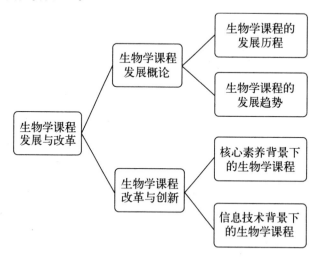

学习目标

　　1.阐述生物学课程的发展脉络，说明各个发展时期生物学课程设置所表现出来的特点；

2. 依据科技革新、社会发展等大背景，描述生物学课程的发展趋势；

3. 运用课程编制相关理论分析当前生物学课程的设置情况。

第一节　生物学课程发展概论

明晰生物学课程的缘起和发展脉络是从宏观层面整体感知生物学课程的基础，是认识生物学课程的性质、地位、价值等的前提，亦是开展生物学教学、落实生物学学科育人的根本保障。

一、生物学课程的发展历程

作为基础教育中学阶段的重要课程，生物学课程的设置发挥着培养学生核心素养的重要作用。

（一）国外生物学课程

19 世纪 60 年代，自英国发起的第一次工业革命给人类社会带来了一场深刻的变革，自此工业化和城市化进程加快，人们对大众教育的需求不断增加。因此，非大学导向、面向普通公民的课程应运而生，生物学课程便是其中之一。20 世纪 60 年代以前，国际上许多生物课程的主要目的是培养未来的医学和兽医学的大学毕业生。课程的内容是在植物学和动物学两个主要领域中教授学术性的生物学知识。60 年代初，国际生物学教学的主要变化是走向培养学生的科学探究态度和技能，以及讲授现代知识。70 年代早期，许多国家发生了由主要以升入大学为目标的英才教育体系转变为以准备学生进入社会为目标的大众教育体系，人们越来越关注学术性的理科课程与教室之外的世界的联系，把与社会有关的科学课题带进教室。70 年代后期和 80 年代，许多国家出现了大量的将科学技术和社会相联系的课程与教材，并逐渐发展成为典型的"科学—技术—社会"，开启了 STS（STS 即 science techology society，科学、技术、社会的简称）教育时代。与此同时，教育理念也转向"科学为大众"（science for all）和"均衡科学"，将分设的生物学、化学和物理学等课程综合为一门必修的理科课程。[1]

以美国为例，美国国家教育协会的中学研究委员会（National Education Association's Committee on Secondary School Studies）成立自然历史、植物学、动物学和生理学等小组委员会，调研小学一年级至十二年级相应学科的课程与教学情况。经过数年研究形成的报告指出，高中生物学课程需要更加统一的内容，应该从高一年级起持续提供生物学课程。在此后的 10 年间，美国各地方和国家委员会进一步开设一门统一的生物学课程，自此生物学课程作为一门独立的课程诞生了。[2]19 世纪 70 年代末，美国科学教育代表团对我国进行了友好访问，在交流过程中介绍了美国当时中学生物学课程的情况，如下：美国认为生物学是最重要的学科，被称为"科学的女王"。那时，美国全国或各州没有统一的教学计划，中学为三三制，初中生物课程的名称为"生命的科学"（Life Science），高中为"生物学"（Biology）。[3] 美国中学生物学课程发展历程见表 1-1。

表 1-1　美国中学生物学课程发展历程[4]

时间	特点
19 世纪 80 年代	生物学开始作为大学入门课程，设有植物学和动物学，生理学未明确列入但有涉及。植物学涉及植物花卉的解剖及分类，学生去采集、保存及制作标本；动物学对自然历史的关注超过动物分类学习
20 世纪 20 年代	将生物课程分为植物学和动物学，主要围绕动植物的分类和结构展开
20 世纪 30—40 年代	将动物学和植物学合并为生物学，但内容和知识陈旧、单调，教学也是以传统的描述讲授为核心，枯燥乏味

---

① 王真真. 国外中学生物课程的发展和生物教学的改革趋向 [J]. 生物学通报, 1994 (06)：40-41.

② 张秀红, 等. 生物学课程论 [M]. 北京：北京师范大学出版社, 2021.

③ 李沧. 美国科学教育代表团关于美国中学生物课程的介绍 [J]. 生物学通报, 1980 (02)：61-63.

④ 卢晓梅、杨之帆、柯文山. 美国高中生物教学的发展及启示 [J]. 生物学杂志, 2021 (04)：128-130.

续表

时间	特点
20 世纪 50 年代	随着生物科学和教育学、心理的迅速进展，生物学在高中作为必修课程，其地位和重要性大幅度提升
20 世纪 60 年代后期	生物教学受到质疑，教学质量下滑，主要是因为由于学科主义过分强调理论知识而忽略实际运用，重专业化而忽视社会和人文意义
20 世纪 80 年代前后	生物教学目标开始综合个人、社会、生态等因素，主张科学、技术和社会融合。生物教学开始得到前所未有的重视，进入国家和各州的科学教育体系

　　课程是实现教育目标的重要手段，也最能体现教育目的和办学宗旨。有研究者对美国奥格登中学（Ogden High School）等中学的生物学课程与教学进行了调研，查阅了有关文献资料，在此基础上介绍了美国的中学生物学课程形式。美国不存在全国统一的课程，各州公立学校的课程是由州宪法和州教育法规定的，联邦政府和教育部只对全国的教育课程标准提出建议，由各州自行制定教育标准，着重满足各个阶层对教育的不同需求。在课程标准编制上，美国是将生物作为科学教育领域的一个组成部分来考虑和表述的，在学校的具体科目设置上，初中以综合科学为主，初中生物学课程有些学校开设综合生物学，有些学校开设综合理科，综合生物学即小综合体系，综合理科则打破生物、化学、物理和地理等传统学科的划分，将各学科有机融合在一起，对学科课程进行科学合理的整合，形成一门综合性的学科。各学科之间的界线变得越来越模糊，主要的概念变得更加统一，这不仅出于减少课程数量的考虑，也反映了当今国际科学技术发展的趋势。高中几乎都是分科教学，以理、化、生、地、天文和环境等分科教学形式为主。高中 9~12 年级开设综合"生物学"。但各州做法也不一致，例如，有些中学将理、化、生进行分科教学，但具有不同的层次，一类是基础级的课程，即每个学生都必须学习；另一类是选修级的课程，修满理科的学分即可；还有一类是学院（college）级的，例如生物学，通过考试后，相应的州立大学将承认其学分（学习相应专业时）。高中实验学术性较强，实验的形式多种多样、如观

察、实验、模拟、调查，等等。验证性实验比例较小，探究性实验比例较大。[1] 除美国以外，西方发达国家的生物学课程大多也是以综合科学的形式设置。

（二）我国生物学课程

我国生物学课程是随着西学东渐之风传入的，由教会学校最早纳入学校教育，是在"博物"学科的基础上发展而来的，发端于清末，历经民国，至新中国成立而最终形成。[2]

我国自近代开始设立中学，并在中学开设有关生物学的课程。清政府于1904年颁布《奏定中学堂章程》，规定了12种学习科目，其中"博物"科是生物学课程的雏形。博物，其植物当讲形体构造、生理、分类功用；其动物当讲形体构造、生理习性特质、分类功用；其人身生理当讲身体内外之部位、知觉运动之机关及卫生之重要事宜；其矿物当讲重要矿物之形象性质功用、现出法、鉴识法之要略。博物科的开设年级、授课范围和每周授课钟点见表 1-2。[3][4]

表 1-2　博物科目的设置情况

开设年级	授课范围	每周授课钟点
第一年	植物、动物	2
第二年	植物、动物	2
第三年	生理、卫生、矿物	2
第四年	生理、卫生、矿物	2
第五年	无	无

[1] 胡兴昌. 美国中学的生物学教学 [J]. 外国中小学教育，2008 (6)：53-56.

[2] 李雁冰，陆思思. 我国学校生物学科的确立与早期发展 [J]. 全球教育展望，2013，42 (6)：75-87+106.

[3] 课程教材研究所. 20世纪中国中小学课程标准·教学大纲汇编·生物卷 [M]. 北京：人民教育出版社，2001.

[4] 叶佩珉，刘恩. 生物学课程论 [M]. 南宁：广西教育出版社，2001.

　　"中华民国"初年的学制沿用清末旧制，其当时的教育部于 1913 年 3 月公布了《中学校课程标准》，规定开设"博物"学科。博物课程的主要内容包括：其一，植物，即普通植物的形态、分类、解剖生理、生态分布、应用等。其二，动物，即普通动物的形态、分类、解剖生理、生态分布应用等。其三，生理及卫生，即人身的构造、个人卫生、公众卫生。其四，矿物，即普通矿石及岩石的概要、地质学等。随后，中华民国教育部于 1922 年 11 月颁布了《学校系统改革令》，于 1923 年 6 月颁布了《新学制课程纲要总说明》，文件中所倡导的改革大多参照了美国。例如，高中增设了"科学概论"课程，其内容包括科学发展史、当代科学大势、科学精神和科学方法，并且要求重视实验，以期使学生获得科学训练。初中阶段，在必修科目中开设博物科目，其中包括植物、动物、矿物等内容，同时在体育科目中包括生理卫生的内容；或者在必修科目中开设自然科学科目，其中包括博物、生理及卫生。在高中阶段，在必修科目中开设自然科学科目，其中包括生物学；或者开设生物科目；同时，在高中体育课中，有卫生法的内容。[①]

　　中华人民共和国成立后，我国教育部分别于 1950 年 8 月颁布了《中学暂行教学计划（草案）》，于 1952 年 3 月颁发了《中学教学计划（草案）》，两份教学计划中均明确设置了生物学课程，标志着我国生物学课程的正式诞生。有研究者对新中国成立以后中学生物学课程的发展进行回顾，从计划大纲、教材教学两个方面对其发展轨迹进行描述，将我国中学生物学课程的发展划分为过渡阶段、初创阶段、巩固发展阶段、停滞阶段、恢复建设到反思探索阶段（见表 1-3）。[②][③] 当前，我国中学生物学课程已经步入稳步发展阶段，以发展学生核心素养为宗旨，注重引导学生开展基于实践的科学探究，在实践中培养科学思维、端正科学态度、厚植科学精神。在借鉴国际科学教育领域先进经验和做法的基础上，不断改革与创新，逐渐走出一条具有中国特色的生物学课程发展道路。

---

① 叶佩珉，刘恕. 生物学课程论 [M]. 南宁：广西教育出版社，2001.

② 刘恩山，张海和. 建国以来我国中学生物学课程简要历史回顾 [J]. 生物学通报，2007（10）：37-41.

③ 王满寿，任衍刚. 中学生物学教学大纲和课程标准的发展 [J]. 生物学教学，2003（12）：10-12.

表1-3　新中国成立以后我国中学生物学课程发展历程概览

发展阶段	计划大纲/课程标准	教材
过渡阶段 (1949—1951年)	1950年,《中学暂行教学计划（草案)》	译自苏联的中学生物学教科书《植物学》《动物学》《人体解剖生理学》《达尔文主义基础》
初创阶段 (1952—1957年)	1952年,《中学生物教学大纲（草案)》	1952年,人民教育出版社出版方宗熙等根据编译本改编成的中学生物学教材
巩固发展阶段 (1958—1966年)	1958年,《1958—1959学年度中学教学计划》 1963年,《全日制中学生物教学大纲（草案)》	教材由各省、市自编。此外,初三增设农业基础知识课
停滞阶段 (1966—1976年)	—	全面否定过去所用教材,重新编写了《农业基础知识》《医疗卫生》等
恢复建设到反思探索阶段 (1977—2000年)	1978年,《全日制十年制学校生物教学大纲（试行草案)》（含初中生物和高中生物）和《全日制十年制学校生理卫生教学大纲（试行草案)》; 1984年,《高中生物教学纲要（草案)》; 1988年,《九年制义务教育初级中学生物教学大纲（初审稿)》; 1992年,《九年制义务教育初级中学生物教学大纲（试用)》 1994年,《全日制普通高级中学生物教学大纲（供试验用)》	1978年,人民教育出版社根据大纲编写了"文革"后第一套教材; 1996年,人民教育出版社编写了供试用的全日制普通高级中学生物教材（实验本),以人教社教材为主导的同时,全国各地和个别学校也开始生物学课程教材改革的探索
稳步发展阶段 (2000年至今)	2001年,《全日制义务教育生物课程标准（实验稿)》 2003年,《普通高中生物课程标准（实验)》 2011年,《义务教育生物学课程标准（2011年版)》 2017年,《普通高中生物学课程标准（2017年版)》 2020年,《普通高中生物学课程标准（2017年版2020年修订)》 2022年,《义务教育生物学课程标准（2022年版)》	2004年,由全国中小学教材审定委员会初审通过的高中生物学教材有5个版本:人教版、中图版、江苏版、浙科版以及北师大版; 2019年,人教版新版高中生物学教材开始使用 2024年,义务教育生物学新版教材开始使用

■ **现场直击**

　　成为一名合格的中学生物学教师，熟知生物学课程的前世今生是必备基础。请查阅我国生物学课程的相关资料，运用简洁的话语归纳整理我国生物学课程的发展史，与同学交流讨论。

二、生物学课程的发展趋势

　　随着时代的进步，科学技术的不断发展，科学教育的不断改革，发展公民核心素养成为各国基础教育的新方向。生物学课程需要在数字化、信息化，以及人工智能等带来的变革面前顺应时代发展需求，为提升全民科学素质发挥应有的力量。

（一）生物学课程宗旨契合发展公民科学素养的时代要求

　　生物学学科作为科学教育领域的重要组成部分，其课程与教学改革紧随科学教育发展趋势。目前，发达国家和半数以上的发展中国家都选择了综合科学课程。综合科学课程的宗旨是发展和提升公民的科学素养。具备一定的科学素养是世界各国公民所应具备的基本素养之一，这一必备要求是国际科学和科学教育改革的时代归属。国际科学教育改革经历了三次浪潮，最终聚焦培养全体公民的科学素养，注重科学本质的统一性和不同科学领域与范围的关系。步入 21 世纪，以生物科学技术和信息技术为标志的科学技术在迅猛发展，科技对人类的社会生活产生越来越大的影响。理科课程的改革首先是科学教育理念的变化。"科学素养"理念的形成使科学教育有了新的目标：努力提高全体学生的科学素养，并力求使学生能够在日常生活中热爱科学、理解科学和运用科学。

　　基础教育阶段在培养公民科学素质的全过程中具有奠定基石的重要作用，具体为提升青少年学生的科学素质。《全民科学素质行动规划纲要（2021—2035 年）》指出，科学素质是国民素质的重要组成部分，是社会文明进步的基础。公民具备科学素质是指崇尚科学精神，树立科学思想，掌握基本的科学方法，了解必要的科技知识，并具有应用其分析判断事物和解决实际问题的能力。提升科学素质，对于公民树立科学的世界观和方法论，对于增强国家自主创新能力和文化软实力、全面建成社会主义现代化强国，具有十分重要的意义。[①] 生物学课程以发展学生的核心素养为宗旨。《义务教育生物学课程标准（2022 年版）》（以下简称《课标 2022》）指出，义务教育生物学课程注重探究和实践，以丰富的生物学知识为载体，通过多种教学活动展现人们认识自然现象和规律的思维方式及探究过程，反映自然科学的本质。学习生物学课程有利于学生养成科学思维的习惯，形成积极的科学态度，学会学习，提升科学素养，对学生的健康生活、终身发展具有重要意义。《普通高中生物学课程标准（2017 年版 2020 年修订）》（以下简称《课标 2020》）指出，生物学课程要着眼于学生适应未来社会发展和个人生活的需要，从生命观念、科学思维、科学探究和社会责任等方面发展学生的学科核心素养，充分体现本课程的学科特点和育人价值，是本课程的设计宗旨和实施中的基本要求。生物学是自然科学领域的重要学科之一，在培养学生科学素养中发挥着重要作用，在引导学生开展科学探究与实践的过程中，逐步帮助学生端正科学态度、训练科学方法、培育科学精神，并促使他们主动承担相关责任，例如认识生态安全与生物安全的重要性并身体力行宣传环境保护知识与技能等。

（二）生物学课程重视学生对科学的深度理解和系统认识

科学的本质是科学认识论，科学是一种获得知识的途径，或与科学知识的发展相一致的价值和信念。科学来源于哲学，从哲学的角度来说，对科学本质的认识可以分为经验主义科学本质观、实证主义科学本质观、逻辑经验主义科学本质观、理性主义科学本质观和后实证主义科学本质观。不同的科学本质观的内容不尽相同。美国科学促进会（AAAS）在 1989 年所出版的《2061 计划》对科学本质观进行了一定总结，将科学本质分为三个方面进行阐述，基本包括：科学世界观、科学探究、科学事业。Khalick，Bell 和Lederman 也指出存在一些与学生相关并且学生可以理解的科学本质的普遍方面：科学知识既持久的也是暂定的（可以变化），科学知识的产生基于对自然

[①] 中华人民共和国中央人民政府.国务院关于印发全民科学素质行动规划纲要（2021–2035 年）的通知 [EB/OL].http://www.gov.cn/zhengce/content/2021–06/25/content_5620813.htm，2021–06–25/2022–03–21.

世界的观察和实验，科学知识具有理论负荷性（科学知识的产生受科学家前知识、背景、经验等影响），部分科学知识是人们想象和创造的结果；科学知识受社会和文化的影响，科学知识是观察和推论之间的联系与区别，也是科学原理与定律的功能和关系。[①] 美国 2013 年发布的《下一代科学教育标准》（NGSS）中对科学本质的内涵作了与 Lederman 极为相近的界定：科学知识基于实证；它是开放的，随着新证据的出现而不断修订；科学模型、定律、机制和理论可以解释自然现象；科学探究应用多样化的方法；科学是一种思维方式，它致力于解决自然和物质世界的问题。[②]

生物学课程虽然没有明确将科学本质内容设置为课程内容，但是在课程内容中融入了科学本质相关内容，是以隐性的方式帮助学生在潜移默化中建立科学本质观。例如，《课标》（2022）指出，义务教育生物学课程注重探究和实践，以丰富的生物学知识为载体，通过多种教学活动展现人们认识自然现象和规律的思维范式及探究过程，反映自然科学的本质；学生需要初步理解科学的本质。《课标》（2020）指出，高中生物学课程是自然科学课程，学生在学习该课程中不仅要获得诸如细胞、遗传、进化等生物学方面的知识，还应该学习一些"关于自然科学的知识"。在科学教育领域，"关于自然科学的知识"也称为"科学本质"。高中生物学课程中适合教授的科学本质内容可以涉及"科学知识可能随着研究的深入而改变""科学工作依赖观察和推论""科学工作采用基于实证的范式""科学是创造性的工作""科学工作中要高度关注主观因素的影响""理论和定律赋予科学解释的能力，但两者不尽相同"以及"科学会受到社会和文化的影响"等。对科学本质的学习有助于学生建立生物学观念，了解科学知识产生的特点，把握自然科学的特点，并以此来辨别现实生活中的科学和非科学，从而促进生物学学科核心素养的达成。

（三）生物学课程倡导基于真实情境的项目式探究与实践

生物学课程内容的安排以"探究"和"实践"为主要特点，将课程内容加

---

① Abd-EI-Khaliek F., Bell R.L., & Lederman N. G. The nature of science and instructional practice: Making the unnatural natural[J]. Science Education, 1998 (82): 417–437.

② NGSS Lead States. Next generation science standards: For states, by states. Washington, DC: The National Academies Press, 2013.

以整合，将知识整合为体系，而不是分割为一个个孤立的单位，与基于项目的科学探究的要求相吻合，有助于课程的开展。以"科学探究"为主要学习形式，倡导真实情境下的问题解决和实践探索，鼓励开展基于项目的跨学科实践活动。在活动中，学生需要灵活调动所学各个领域的知识和技能，即以生物学科为基础，综合运用物理、化学、地理、数学、工程技术等学科领域的知识和技能，用以解决现实生活中的各种问题。在此过程中，学生既需要"动手"，又需要"动脑"，此外还需要学生之间的合作与交流。

基于项目的学习是一种建构性的教与学方式，教师将学生的学习任务项目化，指导学生基于真实情境提出问题，并利用相关知识与信息资料开展研究、设计和实践操作，最终解决问题并展示和分享项目成果。[①]"项目"是基于特定问题的复杂学习任务，需要学生开展诸如设计、问题解决、决策、调查等活动，让学生运用多学科的知识去解决问题。生物学课程重视学生开展科学探究活动，生物学课程标准要求学生能够发现现实世界中的生物学问题，针对特定的生物学现象，进行观察、提问、实验设计、方案实施以及具有对结果的交流与讨论的能力。此外，学生应在探究过程中，逐步增强对自然现象的好奇心和求知欲，掌握科学探究的基本思路和方法，提高实践能力；在探究中，乐于并善于团队合作，勇于创新。

在真实情境中开展基于项目的科学探究与跨学科实践活动，能够有效地提升学生的核心素养。上述关于科学探究的内容要求与"项目"的内涵不谋而合，因此，基于项目的科学探究与实践活动是学习生物学课程的主要形式。教师应精心设计并组织生物学教学活动，学生在参与基于项目的科学探究与实践活动中，进行人与知识的互动交流与对话，实现知识的深度学习，理解生物学概念、原理、规律等，建立对生物学大概念的深度理解，从而内化于心、外化于行，同时提升科学思维水平、科学探究能力，并逐步建立起对自然、社会等的责任意识，从而实现素养发展的课程目标。

（四）生物学课程强化各学段之间的有效衔接和进阶设计

中学生物学课程与小学科学课程在课程目标、课程内容、学习方式等方

---

① 杨明全. 核心素养时代的项目式学习：内涵重塑与价值重建 [J]. 课程·教材·教法，2021，41 (2)：57-63.

面均具有紧密联系。例如,《义务教育科学课程标准(2022年版)》以义务教育阶段九年一贯制进阶主线统整设计科学课程,课程内容包含13个学科核心概念,其中"生命系统的构成层次""生物体的稳态与调节""生物与环境的相互关系""生命的延续与进化"等四个核心概念也是义务教育初中生物学课程以及普通高中生物学课程的主体内容。学生对学科核心概念的认知理解具有进阶特性,学习进阶是生物学课程设计的关注点之一。学习进阶是学生在各学段学习同一主题概念时所遵循的连贯的、典型的学习路径的描述,一般呈现为围绕核心概念展开的一系列由简单到复杂、相互关联的概念序列。[①] 例如,美国2013年颁布的《新一代科学教育标准》(NGSS)贯穿着学习进阶研究的成果和思想,学习进阶是其中不可或缺的关键词。[②][③]

生物学课程的发展越来越强化不同学段之间的衔接,要求生物学课程设计要依据学生从小学到初中再到高中在认知、情感、社会性等方面的发展特点,合理安排不同学段的课程目标与课程内容,体现学习的连续性和进阶性。对学习进阶的掌握,实质在于把握其独有的特征,包括以学科融合为背景:学习进阶的设计和运用决非是单学科所能完成的,它往往包含了科学教育、心理认知、人文科学等多方面的知识,是各学科之间相互联系、相互融合的结晶;以核心概念为中心:学习进阶是围绕学科核心概念构建而成的,核心概念在学习进阶的设计中起到了"中心骨架"的作用;以实证研究为基础:从对学习进阶的界定中可以看出,学习进阶是基于实证的假设,这就意味着学习进阶的开发是一个假设与验证、理论与实践不断交替、逐步完善的过程,这个过程既包括学习进阶框架本身的完善,也包括相关测评试题的修订和补充;强调进阶途径多样性:学习进阶的确定并不意味着学生发展轨迹的唯一性。[④]

---

① 张玉峰.基于学习进阶的科学概念教学内容整合[J].课程・教材・教法,2019,39(1):99-105.

② 王磊,黄鸣春.科学教育的新兴研究领域:学习进阶研究[J].课程・教材・教法,2014,34(1):112-118.

③ 李佳涛,王静,崔鸿.以"学习进阶"方式统整的美国科学教育课程——基于《K-12科学教育框架》的分析[J].外国教育研究,2013,40(5):20-26.

④ 皇甫倩,常珊珊,王后雄.美国学习进阶的研究进展及启示[J].外国中小学教育,2015(8):53-59+52.

第二节　生物学课程改革与创新

现阶段，"互联网 +"教育、大数据、人工智能、发展学生核心素养、STEM（科学、技术、工程、数学四门学科）教育等正在给基础教育带来深远的影响。在此背景下，生物学课程也应随之发生改变，并正在发生改变。生物学课程的改革与创新为其更好地发挥学科育人功能、提升学生的生物科学素养提供坚实的基础。

一、核心素养背景下的生物学课程

随着时代的发展和科技的进步，传统的能力、技能等概念已不再适用，人们对这些概念的内涵进行了扩展与升级，提出了同时包括"知识""能力"与"态度""价值观"的"素养"概念，并从"核心"的角度加强了论证，强调"核心素养"才是培养能自我实现与促进社会和谐发展的高素质国民与世界公民的基础。[1] 2016 年 9 月，我国颁布了"中国学生发展核心素养"，以培养"全面发展的人"为核心，分为文化基础、自主发展、社会参与三个方面。[2] 生物学课程围绕发展学生核心素养发生了系列变革。

（一）生物学课程目标聚焦发展学生生物学核心素养

2017 年，教育部颁布新修订的《普通高中课程方案和语文等学科课程标准（2017 年版）》，"着力发展核心素养"是此次修订工作的一个基本原则和主要变化，也是普通高中培养目标的重要组成部分。中国学生发展核心素养是党的教育方针的具体化、细化，各学科要基于学科本质凝练学科核心素养，明确学生学习该学科课程后应达成的正确价值观念、必备品格和观念能力。

---

① 辛涛，姜宇，林崇德，师保国，刘霞. 论学生发展核心素养的内涵特征及框架定位 [J]. 中国教育学刊，2016（6）：3–7+28.

② 普通高中生物学课程标准修订组.《普通高中生物学课程标准（2017 年版）》解读 [M]. 北京：高等教育出版社，2018.

学科核心素养融合了原有的"三维目标"（知识、能力、情感态度与价值观），是学科育人价值的集中体现，是学生通过学科学习而逐步形成的正确价值观念、必备品格和关键能力。生物学学科核心素养是学生在生物学课程学习过程中逐渐发展起来的，是学生知识、能力、情感态度与价值观的综合体现，包括生命观念、科学思维、科学探究和社会责任。生命观念是指观察到的生命现象及相互关系或特性进行解释后的抽象，是人们经过实证后的观点，也是能够理解或解释生物学相关事件和现象的意识、观念和思想方法。科学思维是指尊重事实和证据，崇尚严谨和务实的求知态度，运用科学的思维方法认识事物、解决实际问题的思维习惯和能力。科学探究是指能够发现现实世界中的生物学问题，针对特定的生物学现象，进行观察、提问、实验设计、方案实施以及具有对结果的交流与讨论的能力。社会责任是指基于生物学的认识，参与个人与社会事务的讨论，作出理性解释和判断，解决生产生活问题的担当和能力。生物学学科核心素养满足"面向全体学生""提高生物科学素养""倡导探究性学习""注重与现实生活的联系"等原有课程理念，同时加强了原有"三维目标"的融合，综合性提升，关注范围更加广泛。

科学课程理念是人们关于科学教育的一些基本思想，其中包含了对科学教育（或科学课程）价值的认识，以及对科学的性质和科学教育特点的理解。课程理念也代表了课程设计者或教师对课程方向和重点的选择，它会随着时代的进步而发展。2001 年的义务教育生物课程标准强调 3 个课程理念：面向全体初中学生；提高生物科学素养；倡导探究学习。普通高中生物学课程理念在初中课程理念基础上还要"注重与现实生活的联系"。在《课标 2020》中，课程理念修订为"核心素养为宗旨""内容聚焦大概念""教学过程重实践""学业评价促发展"，进一步与新时代发展背景相适应。[①]2022 年颁布的《义务教育生物学课程标准（2022 年版）》也基于生物学课程本质提炼了初中生物学课程对学生核心素养的发展要求，包括生命观念、科学思维、探究实践、态度责任 4 个方面，描述了学生通过本课程学习而逐步形成的尊重生命、保护生态环境等正确价值观和严谨求实的科学态度、创新精神等必备品格，以及生

---

① 普通高中生物学课程标准修订组.《普通高中生物学课程标准（2017 年版）》解读 [M]. 北京：高等教育出版社，2018.

物学学科的关键能力和社会责任。[①]

（二）生物学课程评价关注学生的学业质量

《课标2020》将学生生物学学科核心素养的发展划分为四级水平，而学业质量水平与学科核心素养发展水平相对应，为生物学学科质量评价理论框架的构建提供了依据。现阶段，我国学业水平考试仍然以纸笔测试为主，因此相关研究多聚焦于学业水平考试试题的质量。吴举宏以江苏省历届义务教育生物学学业质量监测试题为样本，对生物学预估难度、试测难度和实测难度进行对比分析，发现影响试题难度的主要因子有：情境复杂性、知识综合性、能力层次性、思维过程性、条件干扰性、题型设问性等。结合试测、学生访谈等情况，从情境、知识、能力、思维和设问等维度，可以比较准确地调控区域学业质量监测试题难度，以进一步提高测试工具的质量和监测的效果。[②]为了实现学业质量评价的功能，顺应教育改革和教育发展的趋势，促进学生全面、可持续发展，提高教育质量，实现面向学生未来的教育，指向核心素养培养的学业质量评价相比传统的学业质量评价在评价立场、评价理念评价范式上都发生了转变。

评价立场方面，明确生物学学业质量评价指向学生发展生物学学科核心素养。鲜明的评价立场代表对评价目标和方向的精准把握。有学者研究了莱恩（A.G.Ryan）、[③] 艾坎海德（G.Aikenhead）[④] 提出的经验-分析范式、解释范式，以及批判—理性范式三种学业评价范式，发现它们的评价立场分别指向整体问责与认证、促进教与学，以及发展学生终身学习[⑤]。指向核心素养培养的学业质量评价需要综合这三种评价范式的立场，使其从整体问责转向促进学生发展，这样便能把握核心素养视域下的学业质量评价指向，确保评价的目标指向学生生物学学科核心素养的发展。

---

① 刘恩山. 核心素养为准绳　主动学习少而精——义务教育生物学课程标准（2022年版）解读[J]. 基础教育课程，2022（10）：61-66.

② 吴举宏. 区域学业质量监测试题难度调控策略——以江苏省义务教育生物学科学业质量监测为例[J]. 生物学教学，2017，42（12）：43-45.

③ Ryan A.G.Program Evaluation Within the Paradigm: Mapping the Territory[J]. Knowledge: Creation, Diffusion, Utilization, 1988, (1):25-47.

④ Aiken head G.A. framework for Reflecting on Assessment and Evaluation[R].Seoul, Korea, 1997.

⑤ 邵朝友. 评价范式视角下的核心素养评价[J]. 教育发展研究，2017（4）：42-47.

评价理念方面，认同生物学学业质量评价是生物学课程与教学的重要组成部分。教育评价主要呈现出三种发展观念，即从"针对教学的评价"到"为了教学的评价"，最后到"作为教学一部分的评价"。[①] 指向核心素养的学业质量评价，由于其所评价的对象和促进的目标都是学生的核心素养水平[②]，所以其必将走向"作为教学一部分的评价"这一教育评价理念。有学者指出，核心素养评价的过程就是学习的一部分，每一次的测验都搭建了学习的支架，同时，评价结果构成了学习轨迹。[③] 通过这样的过程，核心素养生成与教学形成良性互动。因此，生物学学业质量评价是生物学课程与教学不可分割的组成部分，贯穿教学前端分析、教学过程及教学反馈等全过程，为教学设计与实施提供准确的参考和及时的反馈，实现教学的可持续发展。

评价范式方面，筑牢生物学学业质量评价的情境化和实践性。长期以来，学生学业质量评价是以纸笔测验为主要形式，形式单一且不利于测评学生的品格与能力。鉴于此，需要对评价范式进行转换，当前随着信息技术的发展与应用，针对学生学习过程的表现性评价已经具备充分的条件。学生发展核心素养可以在外显表现上得以评价，因此可以创设问题情境和学习任务，对学生在完成学习任务过程中的复杂表现进行评定，据此推断其核心素养的形成情况。在此过程中不仅要关注学科内核心素养的评价，还要关注学科外、超越学科的表现，关注人际领域、个人内省领域以及信息领域的多种素养发展与评价。[④]

二、信息技术背景下的生物学课程

2014 年，为了应对"互联网 +"对教师能力的新挑战，全面提升中小学教师信息技术应用能力，促进信息技术与教育教学深度融合，我国教育部启动了"中小学教师信息技术应用能力提升工程"，研制颁发了《中小学教师信

① 辛涛，姜宇. 基于核心素养的基础教育评价改革 [J]. 中国教育学刊，2017 (4)：12-15.

② 恽敏霞，彭尔佳，何永红. 核心素养视域下学业质量评价的现实审视与区域构想 [J]. 教育发展研究，2019，39 (6)：65-70.

③ 辛涛，姜宇. 基于核心素养的基础教育评价改革 [J]. 中国教育学刊，2017 (4)：12-15.

④ 王俊民，林长春. 核心素养评价的基本问题探析 [J]. 中小学教师培训，2018 (11)：28-32.

息技术应用能力标准（试行）》，要求从技术素养、计划与标准、组织与管理、评估与诊断及学习与发展等五个方面提升中小学教师的信息化教学能力。[①]随着科技的迅猛发展和社会生活的深刻变化，信息技术与生物学教学融合发展必然成为我国生物学课程改革的发展主题。《课标2020》中的"实施建议"指明，要充分利用信息技术提高课堂教学效率。信息技术与生物学教学的融合，其核心是要用信息技术去创新教学，引领生物学教育体系的变革。[②] 这里主要探讨混合式教学和立体资源建设两个方面。

（一）线上线下混合式教学

信息技术在高中生物学课程及教学中发挥着重要作用。线上教学在疫情期间帮助基础教育以及高校等实现了停课不停学，同时促进了各种丰富多彩的课程与教学资源的建设。混合式教学是指在适当的时间，通过应用适当的媒体技术，提供与适当的学习环境相契合的资源的活动，让适当的学习者形成适当的能力，从而取得最优化的教学效果的一种方式。[③]"互联网+"时代的混合式教学已经不再是简单的线上线下学习方式的组合，而是在线学习、移动学习与线下学习充分融合、带来教学模式与教学设计变革的新的教学范式。混合式教学是一种新的教学法，不能简单复制传统课堂教学。混合式教学引发教师角色定位的根本性转变，以及教学模式与理念的变革，对教师提出了新的要求，要求教师必须具备此类专门的教学法知识和能力，才能够成功开展混合式教学。[④] 由此可见，混合式教学是一种教学改革创新，可为中学生物学课程与教学实践开辟一条新道路。

混合式教学融合了信息技术与传统课堂授课的优势，有助于高阶思维能力训练和综合能力提升。首先，混合式教学能激发学生学习的积极性。线上线下混合式教学使学生有了课前预习及课后查漏补缺的渠道，学习资源由教师在课前提供，学生自身也可以从互联网上获取，课堂上更多的是师生交流

---

① 杜玉霞. 基于"互联网+"的中小学教师信息化教学能力提升研究 [J]. 中国电化教育,2017,(8)：86-92.

② 杨宗凯. 推进信息技术与教育的深度融合 [J]. 中国教育学刊，2016 (11)：1.

③ 李逢庆. 混合式教学的理论基础与教学设计 [J]. 现代教育技术，2016 (9)：18-24.

④ 冯晓英，吴怡君，庞晓阳，曹洁婷. 混合式教学改革：教师准备好了吗——教师混合式教学改革发展框架及准备度研究 [J]. 中国电化教育，2021 (1)：110-117.

探讨、答疑解惑，课堂变成了师生间互动的场所。另外，线上作业能够第一时间将优秀作业向全班展示，更加有效地激发学生的学习热情。其次，混合式教学可以针对学生的个体差异因材施教。使用线上线下混合式教学能够兼顾学生的个体差异，如教师可通过共享视频、直播互动、任务单学习、一对一或一对多答疑、"问卷星"测试等弥补线下教学的不足，解决线下教学存在的问题。面对成绩高于或低于班上平均水平的学生，可以采取一对一的教学方式线上讲解知识；针对成绩优异的学生，教师可以通过线上学习平台与学生进行深层次互动；针对成绩相对足的学生，可以将课堂上的知识点简单化，为他们解决难题。第三，混合式教学能够实现实时评估以获得到学生的反馈。在线上线下混合教学中，教师可以在线上自主生成试卷对学生进行"实时测评"，"实时测评"可生成个人与班级报告，教师通过报告可了解学生个人的短板与班级整体存在的学习问题，及时有方向地调整教学重点，快速地解决学习过程中存在的问题。①

今后，线上线下混合式教学已经成为教育领域被广泛接受的教学形式。"十四五"时期，我国将以高质量发展为主线加强教师队伍建设，突出能力为本，开启全面建设高质量专业化创新型教师队伍新征程。提升教师混合式教学准备度、促进混合式教学改革，既是适应未来教育教学新常态的需要，也是建设高质量专业化创新型教师队伍的重要内容。有研究显示，我国中小学教师的混合式教学准备度整体上处于由意向期向探索期过渡的阶段，其中，教学理念、协作能力、自我发展能力等一般性教学改革素养与能力基本已进入探索期，而混合式教学实施能力、混合式学科教学法知识等混合式教学专门能力的准备，以及混合式教学态度准备度都普遍较低，仍处于意向期。因此，一方面，提升教师开展混合式教学改革的能力和态度准备是教师专业发展的重要内容；另一方面，混合式教学改革的推进也离不开学校等机构层面的支持。②

（二）立体化资源的开发与应用

信息化环境下的生物学教学，对教学资源的质量需求增加，对生物学教

---

① 谭明鄂，翁成福."后疫情时代"中小学线上线下交互融合式教学初探[J].中国现代教育装备，2021（4）：59–61.

② 冯晓英，吴怡君，庞晓阳，曹洁婷.混合式教学改革：教师准备好了吗——教师混合式教学改革发展框架及准备度研究[J].中国电化教育，2021（1）：110–117.

师的资源开发能力要求也在提升。课程资源开发活动的成功与否关键在于教师的课程资源开发能力。因此，教师的课程资源开发能力开始受到重视，成为重要的研究课题。生物信息化课程资源是指以具体的生物知识为背景，通过多媒体呈现的文本、图像、音频、视频、动画等课程资源，这些资源不仅可以为生物教师提供丰富、生动的教学素材，还可以使学生更好地理解和掌握生物知识。相较于其他形式的课程资源，信息化课程资源具有其独特的特点和功能，其特点体现在丰富性、直观性、快捷性、情境性等方面，基于以上特点，生物信息化课程资源的功能体现在"拓宽信息来源，丰富备课资源""转变教学方式，变革学习方式""创设学习情境，加强师生互动"等方面。①

1. 生物学立体化资源的主要类别

生物学课程立体化资源除了上述传统资源以外，还应注重开发虚拟仿真实验、微课、电子书包等。

（1）生物学相关虚拟实验。虚拟实验具有虚拟性、交互性、开放性、安全性等优点，能够有效地促进生物实验教学。随着信息技术与课程整合研究的深入，虚拟实验被广泛应用于教学中。虚拟实验在中学生物实验教学中的应用效果很好。首先，在学习热情上，学生普遍接受和认可虚拟实验，也能够很快地适应虚拟实验的操作，此外，虚拟实验能够有效激发学生的学习兴趣、提供学习帮助、提升实验完成的信心。其次，在知识理解上，虚拟实验能够有效帮助学生准确理解实验原理，巩固已学知识。最后，在实验技能上，虚拟实验能够显著提高学生的技能操作水平。②

（2）微课资源。21 世纪是信息技术大发展的时代，信息技术与我们的学习、生活和工作已经密不可分。在教育领域，信息技术在课堂教学中越来越被广泛地被运用，在此背景下，基于信息技术的微课教学模式应运而生。微课是新时代下产生的新生事物，它以视频为载体，融合了文字、图片、音乐等诸多元素。基于微课的教学模式坚持以学生为中心，支持学生的自主学习、

---

① 张小亚. 关于中学生物课程决策的几点思考 [J]. 中学生物教学，2009（11）：7–8.

② Jones L E. Introducing the ICF: the development of an online resource to support learning, teaching and curriculum design[J]. Physiotherapy, 2011, 97 (1): 55–58.

探究学习和合作学习，改变了传统的课堂授课方式和风格。探究微课在具体学科中的设计和运用已经成为一个重要的课题。[①]

（3）电子书包。国内对电子书包的定义侧重于微观层面，把电子书包定位在承载教学资源的移动终端设备；国外则侧重于宏观层面的定义，把电子书包定位在学习平台层面，是基于计算机网络支持的学习平台。其实，国内外对电子书包的概念认识都体现了不同发展阶段电子书包的特点。根据我国信息技术理论与教育现状，电子书包首先应是一个学习终端，这是在无线网络技术和移动设备发展的基础上的产品。其次，它也是以学生为主体，共享教学资源，支持终身学习，以促进教学模式的变革为目标构建的数字化学习系统。总体来看，目前国内外相关研究大多只关注电子书包技术规范、现状反思、系统设计、交互模型等宏观层面，这些研究的成果为电子书包一线课堂应用打下了基础。但针对如何运用电子书包进行教学的相关研究则较少，具体结合在学校教育教学的实践应用和调查成果尚不够系统。而涉及运用电子书包进行具体学科教学的研究更少（关于生物学科教学方面的文章几乎没有），鲜有较为成熟且深入的研究成果。作为一种新兴的教学模式，一线教师在利用电子书包开展教学活动时必定会存在困难。[②]

2. 立体化资源的开发现状与对策

在课程开发模式方面，国外的课程开发模式也具有多种形式。以 xMOOC 为例，国外的 xMOOC 采取了两种形式开发课程资源：自主开发和合作开发。自主开发模式是指 xMOOC 平台提供课程并完成教学任务它通过不断建立并深入拓展横向合作来强化专业特色，其特点主要有：课程专业性和实践性更强，课程注重个性化教育；合作开发模式是由课程提供方提供完整的开放课程并完成教学任务。Coursera、EdxOnline、FutureLearn、Open2Study 等均采用了合作开发模式。合作开发模式具有以下特点：课程学科领域广、体系化程度高、大部分以基础课程为主、开放程度极高。英国于 2012 年 5 月建成了

---

① Bruce, L.M., McNeal, K., Radencic, S., Pierce, D., Schmitz, D. Inspire: Linking graduate students with K12 teachers to address remote sensing educational needs[P]. Geoscience and Remote Sensing Symposium (IGARSS), 2014 IEEE International, 2014.

② None. K12. A New Software to Construct Gene Regulatory Networks From Microarrays Data[C]// Radio Science Conference. IEEE，2013: 581−588.

"欧洲第一朵教育云"，建立了全国学习网——国家网络教育资源体系，这一系统利用网络将科研机构、学校和图书馆等相关网站连接为一体，建立统一的教育网络和教育服务平台。政府还建立了视频学习网——glowTV，联合各级社会机构制作专题学习视频，学生在收看视频过程中可以通过字幕发问。而"在线课堂"则为教师提供在网络上获取和发布开放资源的一站式服务。

国外教育技术应用研究取得了相当大的成效，这对我国教育的发展具有较大的参考价值。第一，改善教育环境，促进教育公平。第二，教育技术的应用，改变了原有教学资源的不均匀分布状况。远程学习通过与现代教育技术的融合而得到持续发展。目前，全世界基于 Web 的慕课、微课和基于移动设备访问的各类 APP 应用、云计算、可穿戴技术、虚拟实验室等为不同国家、不同地域、不同基础的学生提供了多样化的教学平台，真正实现了开放式的学习，扩展了教育受益面。第三，完善能力架构，提高教育教学效果。

2012 年 3 月，我国教育部颁布的《教育信息化十年发展规划（2011—2020年)》提出了三大任务和两个平台的核心目标。三大任务：一是要基本解决各级各类学校宽带网接入与网络学习环境的问题；二是要加强优质资源的建设与共享，每个班级都要用上优质资源，资源应用是我们的关键；三是要建设实名制的网络学习空间环境，努力推动个人自主学习和教学互动。[①] 已有研究多从理论建构层面展开，如庄智象、黄卫（2003）明确了立体化教材建设的必要性和可行性；马俊波（2006）讨论了立体化教材开发中的核心问题；蔡基刚、唐敏（2008）强调了立体化教材的编写原则；黄荣怀、郭芳（2008）制定了立体化教材的教学设计框架；[②] 陈坚林（2011）探讨了立体化教学方法的实施要素；李科生、蒋志辉（2018）通过蓝本编写、数字化加工、互联网试用三个环节开发了包括数字课本、电子教案与 PPT、微课、虚拟仿真实验、题库、学术论坛六个模块在内的立体化教材体系，以便更好地满足学生学习的需要。[③]

---

① 中华人民共和国教育部. 教育部关于印发《教育信息化十年发展规划（2011–2020 年)》的通知 [EB/OL]. http://old.moe.gov.cn//publicfiles/business/htmlfiles/moe/s3342/201203/xxgk_133322.html, 2012–03–13/2019–09–18.

② 黄荣怀，郭芳. 立体化教材的设计与开发 [J]. 现代教育技术，2018 (10)：105–109.

③ 杨港. "立体化教材＋互联网资源" 驱动的大学英语教学设计研究 [J]. 外语电化教学，2019 (2)：23–29.

国外资源共享方面形成了较为完善的共享平台，能够为人们提供相关学习支持和服务。例如，日本境内各大学利用互联网开展教育领域的合作，合作的方式是各大学之间对有数字教材等教育内容共享，用于各自的教学。同时，这一应用系统向社会免费开放，人们通过此系统体验各大学的讲课。加拿大也是信息技术与网络教育资源开发较早的国家。加拿大联邦政府先是推出了"连接加拿大"的上网计划，又建立了世界第一个全国性的"学校网络"，使学校教育、图书馆和各信息中心连成一体，走上了"信息高速公路"。

综上所述，可以总结国外教育资源共享的特点：应用支持为导向，全面满足师生实际需求；科学研究为保障，促进教育云健康发展；智慧学习为目标，营造智慧学习环境。为促进我国教育资源平台的高水平应用和研究、实现可持续发展，结合对国外教育资源共享发展趋势的研究，我国可以从以下几个方面重点突破：依托政策保障，推动教育资源共享平台建设，研制标准规范，做好顶层设计，发挥市场作用，实现教育资源共享，借助云端优势，支持终身学习，重视安全控制，建立安全保障机制。

信息技术的快速发展为生物学课堂提供了诸如图片、视频、模拟实验等丰富多样的教学资源。充分利用以"互联网＋"为代表的教育技术可以在一定程度上减少主动学习活动对实验耗材及相关场地条件的依赖。教师应充分利用这一技术优势，开展多种形式的主动学习活动，提高教学效果。在中学生物学课堂中，最大限度地利用信息化环境下的生物学课程资源。一方面，要重视信息化环境下生物学课程资源的建设；另一方面，应鼓励教师积极开发课件、微课等各种多媒体课程资源，从而丰富信息化环境下的校园网的生物学信息。

综合训练

请自选视角，结合国内外生物学课程的发展历程，谈谈你对生物学课程改革与发展的认识。

资源推介

[1] 李秋石，关亚萌. 基于思维渗透的生物学课程思政资源开发 [J]. 生物学教学，2021，46（07）：10-12.

该文紧密切合中学生物学课程的专业内容特点，从辨证思维指导下的归纳与概括、系统思维指导下的演绎与推理、历史思维指导下的模型与建模、底线思维指导下的社会性科学议题论证 4 个维度出发，深度分析发掘课程内容，有效推动基于思维渗透的生物学课程思政资源开发。

[2] 赵占良 . 关于中华优秀传统文化融入中学生物学课程的思考 [J]. 天津师范大学学报（基础教育版），2022，23（01）：41-46.

中华优秀传统文化是中华民族的"根"和"魂"，弘扬中华优秀传统文化具有重要意义。我国重视在中小学开展中华优秀传统文化教育，生物学课程教材是渗透中华优秀传统文化教育的重要载体之一。研究认为：当下人教版中学生物学教材中已融入了一些中华优秀传统文化内容，但仍需要进一步加强中华优秀传统文化融入生物学课程教材的整体设计，并探索融入路径，进而更好地打造"培根铸魂、启智增慧"的精品教材，为培育时代新人服务。

[3] 谭永平 . 生物学学科核心素养：内涵、外延与整体性 [J]. 课程·教材·教法，2018，38（8）：86-91.

生物学学科核心素养探讨话题中有一些倾向值得关注，其内涵、外延需要进一步明确。生物学学科核心素养所包含的价值观念、必备品格和关键能力，体现出生物学教育价值；学科核心素养中，生命观念、科学思维、科学探究、社会责任之间，是彼此关联的立体结构，其中生命观念居于突出的位置，体现学科核心素养的生物学特征。它们都需要以生物学概念为支撑，又在价值观、品格与能力层面走向一致，具有整体性。

[4] 刘恩山 . 核心素养为准绳 主动学习少而精——义务教育生物学课程标准（2022 年版）解读 [J]. 基础教育课程，2022（10）：61-66.

2022 年版义务教育生物学课程标准针对我国义务教育阶段生物学教育面临的现实问题，从体系、架构、内容等各方面进行了研制和修订，提炼出包括四个方面的学生核心素养发展要求，充分反映时代特点和国际科学教育发展水平，吸纳生物学教育研究和实践成果，是我国义务教育生物学教学改革的指向标。教师需要重新理解生物学教学的价值、任务和目的，在教学设计、实施和评价等环节做出必要调整和改进，并实现相应的专业发展。

第二章　生物学课程标准与教材

本章要览

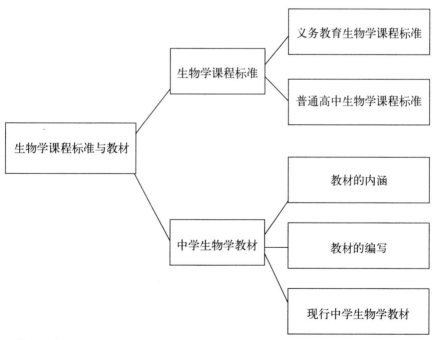

学习目标

说出课程标准的内涵；

分别描述义务教育和普通高中生物学课程标准的基本框架和内容；

分别阐述初高中生物学课程理念和核心素养的基本内容；

比较并说出几个主要版本初高中生物学教材的主要特点。

第一节　中学生物学课程标准

课程标准是教育部颁布的带有指令性的重要国家课程文件，它规定课程性质、课程理念、课程目标、课程内容、学业质量和课程实施等，是教材编写、教学实施、考试评价，以及课程管理的直接依据。

新中国成立后，当时主要学习苏联的教育体系、制度和模式，代替了从清末开始使用的"课程标准"，也称为"教学大纲"。2001 年 6 月，教育部印发了《基础教育课程改革纲要（试行）》，随后颁布了《义务教育课程设置实验方案》和《全日制义务教育生物课程标准（实验稿）》，这是新中国成立后首次颁布的生物课程标准。从教学大纲到课程标准，不仅仅是名称上的改变，更重要的是理念的不同，课程性质、课程目标、课程内容等方面的变化，势必引起教学方式、学习方式、评价方式等一系列变革。

一、普通高中生物学课程标准[①]

现行普通高中生物学课程标准为 2017 年版 2020 年修订版本，基本框架包含课程性质与基本理念、学科核心素养与课程目标、课程结构、课程内容、课程实施建议、学业质量、实施建议和附录七部分。与 2003 版课程标准相比，发生了较大变化，总体来说，新版课程标准凝练了学科核心素养，更新了教学内容，研制了学业质量标准，增强了指导性。

（一）课程理念
1. 核心素养为宗旨

着眼于学生适应未来社会发展和个人生活的需要，从生命观念、科学思维、科学探究和社会责任等方面发展学生的学科核心素养，充分体现本课程的学科特点和育人价值，是本课程的设计宗旨和实施中的基本要求。

---

① 教育部. 普通高中生物学课程标准（2017 年版 2020 年修订）[S]. 北京：人民教育出版社，2020.

2. 内容聚焦大概念

本课程的设计和实施追求"少而精"的原则，必修和选择性必修课程的相关模块内容聚焦大概念，精简容量、突出重点、切合年龄特点、明确学习要求，确保学生有相对充裕的时间主动学习，让学生能够深刻理解和应用重要的生物学概念，发展生物学学科核心素养。

3. 教学过程重实践

本课程高度关注学生学习过程中的实践经历，强调学生学习的过程是主动参与的过程，让学生积极参与动手和动脑的活动，通过探究性学习活动或完成工程学任务，加深对生物学概念的理解，提升应用知识的能力，培养创新精神，进而够能用科学的观点、知识、思路和方法，探讨或解决现实生活中的某些问题。

4. 学业评价促发展

本课程重视以评价促进学生的学习与发展，重视评价的诊断作用、激励作用和促进作用。致力于创建一个主体多元，方法多样，既关注学业成就又重视个体进步和多方面发展的生物学课程评价体系，提倡在评价中关注学生的个体差异和发展需求，帮助学生认识自我、建立自信，改进学习方式，促进生物学学科核心素养的形成。

（二）学科核心素养

学科核心素养是学科育人价值的集中体现，是学生通过学科学习而逐步形成的正确价值观、必备品格和关键能力。生物学学科核心素养包括生命观念、科学思维、科学探究和社会责任。

1. 生命观念

"生命观念"是指对观察到的生命现象及相互关系或特性进行解释后的抽象，是人们经过实证后的观点，是能够理解或解释生物学相关事件和现象的意识、观念和思想方法。学生应该在较好地理解生物学概念的基础上形成生命观念，如结构与功能观、进化与适应观、稳态与平衡观、物质与能量观等；能够用生命观念认识生物的多样性、统一性、独特性和复杂性，形成科学的自然观和世界观，并以此指导探究生命活动规律，解决实际问题。

2. 科学思维

"科学思维"是指尊重事实和证据，崇尚严谨和务实的求知态度，运用科学的思维方法认识事物、解决实际问题的思维习惯和能力。学生应该在学习过程中逐步发展科学思维，如能够基于生物学事实和证据运用归纳与概括、演绎与推理、模型与建模、批判性思维、创造性思维等方法，探讨、阐释生命现象及规律，审视或论证生物学社会议题。

3. 科学探究

"科学探究"是指能够发现现实世界中的生物学问题，针对特定的生物学现象进行观察、提问、实验设计、方案实施，以及对结果的交流与讨论的能力。学生应在探究过程中逐步增强对自然现象的好奇心和求知欲，掌握科学探究的基本思路和方法，提高实践能力。在探究中，乐于并善于团队合作，勇于创新。

4. 社会责任

"社会责任"是指基于生物学的认识，参与个人与社会事务的讨论，作出理性解释和判断，解决生产生活问题的担当和能力。学生应能够以造福人类的态度和价值观，积极运用生物学的知识和方法，关注社会议题，参与讨论并作出理性解释，辨别迷信和伪科学；结合本地资源开展科学实践，尝试解决现实生活问题；树立和践行"绿水青山就是金山银山"的理念，形成生态意识，参与环境保护实践；主动向他人宣传关爱生命的观念和知识，崇尚健康文明的生活方式，成为健康中国的促进者和实践者。

生物学学科核心素养是学生在生物学课程学习过程中逐渐发展起来的，在解决真实情境中的实际问题时所表现出来的价值观、必备品格与关键能力，是学生知识、能力、情感态度与价值观的综合体现。生物学学科核心素养的培养应贯穿于教材编写、课堂教学及考试评价中。

（三）课程目标

学生通过本课程的学习，能够认识到生物学在坚持人与自然和谐共处、促进科技发展、社会进步和提高人类生活质量等方面的重要贡献；树立生命观念，能够运用这些观念认识生命现象，探索生命规律；形成科学思维的习惯，能够运用已有的生物学知识、证据和逻辑对生物学议题进行思考或展开论证；掌握科学探究的思路和方法，形成合作精神，善于从实践的层面探讨或尝试解决现实生活问题；具有开展生物学实践活动的意愿和社会责任感，在面对现实世界的挑战时，能够充分利用生物学知识主动宣传引导，愿意承担抵制毒品和不良生活习惯等社会责任，为继续学习和走向社会打下认识和实践的基础。

（四）课程结构

普通高中生物学课程分为必修、选择性必修和选修三个部分。必修部分是全体普通高中学生必须学习的课程，包括"分子与细胞"和"遗传与进化"两个模块；选择性必修部分是学生根据个人需求与升学考试要求选择学习的课程，有"稳态与调节""生物与环境"和"生物技术与工程"三个模块；选修部分是学生自主选择学习的课程，涉及现实生活应用、职业规划前瞻及学业发展基础三个方向的多个拓展模块。

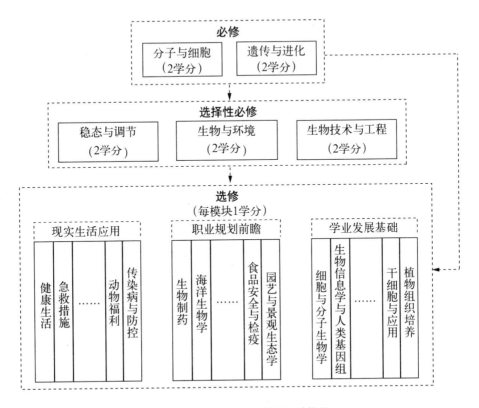

图2-1　普通高中生物学课程结构图

（五）课程内容

高中生物学课程围绕核心素养构建内容，借鉴科学教育研究成果，构建了大概念、重要概念和次位概念的三级概念体系，必修和选择性必修部分共有大概念 10 个、重要概念 32 个、次位概念 120 个。这样引导教师和学生将相关的生物学教学内容有结构、有联系地组织起来，避免知识的片段化和割裂，更易于理解和把握学习内容的范围和深度，更易于明确学习目标。每一模块的教学提示指出了本模块内容的特点和实验，以及活动的安排，更为突出的是，针对本模块内容，在生命观念、科学思维、科学探究和社会责任的四个核心素养维度上明确提出了学业要求。

表 2-1　普通高中生物学各模块大概念一览表

	模块	大概念
必修部分	模块一 分子与细胞	概念 1　细胞是生物体结构与生命活动的基本单位
		概念 2　细胞的生存需要能量和营养物质，并通过分裂实现增殖
	模块二 遗传与进化	概念 3　遗传信息控制生物性状，并代代相传
		概念 4　生物的多样性和适应性是进化的结果
选择性必修部分	模块三 稳态与调节	概念 1　生命个体的结构与功能相适应，各结构协调统一共同完成复杂的生命活动，并通过一定的调节机制保持稳态
	模块四 生物与环境	概念 2　组成生态系统的生物成分与非生物成分相互影响，共同实现系统的物质循环、能量流动和信息传递，生态系统通过自我调节保持相对稳定的状态
	模块五 生物技术与工程	概念 3　发酵工程利用微生物的特定功能规模化生产对人类有用的产品
		概念 4　细胞工程通过在细胞水平上的操作，获得有用的生物体或其产品
		概念 5　基因工程赋予生物新的遗传特性
		概念 6　生物技术安全与伦理是当今社会必须面对的话题

（六）学业质量

学业质量是学生在完成本学科课程学习后的学业成就表现。学业质量标准是以本学科核心素养及其表现水平为主要维度，结合课程内容，对学生学业成就表现的总体刻画。依据不同水平学业成就表现的关键特征，学业质量标准明确将学业质量划分为不同水平，并描述了不同水平学习结果的具体表现。高中生物学学业质量标准是依据生物学学科核心素养中的生命观念、科学思维、科学探究和社会责任四个维度及其划分水平，结合必修课程和选择性必修课程的重要概念、方法等对学生学习相应的课程后所表现出的核心素养水平的描述。

拓展延伸

水平	质量描述
1	1-1　能初步以结构与功能观、物质与能量观等观念，说出生物体组成结构和功能之间的关系、光合作用和呼吸作用中的物质与能量转换、遗传与变异的物质基础和规律等；初步运用进化与适应观，说出生物的多样性和统一性；在给定的问题情境中，能以生命观念为指导，分析生命现象，探讨生命活动的规律，设计解决简单问题的方案。 1-2　能认识到生物学概念是基于科学事实，经过归纳与概括、演绎与推理等方法形成的；能理解分子与细胞、遗传与变异等相关概念的内涵；能用上述概念和科学思维方法解释简单情境中的生命现象。 1-3　能针对给定的分子与细胞、遗传与进化等相关生物学问题，根据实验计划，使用简单的实验器具，按照实验操作步骤进行实验，如实记录实验数据，并分析得出结论，写出实验报告并与他人进行必要的交流；认同在生物学的探究过程中开展合作的必要性。 1-4　形成热爱生命、人与自然和谐共处的基本观念，认同环境保护的必要性和重要性；认同健康文明的生活方式，远离毒品；能对有关生物学的社会热点议题进行理性判断。
2	2-1　能运用结构与功能观、物质与能量观等观念，举例说明生物体组成结构和功能之间的关系、光合作用和呼吸作用中的物质与能量转换、遗传与变异的物质基础和规律等；运用进化与适应观举例说明生物的多样性和统一性；在特定的问题情境中，能以生命观念为指导，分析生命现象，探讨生命活动的规律，设计方案解决简单问题。

水平	质量描述
2	2-2 能基于特定的生物学事实，采用归纳与概括、演绎与推理等方法，以文字、图示的形式，说明分子与细胞、遗传与变异等相关概念的内涵；针对生物学相关问题，能运用科学思维方法展开探讨；在面对有争议的社会议题时，能利用生物学重要概念或原理，通过逻辑推理阐明个人立场。 2-3 能提出分子与细胞、遗传与进化等相关的生物学问题；能熟练地使用常见的实验器具，制订简单的实验方案或在给出的多个方案中选取恰当的方案并实施，如实记录实验数据，并分析各项数据，得出合理的结论；能与他人合作开展探究活动，规范撰写实验报告，与他人交流所得结果和存在的问题。 2-4 形成热爱生命、人与自然和谐共处的基本观念，初步形成保护环境意识，参与绿色家庭、绿色学校、绿色社区等行动；养成健康文明的生活方式，远离毒品，并能抵制封建迷信和伪科学；形成敬畏生命的观念，遵循正确的伦理道德，能对有关生物学的社会热点议题进行理性判断。
3	3-1 能运用结构与功能观、物质与能量观、稳态与平衡观等观念，举例说明生物体组成结构和功能之间的关系、遗传与变异的物质基础、稳态的维持和调节机制、生态系统的平衡原理等；运用进化与适应观举例说明生物的多样性和统一性，以及与环境的关系；在特定的问题情境中，能以生命观念为指导，分析生命现象，探讨生命活动的规律；基于上述观念，能综合运用科学、技术、工程学和数学（STEM）知识和能力，设计方案，解决特定问题。 3-2 能基于给定的事实和证据，采用归纳与概括、演绎与推理等方法，以文字、图示或模型的形式，说明分子与细胞、遗传与变异、稳态与调节、生物与环境等相关概念的内涵，举例说明生物工程与技术的原理及其与社会之间的关系；针对生物学相关问题，能运用科学思维方法展开探讨、审视或论证；在面对有争议的社会议题时，能利用生物学重要概念或原理，通过逻辑推理阐明个人立场，作出决策。 3-3 能够针对特定情境提出可探究的生物学问题或生物工程需求，基于给定的条件，设计并实施探究实验方案或工程学实践方案，运用多种方法如实记录和分析实验结果；能举例说明人类的活动对环境产生的影响，以及生物多样性对生态系统的维持、人类生存和发展的重要意义；能主动合作，推进探究方案或工程实践的实施，并运用科学术语报告实验结果。 3-4 形成珍爱生命、人与自然和谐共处的观念，养成保护环境、维护生态平衡的行为习惯，积极参与绿色家庭、绿色学校、绿色社区等行动，并提出人与环境和谐相处的一些建议；养成健康文明的生活方式，远离毒品，自觉抵制封建迷信和伪科学；形成敬畏生命的观念，遵循正确的伦理道德，能对生殖性克隆人等社会热点议题进行科学判断。

续表

水平	质量描述
4	4-1　能运用结构与功能观、物质与能量观、进化与适应观等观念，阐释生物体组成结构和功能之间的关系、遗传与变异的物质和结构基础、稳态的维持和调节机制、生态系统的平衡原理等；运用进化与适应观阐释生物的多样性和统一性，以及与环境的关系；在新的问题情境中，能以生命观念为指导，解释生命现象，探究生命活动的规律；基于上述观念，能够将科学、技术、工程学和数学（STEM）知识和能力综合运用在实践活动中，解决生活中的实际问题。 4-2　能基于事实和证据，采用归纳与概括、演绎与推理、模型与建模等方法，以恰当的形式阐释分子与细胞、遗传与变异、稳态与调节、生物与环境等相关概念的内涵，论述生物工程与技术的原理及其与社会之间的关系；在面对生产、生活中与生物学相关的新问题情境时，能熟练运用科学思维方法展开探讨、审视或论证；在面对有争议的社会议题时，能利用生物学重要概念或原理，通过逻辑推理阐明个人立场，作出决策并解决问题。
4	4-3　能够针对日常生活和生产中的真实情境，提出清晰的、有价值的、可探究的生命科学问题或生物工程需求，查阅相关资料，设计并实施恰当可行的方案，运用多种方法如实记录，创造性地运用数学方法分析实验结果，并客观分析与评价生物技术产品在生产和生活中的应用所产生的效益和风险；能论证人类的活动对环境产生的影响，阐释生物多样性对生态系统维持、人类生存和发展的重要意义；在生物学的探究过程中起组织和引领作用，运用科学术语精确阐明实验结果，善于沟通，开展有效的合作。 4-4　形成珍爱生命、人与自然和谐共处以及可持续发展的观念，养成保护环境、维护生态平衡的行为习惯，积极参与绿色家庭、绿色学校、绿色社区等行动，并提出人与环境和谐相处的合理化建议；养成健康文明的生活方式，自觉远离毒品，参与毒品危害的宣传；能够鉴别并自觉抵制封建迷信和伪科学；遵循正确的伦理道德，能对生殖性克隆人等社会热点议题进行科学的评价。

　　学业质量标准是阶段性评价、学业水平考试命题的重要依据。学业质量水平 2 是高中毕业生在本学科应该达到的合格要求。学业质量水平 4 是学业水平等级性考试的命题依据。

　　普通高中生物学课程标准最后提出了教学与评价建议、学业水平考试与命题建议、教材编写建议、地方和学校实施本课程的建议，课程标准的附录部分为学科核心素养水平划分和教学与评价案例。

二、义务教育生物学课程标准[①]

现行义务教育阶段执行《义务教育生物学课程标准（2022 年版）》，此次修订的课程标准强化了课程育人导向，优化了课程内容结构，研究制定了学业质量标准，增强了指导性，加强了学段衔接。

（一）课程理念

1. 核心素养为宗旨

义务教育生物学课程以习近平新时代中国特色社会主义思想为指导，贯彻党的教育方针，落实立德树人根本任务，充分发挥学科育人价值。生物学课程着眼于学生适应未来社会发展和个人生活的需要，立足于坚实的生物学科内容基础，密切结合中国学生发展核心素养研究等教育领域新成果，融入社会主义核心价值观的基本内容和要求，发展学生核心素养。

2. 课程设计重衔接

课程设计积极吸纳科学教育和学习科学的研究成果，充分利用我国生物学教育教学实践的有效经验，使初中阶段的生物学学习与小学和高中阶段的学习能够有效衔接、循序渐进、连贯一致，引导学生逐步深入地认识生物学的科学本质和重要思想观念。

3. 学习主题为框架

依据生物学的特点，社会发展对人才的需求和学生发展的需要，生物学课程以学习主题为单位构建课程内容体系。每个主题包含若干生物学重要概念，同时融入生物学的思想观念、研究过程和方法。此外，设置"生物学与社会·跨学科实践"学习主题，引导学生综合运用生物学、化学、物理、地理、数学等学科的相关知识和方法，尝试分析和解决实际问题。

4. 内容聚焦大概念

生物学课程的设计和实施追求"少而精"的原则，优化课程内容体系，提炼大概念，精选学习内容，突出重点，切合初中学生的认知特点，明确学习要求，力求学生有相对充裕的时间主动学习，让学生能够深刻理解和应用重要的生物学概念，发展核心素养。

[①] 教育部. 义务教育生物学课程标准（2022 年版）[S]. 北京：北京师范大学出版社，2022.

5. 教学过程重实践

生物学课程高度关注学生学习过程中的实践经历，强调学生的学习过程是主动参与的过程，选择恰当的真实情境，设计学习任务，让学生积极参与动手和动脑的活动。通过实验、探究类学习活动或跨学科实践活动，使学生加深对生物学概念的理解，提升应用知识的能力，激发探究生命奥秘的兴趣，进而能用科学的观点、知识、思路和 方法探讨或解决现实生活中的某些问题，从而引领教与学习方式的变革。

6. 学业评价促发展

生物学课程重视以评价促进学生的学习与发展，重视评价的诊断、激励和促进作用。开展学业评价要高度关注生物学科的特点，将评价重点放在学生的学习活动上，特别要注重对探究和实践过程的评价，致力于创建一个主体多元、方法多样、既关注学业成就又重视个体进步和多方面发展的生物学学业评价体系。提倡在评价中关注学生的个体差异和发展需求，帮助学生认识自我、建立自信，改进学习方式，促进其核心素养的形成。

（二）核心素养内涵

生物学课程要培养的核心素养，主要是指学生通过本课程学习而逐步形成的正确价值观、必备品格和关键能力，是生物学课程育人价值的集中体现，主要包括生命观念、科学思维、探究实践、态度责任。

1. 生命观念

生命观念是从生物学视角，对生命的物质和结构基础、生命活动的过程和规律、生物界的组成和发展变化、生物与环境关系等方面的总体认识和基本观点，是生物学概念、原理、规律的提炼和升华，是理解或解释生物学相关现象、分析和解决生物学实际问题的意识和思想方法。生命观念主要包括生物学的结构与功能观、物质与能量观、进化与适应观、生态观等。

生命观念对认识生命世界具有指导作用，是科学自然观和世界观 的有机组成和重要基础。

2. 科学思维

科学思维是指在认识事物、解决实际问题的过程中，尊重事实证据，崇尚严谨求实，基于证据和逻辑，运用比较、分类、归纳、演绎、分析、综合、建模等方法，进行独立思考和判断，多角度、辩证地分析问题，对既有观点和结论进行批判审视、质疑包容，乃至提出创造性见解的能力与品格。

发展科学思维是培育学生理性思维、批判质疑、勇于探究等科学精神的重要途径。

3. 探究实践

探究实践是源于对自然界的好奇心、求知欲和现实需求，解决真实情境中的问题或完成实践项目的能力与品格。探究实践活动主要包括科学探究和跨学科实践。主要环节有：发现问题或提出任务，制订方案，实施方案，获得证据或形成初步产品，分析证据或改进设计，得出结论或物化成果，进行表达、交流或展示等。

科学探究是学习生物学的重要方式，跨学科实践是扩展视野、增强本领的重要途径，探究实践是创新型人才的重要标志。

4. 态度责任

态度责任是指在科学态度、健康意识和社会责任等方面的自我要求和责任担当。其中，科学态度是指乐于探索自然界的奥秘，具有严谨求实、勇于质疑、理性包容的心理倾向；健康意识是指在掌握人体生理和卫生保健知识的基础上，关注身体内外各种因素对健康的影响，形成健康生活的态度和行为习惯；社会责任是指基于对生物学的认识及对科学、技术、社会、环境相互关系的理解，参与个人和社会事务的讨论，作出理性解释和判断，解决生产生活问题的责任担当和能力。

态度责任关系到知识和能力的正确运用，是生物学课程育人价值的重要体现。

（三）目标要求

学生通过本课程的学习，应该达到以下目标。

1. 掌握生物学基础知识，形成基本的生命观念

获得生物体的结构层次、生物的多样性、生物与环境、植物的生活、人体生理与健康、遗传与进化等方面的基础知识；初步形成生物学的结构与功能观、物质与能量观、进化与适应观、生态观等生命观念；能够应用生命观念探讨和阐释生命现象及规律，认识生物界的多样性和统一性，认识生物界的发展变化，认识人与自然的关系等，初步形成科学的自然观和世界观；能够运用生命观念分析生活中遇到的一些与生物学相关的实际问题。

2. 初步掌握科学思维方法，具备一定的科学思维习惯和能力

尊重事实证据，能够运用比较和分类、归纳和演绎、抽象和概括、分析和综合等思维方法认识事物，解决实际问题，初步形成基于证据和逻辑的思维习惯；能够进行独立思考和判断，多角度、辩证地分析问题，提出自己的见解；能够对他人的观点进行审视评判、质疑包容；能够运用科学思维，探讨真实情境中的生物学问题，参与社会性科学议题的讨论。

3. 初步具有科学探究和跨学科实践能力，能够分析解决真实情境中的生物学问题

能够从生物学现象中发现和提出问题、收集和分析证据、得出结论。综合运用生物学和其他学科的知识、方法与实验操作技能，采用工程技术手段，通过设计、制作和改进，形成物化成果，将解决问题的想法或创意付诸实践，逐步形成团队合作意识、实践创新意识、审美意识，具有坚持不懈的探索精神和创意实现能力。

4. 初步确立严谨求实的科学态度，乐于探索生命的奥秘

初步理解科学的本质，能够以科学态度进行科学探究；面对各种媒体上的生物学信息或社会性科学议题，做到不迷信权威，不盲从他人，能对自己或他人的观点进行理性审视，尊重他人的观点；乐于探索自然界的奥秘，关注生物科学和生物技术的新进展及其对个人和社会发展的促进作用。

5. 树立健康意识和社会责任感，能够强身健体和服务社会

关注身体内外各种因素对健康的影响，在饮食作息、体育锻炼、疾病预防等方面形成健康生活的态度和行为习惯；能够基于生命观念和科学思维，破除封建迷信，反对伪科学；理解科学、技术、社会、环境的相互关系，参与社会性科学议题的讨论；初步形成生态文明观念，践行"绿水青山就是金山银山"的理念，积极参与环境保护实践，立志成为美丽中国的建设者；主动宣传关于生命安全与健康的观念和知识，成为健康中国的促进者和实践者。

（四）课程内容

根据义务教育阶段的培养目标，综合考虑学生发展需要、社会需求和生物学发展三个方面，以学科知识内在逻辑为主线，从微观到宏观、个体到群体、多样性到统一性等视角，系统构建课程结构。课程内容选取以下 7 个学习主题："生物体的结构层次""生物的多样性""生物与环境""植物的生活""人体生理与健康""遗传与进化""生物学与社会·跨学科实践"。

从内容结构来看，"生物学与社会·跨学科实践"学习主题与其他 6 个学习主题构成了完整的课程内容体系，它们之间是相互融合的关系。在课时安排方面，这 7 个学习主题的总课时数应与课程方案相一致，前 6 个学习主题约占总课时数的 90%，"生物学与社会·跨学科实践"学习主题约占总课时数的 10%。

每个学习主题都包括内容要求、学业要求和教学提示三个部分。其中，内容要求部分以大概念、重要概念和次位概念的形式呈现相应的概念体系，（大概念见表 2-2）有利于教师的教和学生的学；学业要求部分对学生学完相应主题的内容后在核心素养方面的表现提出具体要求；教学提示部分包括教学策略建议、情境素材建议和学习活动建议，这些内容对教师的教学有指导性，在实际教学中教师还可以根据实际情况进行必要的拓展和补充。

表 2-2　义务教育生物学课程内容——主题与大概念对应表

主题	大概念
一、生物体的结构层次	概念 1　生物体具有一定的结构层次，能够完成各项生命活动
二、生物的多样性	概念 2　生物可以分为不同的类群，保护生物的多样性具有重要意义
三、生物与环境	概念 3　生物与环境相互依赖、相互影响，形成多种多样的生态系统
四、植物的生活	概念 4　植物有自己的生命周期，可以制造有机物，直接或间接 地为其他生物提供食物，参与生物圈中的水循环，并维持碳氧平衡
五、人体生理与健康	概念 5　人体的结构与功能相适应，各系统协调统一，共同完成复杂的生命活动
	概念 6　人体健康受传染病、心血管疾病、癌症及外部伤害的威胁，良好的生活习惯和医疗措施是健康的重要保障

主题	大概念
六、遗传与进化	概念 7 遗传信息控制生物性状，并由亲代传递给子代
	概念 8 地球上现存的生物来自共同祖先，是长期进化的结果
七、生物学与社会—— 跨学科实践	概念 9 真实情境中的问题解决，通常需要综合运用科学、技术、工程学和数学等学科的概念、方法和思想，设计方案并付诸实施，以寻求科学问题的答案或制造相关产品

（五）学业质量

1. 学业质量内涵

学业质量是学生在完成课程学习后的学业成就表现，反映核心素养要求。

学业质量标准是以核心素养为主要维度，结合课程内容，对学生学业成就具体表现特征的整体刻画。生物学课程学业质量标准是学业水平考试命题及评价的重要依据，同时对教学设计与实施、教材编写等具有一定的指导作用。

2. 学业质量描述

生物学学业质量要求如下：

基于真实的生物学问题情境，描述生物学现象或与生物有关的特征，运用生物学的结构与功能观、物质与能量观、进化与适应观、生态观等生命观念解释产生特定生物学现象的原因，分析生物学的发展趋势及对社会产生的影响，针对生物学相关议题进行科学论证与合理决策，并尝试探究生命活动过程、人体健康、生物与环境等方面的问题。在这一过程中，能够初步形成从不同生命观念的视角认识和分析生物学问题的意识；初步形成基于证据、逻辑分析和解决问题的科学思维方式；形成科学态度和健康意识，并具有一定的责任担当。

在与健康和疾病相关的问题情境中，识别人体结构，描述其发生的变化；根据生理指标等方面的检测结果，运用结构与功能观、生物与环境的关系等知识进行分析，推测产生特定病症的可能原因；从机体生理功能稳定、经济成本、社会伦理、环境保护等方面考虑，尝试提出可能的疾病预防或治疗方案；形成健康生活的态度和行为习惯，学会对自己的健康负责；鉴别与疾病治疗、营养健康有关的传言或伪科学，主动传播生命安全与健康生活的观念和知识。

在与生物资源开发和利用有关的问题情境中，如粮食生产、水资源保护、优良品种选育、生物材料应用等，运用光合作用、呼吸作用、蒸腾作用、生物进化等生物学概念，确定生物资源生产和应用过程中的关键因素；结合研究结果，运用物质与能量观、进化与适应观等生命观念，分析生物资源生产或应用等社会性科学议题中有待解决的问题，并作出合理的判断；认识到生物资源的开发与利用对于缓解生态 压力、提高人类生活质量具有重要作用。

在与生物和环境有关的问题情境中，如环境污染治理、生物多样性保护、生物防治等，识别生态系统中的不同成分，分析其作用；运用进化与适应观和生态观分析生物在形态结构和行为等方面与环境相适应的特征；结合有关生态环境、生物多样性等方面的监测结果，分析环境污染、生物多样性变化等现象产生的原因；针对相关的生态学问题，从生物与环境的关系、生态可持续发展、经济效益等方面，尝试提出研究思路或可能的解决方案，积极参与环境保护实践，展现生态文明观念。

在与生物技术有关的问题情境中，如人体生理指标的智能监测产品、转基因技术、利用人造器官治疗疾病的新技术等方面，分析相应技术中所涉及的生物学原理；运用生物学、物理、化学、地理、数学、技术与工程学等多个学科的知识和思想方法进行分析，尝试提出生物技术产品的设计或改进方案；尝试从技术进步、个体生存、种群延续、生态安全、社会发展和伦理等方面辩证地分析生物技术的前景及应用中需要解决的问题。

（六）课程实施

课程标准在实施部分分别提出了5条教学建议：一是制订教学目标应体现发展核心素养的要求；二是围绕大概念组织教学内容和教学活动；三是重视运用以探究为特点的教学策略；四是加强科学、技术、社会相互关系的教育；五是推进现代信息技术与教学深度融合。从教学评价和学业水平考试两方面提出了评价建议。同时对教材编写、课程资源开发与利用、教学研究与教师培训提出了具体建议。最后在附录部分提供了7个教学与评价案例。

在核心素养的视域下重建课程是最近这次基础教育课程改革的亮点。新课程改革自 2001 年启动以来，一个基本标志就是从"双基"走向"三维目标"，它的进步是不言而喻的。三维目标强调在过程中掌握方法，获取知识，形成能力，培养情感态度价值观，三者是有机统一的，只有实现三维目标整合的教学才能促进学生的和谐发展。核心素养较之于三维目标，同样也是既有传承的一面又有超越的一面。传承更多地体现在"内涵上"，而超越更多地体现在"性质上"。作为核心素养主要构成的关键能力和必备品格，实际上是三维目标的提炼和整合，把知识、技能和过程、方法提炼为能力，把情感态度价值观提炼为品格。能力和品格的形成即是三维目标的有机统一。但是，核心素养不是三维目标的简单相加，核心素养更能体现以人为本的教育思想，从三维目标走向核心素养，是教育对人的真正的回归。必然引领课程改革以及教学方式和学习方式的根本变革。

第二节　中学生物学教材

教材是课程和教学的主要问题，因为它是课程资源的核心，是教学活动的载体。

一、教材的内涵

国内外关于"教材"的说法众多，从不同视角给出了不同界定。从国内情况看：

顾明远主编的《教育大词典》中认为：教材是教师和学生据以进行教学活动的材料，教学的主要媒体。通常按照课程标准（或教学大纲）的规定，分学科门类和年级顺序编辑。包括文字教材（含教科书、讲义、讲授提纲、图表和教学参考书等）和视听教材。

《中国大百科全书·教育》指出：教科书亦即"课本"，根据教学大纲（或课程标准）编定的系统地反映学科内容的教学用书。

第 7 版的《现代汉语词典》解释：教材是有关讲授内容的材料，如书籍、讲义、图片、讲授提纲等。

钟启泉认为：教材是教学过程的一个要素，包括了教师教学所利用的一切素材和手段。在此意义上，教材是教授及学习的材料，是师生之间的媒介。[①]

一般地说，对教材内涵的理解可以从广义和狭义两个角度去理解：广义上的教材指在教学活动中有计划地应用的各种教学资料（如课程标准、教科书教学参考资料、习题集、实验册、配套的音像资料等），狭义上的教材指依照一定的课程目标要求组织编写的教学内容，即教科书。它是学生在教学活动中学习知识的主要来源，是教师教学活动开展的主要依据，对教学过程的安排起着知识载体、教学指导的作用。

基于以上观点，可以认为，教材是国家审定通过的最重要教学材料。它是按照课程标准要求编写的、系统反映学科内容的教学用书，通常按年级或学期分册，划分单元或章节，主要包括目录、正文、习题、实验、图表、课外阅读、注释和附录等部分，其中正文是教材的核心部分和主体。

二、教科书的编排

《义务教育课程方案（2022 年版）》明确指出：教材编写须落实课程标准的基本要求，基于核心素养精选素材，确保内容的思想性、科学性、适宜性与时代性。创新体例，吸收学习科学的最新成果，强化内容间的内在联系。创新教材呈现方式，注重联系学生学习、生活、思想实际，用小故事说明大道理，用生动案例阐释抽象概念，增强吸引力和感染力。加强情境创设和问题设计，引导学习方式和教学方式变革。充分利用新技术优势，探索数字教材建设。关注学生认知发展特点，强化教材学段衔接。

教科书承载着课程内容，是实现课程目标的主要媒介。教科书的编排一定要体现课程标准的基本思想，必须兼顾学科的内在逻辑和学生的认识逻辑。

[①] 钟启泉 . 现代课程论 [M]. 上海：上海教育出版社，1989：329.

在《义务教育生物学课程标准（2022年版)》中，对教材编写提出了如下要求：

1. 教材编写原则

（1）坚持正确的政治方向和价值导向，加强思想性。以习近平新时代中国特色社会主义思想为指导，全面贯彻党的教育方针，落实立德树人根本任务，充分发挥生物学课程的育人功能，引导学生热爱自然、珍爱生命，树立"绿水青山就是金山银山"的生态文明观念和人民至上、生命至上的理念。

（2）坚持遵循学生身心发展规律，强化适宜性。符合初中生的知识基础、认知发展水平，注重联系学生学习、生活、思想实际，通过举例、演示、类比等多种形式阐释抽象的生物学概念，激发学生的求知欲，增强吸引力和感染力。内容容量和难度合理，努力减轻学生的课业负担。

（3）坚持核心素养导向，精选课程内容。围绕大概念遴选教材内容，既要体现基础性，又要反映时代性。以科学实践为载体，构建活动体系，以关键问题为引导，倡导以探究为主的多种主动学习方式，体现学生学习的主体性和主动性。注重一体化设计，与小学科学和高中生物学教材顺畅衔接，体现连贯性、整体性和发展性。

（4）坚持规范与创新相统一，优化呈现方式。符合知识产权保护等国家法律、行政法规。保证内容科学、概念准确，文字表述生动、可读性强，图文并茂、配图合理，适教利学。

2. 教材内容选择

（1）精选基本内容。在整体架构内容体系的基础上，内容选择要贴近学生生活实际，注重选择学生理解生物学所必需的基本概念、基本方法、基本技能和基本思想等基础性内容，适当反映细胞生物学、生理学、遗传学和生态学等领域的最新成果。

（2）重视科学实践活动的设计。将科学实践活动作为教材内容的重要组成部分，围绕学生核心素养培养，依据生物学科的概念体系，设计系列科学实践活动，包括跨学科实践活动。充分考虑减轻学生的学习负担，合理设置科学实践活动，考虑活动的选择性与灵活性，注意活动形式的多样性。通过让学生经历提出问题、作出假设、收集证据、检验假设、形成结论的过程，建构生物学概念，促进学生科学思维的发展，以及对科学本质的理解。通过让学生利用相关知识和技能解决实际问题，鼓励学生学以致用，培养学生的实践能力。

（3）体现科学、技术、社会的相互关系。在材料选择、活动设计等方面要反映生物科学技术进步与经济社会发展的相互影响，使学生认识到生物学科的社会价值。

（4）关注人文素养培养。关注生物学发展中所能体现的人文教育价值，充分利用我国古代在生物学方面的探索发现、实践成就，引导学生感悟中华民族智慧；讲述我国近现代生物学家科技报国、创新奉献的故事，培养学生的家国情怀，增强学生的文化自信。

（5）具有一定的弹性和灵活性。在按照课程标准编写必学内容的基础上，可以适当安排一些选学内容或选做活动，以拓宽学生视野，激发学生想象力和创造力，发展学生的爱好和特长，为因材施教提供支撑。例如，在教材中编入一些小资料和课外阅读材料，设计一些选做实践活动。

3. 教材内容的组织和呈现方式

（1）构建教材基本架构。兼顾学科内在逻辑和学生认识逻辑，一方面，按照学科内在结构厘清学科概念的范畴和逻辑关系；另一方面，按照学生概念形成规律规划学习路径。当学科内在逻辑与学生认识逻辑不一致时，对内容组织作出必要的调整，既保证内容完整性，又符合学生认识规律。兼顾大概念（内容主题）之间以及生物学科与其他学科之间的联系，划分单元与章节，合理分配各册次教材的内容，全面落实课程内容的要求。

（2）精心设计教材栏目。根据学习内容特点和学生学习规律，设置问题情境、活动、习题等多种栏目，满足学生完整学习活动需求。避免单纯呈现知识，注重结合学生生活经验，创设问题情境，引导学生积极思考和主动探索，实现由课程知识学习向学生核心素养发展的转化。各栏目之间应相互协调，充分发挥各自功能。习题设计要呼应正文或活动的学习要求，题目类型应多样化，注重设计开放性问题，难度合适、梯度合理、题量适宜，避免加重学生课业负担。

（3）统一教材体例。同一版本教材风格应一致，各册次教材在内容组织、行文风格、栏目设置、图文排版、装帧设计等方面尽可能统一。

三、现行生物学教材

根据《义务教育课程方案（2022 版）》要求，现行义务教育阶段实施九年一贯制，有两种学制，即"六三"学制和"五四"学制。可以在初中阶段设置生物学课程，也可以在一至九年级连续开设科学课程。因此，现行生物学教材中，"六三"学制有人教版、济南版、北京版、北师大版、冀少版、苏科版6 个版本，分别有 4 册，在七年级和八年级 4 个学期开设；"五四"学制有鲁科版，在七、八、九 3 个年级开设；另有华东师大版、沪教版、武汉版、浙教版 4 套科学教材，均为"六三"制，在七、八、九 3 个年级开设。

现行普通高中生物学有人教版、沪科教版、北师大版、苏教版、浙科版和沪科技版 6 套教材，均包含《分子与细胞》《遗传与进化》两册必修和《稳态与调节》《生物与环境》《生物技术与工程》3 册选择性必修共 5 册。

综合训练

1. 认真阅读学习《义务教育生物学课程标准》（2022 年版）和《普通高中生物学课程标准》(2017 年版 2020 年修订)，比较课程理念和课程目标的不同。

2. 选择我国生物学教材的某个内容，对照西方国家的相关教材，进行比较分析。

第三章　生物学学习理论与方式

本章要览

核心素养是每个人都应该具备的素养，其形成具有终身的连续性。学生核心素养的发展受限需要在学校中通过有意识的教育过程来培养，通过学习而获得。学习理论与教育实践之间有着密切的联系，在课堂教学中，教师对学习是如何发生的、如何学习才能更有效地发展核心素养、哪些因素影响学习等问题也日益关注。我们只有了解了学习的本质和规律才能回答这些问题，才能更好地指导学生的学习。

目前，心理学界普遍认同的关于学习的定义是"学习是指因经验而引起的行为、能力和心理倾向的比较持久的变化。这些变化不是因成熟、疾病或药物引起的，而且也不一定会表现出外显的行为。"[①] 学习是获得知识的过程，是经验而非基因预设的结果。学习是一个复杂的过程，已经有许多理论解释学习是如何达成的，其中代表性理论主要有行为主义学习理论、认知主义学习理论、建构主义学习理论和人本主义学习理论。本章主要对以上学习理论的代表人物、主要观点进行了介绍，最后对新时期的几种学习方式进行了介绍。

---

① 施良方. 学习论 [M]. 北京：人民教育出版社，2001：5.

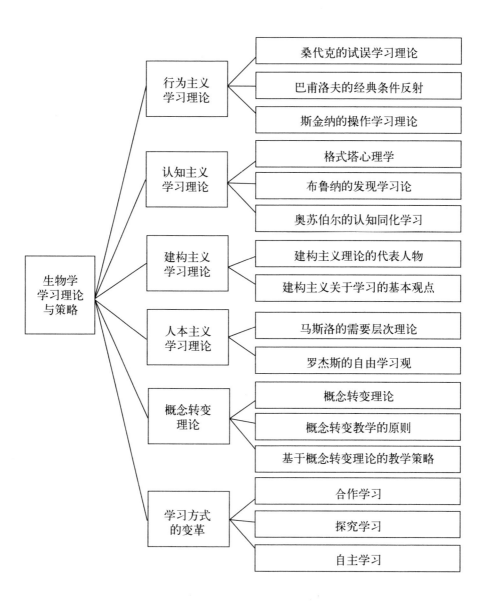

学习目标

1. 能梳理学习理论的发展脉络，简述并比较不同学派学习理论的主要观点，解释学习的本质；

2. 能认同不同学习理论对教育的积极意义和局限性；

3. 能运用学习理论指导教学实践。

第一节　行为主义学习理论

■ 现场直击

什么是学习？这看似是一个简单的问题，在我们的日常生活中，学习时时都在发生，儿童拼装玩具、阅读图书、练习跳舞……这些显然都可以归为学习行为。也有很多的行为并不属于学习行为，如婴儿吮吸、蜘蛛织网等。这又是为什么？学习和非学习的区别是什么？我们是否可以通过反复训练增强学习效果？学习的结果是否能够永久保存？行为主义心理学家通过大量的动物实验试图找寻其中的答案。

哲学认识论对学习理论的研究有较大影响，历史上关于知识从何而来以及人是如何学习知识的可以分为两个对立的主张：经验主义和理性主义。经验主义认为认识始于经验，强调行为的发展取决于经验；理性主义则认为感性的经验只能提供个别的认识，唯有预感、推理、直觉等理性认识才能提供具有普遍必然性的可靠知识。亚里士多德是经验主义的代表人物，他认为如果两种事物在空间、时间、特征等方面临近、相似或者完全相反，那么人们就很容易在想到一个事物时联想到另一个事物，通过这样的联想从而形成各种观念的联结。这种通过联想产生学习的观点看似简单却影响深远。后来，心理学家将联想的原理同行为实验结合起来，促进了刺激–反应行为主义学习理论的形成。

行为主义学习理论的创始人是约翰 . B. 华生，他认为心理学中对学习的研究不应该去关注潜在的意识，而是要关注外在的、可观察的、可测量的行为，自此之后，几乎所有的心理学家都研究行为，并通过在实验室中对动物行为的观察进一步推广到解释人类行为的变化。

行为主义理论把环境看作刺激，把伴随而来的有机体的行为看作反应，而学习就是刺激与反应联结的形成过程。

一、桑代克的试误学习理论

早期的联想主义主要关注不同的观念是如何结合在一起的，桑代克首次正式尝试将感觉事件与外显的行为相联系，并通过对动物学习的实验研究，将学习定义为刺激与反应之间的联结，这种联结是通过"盲目尝试—逐步减少错误—再尝试"这样一个反复的过程形成的。[①] 因而，他认为学习的最基本形式就是试误。

（一）猫开笼实验

19 世纪末，桑代克设计了著名的"迷箱实验"。桑代克认为对学习行为的研究需要将有代表性的被试样本置于精心设计的标准情境之中，并对处理后的样本在标准情境中的行为表现进行定量的测量和比较。于是桑代克设计了"桑代克迷箱"（如图 3–1 所示），迷箱中设有一个可以打开门闩的机关。实验过程中，当一只饥饿的猫第一次被放入迷箱，看到箱外的食物，

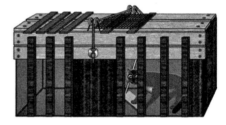

图 3–1　桑代克迷箱

它会拼命挣扎，或抓或咬、或钻或挤，尝试冲出迷箱。饿猫终于在无意间触碰到机关得以逃出箱外吃到食物。经过多次这样反复的尝试，饿猫不断修正自己的行为，逃出迷箱所用的时间越来越短，最终形成了迷笼刺激和触及机关反应之间的联结。

那么，如何解释猫逃出迷箱由慢至快的这一现象呢？猫在迷箱这一标准情境之中学到了什么？首先，猫解决问题的时间是逐渐缩短的，桑代克推断学习不是突然发生的，而是在尝试和错误的过程中，以非常小的系统的步骤发生的；同时，桑代克还推断出学习是直接的，不受观念的调节，因为猫并不是在审视了周围的环境并思考之后才决定如何去做，而是依据本能和经验对情境中的条件做出了恰当的反应，最终形成了没有意识参与的习惯。由此，桑代克认为动物的基本学习方式就是试误学习，学习的实质在于形成刺激–反应的直接联结。

---

① 张大均. 教育心理学 [M]. 北京：人民教育出版社，2015：71.

（二）学习律

除了以动物作为被试之外，桑代克随后还以人为被试做了大量的实验，他发现人类的学习形式要更加复杂，一个受过教育的成年人可以拥有数百万个刺激-反应的联结。桑代克尝试总结了普遍适用于动物和人类的学习的规律，其中主要有准备律、效果律和练习律。

准备律是指在试误学习的过程中，学习者是否会对某种刺激做出反应，同他是否已经做好准备有关。例如，在迷箱实验中，正因为猫处于饥饿的状态，它才具有要冲出迷箱获取食物的内在动机。

效果律是指刺激与反应之间的联结因反应结果而增强或减弱，如果一个反应发生后跟随着满意事态（奖赏），联结就被加强，如果一个反应发生后跟随着苦恼事态（惩罚），联结就被减弱。[①] 这就意味着一个人当前行为的后果对决定他未来的行为起着关键作用。

练习律是指一个已经建立的联结，如果经常练习和应用则联结的力量会逐渐增大，如果不予以使用，这种联结的力量则会减弱直至消退。

学习律指导了大量的教育实践，按照准备律，任何学习都应该在学生有准备的状态下发生；按照效果律，教学中应及时反馈；按照练习律，合理的练习可以强化巩固学习效果，否则会逐渐遗忘。联结主义还特别强调"做中学"，鼓励学生从错误中进行学习。

桑代克通过大量的实验揭示了试误学习的过程，但是他对刺激-联结建立过程的解释过于简化，认为学习无须思考或推理等的意识参与，学习者的动机和学习策略对学习而言是不重要的，具有一定的局限性。

■ 拓展延伸

> 行为主义与人工智能：20世纪20年代，心理学家华生（John B. Watson）提出只要给予充足的环境，可以将婴儿训练成任何预设的目标，而不需要关注其内部特征。这就是目前人工智能"端到端"训练采用的方法，只要有足够多的数据和反馈，就可以找到二者之间的关系，这属于行为主义。

① 罗继才. 评桑代克的"效果律"与"扩散效应" [J]. 全球教育展望，2014，43（04）：111-120.

二、巴甫洛夫的经典条件反射

巴甫洛夫是俄国著名的生理学家和心理学家，他也认为学习是形成刺激与反应之间的联系，但是这种联系的形成是由于条件刺激和无条件刺激在时空上的结合，最终条件刺激替代无条件刺激，形成新的刺激–反应联结，形成了学习。这就是著名的经典条件反射理论。

（一）条件反射的实验

巴甫洛夫在研究狗的消化系统时发现，当狗的口腔里有食物时，会产生分泌唾液的反应，唾液的数量和持续的时间是随口腔内食物的种类和数量而变化的，这一现象在胃液的分泌中也同样存在。巴甫洛夫认为这是动物具有的一种内在的、固有的生理反射（physiological reflex）。在后来的实验中，巴甫洛夫将狗的食管切开，这样狗在进食之后，可以咀嚼，但食物无法进入胃部，而是从切开的食管中流了出来。这时，狗的胃液分泌几乎和食物进入胃部时一样多。进入胃部的食物并非刺激胃液分泌的必要条件，口腔内的食物作为一种信号也能使狗做出分泌胃液的反应。同时，巴甫洛夫还注意到，狗在进食之前，看到食物，或者仅仅听到喂食者的脚步声也会分泌唾液，这种行为用之前的生理反射无法解释，巴甫洛夫把这一反应称为"心理反射"，为了排除主观因素的干扰，他决定用生理学的研究方法去解释这一问题。

首先，他将狗固定在实验台上，用特制的导管来收集唾液，导管的一端穿过狗的面颊伸入口腔，导管的另一端连接到一个既可以测量总量又可以记录分泌滴数的装置（如图 3–2）。如前所述，食物作为一种无条件刺激（unconditioned stimulus，简称 US）

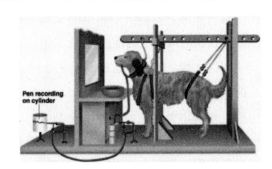

图 3–2　巴甫洛夫关于条件反射的实验

可以刺激唾液分泌的无条件反射（unconditioned response，简称 UR）。而铃声等中性刺激（neutral stimulus，又称条件刺激）并不能促使唾液分泌。随后，巴甫洛夫将两种类型的刺激配对，在铃声响起后就紧接着喂食，重复若干次后，单是发出铃声，不提供食物，也能引起狗产生唾液分泌，这表明铃声和分泌唾液之间形成了联结，铃声是条件刺激（conditioned stimulus，简称CS），铃声引起的唾液分泌就是条件反应，这个过程被称为条件反射（conditioned response，简称CR）。巴甫洛夫根据这一实验结果总结出条件反射的基本规律。

（二）条件反射的机制

1. 获得与消退

巴甫洛夫指出，要形成条件反射，无条件刺激和中性刺激必须多次配对，而且在操作的过程中，必须是条件刺激在前，无条件刺激紧随其后，这种呈现的顺序和连续性非常重要，否则条件反射难以建立。

我们知道，在正常情况下，条件刺激不会引发无条件反应。即便是在条件反射建立之后，如果在条件刺激呈现之后不再有无条件刺激的出现，那么，条件反射也会逐渐消失，这个过程被称为实验性消退（extinction）。教师可以利用这一原理消除学生的不良行为。

2. 泛化和辨别

人和动物一旦形成对某一种特定条件刺激的反应，那么其他与该条件刺激相似的刺激也能诱发相同的条件反射。例如，我们生活中常说的"一朝被蛇咬，十年怕井绳"。泛化解释了我们如何学会对以前从未遇到过的情境作出反应，也就是说，我们对新情境的反应与我们熟悉的类似情境的反应相同，实现学习在相似情境中的迁移。

与泛化相反的过程是辨别，它是指有机体需要辨别相关刺激与无关刺激，从而仅对训练时使用的刺激作出反应的趋势。例如，圆和椭圆是两个相似的情境，如果用圆形光圈作为条件刺激，以食物作为无条件刺激，那么在条件反射建立之后，狗要学会区分圆和椭圆两种刺激。在教学中，教师常常需要引导学生辨别不同的情境，恰当地作出反应。

三、斯金纳的操作学习理论

经典条件反射理论对学习理论的发展产生了巨大的影响，然而它只能解释那些自动的生理反应。但是，人类的学习多数情况下都是自发或自愿产生的，是一个主动的过程。实际上有机体的很多动作或行为根本无法说清楚到底是由哪个刺激引起的。这样，条件反射理论在解释学习行为上就有其局限性。美国心理学家斯金纳便对学习过程中有意的动作进行研究，提出了操作性条件反射理论。

（一）操作性条件作用的强化理论

斯金纳在对学习过程进行解释的时候，将人和动物的反应分为两类：一类是由明确的刺激引发的，有机体被动地应答环境的反应，称为应答性反应（respondent response）；同时，人和动物的许多反应并不是由明显的、确定的刺激引发，是有机体主动地发出并作用于环境的反应，称为操作性反应（operant response）。无条件反应便是应答反应的例证，例如，手碰到烫的物体会迅速缩回，看到食物会流出口水等。应答性反应先有刺激，再引发反应，强调刺激对引起所期望的反应的重要性。而我们生活和学习中的很多行为都是有目的的行为，属于操作性行为，如吹口哨、读书、写字。这些操作性反应并不取决于事先的刺激，而是由其结果控制，因而操作性反应强调行为反应及其后果。事实上，也存在着引发这些操作性反应的刺激，但斯金纳认为事先的刺激对于操作性反应并不重要。

1. 斯金纳箱

斯金纳的工作主要集中在行为反应与其后果的关系上，他的动物研究大都是在一个测试箱内进行的，这个箱子是在桑代克迷箱的基础上改进而来的，后来被称为"斯金纳箱"（图3-3）。箱内有一个杠杆开关，当动物按压杠杠时，一颗食丸就会掉落，开关外连着一个记录系统，用线条的方式准确记录动物按压开关的次数和时间。实验过程中安排各种各样的反应结果，以此来控制反应。在实验时，斯金纳

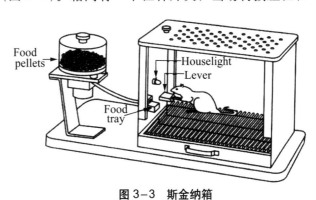

图3-3 斯金纳箱

将饥饿的白鼠放入箱中，白鼠在箱内可以自由活动，当他偶然碰到杠杆开关就能获得一个食丸，经过若干次的尝试，白鼠会主动地按压杠杆直到自己吃饱。同时，箱外的记录系统记下白鼠按压杠杆获得食物的详细状况。在这一实验中，白鼠学会了按压杠杆而获得食物的反应，把强化（食物）与操作性的反应联系起来，形成了操作性条件作用（operant conditioning）。

斯金纳提出了著名的强化理论：如果一种反应之后伴随着一种强化物，那么在类似的环境中，这种反应的概率就会增加，这时，强化物和实施强化物的环境一起都是一种刺激，可以提炼为"刺激—反应—强化"。斯金纳认为重要的刺激不是引发反应的前一个刺激，而是跟随反应之后的强化刺激。

2. 正强化与负强化

■ 案例剖析

> 在"氨基酸的结构"这一知识点的教学时，李老师首先在屏幕上呈现多个氨基酸的结构式，并引导学生讨论氨基酸结构的特点。学生甲答："都有C、H、O、N四种元素。"李老师肯定这个答案后，继续问学生乙。乙学生思考后回答："都有相同的结构如—COOH、—NH$_2$、—CH。"李老师满意的表扬该生，仍继续提问学生丙。学生丙补充说："CH 连接的部分有简单的—H、—CH$_3$，也有复杂的—CH$_2$—CH（CH$_3$）$_2$、CH（CH$_3$）—CH$_2$—CH$_3$，甚至还有特殊的 CH$_2$—C$_6$H$_4$—OH、(CH$_2$)$_2$—COOH 等。"老师在提议给予三位学生鼓励的掌声后，便对该问题进行了总结。

这位老师的表扬无疑是增加课堂参与度和激发建设性答案的有效策略。这便是操作性条件反射的强化理论在课堂教学中的应用。

操作性条件作用与两个基本原则相联系：(1) 任何反应如果紧随以强化刺激，该反应倾向于被重复；(2) 所有能增加操作反应出现比率的事物都是强化刺激。强化刺激可以分为正强化（positive reinforcement）和负强化（negative reinforcement），产生强化的刺激称为强化物。当环境中增加某种刺激后，有机体反应概率增加，这种刺激就是正强化，斯金纳实验中的食物便是正强化物。生活中人们也会经常运用正强化塑造他人的行为，例如学生回答问题后受到表扬，学生回答问题的次数增加，表扬就是正强化。而当环境中出现某种使有机体厌恶或不愉快的刺激，有机体作出某种反应可以使这种刺激消失，这种反应的概率就会增加，那么这类刺激便是负强化物。例如，处于电击状态的兔子按下开关便停止电击，电击就是负强化物。值得注意的是，无论是正强化物，还是负强化物，作用的结果都是增加反应的概率。

在斯金纳的实验中，自变量不仅包括强化的类型，还包括强化的程序，实验者可以精确地决定怎样给予强化、何时给予强化。既可以在每次正确反应后都给予强化，也可以依据反应的次数或者反应的时间间隔给予间歇性的强化。而当有机体作出以前曾经被强化过的反应后不再给予强化刺激之后，反应发生的概率就会降低，这一现象称为消退，可以看作是强化的逆过程。对于初学者而言，连续强化比间歇强化习得的速度更快，但是在撤销强化后，消退的速度也更快一些。不同的强化程序还可以组合起来，最佳的组合被认为是训练之初使用连续强化，然后是固定间隔的强化，最后选择变化比例的强化。

3. 惩罚

惩罚是指当有机体作出某种反应后，紧随其后给予一个厌恶刺激，那么，有机体反应的频率会有所下降。惩罚和负强化具有本质的区别，惩罚的目的是要抑制不良反应，阻止不良行为，而负强化则是要提高反应的频率。尽管惩罚可以暂时性抑制个体的不良行为，但是一旦惩罚停止，之前建立的反应仍会恢复，惩罚并不能根除不良的行为，有时甚至会带来其他负面的影响。因此，在教学中，要尽量避免将惩罚作为单一的方法，可以将它和负强化结合使用，方能取得预期的效果。

（二）程序教学原理

斯金纳认为，任何有机体能够操作的行为都能运用强化原理进行控制，教育就是塑造行为。一些复杂行为的学习不可能一步到位，而是需要将目标分解为一系列逐渐接近目标的小步子。所谓塑造（shaping）就是指通过小步强化达成复杂行为的最终目标。这就需要在学习的过程中有选择地对有机体作出的接近最终行为的各种反应给予强化。例如，教师在教授学生显微镜的使用时，先要求学生能够说出显微镜的构造和作用，说明显微镜的工作原理，再要求学生能够简述显微镜操作的步骤和注意事项，最后达到使用显微镜观察动植物标本的最终目标。

由此，斯金纳发展了程序教学的概念。程序教学需要遵循以下步骤：(1) 教师首先要确定教学的终点，制订教学目标；(2) 了解学生目前能做什么或知道什么，确定学生的起点；(3) 找出学生所在环境中的强化物；(4) 明确从起点到终点的各个小步行为，步调大小因学生的能力而异；(5) 通过各种手段让学生按照一定的步骤学完安排的内容。[①] 斯金纳认为教育就是通过某种刺激帮助学生获得一系列对个体和他人有利的行为，而诸如了解生物学、养成良好公民等目标较为抽象、笼统，难以被教师理解和操作，他极力主张制订具体可行的行为目标，再通过一系列层次性的阶段，将行为引到预期的状态。同时，在学生每一小步的学习中，要给予及时与适当的强化。学生也可以自定步调，按照自己的学习速度进行学习。[②] 教学过程中只有做到教学内容小步呈现、学习者自定步调、积极回答及教师及时反馈，才能取得良好的教学效果。

程序教学理论给教学方法带来了很大的影响，尤其是随着教育信息化的发展，近年来流行的慕课这一教学模式在很大程度上继承和发展了程序教学理论。

行为主义学习理论强调运用实验的方法对人和动物可观测的行为展开研究，重视环境中的刺激对学习的影响。行为主义各个流派都认同学习的过程就是有机体在一定条件下形成刺激与反应的联系从而获得新经验的过程，只不过他们对于刺激－反应联结的形成过程和条件的解释有所差异（表 3–1）。[③] 总体而言，行为主义为学习理论的发展提出了独到的见解，积累了丰富的材料。

---

① 陈琦，刘儒德. 教育心理学 [M]. 北京：人民教育出版社，2019：123.

② 缪学超. 程序教学法的形成、要义、实验及当代价值 [J]. 课程·教材·教法，2015，035 (007)：101–107.

③ 莫雷. 西方两大派别学习理论发展过程的系统分析 [J]. 华南师范大学学报（社会科学版），2003，000 (004)：103–110.

表3-1　行为主义理论中的学习模式

代表人物	学习模式
桑代克	$S \xrightarrow{\text{试误引发}} R \quad \overset{\text{形成}}{\Longrightarrow} \quad (S-R)$
巴甫洛夫	前提:$(S^* \longrightarrow R)$ 学习过程:$[S + S^*] \xrightarrow{\text{结合}} R \xrightarrow{\text{替代形成}} (S-R)$
斯金纳	$(S) \longleftarrow \cdots\cdots R \longrightarrow S^* \Longrightarrow (R-S)$ 强化　　　　形成

　　由于行为主义在研究时只关注行为,忽视了人的意识问题,将人的学习简单地归结为刺激-反应的联结,强调强化对学习的作用,忽视了人在学习时的主观能动性。若要对人的学习这一复杂过程有较为全面的认识,我们必须尝试了解人的内部心理过程。

第二节　认知主义学习理论

■ 现场直击

　　人类所有的学习行为是否都可以用刺激-反应联结的原理来解释? 人在学习的过程中是否是一个机械的信息收集器?

　　加西亚 (John Garcia) 在20世纪50年代进行了老鼠的味觉厌恶实验,发现并不是所有的刺激都能和反应建立联结,这对行为主义提出了否定,有机体的学习潜能要被其他生物学基础所约束,从此人们才开始思考认知科学。

认知主义把学习看作是学习者对事物进行认识、辨别、理解，从而获得新知识的过程。在这个过程中，学习者学到的是思维方式，即认知结构（Cognitive Structure）。学习的过程不是受习惯支配，而是受主体的预期所引导。认知主义的主要代表人物有格式塔学派的韦特墨、苛勒、考夫卡，认知发现说的布鲁纳，认知同化说的奥苏伯尔等。

一、格式塔心理学

传统的心理学把人们的思维看作是通过联想过程联结在一起的种种印象构成的。格式塔学派则认为思维是一种整体性的、有意义的知觉。相对于行为主义理论而言，格式塔理论赋予大脑更主动的地位，大脑并不是环境信息被动的接收者和存储器，而是以某种方式主动采集、重构信息，使这些信息更加有组织、有意义。这一过程是非常主观的，常常会受到我们过去经验甚至当前状态的影响。

（一）整体与部分

韦特墨通过对似动现象（apparent motion）的研究提出对知觉的研究应该从整体的视角开展。例如，我们看到灯光从一处向另一处移动，实际上并非灯光真的在移动，而是一只灯熄灭，另一只灯同时亮起，从而使我们产生了灯光在移动的错觉。韦特墨认为在上述情境中，灯的开和关是独立的部分，但它们组合成为整体之后，才形成灯光在移动的印象。因此，仅仅依靠分离的部分无法推断出整体。为了强调整体性，韦特墨采用德语的"Gestalt"来形容这一能动的整体。格式塔心理学将物理学中的"场论"引入到心理学研究中。所谓"场"是指动态的、相互联系的系统，系统中的各个部分相互影响、相互作用，形成一个整体。人也可以被看作是一个动态的、相互联系的系统，人在学习的过程中，会受到多种因素的影响。对格式塔心理学家而言，重点在于整体，而不是单个的部分。

格式塔学者自始至终最关注的是知觉现象，并提出了诸多知觉原则。其中，完形趋向原则被称为是最高的原则，是指每个心理事件都存在着朝向有意义、完整和简单的倾向，在学习的过程中，我们的大脑会根据完形趋向原则主动转化输入的感觉信息并使它具有意义；闭合原则与学习和记忆直接相关，是指我们有一种将不完整经验加以完善的倾向，例如我们看到一个有一处小缺口的圆圈，会倾向于知觉填补这个缺口。

（二）顿悟

格式塔学派将学习看作是知觉的一种特殊问题，学习意味着要察觉特定情境中的关键要素，了解这些要素是如何联系的，识别其中的内在结构。他们认为学习是不连续的，只存在问题得到解决和问题没有得到解决两种方式。在解决问题的过程中，学习者会思考解决问题的所有成分，并将所有成分聚集在一起，直到问题得到解决。解决的方法是突然出现的，也就是说，有机体对问题的解决方法产生了顿悟。

为了验证这一观点，苛勒设计了精巧的实验。他将一串香蕉放在类人猿触碰不到的高处，类人猿为了得到香蕉，必须借助工具，结果类人猿或是借助长棍，或是堆起箱子，最终成功地获得香蕉。苛勒等通过观察发现，类人猿在解决问题之前经过了一个较长时间的前阶段，在这段时间，他们会考虑大量解决问题的有效方式，当发现正确策略之后就产生了顿悟。这一过程类似于桑代克的"试误"过程，但不同的是这里的试误学习是认知的而不是行为的。

顿悟学习的核心是要把握事物的本质，而不是去关心无关的细节。由于学习者是通过重新组织和构建有关事物的形式，形成了一种新的方式来看待问题，这就需要他们真正理解事物之间的关系，因而这样的学习不容易被遗忘，也很容易迁移到新的情境中。

（三）迁移

苛勒还对学习过程中的迁移进行了解释。所谓迁移是指将在一个问题解决情境中习得的原理应用于另一个问题的解决方式中。苛勒早期的实验主要是通过对小鸡的研究进行的（图3-4）。实验的第一阶段，他在小鸡面前放置一张浅色的灰纸（a）和一张深色的灰纸（b），在喂食时，每次都将食物放在深色的灰纸上，训练一段时间后，让它在两张灰纸之间选择时，小鸡会趋向于颜色较深的那一张纸。在实验的第二阶段，让小鸡在第一阶段用的深色的灰纸（b）和新加入的一张颜色更深的灰纸（c）之间做出选择。这时，小鸡又会做出什么样的反应呢?

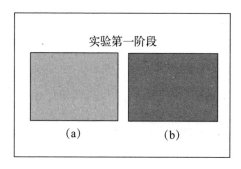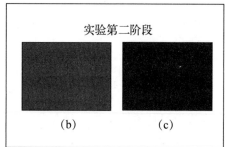

图 3-4　苛勒小鸡觅食实验

按照行为主义学习理论,小鸡在第一阶段受到对深色的灰纸(b)的强化,那么在第二次选择时,理所应当会选择深色的灰纸(b)。但苛勒等格式塔学派学者却认为,小鸡在第一阶段形成的并非是 S-R 的联结,而是一种关系原理,也就是说,小鸡在第一阶段习得了趋向两个目标中颜色较深的目标的原理。因而,他在第二阶段选择时同样会倾向于选择颜色更深的灰纸(c)。实验的结果也验证了他们的这一推测。

(四)记忆痕迹

个体在学习的过程中,大脑会对外界的信息进行处理。考夫卡通过他的记忆痕迹理论对个体已有的经验在大脑信息处理中的作用做出解释。与其他学派的心理学家一样,格式塔心理学家也认为通过学习,会在大脑中留下记忆痕迹,这种痕迹又反过来可以影响后来发生的所有类似过程。也就是说,某种情境下形成的所谓"纯粹"的经验仅在个体首次经历某一情境时产生,此后,大脑在处理相关的经验时都会与这一经验建立联系,以此类推。个体的学习过程本质上就是记忆痕迹相互联系、相互作用,形成一个有组织的整体,称为完形。学习的过程主要不是记忆痕迹的简单地增减,而是要使一种完形改变成另一种完形。

格式塔心理学证实了学习的内在机制是一个组织心理经验的过程,将心理学研究从只关注外显行为转向内在心理变化,对认知科学的发展产生了重要的影响。

■ **拓展延伸**

　　科学家发现，短时记忆和长时记忆的行程都和突触中发生的变化有关，是由于神经元之间突触连接的强度增加了，来自外部和内部的刺激产生的电信号沿轴突传递到突触处，激励位于突触前膜的神经递质的小胞体，使它们释放出神经递质。神经递质经过突触的间隙，和位于突触后膜上的受体分子结合，神经元被激活，从而该突出连接的强度被瞬间加强了或是对后续信号的灵敏度被瞬间提高了，这时短时记忆就形成了。

　　如果刺激强度大或是刺激重复次数增加，会启动位于细胞核中的转录因子 CREB，转录因子 CREB 是一种特殊的蛋白分子，在短时记忆转变成长时记忆中起到关键作用。CREB 一旦被激活，就会启动细胞核中相应的基因的转录和表达过程，产生新的蛋白质。这些新产生的加固突触的蛋白质会从包围神经元核的细胞膜中溢出，在神经元内弥散，自动寻找到应该加固的突触。当突触的蛋白被加固了，这些突触连接的强化就被固定了，长时记忆就形成了。

二、布鲁纳的发现学习论

　　布鲁纳是美国著名的认知主义心理学家，他主要研究学生的学习，对学习的内部认知过程很感兴趣。布鲁纳认为人的认识过程是把新学得的信息和自己原有的心理图示结构有机地联系起来，组建自己知识结构的一个过程。[①]

（一）认知结构论

　　在行为主义广为流行的时期，人们普遍认为诸如事物本身的客观物理特征或外在的环境条件是影响人认识事物的主要因素。布鲁纳则认为人在认识事物的时候会受到个人因素的影响。事实上，人会有系统地对环境中的信息加以选择和抽象概括，是一个主动的过程。学习的实质在于主动地形成认知结构。

――――――――――――

① 欧阳荣华，赵志毅. 美国教育理论的研究和发展 [J]. 大学教育科学，2008，003（003）：5-15.

布鲁纳提出学习包括获得、转化、评价三个几乎同时发生的过程。①学习首先是新知识的获得，新知识可能是已有知识的深化或替代，也可能和已有的知识相背。②转化是指处理新知识使其适应新任务的过程。布鲁纳认为在获得新知识后，人们会根据某些确定的或关键的属性有选择地将其归入某一类别。例如，笔具有两个关键属性：可以握在手里和用来书写的工具，那么在我们观察到周围某一款式的笔之后，就会将这一信息归入相应的类别中。通过这一过程，个体还可以通过推理获取新的知识，超越所给的信息。③评价是对知识转化的方式适合于新任务的一种检查。这一认知过程使得个体有能力去区别环境中的物体和过程。

布鲁纳通过编码系统来解释思维的过程。编码系统是指一组相互联系的、非具体性的类别，是人们对环境信息加以分组和组合的方式，它是不断变化和重组的。① 个体在处理外界输入的信息时，并不仅仅是将其归于某一类别，根据这一类别作出推理，还要根据相关的类别作出推理。编码系统具有层级结构，各类别相互关联。例如，笔是较为具体的低层级类别，其上一层次类别是文具，与文具并列的还有书本等类别，它们之上还有学习用品。也就是说，学生认知结构的层次是概括水平高的概念位于认知结构的上端，然后依次是概括水平较低的概念，具体的事例、材料、例证位于认知结构底部。因此，布鲁纳提倡学习应注意各门学科的基本结构，学习的过程就是将学科结构转化为学生认知结构的过程。

布鲁纳认为人的认知分为不同的类型。在我们年幼时，主要通过探索能够亲身体验、实际操作的事物，认知类型是"动作性"的；在学龄阶段，我们能够去感知、学习图像等，记住熟悉的经验，认知类型是"映像性"的；到了青春期和成人阶段，我们可以理解和利用抽象概念，而不需要实际操作它们或把它们直接呈现出来，认知类型是"符号性"的。因而，在教学中，教师应该给予学生与之认知水平相匹配的学习材料、活动的机会和作业等，帮助学生形成丰富的想象。

（二）发现学习

发现学习是指学生在学习情境中，经过自己探索寻找，从而获得问题

---

① 施良方. 学习论 [M]. 北京：人民教育出版社，2001：5.

答案的一种学习方式。发现学习法是帮助学生掌握学科结构的最好方法。布鲁纳指出"不论是在校儿童凭自己的力量所作出的发现，还是科学家努力于日趋尖端的研究领域所作出的发现，按其本质来说，都不过是把现象重新组织或转换，使人能超越现象再进行组合，从而获得新的领悟而已。"[①] 学生不是知识的被动接受者，而是主动的、积极的知识探究者。发现学习具有以下特点。

发现学习强调学习过程。布鲁纳认为认知是一个过程，而不是一种产品。学习的内容不是现成的材料，而是利用各种材料自己独立思考，自行发现知识的过程。教师的作用是能够为学生提供独立探究的情境，而不是提供现成的知识。学习的主要目的是学生参与建立该学科的知识体系的过程。

发现学习强调直觉思维。直觉思维和分析思维都是解决问题的重要思维方式。直觉思维的本质是映象性的，和分析思维不同，它往往不需要严格的逻辑证明过程，主要采取跃进、越级、走捷径的方式来思维。直觉思维往往是内隐的、顿悟的，以大量的感性认识为基础。直觉思维是难以言传的，一般不依赖言语信息的指导。儿童的思维方式多以直觉思维为主，教学中应鼓励儿童大胆地想象和猜测，防止过早地语言化。

发现学习强调内部动机。学习动机分为外部动机和内部动机。行为主义认为奖励和惩罚等外部动机都可以强化学习。布鲁纳认为当学生的认知结构和认知需要有了一定的发展后，内部动机变得更为重要。发现活动有利于激励学生的好奇心。布鲁纳称其为"学生内部动机的原型"，提出要形成学生的能动动机使学生有一种求得才能的驱动力。

发现学习强调信息提取。人类记忆的首要问题不是贮存，而是提取。提取信息的关键在于如何组织信息、如何知道信息贮存在哪里和怎样提取信息。学生亲自参与发现事物的活动，必然会用某种方式对它们加以组织，从而发现对记忆具有最好的效果。

强调学生学习的主动性，重视认知结构、内在动机等在学习中的作用，既注重知识的理解，又注重对学生能力的培养，符合学习和教学的一般规律和本质特征。教师开展发现学习的教学时应注意以下方面：①要使学生在学

---

① 王丕. 学校教育心理学 [M]. 开封：河南大学出版社，1988：56.

习情境中通过主动发现获取知识，教师必须先将学习情境和教材性质解释得非常清楚；②教师从事知识教学时，要配合学生的经验将教材进行适当组织，教学材料的选择要突出学科的基本结构；③教学的难度与逻辑上的先后顺序，要符合学生的心智发展水平和认知表征方式，使学生的知识经验前后衔接；④教学中要注意培养和激发学生的动机。

■ 拓展延伸

美国当前推行的《新一代科学教育标准》（*Next Generation Science Standards*，简称 NGSS）就课程知识的选择和组织给出了明确的观点：每个学科都存在一些关键的、基本的、普适性原理，对这些原理的理解将有助于构建起良好的学科知识结构，从而有助于理解更加复杂、深奥的概念，以及解决实际生活中的问题。这些普适性的原理就是学生在学习过程中应当深入理解的学科核心概念。比如生命科学需要学生深入理解的核心概念，包括"从分子到生命体：结构与过程""生态系统：相互关系、能量、动态""传代：性状的遗传和变异""生物进化：统一性和多样性"。

三、奥苏伯尔的认知同化学习论

奥苏伯尔是和布鲁纳同时代的心理学家，他主要关注学校学习理论的研究，认为对学习理论的研究不应该只根据实验室的学习来外推，而应该关注课堂上发生的各种复杂的、有意义的言语学习。他认为课堂学习具有三个突出的特征：学习者的主观能动性、学习内容的系统性和以个体经验为基础。[①]奥苏伯尔认知同化学习理论的核心观点是"影响学习的最重要的因素是学生已知的内容"。

---

① 王惠来. 浅谈奥苏伯尔的有意义接受学习理论 [J]. 天津师大学报（社会科学版），1994（5）：28–30.

（一）接受学习与发现学习

■ 案例剖析

在"生态系统的信息传递"这一节课的教学时，教师首先展示图片并朗读诗句："春江水暖鸭先知。"并提问："鸭子是如何感知春天的到来？这里体现了什么信息？"学生根据图片和诗句的含义找出其中蕴含的信息类型。随后教师总结："通过温度来传递春天到来的信息。"接着教师要求学生总结得出物理信息的概念和传递形式，并要求举出其他实例。

在学习化学信息时，教师分别提供白醋、蒸馏水两种液体，请学生根据气味区分两种液体，并提问："你们在这个过程中发现了什么问题吗？这体现了什么信息传递方式？"学生依次完成液体的区分，并总结："大家是通过液体散发的气味来进行辨别的，这是一种化学信息的传递方式。"随后教师得出化学信息的概念，举出其他实例。

最后，在行为信息的学习时，模拟"你比我猜"游戏，学生根据规定词语进行表演，另一同学根据表演猜词。要求学生之间不能说话，通过动作来完成游戏。学生参与游戏，自我总结信息传递的第三种方式，并得出概念，举出实例。

奥苏伯尔根据学习的方式将学习分为接受学习和发现学习。接受学习就是教师为学生提供现成的知识，以定论的形式传授给学生。学生只需要将教学内容内化，将知识纳入自己已有的认知结构中去，以便将来能够再现或者派作他用。对于大量材料特别是理论材料的学习，学生很难有时间或者是有能力去发现，因而多是采用接受学习这一方式。发现学习的基本特征是学习的内容不直接呈现给学生，在知识内化之前，学生必须自己去发现这些内容。发现学习只是比接受学习多了前面一个阶段——发现，在其他方面与接受学习是相同的。发现学习更适合解决实际问题的学习。

教学案例中，教师以学生观察与活动为主线，进行发现学习的设计。为学生提供感知素材和思考问题的基础上，引导学生进行知识的迁移，提示学生思考材料中反映的信息类型，消除学生对问题的盲目性。在活动过程中，教师针对具体情境提出问题，促进学生对信息传递类型的判定，随时关注学生对信息传递概念的理解及类型的辨别，从整体上理解在生态系统中信息传递的作用和意义。

（二）有意义学习和机械学习

奥苏伯尔根据学习材料与学习者原有认知结构的关系把学习分为有意义学习和机械学习。有意义学习的实质是符号所代表的新知识与学习者认知结构中已有的适当观念建立实质性的、非人为的联系。[①] 实质性的联系指的是非字面的联系，非人为的联系指的是新知识与原有认知结构中有关的观念建立以某种合理的逻辑为基础的联系。因而，有意义学习的发生既受到学习材料本身性质的客观影响，又受到学习者自身主观条件的影响。学习者必须具有能够同化新知识的认知结构，具有积极主动地将新旧知识联系起来的倾向，才能开展有意义学习。如果学习者是通过机械地记忆来学习，并未理解所学知识的意义，那么学习过程和学习结果就是机械的，学习也就是机械地学习。

值得注意的是，接受学习不一定是机械的，发现学习也不等同于有意义学习。发现学习和接受学习既可能是有意义的，也可能是机械的。在接受学习的过程中，学生在教师提供的先行组织者引领下，尝试运用其既有的先备知识，从不同的角度将新知识纳入他的认知结构中，成为自己的知识。这一学习过程中，学生的求知心理活动是主动的、有意义的过程。[②] 我们提倡的是有意义的接受学习和有指导的发现学习。

奥苏伯尔认为，学生能否习得新知识，关键在于他们认知结构中的已有概念，有意义学习需要通过新信息与学生认知结构中已有的相关概念发生相互作用才能发生，这种相互作用的结果就是新旧知识意义的同化。有意义学习的过程就是学生的认知结构不断建构、不断纵横联系的过程。

（三）讲解式教学

奥苏伯尔根据有意义学习发展出来的教学模式叫作讲解式教学或陈述式

---

① 刘丽娟. 奥苏伯尔有意义学习理论及对当今教学的启示 [J]. 南方论刊，2009 (05)：101-101.

② 陈华峰. 奥苏伯尔的有意义学习理论对课堂教学改革的启示 [J]. 青海师专学报 2002 (2)：103-105.

教学。讲解式教学是由教师将教材详细规划，使之成为有系统有组织的知识，然后条理分明地向学生讲解。

在实际教学的过程中，讲解式教学分为两个阶段：

（1）提供先行组织者：先行组织者是指与学生将要学习的新知识相关的引导性材料。提供先行组织者就是以学生已有的知识为基础，将这些知识和计划学习的新知识联结起来，并对计划学习的新知识提出清晰而具体的框架，从而作为引导学生进入新知识学习的准备。

（2）呈现学习材料：教师呈现新材料的方式，可以以讲解为主，讲解时用语要清楚明确，不要让学生感到难懂或使学生产生误解。同时，讲解要遵守逐渐分化和整合协调的原则。在这个过程中，教师可以采用举例、类比等方式，帮助学生了解新知识和已有知识的异同。整合协调是将分化后的知识再前后连接起来，使之成为一个整合性的协调性的知识整体。

纵观认知主义学习理论的发展过程，我们发现他们都将学习看作是人头脑中内在的复杂信息加工过程，注重学习的内部条件和内部动机，强调学生认知结构的构成在学习中的作用。

第三节　建构主义学习理论

■ 现场直击

人的发展指的是人在整个生命历程中的成长、适应和变化。通过发展过程，个体在身体、语言和认知等多个方面都会发生变化。

有人认为，理解人的发展过程对教师而言非常重要。你认同这一观点吗？也有人说，对教师而言，掌握某一学科的知识，建立学科知识库，等待学生选择学习哪些知识就足够了。你又赞同这一观点吗？

对于教师而言，内容知识固然重要，了解怎么教也同样重要。因为教学不是一个被动的过程，教师教学策略的选择应该与学生的身体、认知和社会发展相匹配。建构主义学习理论就充分强调学习应遵循学生认知发展的规律。

建构主义理论以客观主义认识论为基础，形成于客观主义传统，即认为世界是现实的、外在于学习者的。在客观主义者看来，知识是不依赖于人脑而独立存在的具体实体，只有在知识完全"迁移"到人的"大脑内部"，并进入人的内心活动世界时，人们才能获得对知识的真正理解。著名教育心理学家杜威、维果茨基和加登纳为建构主义理论的崛起及其发展起了巨大的推动作用。

一、建构主义理论的代表人物

建构主义作为认知主义的进一步发展，强调以学生为中心，主张知识的学习是学生主动建构的过程，教师只对学生的意义建构起引导和促进作用。建构主义学习理论的代表人物有杜威、维果茨基、皮亚杰等。

（一）杜威的经验性学习理论

杜威将教育定义为生活、生长、经验的改造，教育的本质就是人的经验改造，而经验的改造与生活密不可分。因此，教育即生活，教育即经验的改造，教育即生长。生活和经验是教育的灵魂。

杜威对当时美国的传统教育提出了批评，认为当时的教育中存在以知识为中心的现象，教授的知识变成了书本上现成的东西，变成了远离儿童经验和不能对行为产生影响的东西。基于此，他提出"教育即生活"的理念，在《经验与教育》一书中指明"教育为实现其目的，必须从个人实际的生活经验出发。"在杜威看来，儿童的兴趣和思维都不是无中生有的，只有从儿童的现实生活入手，教育才是生动活泼的，是有意义的，而不是专断和机械的。教育就是经验的生长和经验的改造，现实生活就是教育的媒介，课堂是学生活动的乐园，学生从经验中产生问题，而问题又可以激发他们去探索知识，产生新观念。

"探究"是杜威教育思想的精髓。杜威认为，学生从教师那里听到的知识并不是真正的知识。教学不应当灌输知识，而应该引导学生"做中学"，学生的知识和行为应该是统一的。探究是在与某种不确定的情境相互作用时所产生的解决问题的行动，知识是主动探究的成果。[①] 杜威把教学过程看作是实践的过程，动手实践是人的本能之一，在活动中，学生为了解决实际的问题去明确问题、作出假设、搜集证据，在这一过程中，学生丰富了自己的经验。杜威的探究理论突出了学生作为学习主体在认知活动中的重要性。

"儿童如何思维"也是杜威关注的一个重要命题。他认为思维就是学生在面对可疑情境时，对某个问题进行反复、认真和不断地深思，以求发现新事物或者对已知事物有新的理解。[②] 思维起源于某种疑问，这种疑问是由某个特定的情境引起的。思维的过程也是一个探究的过程，通过这一过程将我们所做的事和所造成的结果联系起来，从而获得有意义的经验。反思性思维是最好的思维方式，它是有意识、有目的的心理活动，具有严密的逻辑性。反思的过程包括提出问题、假设、运用已有的经验、反复核实验证。教育应当以培养求知，尤其是以培养反思性思维求知的好习惯为中心。

（二）维果茨基的社会文化理论

维果茨基认为个体的学习是在一定的历史、社会文化背景下进行的，社会可以为个体的学习发展起到重要的支持和促进作用。他认为儿童的学习必须要与成人以及周围的环境发生互动，家庭和学校都是儿童学习极其关键的环境。维果茨基将人的心理机能划分为两种形式：①自然的、直接的低级心理机能，主要包括感知觉、记忆、情绪等，是人和动物都具有的；②社会的、间接的高级心理机能，包括语言、思维、情感、意志、个性等，是人类社会文化历史发展的结果。[③] 个体的认知发展实质上是由低级心理机能向高级心理机能的转化。在这一过程中，社会文化的影响举足轻重。通过观察儿童在家庭和学校中与成人的互动，维果茨基发现儿童是在互动中学习语言、思维，组建知识结构。儿童的学习是他们与成人互动的结果，他们在这些互动的过程中获得的知识正是特定社会文化的体现。

---

① 郭法奇. 探究与创新：杜威教育思想的精髓 [J]. 比较教育研究，2004（03）：12-16.

② 单中惠. 杜威的反思性思维与教学理论浅析 [J]. 清华大学教育研究，2002，023（001）：55-62.

③ 王光荣. 发展心理学研究的两种范式——皮亚杰与维果茨基认知发展理论比较研究 [J]. 华中师范大学学报（人文社会科学版），2014，53（5）：164-169.

在教学中，学生通过与教师的交往、观察，体现出教师活动中的社会经验，在教师指导下从事某种活动，逐步地把体现在教师身上的经验内化为自己的经验，从而可以独立地从事这种活动，将潜在的发展变成现实的发展，并不断创造新的最近发展区。维果斯基很重视学生原有的经验与新知识之间的相互作用，他把学习者的日常经验称为"自下而上的知识"，而把他们在学校里学习的知识称为"自上而下的知识"。自下而上的知识只有与自上而下的知识相联系，才能成为自觉的、系统的知识；而自上而下的知识只有与自下而上的知识相联系，才能获得成长的基础。

维果茨基"最近发展区"的概念是其社会文化理论的一大亮点。当时心理学家们认为教学要与学生的发展水平相适应，关键是如何去理解学生的发展水平。维果茨基提出学生的学习要关注两个水平，一是学生当前的实际水平，二是学生通过学习可以达到的潜在水平，最近发展区就是指这两个水平之间的距离。如果我们教学得法，能充分调动孩子们"最近发展区"的发展潜力，学生们的学习效果就会非常理想。

（三）皮亚杰的发生认识论

皮亚杰认为知识既非来自主体，也非来自客体，而是在主体与客体之间的相互作用过程中逐渐建构起关于外部世界的知识，从而使自身认知结构得到发展。认知结构并非先天就存在于人脑之中，也不是存在于外部世界里，而是等待我们去发现。认知的发展是一个动态的、积极活跃的、不断发展的过程。[①] 人只有通过自身的活动才可能建构自己的认知结构。

■ 案例剖析

> 人民教育出版社高中生物学教科书"光合作用"一节通过层层设疑，引导学生学习：
>
> 问题1：绿叶中究竟有哪些色素呢？
>
> 问题2：这些色素存在于细胞中什么部位呢？
>
> 问题3：叶绿体除了吸收光能外，还有什么功能呢？

---

① 邹莹. 皮亚杰与维果茨基的建构主义比较 [J]. 外语学刊，2009，000 (005)：117-120.

通过问题串的设计，学生对"光合作用"的概念逐层深入，是一个图式同化的过程。图式（scheme）是皮亚杰认知理论的一个重要的概念。所谓图式是指个体对世界的知觉、理解和思考的方式。我们也可以把图式看作是心理活动的框架或组织结构，个体认知的发展实质上是图式的形成和变化。认知发展的三个过程是同化、顺应和平衡。一方面，新经验要获得意义需要以原来的经验为基础，从而融入原来的经验结构，即同化；另一方面，新经验的进入又会使原有的经验发生一定的改变，使它得到丰富、调整或改造，即原有经验发生顺应。同化主要指个体对环境的作用，顺应主要指环境对个体的作用，两者伴随而行，是双向的建构过程。平衡是指个体通过自我调节机制使认知发展从一个平衡状态向另外一个较高平衡状态过渡的过程。一般而言，面对新的刺激，个体首先会用原有图式去同化，若获得成功，便得到暂时的平衡。如果用原有图式无法同化环境刺激，个体便会作出顺应，即调节原有图式或重建新图式，直至达到认识上的新的平衡。[①] 这种平衡的状态会由较低的水平向高水平连续不断地发展，这也是认知发展的过程。这一过程并非数量上的简单累加，而是认知图式的重构。

皮亚杰将认知发展分为四个阶段：①感知运动阶段，从出生到两岁左右，主要依靠感觉和动作来认识世界；②前运算阶段，2~7岁，儿童可以用语言来表达概念，但不能用符号表示抽象的概念，其判断主要受直觉思维支配；③具体运算阶段，7~11岁，在面对问题情境时，不再仅凭知觉所见的片面事实去作判断，能根据逻辑法则进行推理思维，但这种思维能力仅局限于具体情境或熟悉的经验；④形式运算阶段，11~15岁，能够根据逻辑推理、归纳或演绎的方式来解决问题。[②] 不同的认知发展阶段不是割离的，学生认识的发展是一个螺旋上升的过程。

在皮亚杰看来，学习并不是个体获得越来越多信息的过程，而是通过主动参与学到越来越多有关他们认识事物的程序，发展新的认知图式的过程。除非儿童能够将新的知识同化到已有的认知结构中，真正地理解知识，否则

---

① 施良方. 学习论 [M]. 北京：人民教育出版社，2001：172-173.

② 周姣术，朱华. 浅谈皮亚杰认知发展理论对当代教育教学的意义 [J]. 学理论，2017, 000 (008)：172-173.

这种知识很快就会被遗忘。

二、建构主义关于学习的基本观点

建构主义学习理论对学习的内涵作出了新的解释，认为学习的实质就是学习者的经验系统的变化。由此，提出了知识、学习、教学系统观点。

（一）新知识观

建构主义强调，知识并不是对现实世界的绝对正确的表征，不是放之各种情境皆准的教条，它们处在不断的发展之中，而且在不同情境中，它们需要被重新建构；学习者不是空着脑袋走进教室的容器：在以往的生活、学习和交往活动中，他们逐步形成了自己对各种现象的理解和看法，而且，他们具有利用现有知识经验进行推论的智力潜能。相应地，学习不单单是知识由外到内的转移和传递，而且是学习者主动地建构自己的知识经验的过程，即通过新经验与原有知识经验的相互作用，来充实、丰富和改造自己的知识经验。传统的认识论把科学知识看作是对客观实在的精确反映，是经过严格的科学方法获得的，是客观真理或者是客观真理的接近。而建构主义认为，科学知识不是对现实的准确表征，它只是一种解释，一种假设。检验科学知识的标准是看它在实践中是否可行、是否起作用。

对于学生而言，课本知识只是一种关于各种现象的较为可靠的假设，而不是解释现实的"模板"。科学知识包含真理性，但不是绝对正确的最终答案，它只是对现实的一种更可能正确的解释。这些知识在被个体接受之前，它对个体来说是毫无权威可言的，不能把知识作为预先决定了的东西教给学生，不要用我们对知识正确性的强调作为让个体接受它的理由，不能用科学家、教师、课本的权威来压服学生，学生对知识的"接受"只能靠他自己的建构来完成，以他们自己的经验、信念为背景来分析知识的合理性。学生的学习不仅是对新知识的理解，而且是对新知识的分析、检验和批判。知识在各种情况下的应用并不是简单套用，因为具体情境总有其自身的特异性，所以，学习知识不能满足于教条式的掌握，而是需要不断深化，把握它在具体情境中的复杂变化，使学习走向"思维中的具体"。

（二）新的学习观

建构主义认为，学习不是知识由教师向学生的传递，而是学生建构自己的知识的过程。学习者不是被动的信息吸收者，相反，他要主动地建构信息的意义，这种建构不可能由其他人代替。"建构"本来用于建筑或木器加工中，指为了某种目的而把已有的零件、材料制成某种结构。在这里，建构在于学习者通过新、旧知识经验之间的反复的、双向的相互作用，来形成和调整自己的经验结构。

建构主义强调学习者的经验。建构主义认为学习者在教学前对所要学习的材料已存在有许多先前的概念，学习者学习新的材料的时候并非是一张"白纸"，存在于学习者脑海中的相关概念有多也有少，存在个别的差异，而新知识的学习则是在这存在个别差异的先前概念之上的。

建构主义注重以学习者为中心。如前所述，知识并不能像货物一样直接传输给学生，因此，学习科学的概念必须由学生主动地参与整个学习过程，再建构自己的意义，传统的老师"讲"、学生"听"的学习方式不一定是恰当的。

建构主义注重创造冲突的真实的学习情境。学习的发生在于解决认知冲突或不平衡时认知结构所发生的改变。个人的学习被看作是新旧知识、经验交互作用的结果，并不只是新概念的堆积。学习发生的最佳情境不应是简单抽象的，相反，只有在真实世界的情境中才能使学习变得更为有效。学习的目的不仅仅是要让学生懂得某些知识，而且要让学生能够真正运用所学知识去解决现实世界中的问题。

建构主义注重互动的学习方式。个人理解的质量和深度决定于他所处的社会环境，要鼓励学习者体验多种情境和验证不同的观点。有效的科学学习必须通过学习者与教师、学习素材，以及学习伙伴的互动来进行。学习者、教师和学习伙伴等形成学习社群，通过对话、沟通的方式，提出不同看法以刺激个体反省思考，在交互质疑辩论的过程中，以各种不同的方法解决问题，澄清疑问，逐渐形成能够在学习社群中达成共识的科学知识。

（三）新的教学观

建构主义本身并没有一套固定的教学模式或教学方法，它只是一个认知和学习知识的理念。建构主义的教学活动中，老师和学生一样同时在建构自己的知识体系，在整个学习过程中，教师必须随着教学情境的变化改变自己的知识结构和教学方式，以适应学生的学习。因此，师生之间的感情、心智活动在教学中彼此交融，两者的知识都在这个过程中得到成长。以建构主义为基础的科学教育中，教师本身除了是教学者之外，也是一位学习者。

教学过程中，教师应从学习者的经验出发，认真考虑学习者原有的知识背景。教师在教学过程中是一个协助者，适时创设机会由学生自己去组合、批判和澄清新、旧知识的差异，进而再建构自己新的认知。教师是学习环境的建构者，注重调整现有的教学材料，布置适当的问题情境，制造学习者在认知上的冲突，以引起学习者的反省及思考，寻找解决问题的途径。教师不能照本宣科。建构主义取向的教学希望学习者能够对过去一直被视为理所当然的知识，如课本知识，加以思考。教学时注意提供适合学生经验背景的教材次序，以促使学习者对学习对象有建设性的理解。建构主义的教学方式有别于传统以教师或教材为主的教学。整个教学活动借助于师生之间、学习伙伴之间充分的沟通互动、辩论协调、澄清疑问等过程，以引导学习者由非正式的先前概念向正式的科学想法接近。虽然整个教学过程可能比较费时，但却是值得尝试的。

■ 拓展延伸

教学过程重实践的课程理念：本课程的价值是要让学生在形成生物学核心素养的同时，能够用科学的观点、知识、思路和方法，面对或解决现实生活中的某些问题。要达成这样的课程目标，就要高度关注教学过程中的实践经历。"重实践"强调学生学习的过程是主动参与的过程，教师既要让学生参与动手活动，又要让学生积极地融入涉及动脑的环节；通过探究类学习活动或完成工程学任务，加深学生对生物学概念的理解，提升应用知识的能力；要适当地将跨学科知识和技能融入实践活动，特别是将"科学、技术、工程学和数学"（STEM）整合到实践活动中，以适应在教学中对超越学科本身知识和能力的要求；要在教学中将生物学与学生的日常生活、医疗保健、环境保护和经济活动等内容适度结合，指导学生在现实生活背景中学习生物学，进而能够运用生物学原理和方法参与公众事务的讨论或作出相关的个人决策。

第四节　人本主义学习理论

■ 现场直击

当老师在上课时，学生们说"太枯燥了！我不需要这个，我什么时候能用到它呢？""我们能出去上课吗？""我们能围成一圈讨论问题吗？""我们能早点下课吗？实在是太困了！"

想一下，学生的这些观点分别代表了什么需要？

人本主义是 20 世纪 60 年代美国兴起的一种心理学思潮，其代表人物有马斯洛、罗杰斯、库姆斯等。人本主义理论认为学习研究的开展应该从学习者本身的立场出发，而不应该站在观察者的立场。同时，人本主义心理需要有两个核心的研究理念：①主张把人看作一个整体来研究，②每个人都有自己的需求和欲望，研究学习必须了解学习者的需求、欲望、感情、价值观等内在的心理状态。人本主义研究的重点是研究如何为学习者创造一个良好的环境，让学习者从他自身的角度感知世界，达到自我实现的最高境界。

一、马斯洛的需要层次理论

马洛斯在其 1954 年出版的《动机与人格》一书中提出了著名的需要层次理论。他认为，每个具有完整人格的人都可能具有五种基本需要：生理的需要、安全的需要、社交的需要、尊重的需要、自我实现的需要。[①]这五个需要的层次是由低到高的递增关系。一般而言，高层次的需要需要等到低层次的需要得到基本满足后才会出现。

---

① 吴宏伟. 马斯洛的需要层次理论及哲学底蕴 [J]. 哈尔滨市委党校学报，2006 (02)：31-33.

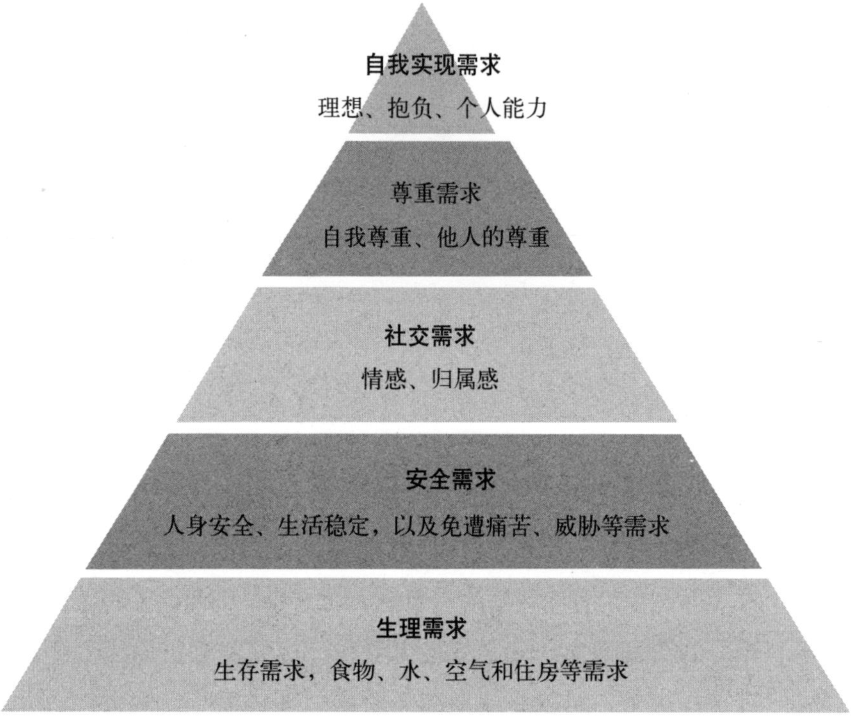

图3-5 马洛斯需要层次理论模型

生理需要是最基本、最原始的需要，如吃饭、穿衣、住宿等。这一需要是为了满足人的生存，一旦这一层次的需要无法满足，人正常的生理机能就无法运转，生命就无法维持。因此，生理需要被认为是推动人类行为的最重要的动力，在所有的需要中占绝对优势。一旦人被生理需要所控制，其他层次的需要往往都要被推后。

安全的需要主要是指避免危险和生活有保障的需要，如职业稳定、生活有保障、社会稳定等。无论是成人还是儿童，都倾向于生活在有组织、有秩序的安全世界，都有安全感的欲望、自由的欲望。安全需要和生理需要一样，也是人最基本的需要。

社交的需要也称归属与爱的需要，是指个人渴望得到所处组织团体的关爱与理解，如家庭、同事或同学、朋友，是对亲情、友情、信任的需要。社交的需要无法得到满足的话，人就会感到空虚和孤单。

尊重的需要是指人对于获得较好评价的一种需要或欲望，如自尊心、自信心。尊重的需要一方面来自自身对成就、权力等方面的欲望，一方面来源于对他人的尊重、受人赏识等。尊重的需要很难获得完全的满足。这种需要是人愿意把事情做好、具有持久干劲的重要推动力。

自我实现的需要是最高级的需要，是一种让人的潜力得以实现的倾向，是一种对于自我完成和自我发挥的欲望。自我实现的需要是一种创造的需要，人往往以此为动机，竭尽所能地使自己趋于完美。

马洛斯的需要层次理论充分展现了人的动机从初级到高级、从生存到发展、从物质到精神的过程，揭示了人类需要的多样性，高层次需要的满足可以获得更深刻的幸福感，但是对环境的要求也越来越高。根据这一理论，我们应该认识到，个体教育的需要是个体学习行为的源泉和基础，是持续有力的内驱力。

二、罗杰斯的自由学习观

（一）教育目的观

罗杰斯认为，情感和认知是人类精神世界不可分割的有机组成部分，彼此是融为一体的。而很多时候教育过多地强调认知，摒弃了与学习活动相关的任何情感。教育的目的应该是促进"整体的人"的学习和变化，其价值追求是"完整人格"。教育应关注人的内心生活，追求人在身体、精神、理智和情感方面的协调与全面发展，实现情知合一。罗杰斯认为，学生生活在不断变化的精神世界中，需要通过不断地学习、接收新经验以促进自身的变化，实现自我。教育应当培养能够适应变化和知道如何学习的人，也就是说，要授之以渔。只有学会如何学习和适应变化，才能意识到没有任何可靠的知识，唯有追求知识过程的人才是有教养的人。[1] 罗杰斯的教育目的观强调教育目的不仅是传授知识，更重要的是塑造完美人格，通过发展学生的潜能提高学生的自我学习能力。

---

[1] 叶浩生. 西方心理学的历史与体系 [M]. 北京：人民教育出版社，1998：579–580.

（二）学习观

人本主义学习理论有一个基本的假设：每一个正常的人犹如一粒种子，只要能给予适当的环境，就会生根、发芽、长大，并开花结果。也就是说人类生来就对世界充满了好奇，这种好奇心会促使他们形成主动学习的天然倾向。学习是人的天性，整个学习过程就是自我发展与实现的过程[①]。只要为学生提供适当的环境，他们就能凭借自身巨大的资源自动、自我地完成学习。

■ 案例剖析

在教学《人的生殖》这一内容之前，教师提了几个比较有趣的问题："同学们，你们小的时候是不是经常会问自己的爸爸妈妈，我是从哪里来的呢？今天我们就要通过学习'人的生殖'的知识来解决你们小时候头脑中的疑问。"在这样的课堂氛围之下，学生们的积极性被充分调动起来，随后我融入感恩题材——"我们从哪里来？我们如何成长的？"我们时常说孩子是两个人爱情的结晶，那么这个"结晶"又是如何形成的呢？通过学习，学生们了解到每一个胚胎的形成是一场非常激烈的竞争，几万个精子与卵子相遇，一般只有一个可以胜出，由此可见，我们的每一名学生都应该心怀感恩，我们来到这个世界，我们是幸运儿。

随后，教师播放"母亲十月怀胎的过程"，讲解这一过程中胚胎发育的特征，并向学生强调"到了孕后期，会行为不便、身形笨重，那是因为胚胎渐渐成形，重量增加给母体带来很大的压力。"让学生体会母亲孕期的辛苦。

最后，布置开放性作业，一是结合课本所教的知识点，将胚胎的形成与发展了解清楚并复述。二是结合《人的生殖》一课的内容写一篇以"感恩生命"为主题的小作文。三是要求每名学生进行一次"感恩行动"，帮父母做一件力所能及的事情，回馈他们的付出。

罗杰斯根据学习是否与心智有关将学习分为两类：一是与个人的情感无

[①] 谷陟云. 罗杰斯的人本主义教育观及其启示 [J]. 现代教育科学（普教研究），2009（5）：76–78.

关，不涉及个人意义的无意义学习；一是意义学习，是指一种使个体的行为、态度、个性以及价值观等发生变化的学习。前者只关注知识的增长，后者不仅是增长知识的学习，而且是一种将人的各部分经验都融合起来的学习。罗杰斯的意义学习和奥苏伯尔的有意义学习是不同的，前者关注学习内容与个人的关系，后者强调新旧知识的联系。上述案例中，教师不仅关注了学生对"胚胎发育"这一知识点的理解，还在教学过程中渗透感恩教育，促进了学生人格的发展。

（三）教学观

罗杰斯把教学看作是促进学生自由学习，把教师看作是学生学习的"促进者"。他强调应以学习者为中心，教学过程应该真正体现学习者的主体地位。罗杰斯提出"使用合约"和"探究训练"两种学习方法，认为这两种方法是促进学生自由学习的有效方法。[1] 学生在学习的过程中，有权利和义务自己制订学习方案，进行自我探究、自我发现、自我创造和自我评价。只有学生负责任地参与学习过程，意义学习才会发生。这并不是说学习的过程不需要老师的指导，只是教师不再把精力和时间浪费在讲解上，教师的任务就是引导学生，为学生提供足够的学习资源，以真诚的态度对待学生的兴趣爱好，调动学生参与到课堂活动中，鼓励学生相互分享和交流。这时，教师就是学生最重要的学习资源。在教学中，教师还应该注意构建真实的问题情境，让学生解决和他们的个人意义有关的问题。

人本主义学习理论重视学生的内心世界，强调人潜能的发挥，重视人的全面发展，将认知和情感作为一个有机的整体，主张设身处地为学生着想，顺应学生的兴趣、需要、经验和个别差异，使学生感受到学习的快乐，从而全身心地投入学习。教育的最终目的是要培养积极愉快、适应时代变化的、心理健康的人。人本主义主张的"做中学"和在学习过程中学习如何学习的观点有利于扭转实践教学不足的现状。这些对我国教育目标的制定、教学方法的改进都有积极意义。

学与教是一个非常复杂的现象和过程，各个流派的学习理论切入点不同、

---

[1] 向海英. 罗杰斯人本主义学习论及对当前我国教育改革的启示 [J]. 当代教育科学，2000（1）：69–71.

侧重点也不同。从桑代克的试误说到华生的经典性条件反射学说再到斯金纳的操作性条件反射学说，行为主义研究的学习类型主要是人类的机械记忆和动物的学习，未能关注刺激引起的内部心理过程，人类的学习过程归结为被动地接受外界刺激的过程，教师的任务只是向学生传授知识，学生的任务则是接受和消化等，其历史局限性是显而易见的。认知主义学习理论高度重视学生的能动性，但是认知学习理论缺少统一的理论体系，也较少地考虑到情绪、意志等因素对于教学过程的具体作用。建构主义强调知识的动态性，强调学习是一个主动建构的过程，强调学习的社会性和情境性，对转变教学观念、改革传统教学具有重大意义。基于这些观点，建构主义者提出了一系列改革教学的设想，比如基于问题的学习（Problem-Based Learning）、项目式教学（Project-Based Instruction）等等。建构主义过于强调知识的相对真理性，给学习评价也带来了困难，在教学中也容易忽视知识的教育和技能的培养。人本主义心理学强调学习过程中人的重要作用，强调学习情境和师生关系对学生的影响，倡导学习者自己教育自己及"自我实现"的学习理念。但从哲学思想上来看它脱离了社会和社会关系来强调所谓人的本性，过分强调人的学习本能，强调学习的绝对自由等等，这些观点也是片面的。

■ 拓展延伸

劳动教育性质
——大中小学劳动教育指导纲要（试行）

劳动是创造物质财富和精神财富的过程，是人类特有的基本社会实践活动。劳动教育是发挥劳动的育人功能，对学生进行热爱劳动、热爱劳动人民的教育活动。当前实施劳动教育的重点是在系统的文化知识学习之外，有目的、有计划地组织学生参加日常生活劳动、生产劳动和服务性劳动，让学生动手实践、出力流汗，接受锻炼、磨炼意志，培养学生正确的劳动价值观和良好的劳动品质。

劳动教育是新时代党对教育的新要求，是我国教育制度的重要内容，是全面发展教育体系的重要组成部分，是大中小学必须开展的教育活动。

它具有鲜明的思想性，必须将马克思主义劳动观贯穿始终，强调劳动是一切财富、价值的源泉，劳动者是国家的主人，一切劳动和劳动者都应该得到鼓励和尊重。倡导通过诚实劳动创造美好生活、实现人生梦想，反对一切不劳而获、崇尚暴富、贪图享乐的错误思想。它具有突出的社会性，必须加强学校教育与社会生活、生产实践的直接联系，发挥劳动在个人与社会之间的纽带作用，引导学生认识社会，增强社会责任感；同时注重让学生学会分工合作，体会社会主义社会平等、和谐的新型劳动关系。它还具有显著的实践性，必须面向真实的生活世界和职业世界，引导学生以动手实践为主要方式，在认识世界的基础上，获得有积极意义的价值体验，学会建设世界，塑造自己，实现树德、增智、强体、育美的目的。

第五节　学习方式的变革

■ 现场直击

设想一下，你被分配到一个新的班级进行生物学教学。你发现班上有些学生学习非常自觉，很多学习任务都能有计划地完成，有的学生却拖拖拉拉，作业都不能按时上交；有些学生不善言辞，有些学生很有主见；有些学生更愿意听老师讲解，有些学生更愿意去实验室探索。你会如何看待学生的"个性"？在教学中采用什么样的学习活动，才能提高教学效果？

学习方式是指学生在完成学习任务时基本的行为和认知取向。[1] 传统的学习过于强调机械学习，忽略了学生的主动性、能动性和独立性。学习方式的变革就是要改变以往单一、被动的学习方式，提倡学习的自主性、探究性

---

[1] 孔企平. 论学习方式的转变 [J]. 全球教育展望，2001 (08)：20-24.

和合作性。学习方式决定着学习的质量，学习方式决定着一个人的思维方式，最终将成为一个人的生存和生活方式。

一、合作学习

在现实的教学活动中，学生之间的互知和互动是最容易被忽略的问题。在多数情况下，我们只注意了学生和教学材料（如课本、课程指导等）之间的互动，或者学生和教师之间的互动。如何构建学生和学生之间的互动模式，是现代生物教育中必须重视的问题。

（一）合作学习的含义

合作学习是教学中通过小组的形式使学生一起学习达到学习效果的最优化。简单地说，合作学习是将学生分成小组，按小组接受任务，然后小组成员一起分工合作共同完成任务的过程。合作学习的基本含义包括：①学生以小组的形式一起学习；②教师的角色由传播者转变为服务者或帮助者；③学习的责任由教师转移到学生；④学生不仅要自己学会，还有责任帮助小组中的其他成员学会。我们可以总结为，合作学习是以异质学习小组为基本形式，系统利用教学动态因素之间的互动，促进学生学习，以团体成绩为评价标准，共同达成教学目标的教学活动或教学策略体系。

（二）合作学习的原则和方法

1. 合作学习应强调积极主动的相互依赖

"一人为大家，大家为一人"，当学生为了共同的目标而一起工作，团队的合作和同伴的成功关系到每个成员的利益。要想让学生之间主动地相互依赖，就要让学生认识到他和他的同伴是一个利益共同体，互助互利；要想使小组中全部成员学习最优化，就要共享资源，为同伴提供支持和鼓励。这种相互依赖的形成可以通过以下设计来实现。①设置的目标具有相互依赖性。学生从目标中感觉到，只有小组中每个成员都完成了任务，才能实现目标。小组是为共同的目标而存在的，老师在布置任务时，要提出明确的小组目标。②奖励具有相互依赖性。每个小组成员认识到，当小组实现了目标，他们能得到同等的奖励。为了使奖励体现相互依赖性，老师的做法可以有很多种。比如增加一种关联奖，小组整体工作90%正确，每个成员加5分。有的教师则把学生的成绩分成三部分：一是小组分，即对该生所在小组的评分；二是个人分，即对该生个人的评分，三是附加奖励分，这是在该生所在小组每个成员都达标的前提下给该生的奖励。一个鼓励团队工作的机制能提高合作的质量。③资源共享。小组的每个成员都只有完成小组目标所需的部分资源、信息和材料，这样小组必须进行资源整合，达到资源共享。教师在分发材料的时候，只需要给每个学生部分资料，让学生互相交流资料，进行合作。④分担角色。每个成员都要担任小组完成目标所需要的补充性和连接性的角色。教师要创造一些角色让学生们去扮演，比如朗读者、记录者、督促检查员、参与鼓励者和资料详细说明人等。教师不可能连续检查每一名学生的学习情况，但教师可以通过合作学习小组由学生来做一些工作。

积极互赖心理有助于提高成员的人际交往能力，增强成员的集体荣誉感和归属感，在这种形式下学生在保证完成自己学习任务的同时也帮助了组内其他成员完成学习任务，这样的合作学习才是高效率的。

积极互赖是合作的基础，成员负起责任是合作学习的保障。

2．加强面对面的促进性互动

分组时，将学习兴趣和方法不同的学生分在一个小组，每组2~6人。小组成员的座位经过策略性的安排鼓励他们进行面对面的交流。主动的相互依赖导致学生之间促进性的互动。促进性的互动是小组成员之间相互鼓励和促进各个成员为完成任务而做出的努力，以最终实现小组共同的目标。成员之间的促进性互动的产生需要积极的人际关系、心理调节和社交能力，促进性互动体现在小组成员之间提供富有成效的帮助和协助。比如互相交换对方需要的资源、信息和材料；帮助同伴更加有效地处理信息；为同伴提供信息反馈以促进后续工作；对同伴的结论和推理过程提出质疑，以帮助同伴作出质量更高的结论，或者以更广阔的视野考虑问题；提倡为达到共同的目标而努力，互相促进努力实现小组目标；使自己的行为值得同伴信赖；以低水平的焦虑和心理压力维持较好的心理状态等等。

3．促使成员负起责任来

合作学习的目的是让每个成员的个人能力得到增强，成员负起责任是确保小组所有成员增长才干的关键。积极互赖是合作的基础，成员负起责任才是合作学习的保障。参加合作学习后，个人单独处理类似问题的能力就会得到增强。为了保证每名学生公正地享受合作的成果，教师要对每个成员对小组的贡献作出评价，为学生本人和小组提供反馈，帮助小组避免重复性工作，让成员为最终的结果负责。这就要求教师注意以下几点：①合作小组不宜过大。小组人数越少，成员的责任感可能越强；②对每名学生做一次个人能力测试；③随时随机口头检查学生，要求他向教师、小组同学、全班同学报告他的工作；④观察并记录每个成员为小组作出的贡献；⑤每个小组指派一名学生扮演检查督促者的角色，由他去询问或要求其他成员解释自己的工作；⑥要求学生把自己学会的东西教给其他同学。

4. 提升学生人际间的社会协作技能

合作学习离不开适当地运用人际间的社会协作技能，为了搞好协作，学生必须学会并运用下列技能：①相互理解、相互信任；②正确而且明晰地进行沟通，表达不能含糊不清；③互相接受且互相支持；④建设性地解决矛盾。社会协作能力并不是天生的，要使合作学习小组富有成果，要使合作富有成效，小组成员就要学会并且主动运用社会协作技能。社会协作技能熟练的学生越多，教师越注重传授和奖励社会协作技能的运用，合作学习的成果就会越丰富。

5. 加强评价和过程监控

过程反思的目的是明确并改进小组成员的工作效率，以更有效地实现小组目标，它能使学习小组成员间保持良好的工作关系，促进合作技能，保证学生获得反馈信息，提高学生元认知和认知水平。它也是鼓励成功、强化有效行为的手段。会前对要反思的问题做好准备，提倡积极地反馈，对具体的问题进行反思，保持学生参与反思的热情，提醒学生在监控反思过程中进行合作。教师还要定期地对全班的情况进行监控。教师有计划、系统地对各个小组的工作进行观察，收集每个小组的具体资料，在全班合作学习课的最后拿出资料对全班工作进行总结。教师要善于鼓励和表扬，让学生感受到成功、欣赏和尊重，这样学生才能体会到合作的成功和喜悦。

合作学习将教学方法从传统意义上师生之间的单向或双向交流，变为各教学动态因素之间的多向交流，由此拓展了教与学的信息来源，提供了各教学动态因素之间的互动平台，增加了教学过程中每个学生的参与机会，同时也提升了每个学生的被认可程度。这种学习方式使学生不再充当知识的接收器，不再被动地聆听、操练、背诵教师强加给他们的"重点、难点"，而是在互动过程中积极思考、主动探索、分析讨论，解决实际问题。由此，"静听"知识就变成了"体验"知识，知识不再仅仅是前人智慧经验的凝练。更重要的是，通过合作，学生学会了如何对待、评价、规范、协调、认可、尊重自己和他人，核心素养则能够得到全面发展。

二、探究学习

（一）探究学习的含义

《美国国家科学教育标准》中对探究有这样一段描述：科学探究指的是科学家们用于研究自然界并基于此种研究获得的证据提出种种解释的多种不同途径。科学探究也是指学生们用以获取知识、领悟科学的思想观念、领悟科学家们研究自然界所用的方法而进行的各种活动。在 BSCS（美国生物课程研究所）教材中，探究被认为是主动学习的核心，探究教学的原则是"让学生自己得出概念，而不是把概念灌输给学生。"

生物课程中的科学探究是学生积极主动地获取生物科学知识、领悟科学研究方法而进行的各种活动。科学探究通常包括：提出问题、作出假设、制订计划、实施计划、得出结论和表达、交流。

（二）探究的形式

探究活动没有固定的活动形式，有的探究活动的程序是结构化的，学生很清楚每个程序的操作，有的是非结构化的，它的程序根据探究的内容和目标而变化。根据活动情况可以分为发现式探究、推理性探究和实验式探究三种。

1. 发现式探究

发现式探究（发现教学法）是以学生本身观察和经验为基础，在学习情境中通过自己的探索自我发现学习的主要内容。在学习的第一阶段，教师将预先准备的教具交给学生，根据教具的质和量让学生单独或分组集体操作这些教具。老师巡回于各组之间，注意个别学生操作情形与态度，以及学生彼此之间的讨论对话的内容，尽量不告诉学生怎么操作或观察什么，只偶尔以口头或个别示范的方式协助特别有困难的学生。在学习的第二阶段，教师让各组学生开发他们的操作方式和发现，并鼓励全班学生讨论他们刚才所获得的学习经验。主要的教学活动内容有：老师与学生之间进行口头交流，根据与老师讨论的内容，学生重复操作教具；老师以提问题的方式，诱导学生依据既得的经验自行去发现法则、关系，以完成教学目标。在发现教学中，老师所提的问题，必须是开放性的问题，而不是封闭性的问题，否则就会剥夺学生自行思考、发现的机会，而流于灌输式教学的窠臼。

2. 推理性探究

■ 案例剖析

> 在《DNA 是主要的遗传物质》一节的教学中。教师展示商品条形码等图片，引导学生思考生命中的遗传信息在哪里的问题。学生自主阅读课本。教师利用多媒体展示以下几个问题：①小灰鼠有 3 个妈妈，每个妈妈为他的发育提供了什么？②小灰鼠更像哪个妈妈？为什么？③由这个实验能得出什么样的结论？请学生阅读完书本内容之后，讨论以上 3 个层层递进的问题，并进行归纳。通过学生的思考、同学之间的合作得出结论，有利于培养学生学习的逻辑性。通过学生讨论得出："细胞核是遗传信息的中心。"利用多媒体展示这句话，同时展示一个思考题"如何利用白鼠生出小灰鼠来？"趁热打铁，既能检验学生对该知识点的理解和掌握程度，使其巩固知识，又能达到深化该知识点的目的。

推理性探究是"没有动手做"而应用探究方法的探究，它主要是开发学生的批判性思维技能。它的主要特点是：学生通过问题进行思考；学生直接或间接地观察现象，如亲手做、教师示范、看视频和阅读等；学生通过提出疑问和讨论来得出或归纳出概念。推理性探究教学过程包括：教师讲述、师生共同讨论、学生运用推理方法形成概念等步骤。有些教学单元由于教材内容本身的性质或概念比较抽象，没有小型教具可以让学生操作，例如有关食物链、食物网的单元。教学的方式与发现式探究有所不同，老师可以以下列的方式之一（或合并使用）向学生提出问题：如给学生讲一段故事、趣闻；给学生看一些图画或图表数据；给学生看一段影片或演示一个课件；由老师或少数学生示范某种实验，或某些活动，或从互联网上查看某些信息等，然后由师生共同讨论，让学生运用理性推理进行了解，并自行发现结论。在讨论中，老师同样不告诉学生结果，以开放性的问题诱导学生得出结论。

3. 实验式探究

实验式探究是一个完整的实验过程，包括从问题的提出到最终的解释报告全过程。这种探究学习是让学生在实验过程中学习。在这种学习过程中，学生必须经历发现问题、辨别变量、形成假设的阶段，根据控制变量的原则自行设计实验、执行实验、验证假设，并完成实验报告这一系列过程。实验式探究比发现式探究具有更多的程序和焦点：需要确认有待回答的相关的问题；需要陈述一个假设，并设计验证这个假设的实验；实验计划必须在动手操作之前准备好，学生要根据拟定的实验计划步骤进行操作，并通过操作发现最佳的假设，或改进现有的假设。实际上，实验式探究的开始部分就是发现式探究，学生通过观察摸索发现问题、发现变量，老师及时辅导新的概念帮助他们形成一种或数种假设。从"设计实验"开始，才把实验式探究的特征显示出来。

（三）探究技能

探究式教学强调维持学生对周围事物的好奇心，培养与科学探究有关的各种技能以及对科学概念、原则和规则的理解。根据科学家的工作性质和工作过程特点，美国科学进步协会科学教育委员会将科学技能定义为一组具有广泛迁移力的适合多种学科和科学家的工作性质所需要的能力。美国基础科学课程计划《科学——过程和方法》认为科学过程技能包括观察、分类、测量、推论、预测、交流、识别数量关系、识别时空关系、构建假设、辨别控制变量、确定操作性定义、解释数据和实验等（表3-2）。

表 3-2　探究技能的内涵

探究技能	内涵
观察	利用五种感觉——视、听、味、嗅、触和一些工具来观察事物和自然现象。观察是最基本的科学技能。从观察获得的信息可以引发我们的好奇心，对周围的事物提出问题，进行思考，作出解释以及作进一步的探究。观察能力对发展其他科学技能例如推论、交流、预测、度量、分类等至关重要。观察又可以分为定性观察和定量观察
分类	依照事物的相同性和相异性分门别类。分类的作用在于使不同事物变得更有条理、易于了解、方便记忆、容易处理。分类准则是根据事物的特性分成有用的类别。分类方法有单级分类法和多级分类法。单级分类法是按照事物是否拥有某一种特性而分门别类，如将植物分为有花植物和无花植物。多级分类法是应用多个分类准则作逐级分类，如动植物的科学分类
测量	运用适当工具进行度量，利用熟悉事物作度量标准显示结果。描绘的事物属性不同，应用的度量工具不同，选用的度量单位也不同。测量的精确性与度量工具和度量单位的选择有很大的关系。例如测定细胞的大小就不能用常用的米尺
推论	对观察到的现象的因果关系的分析过程，它是根据以前收集的数据或信息对物体或事物作出合理的猜测和推断。推论是在观察旧有经验和理论的基础上形成的
预测	对将要发生的现象的断定。它不同于观察和推论。观察是通过感官获取资料的过程，推论是对观察所得资料的因果关系的分析过程，而预测是预期将会观察到的现象
交流	应用适当的工具和技巧将有关资料或自己的意见和情感清楚、准确而全面地表达出来。在科学探究和科学教育的过程中常用的交流工具有图表、文字、图画、符号、模型等
数量关系的识别	找出资料或数据间的数量关系。如在测量的基础上比较两个物体的大小
时空关系的识别	以一个物体或时间为参照，描述另一个物体所处的时空位置
构建假设	对整个事件作出一个将被证实的陈述，即预测变量之间的相互关系，它能引导数据的收集。当某个变量被选定，便可设定一个可被测试的假设。合理的假设应能指出科学探究或试验设计的方向以便进行测试。假设的构建是基于事实、意见、线索或任何其他资料的，而不是凭空想象出来的

探究技能	内涵
辨别控制变量	对科学探究过程中变量关系的认识，找出影响事件的所有变量、可处理和持续控制的变量（自变量），和因自变量而改变的变量（因变量）。自变量的选择和控制以及对因变量的观察测量记录关系到探究过程的成败
确定可操作性定义	指定义实验中所用到的所有变量，说明如何测量一个实验中的变量
解释数据	指分析数据并从中得出结论
实验	进行一个完整的实验

■ 拓展延伸

《普通高中生物学课程标准（2017 年版）》教学建议节选

2. 组织以探究为特点的主动学习是落实核心素养的关键

……

（1）需要为探究性学习创设情境。例如，提供相关的图文信息资料、数据，或呈现生物的标本、模型、生活环境，或从学生的生活经验、经历中提出探究性的问题，或从社会关注的与生物学有关的热点问题切入，等等。

（2）应该鼓励学生自己观察、思考、提问，并在提出假设的基础上进行探究活动方案的设计和实施。在小组合作探究时，教师应兼顾不同发展水平的学生，成员间要分工明确并不时互换，使每一位成员都有机会担任不同的角色。

（3）注意探究性学习活动的课内、外结合。教师应有计划地安排好课外需要用一定时间才能完成的活动，包括必要的调查、访问、参观、资料收集整理以及观察记录等。

（4）重视探究性学习报告的完成和交流。教师应培养学生通过文字描述、数字表格、示意图、曲线图等方式完成报告，组织交流探究的过程和结果，并进行适当的评价。

（5）探究性学习不是全部的教学活动。教师应结合具体的教学内容，采用多种不同的教学策略和方法，达到教学目标。

三、自主学习

（一）自主学习的含义

齐莫曼从学习的组成要素上揭示了自主学习的实质。他认为，当学生在元认知、动机和行为三个方面都是一个积极的参与者时，其学习就是自主的。[①] 自主学习的动机应该是内在的或自我激发的，学习的方法应该是有计划的或已经熟练达到自动化程度，自主学习者对学习时间的安排是定时而有效的，他们能够意识到学习的结果，并对学习的物质和社会环境保持高度的敏感和随机应变能力。自主学习也可以称为自我调节学习，是学习主体在学习目标、过程和效果等诸方面进行自我规划、自我管理、自我调节、自我监测、自我评价和自我反馈的主动建构过程。

我们还可以从学习的整个过程来阐释自主学习的实质，即学生在学习之前自己能够确立学习目标、制订学习计划、做好具体的学习准备，在学习活动中能对学习进展、学习方法作出自我监控、自我反馈和自我调节，在学习活动后能够对学习结果进行自我检查、自我总结、自我评价和自我补救。

由此可见，自主学习就是学生可以自己主动地学习，判定自主学习的标准就是学生在学习活动中的主体性是否确立。

（二）自主学习的条件

自主学习既是一种学习形式，也是一种学习能力。

自主学习首先要满足一定的内部条件。第一，自主学习要求学生具备开展自主学习的心理发展水平，具有自我意识；第二，自主学习需要学生具有内在的学习动机，这样他们才能制定合理的目标设置；第三，学习策略是开展自主学习的重要保障；最后，自主学习要求学习者有坚持学习的意志，这样，学生才能在受到外界干扰和困难时，依然能够调整自己的学习活动，坚

---

① 庞维国. 论学生的自主学习 [J]. 华东师范大学学报（教育科学版），2001（02）：78-83.

持下去。

自主学习还需要一些外在条件的支撑。自主学习不等于绝对孤立地学习，自主学习者并不排斥寻求他人的帮助。当面临复杂困难的任务时，自主学习者可以向那些更有知识和能力的人寻求帮助，帮助者可以是他的同伴、教师，也可以是他的家庭成员。同时，在自主学习的过程中，学生还需要从外界获取物质的支持，如合适的学习场所、学习资料等。

综上所述，合作学习、探究学习、自主学习三者强调不同的侧重点，反映了三种不同的学习价值取向。自主学习强调的是培养学生独立学习的能力；为其自主地发展和适应社会奠定基础；探究学习强调培养学生探究未知世界的能力，为其能够创造出更多的新的思维产品奠定基础；合作学习强调的是协作、分享精神，为其在社会性群体中的适应和发展做准备。三种学习方式也存在内在的联系。例如，自主学习需要探究与合作，在个体自主学习的过程中会遇到一些问题，这时首先需要独立探究进行解决，当自己独立探究尚不能解决问题时，就需要寻求他人的帮助，当被求助者也不能解答问题时，就需要分工协作，共同研究以解决问题，学习也就进入了合作学习。

学习方式的变革不仅仅是形式上的改变，更重要的是实质上的改变。三种学习方式侧重点不同，活动形式不同，但是存在这必然的联系。教学中需要根据教学内容特点和学生实际，合理安排，有效组织，解决好它们之间的关系。同时，强调学生的学习方式发生变革，教师的教学方式首先应该发生改变。而且需要注意的是，这时教师的作用并不是降低了，相反对教师的要求更高了。

综合训练

1. 结合学习理论的观点，分析情境在学习中的价值。

2. 结合教学实际，举例说明什么是有意义的接受学习。

3. 对于学习者已有经验在学习中的作用，不同的学习理论流派有何认识？

资源推介

[1] Peggy A.Ertmer，Timothy J.Newby，盛群力.行为主义、认知主义和建构主义（上）——从教学设计的视角比较其关键特征 [J]. 电化教育研究，2004，（3）：34-37.

[2] PeggyA.Ertmer TimothyJ.Newby 盛群力. 行为主义、认知主义和建构主义（下）——从教学设计的视角比较其关键特征 [J]. 电化教育研究，2004，(4)：27–31.

界定学习的方式以及我们认为学习发生的方式，一直对我们促进人的认知和行为的变化有重要启示。学习理论为教学设计人员提供了各种教学策略以及促进学习的技巧，同时也包括策略选择的基础。然而，不少教学设计人员在学习理论方面的基础不甚理想。该文旨在让教学设计人员了解三种学习理论（行为主义、认知主义和建构主义）的相关主张，它们为教学规划和实施教学设计活动提供了坚实的基础。对每一种学习理论的观点，该文按照它对学习过程的特定解释和对教学设计与教育实践的重要启示进行说明。文中讨论的信息给读者提供了三种不同观点的比较，并说明了这些差异是怎样转化为教学情境中的实践的。

[3] 布鲁纳，(J.S.). 教育过程 [M]. 北京：文化教育出版社，1982.

杰罗姆. S. 布鲁纳的《教育过程》一书，是他在 1959 年美国"全国科学院"召开的一次中小学教育改革讨论会上所作的总结报告。他主张大力开展中小学教学改革，以适应科技发展的迫切需要，提出了"知识结构"观点和"发现法"学习，对教学改革工作作了理论概括。该书被西方资产阶级评论家誉为"最重要的最有影响的著作之一"。作者在"引论"中把自己的论述归结为四个题目和一个设想，其中的四个题目是结构、准备、直觉和兴趣；一个设想是在教学工作中怎样更好地帮助教师。

第四章　生物学教学技能与运用

本章要览

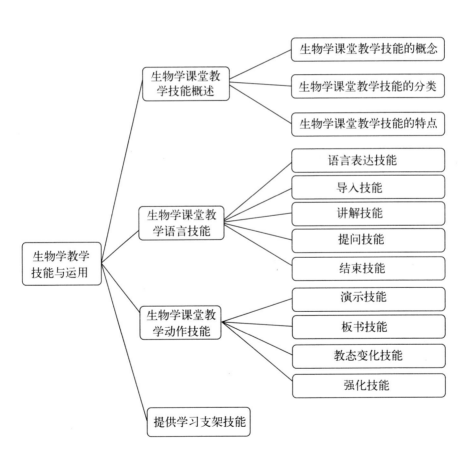

　　课堂教学中，教师会为实现一定的教学目标，完成课程标准所要求的教学任务，从而采取系列的教学行为来达到教学目标，完成教学任务。教学行为因人而异，教师自身的学识水平、业务能力、个人习惯、教学理念等主客观因素都会影响教师的教学行为。但是在长期实践过程中形成了一系列基本要领和常规操作，教师在课堂实践中，将这一系列要领与常规操作运用到教学实践中，便形成了一定的教学技能。

学习目标

　　1. 能阐明中学生物学课堂教学技能的内涵、分类与特点。

　　2. 能概述中学生物学不同类型课堂教学技能的特点、功能，及在中学生物学教学中的运用。

　　3. 能够依据中学生物学实际教学中的教学目标、学生学情、教师自身特点等因素，选择最恰当的教学技能，顺利开展课堂教学。

第一节　生物学课堂教学技能概述

　　教学技能可以泛指老师在教育理论指导下，通过训练而形成的稳固、复杂的教学行为。狭义的教学技能特指教师在课堂教学中应用的教学技能，即课堂教学技能。

一、生物学课堂教学技能的内涵

　　生物学课堂教学技能指的是在生物学课堂教学中，以教学理论为基础，运用专业知识和教学经验等，促进学生学习、实现教学目标而采取特定的、一系列的教学行为方式。它包括动作技能和智力技能两个方面，是作为一个教师必须掌握的基本功。它需要不断通过理论学习与实践经验积累，在不断的练习巩固中得以提升和发展。

二、生物学课堂教学技能的分类

目前，结合国内对课堂教学技能普遍认同的分类方法，本章将课堂教学技能分为：语言技能、动作技能、提供学习支架技能（见图4-1）。

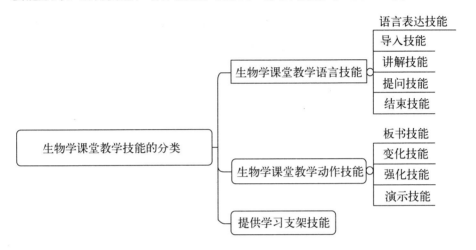

图4-1　生物学课堂教学技能分类

三、生物学课堂教学技能的特点

生物学课堂教学技能多种多样，总的来说，具备以下基本特点：

共同性。课堂教学技能是所有教师必须掌握的基本技能，是成为教师的基本资格，不是个别教师的特权或者个别教师的天赋。

基础性。教师要正常履行教学工作，需要多种能力与智慧，课堂教学技能是最基础的那部分，它为教师形成个人特色的教学风格与艺术奠定基础与提供条件。例如，普通话为教师口语表达提供基础，口语表达又为教师与同事间、学生间的探讨交流提供基础。

习得性。课堂教学技能是每一位教师必须掌握的基本技能，它可以通过后天不断训练得以培养、巩固和提高。

专业性。不同的专业领域有不同的专业技能，比如望、闻、问、切是中医医生的专业基本功。教师需要掌握的教学技能需要体现教师的专业性。

时代性。随着社会经济与科技的飞速发展，不断有新的技术、新的理念进入课堂，教师专业也在不断地发展与完善，对教师技能的要求也会相应地发生变化。例如，随着虚拟技术的发展，虚拟技术在生物学教学中的运用日趋完善，生物学教师应该以开放的心态学习虚拟技术在生物学教学中的使用方法，为日常教学活动的组织助力。

第二节　生物学课堂教学语言技能

■ 现场直击

> 生物教学中，解释生态系统能量流动规律时，可以用"一山不容二虎"来形容；概括植物有丝分裂各时期的特征时，可总结为"两消两现，中期排板，后期加倍，末期反前。"课堂中，常用"你能行，再试试""再想想，你就快接触到生命科学的真相了"等激励性的言语增加学生的信心，让学生在激励中成长。

生物课堂教学中，形象化的语言能唤起学生的兴趣，激发学生的求知欲；激励性的语言能让学生维持良好的学习体验，获得克服困难的勇气与力量。正如苏霍姆林斯基所说："教师的语言修养，极大程度地决定学生在课堂中脑力劳动的效率。"教学语言是一线教师必备的基本技能，分为语言表达技能、导入技能、讲解技能、提问技能和结束技能。

一、语言表达技能

■ 案例剖析

> 深圳生物特级教师夏献平在《我是生物学教师》一书中引导学生阅读教材《染色体遗传理论奠基人——摩尔根》时，有段精彩的课堂语言描述：

师："大约在 1910 年 5 月，在摩尔根实验室诞生了一只白眼雄果蝇，而他的兄弟姐妹的眼睛都是红色的。"——拟人化表达，读起来很亲切，对吧？

师："在自己第三个孩子出生时，摩尔根赶到医院，他妻子的第一句话是'那只白眼果蝇怎样了'。摩尔根的第三个孩子长得很好，但那只果蝇却很虚弱"——他妻子是不是很伟大？爱孩子，爱丈夫，也爱果蝇。不爱白眼雄果蝇的妻子不是科学家摩尔根的好妻子，对吗？编者将果蝇与孩子、妻子写在一起？这是什么写法？说明了什么？爱果蝇胜过爱孩子？

师："摩尔根晚上把它带回家中，让它待在床边的一个瓶子里。白天又把它带回实验室。在实验室里，它临死前抖擞精神，与一只红眼果蝇交配，把突变基因传了下来。"

你们看看，那只果蝇真的被摩尔根的爱心感动了！虽然他很虚弱，也很疲惫，但为了科学事业，抖擞精神，硬是将突变基因传了下来。

夏献平老师拟人化与幽默的表达，能够增强学生对教学内容的亲近感，给学生带来欢乐的同时，感受着科学精神的教育。

（一）语言表达技能概念

生物课堂教学中，教师阐明教材内容、传播知识、不断激发学生学习积极性的一系列教学活动所用的语言，便是教学语言。语言表达技能是指教师传递信息，提供指导的语言行为方式。为完成教学任务，教师必须按照学生的认知规律组织和改造教学内容，并用准确、生动、富有启发性的语言表达出来。它是一切教学活动的最基本的教学行为，我们强调教师的授课技能，从根本上是强调教师的语言技能。

（二）语言表达技能的功能

1. 准确传递生物学知识

语言是信息传递的载体。教师通过准确、规范的教学语言，引导学生阅读教材、观察学习对象、进行探究实验，科学、清晰地传播生物学知识。在各类教学活动中，教师需要使用准确的教学语言与学生间进行交流。有研究表明，学生的知识掌握程度与教师语言表达的清晰度息息相关。如果教师表达不规范、不清晰，会直接影响学生的学习效果。因此，语言表达技能的基本功能之一是准确、规范地传递生物学知识。

2. 有效地组织课堂教学

有效的课堂组织需要通过丰富的语言表达实现。幽默风趣的语言表达能够集中学生注意力，激发学生的学习兴趣；多用鼓励性的语言能够提高学生的学习积极性；强化、提示性语言能够稳定课堂纪律；感情充沛的语言有助于师生间的情感交流。例如，课堂中，部分学生精神涣散时，适当地提醒一句"请同学们收回万条思绪，眼睛注视讲台上的小黑板"，能够提醒学生的注意力迅速回到课堂。

3. 培养学生思维能力与情感态度价值观

学生自己阅读教材时，会有诸多疑惑，而在课堂听课过程中，很多问题会迎刃而解，有豁然开朗的感觉。这是因为在听课时，学生能够凭借教师语言引导进行思维。教师语言中不仅包含基本的生物学知识，还包括通过分析、综合、概括、抽象等方式组织语言，引导学生思维，在此过程中发展学生的思维能力。同时，教师准确、生动的教学语言能够调动学生的学习积极性，潜移默化地培养学生的情感态度价值观。

（三）语言表达技能的要素

教学语言技能由基本语言技能和特殊语言技能两方面因素构成。基本语言技能是课堂教学语言的基础。教师的课堂语言表达技能是在课堂教学的特殊环境中形成的特殊语言技能。这里主要介绍基本语言技能。

1. 语音和吐字

语音是语言的物质材料。有了语音这一载体，才使得表达信息的符号——语言能以声音的形式发出和被感知。在交际中，特别是在教学中，对语音的基本要求是用语要规范，吐字要清晰，即要用普通话语音来讲话，说出来的语句对方能听明白。

在生物教学中，有许多字与常用音不同，如两栖（qī）动物不能读成两"xī"动物，蛲（náo）虫不能读成"ráo"虫，蒌蒿（nian）不能读成蒌"yān"，这些读音如果不确定，教师上课前需查询词典确认，以免课堂中读错，误导学生或有损教师形象。

2. 音量和语速

音量指的是声音的大小，声音过小，听不清楚；声音过大，没必要，而且使人听起来会感到不舒服。研究表明，音量高于65分贝，会干扰学生思考，成为噪音；音量低于45分贝，学生很难听到，听起来也很吃力，无法保持正常的注意力学习。因此，建议课堂教学时，音量应该保持在45分贝到65分贝之间。音量强度要够，同时，应该注意音量的保持，避免学生前半句听得清楚，后半句就听不清楚，否则也会影响学生听课的情绪。教学中，我们要求每一句话的每个字都清清楚楚地送到学生的耳朵当中。在师范生教学技能训练过程中，要注意音量方面的训练，特别是平时说话习惯声音特大或者过小的同学，更应该注意控制音量。

语速是指讲话的速度，耳朵有一定的承受力，超载就听不清楚。每分钟200~250字为宜（播音员为350字/分）。当然，讲话速度也要根据课堂具体情况进行适当地调节，如果学生此时精神饱满，注意力集中，可以适当提高讲话速度，降低音调；如果学生此时精神疲劳，注意力不集中，特别是上午最后一节课，学生可能比较饿，能量不足的情况下，教师讲话速度可以适当减慢，提高音调，引起学生注意。

3. 语调和节奏

语调是指讲话时声音的高低升降、抑扬顿挫的变化。合适的语调变化可以加强口语表达的生动性，能令听者感觉赏心悦目，调动学生学习的积极性。有研究资料表明，课堂上教师使用不同的语调，学生的情绪、作业正确率都会有所差异，其中语调抑制型的教师所带班级，学生容易出现精神冷漠、注意力不集中的情况，作业准确率偏低，而语调交换型的教师，所带班级学生精神亢奋、反应敏捷，作业的准确率较高。虽然该研究结果有待进一步验证，但在一线课堂中，教师的语调变化确实会给学生不一样的感觉。

节奏是指讲话时的快慢变化。它和语速有联系但不是一回事，每个字音长音短时间并不一样，句中句间长短不一的停顿，这种不一样就是节奏。善于调节音程的变化，形成和谐的节奏，同样可以加强口语表达的生动性。把握好语言的节奏，能够有效地缓解学生的疲劳，集中学生注意力，让课堂充满活力。

4. 词汇和语法

没有词就没有语言。一个人只有具备一定的词汇量并能正确、熟练地运用于口头表达中，才能具有一定的口语技能。作为生物学教师，要掌握较为丰富的生物学词汇、生物学概念、生物学原理和规律，能准确、规范、生动地运用到课堂教学中。能对教材中的生物学词汇用口语化、通俗化的语言表达出来，但又不能失去科学性。对于一些容易混淆的词汇要加以区分，如"呼吸作用"与"呼吸运动""气门"与"气孔""叶绿素"与"叶绿体"、"微生物的分解作用"与"细胞呼吸"等。

语法是造句的规则，是长期实践过程中总结出来的、人们普遍接受的一套规则。只有合乎语法规则，学生才能领会你表达的意思，教师语言表达才算有效。在组织语言时，还要有逻辑性，合乎语法、合乎逻辑规律的语言才能顺畅、连贯。

（四）教学语言表达技能的应用原则与要点

教学语言表达贯穿生物课堂整个教学过程，如精心设计好教学语言，生物课堂导入新颖、新课讲授重难点突出、课堂提问富有启发性、课堂小结精练有力。在此简要阐述教学语言的表达应用原则与要点，相关要求见导入技能、讲解技能、提问技能、结束技能的介绍。

1. 学科性和科学性原则

生物学课堂教学中必须运用生物学学科术语，体现生物学的学科特点，在使用学科术语时，注意遵循科学性原则，避免出现使用不严谨，歧义语句，甚至出现科学性错误的情况。例如，用生活中常用的"脱壳"代替"蜕皮"、身体皮肤表层的"青筋"代替"静脉"。

■ 案例剖析

> 小肠是吸收营养物质的主要器官的概述：
>
> 师：小肠为什么是吸收营养物质的主要器官呢？这是与它的结构相适应的。首先，小肠的长度长，一般为5~6米，有两层普通楼房那么高；然后内表面有许多环形皱襞，皱襞表面又有丰富的小肠绒毛，这些小肠绒毛铺开的话，有半个篮球场大小；最后，小肠绒毛壁特别地薄，仅由一层上

皮细胞构成，而且小肠绒毛内毛细血管丰富。不管是小肠长度、环形皱襞、小肠绒毛，还是绒毛壁薄、丰富的毛细血管，都与其吸收营养物质相适应。因此，小肠是人体吸收营养物质的主要器官。

案例中准确地运用"环形皱襞""小肠绒毛""毛细血管"等生物学学科词汇，利用"首先""然后""最后"等连词将小肠的特征描述出来，用结构与功能相适应的生物学观念组织整段语言，体现了教学语言的学科性与科学性。

2. 教育性和针对性原则

教师职业本身就使其教学语言具有一定的权威性，教学语言对学生的思想、情感、行为始终产生潜移默化的影响，有时甚至是决定性的影响。因此，作为教师，我们必须十分清醒地认识到这一点，密切注意到教学语言的教育性。特别是在生物科学史的教学中，通过教学语言让学生理解科学家科学探究的过程，感悟科学家们求实、合作、探索的精神。

针对性指是教学语言内容要符合学生已有发展水平，可以理解感知；表达要深入浅出，通俗易懂，让学生易于接受。

3. 简明性和启发性原则

教学语言的简明性指的是语言不多，一听就明白，从表达内容来说一定是经过提炼、认真组织的词语，一定是经过认真推敲、严格选择的句式。能留有余地以引起学生的思考。启发性包括三个方面：①启发学生对学习目的和意义的认识，激发学生学习兴趣、学习热情和求知欲；②启发学生联想、想象、分析、对比、归纳和演绎，引导学生积极思考；③提高学生审美情趣，丰富学生的思想感情。

二、导入技能

俗话说，"良好的开端是成功的一半。"一节课有一个好的导入能为完成教学任务打下坚实的基础。导入技能是教师在一个新的教学内容或教学活动开始时，运用建立问题情景的教学方式，引起学生注意、激发学生兴趣、明确学习目标、形成学习动机的一类教学行为。它广泛应用在各种类型的课堂教学中，常与提问、演示、讲解等教学技能整合应用。

（一）导入的作用

■ 案例剖析

> 在"开花与结果"教学时，两位教师的不同开场，请你对比一下，说一说，谁做得更好？
>
> 教师a：上节课我们学习了植株的生长，接下来我们一起来了解植物的开花与结果。
>
> 教师b：向学生展示当地三种常见的花特写与实物——木棉花、美丽异木棉、红花羊蹄甲。由于是身边常见的花，生活中我们没有留意，细心观察发现原来这些花如此美丽，学生的注意力马上被吸引住了。教师顺势提出问题："虽然这几种花从外形看各有不同，基本结构却大同小异，那么，植物的花包括哪些基本结构呢？"

同样一节课，导入不同，效果差别也非常大。教师a简单直接，直奔主题，有更多时间学习重点内容，但是初中生可能没做好准备，会影响后面的学习；教师b以学生身边常见的花导入，特写照片与花实物很快能抓住学生的注意力，激发学生的求知欲，为学生营造良好的学习起点，有利于课堂高效学习。磨刀不误砍柴工，适当的导入在课堂教学中是非常有必要的。

有效地导入新课，是课堂教学中的一个重要环节。导入能起到以下三点作用：一是集中学生注意力，迅速引导学生思维。毕竟课堂刚开始，学生很可能沉浸在课间活动的兴奋中或者受上节课内容当中，适当的导入能让学生将注意力聚焦到本节内容的学习中；二是激发学生的学习兴趣与动机，教师用贴切而精练的语言，正确、巧妙地导入新课，可以激发学生强烈的求知欲望，引起他们的浓厚学习兴趣；三是帮助学生形成良好的知识结构，通过导入唤起学生对"旧"知识的记忆，引出"新"知识，让学生明确新旧知识的联系，有助于良好知识结构的形成。

（二）导入技能的组成

导入虽然在一节课中时间占比小，但其却有完整的构成要素。典型的导入由以下四个方面构成：

1. 集中注意

导入的首要任务是使学生对与教学无关的活动进行抑制，并迅速投入到新的学习中来，使之得以保持。通过导入，给学生一个明确的信号，课间活动结束了，你要全身心地投入到本节课的学习中来。

2. 引起兴趣

兴趣是最好的老师，也是求知欲的起点。教师利用各种方法将学生的内部积极性调动起来，当学生对学习感兴趣的时候，他能够全身心投入其中，享受学习过程的乐趣。

3. 明确目的

激发学生学习兴趣的同时，教师应该适当地让学生明确本节课学习的目标与重难点，充分发挥学生学习的积极性与自主性。

4. 引入课题

导入时新课题的过渡不应占用过多的时间，通过导入自然地进入新课题，使导入和新课题间建立起有机的联系，水到渠成地进入新课题的学习中。

（三）导入的类型与运用

生物学教学中，教学内容、课型、教学目标都会有差异，导入的方法也不尽相同，根据内容、地域特点、对象、目标等的不同等，发挥教师想象力与创新能力，灵活采用合适的导入方法，让课堂高效并充满趣味。生物课堂教学中常用的导入类型有：

1. 利用旧知识导入

学生学习新知识前，教师要注意挖掘学生已有的知识和经验，并通过这些旧知识，引导学生去发现问题，明确探索目标，与新知识联系起来，促进知识的迁移，优化学生的认知结构。这种导入方法在生物学教学中很常见，但如果把握不好容易平铺直叙，不能引起学生的注意与兴趣，效果不佳，因此，这类导入也需要精心设计。

■ **案例剖析**

学习人教版《输送血液的泵——心脏》（第二课时）时，以学生学习过的心脏结构与功能复习导入。首先，教师引导学生复习心脏的结构包括哪四个腔？相对位置如何？房室瓣、动脉瓣的位置在哪里？与四个腔分别相连的血管是什么血管？并画出心脏结构与血管简图，然后，让学生回忆心脏的工作过程，在学生对心脏结构与功能相关内容都回忆起来的基础上，提出问题：①血液在心脏中是如何流动的？②血液从心脏流出来后，去了哪里？会发生什么变化？

通过旧知识导入，学生不仅回顾了旧知识，还获得了新的知识，明确了本节课学习的方向。了解了心脏的结构后，再了解"以心脏为泵"的血液循环，学生思路会更加清晰。

2. 利用直观演示导入

直观演示导入符合学生的认知心理发展特征和规律，引导学生观察直观演示，对调动学生多种感官、吸引学生的注意、激发学生学习的积极性等方面具有重要作用。生物学科教学中，有诸多的教具、模型、标本、视频、虚拟实验等直观演示手段，可以使抽象的知识具体化、形象化，为学生架起由形象向抽象过渡的桥梁。

■ 案例剖析

学习《心脏的结构》一节时，教师在讲台上演示心脏模型，一个放大的心脏模型放在讲台上时，学生的好奇之心就会被点燃，很想了解心脏剖开之后内部结构是怎样的。教师顺势而为，简要介绍心脏的位置与人体心脏的实际大小，向学生提问："小小的心脏，为何说它是'输送血液的泵'？这与它的结构有什么关系？让我们跟着老师手里的'心脏'，一起探索心脏的结构。"

由直观的心脏模型，引发学生注意，进而通过问题引发学生思考，进入心脏结构的学习。

3. 利用实验演示导入

生物学实验教学是生物课堂教学中的重要组成部分，教师在课堂开始时，巧妙地设计一些小实验，产生一些有趣味的实验现象，指出并让学生自己观察和分析，进行归纳总结，或者引出本节课的核心问题，引发学生思考。这种导入方法，能够增强课堂的趣味性与互动性，激发学生的学习兴趣。

■ **案例剖析**

> 　　学习人教版《绿色植物与生物圈的水循环》时，向学生展示用稀释过的红墨水在根部泡了一天的芹菜、娃娃菜，引导学生观察芹菜、娃娃菜叶脉、叶柄等处变红的现象，提出问题，让学生思考："为什么芹菜、娃娃菜根部泡红墨水，红墨水会'爬'上叶柄、叶脉处？"接着开始本节课的学习。

　　通过红墨水，将水分在植物中的运输可视化，引起学生的好奇，开启新课程的学习。

　　4. 从生产实践和生活实际问题导入

　　生物学是与生活、生产实践息息相关的一门学科，生活中有很多生物学现象，人们往往不能理解它。生物学教学中，将生活生产中的实际问题整理成课程资源，与教材中的内容相对接，能够极大地激发学生的学习兴趣，提高学生理论联系实际的能力。

■ **案例剖析**

> 　　学习《基因的显隐性》一节时，设置一个生活情境，学习了生物的性状这一节后，小红对自己家庭成员眼皮的特征进行了观察记录，她惊奇地发现，爸爸是双眼皮，妈妈是双眼皮，姐姐是双眼皮，全家就自己是单眼皮，这些天她都在纳闷，怀疑自己是不是爸妈领养的孩子。你认为爸妈双眼皮，生下单眼皮的小红，这是正常现象吗？该如何解释？带着小红生活中的这个疑问，进入到基因的显隐性这节内容的学习。

　　以生活中常见的基因显隐性遗传现象导入，让学生带着问题进入孟德尔遗传学第一定律的学习，并尝试学习之后，解释生活中的眼皮性状的遗传问题。

　　5. 以讲故事的方式导入

　　故事主要指的是名人轶事、典故、趣闻等，中学生求知欲强、颇具好奇心，他们爱听、爱看有趣的故事，教师应紧紧抓住学生这个心理，变学生的好奇心为浓厚的学习兴趣，使学生的思维活动积极活跃起来。在生物学教学中，有着丰富的故事素材，特别是科学史上科学家以及他们曲折的探究过程的故事，教师巧妙地把这些故事与所教教材内容结合起来，并提出学习任务，把学生的注意力吸引到教学目标中来。

■ 案例剖析

> 学习《基因重组》时，教师引入一个幽默故事：大文豪萧伯纳才华横溢，但是长相一般。有一位非常漂亮的电影演员十分爱慕萧伯纳的才华，写信向他求婚。信中这样写道："亲爱的萧伯纳先生，如果我们结为夫妇，生下来的孩子像你这样聪明，像我这样漂亮，那我们是世界上最幸福的人。"萧伯纳回信道："尊敬的女士，这万万不可，要是孩子像我这样丑，像你这样笨，那我们不就是世界上最不幸的人了吗？"学生听了故事后大笑，也将注意力引入到基因重组和遗传学规律的学习中。

通过对萧伯纳故事讲述，唤起学生的学习兴趣，激发学生的探究欲望，同时，又将学生的注意力聚焦在新课程的学习当中。

6. 运用逻辑推理的方法导入

推理是人们头脑中根据已有的判断，经思维的分析综合，引出新的判断的过程。它是根据已有的概括性认识和有关材料或事实，对过去进行推断或对未来进行预测。

■ 案例剖析

> 学习《发生在肺内的气体交换》时，为学生呈现一个数据表，让学生比较吸入的空气与呼出气体的差异：

气体成分	氮气	氧气	二氧化碳	水	其他气体
大气中的含量（%）	78	21	0.03	0.07	0.9
在呼出气体中的含量（%）	78	16	4	1.1	0.9

　　呼出的气体中增加的气体成分是哪里来的？含量减少的气体成分到哪里去了？让学生带着这个问题看看发生在肺内的气体交换。

　　通过比较吸入的空气与呼出气体的数据差异，思考气体的来源与去向，进入到新课程的学习。

（四）设计导入应注意的问题

　　导入是课堂教学的一个重要环节，它直接影响学生学习的情绪和效果。在设计导入时要注意以下几个问题：

1. 针对性

　　设计导入时，导入方法要符合学生的心理发展特征，针对教学内容，充分考虑学生的年龄特点、兴趣特征、知识水平，选择合适的导入方法；导入内容要紧密联系教学内容，将导入内容与教学内容有机结合，不可游离于教学内容，否则，很可能分散学生注意力，反而不利于教学活动的开展。

2. 启发性

　　课堂成功的关键在于激发学生学习的自主性与积极性，教师应该利用形式多样的导入手段，设计引人入胜的小故事、充满趣味的小实验、吸引眼球的教具、引人深思的问题，促使学生产生强烈的求知欲望。学生的思维被激活了，课堂效率提高是顺其自然的事情。

3. 趣味性

　　千篇一律、毫无趣味的内容与形式容易使学生产生厌倦的心理，导入设计时要注意关注学生的兴趣点，在内容与形式上增加趣味性，让教学内容以新鲜活泼的形式呈现在学生面前，让学生觉得课堂教学内容充满趣味，引人入胜，从而乐于进入新课程的学习。

4. 艺术性

　　新课导入，要讲究艺术性，生物科学与艺术相结合，会让生物学知识栩栩如生。例如，在学习《绿色植物在光下制造有机物》这部分内容的导入时，有教师利用天竺葵实验原理，制作不同图案的叶片造型，如"福"字造型、运动火柴人造型等等，这些艺术造型一经展示，学生纷纷赞叹太神奇了，教师顺势引入天竺葵实验的学习，为同学们解惑其制作原理与过程。

三、讲解技能

讲解是课堂教学最主要的教学方式，讲解技能是最基本的课堂教学技能之一。

（一）讲解技能的概述

讲解技能是教师根据生物学教学内容的特征，充分考虑学生的认知规律与心理发展特点，利用简明的、具有启发性的语言，辅以手势、板书、教具和教学媒体等，向学生阐述生物学事实、概念、原理、规律，解释事物的本质，引导学生思考，理解教学内容，促进思维发展的教学行为方式。

讲解技能在教学中的运用古已有之，即使在各种教学技术进入课堂的今天，讲解依然被广泛运用。它能够充分发挥教师的主体作用，效率高，使学生能在短时间内系统掌握知识。但是，在实际使用过程中，讲解很容易变成低效的"填鸭式"教学，这是在教学过程中应该避免的。讲解需要尽力唤起学生的注意力与兴趣，激活学生的思维能力。

（二）讲解技能的组成

完整的讲解技能包含讲解框架、语言表达、引用例证、形成连接、运用强调、获得反馈六个组成部分，见表4-1。

表4-1　讲解技能的组成

组成部分	含义
讲解框架	讲解框架包括引入、主体、总结三部分，这三部分都不能脱离主题，设计时要遵循由表及里、由易到难、由已知推及未知的原则，符合学生认知心理规律，突出重点、消除过多的细枝末节
语言表达	语言表达要有针对性，符合学生的年龄实际与认知水平；要正确运用生物学术语，科学严谨又不失通俗易懂；语言要逻辑清晰，避免表达重复与语病
引用例证	具体的、典型的例证能将抽象、复杂的原理、概念联系起来，让讲解具体、生动，降低学生的理解难度，激发学生的兴趣。讲解细菌的生殖特征时，以某种细菌30分钟分裂一次为例，基数100只，让学生计算8小时后细菌的数量，帮助学生理解细菌分裂生殖速度快这一特征
形成连接	讲解过程中，要注意安排内容的先后顺序，善于选择一些用于连接的词语，帮助学生理清思路，理解前后内容的关系。例如，常用数字作为连接语"一""二""三"……；总结用语有"总而言之""因此"等，让讲解更清晰，具备逻辑性

组成部分	含义
运用强调	讲解中运用音量变化、语言节奏变化、强弱变化强调某些关键字、词、句，提醒学生注意重要内容。有时可以用语言提醒学生，如这部分内容非常重要，请同学们注意啦
获得反馈	讲解是否成功，关键看学生反馈。讲解过程中要注意学生的表情、行为、操作性的表现，学生的一些非正式发言，如"啊？""明白"等，从学生回答问题的情况、提出问题的情况了解讲解的效果，根据学生的反馈，及时调整速度与方式，让大多数学生跟得上教学进度

（三）讲解的基本类型

结合中学生物学教学的内容与特点，讲解的类型包括解释式讲解、描述式讲解、原理中心式讲解和问题中心式讲解。

1. 解释式讲解

解释式讲解要求教师直接陈述事实，进行程序说明和结构显示等方式的讲解，让学生理解新知识与旧知识联系的讲解方式，在具体的、事实的、陈述性知识讲解中常用，属于比较初级的讲解类型。在生物学教学中，一般适用于生物学概念、生物现象的意义、实验的步骤与过程等。如生态系统的概念、显微镜的操作步骤等。

■ 案例剖析

> 学习性状与相对性状时，邀请一位同学上讲台当"模特"，请另外一位同学说一说"模特"的眼皮特征、是否有耳垂、能否卷舌等。"刚才我们所观察的这一位'模特'的各种特征，在遗传学上称为性状。那么，如何解释性状呢？性状指的是生物形态结构、生理和行为的统称。比如，'模特'同学的单眼皮、B型血、能卷舌，这些特征都称为性状。同一生物同一性状会有不同的表现，比如番茄颜色有红色的、黄色的，豌豆种子有圆粒、皱粒；眼皮有单眼皮、双眼皮等等。为了方便描述，遗传学家将同种生物同一性状的不同表现，称为相对性状。"课件呈现人的单眼皮和人的卷舌。"请同学们判断，这对性状属于相对性状吗？并说明理由。"

2. 描述式讲解

描述式讲解常用于生物学形态、结构、功能、关系的描述，例如，教师用生动的语言描述蛔虫的形态结构，讲解显微镜的基本结构与主要部分的功能，描述鸟类标本的外部形态与结构特征等等。

■ 案例剖析

学习显微镜的结构时，引导学生阅读书中示意图，结合教师手中的显微镜实物，从上到下、从目镜到镜座逐一识别显微镜的基本结构，"其中三组结构需要我们重点关注，第一组是目镜和物镜，起放大作用，放大倍数为目镜与物镜放大倍数乘积。"指着多媒体上不同倍数的目镜、物镜组，"同学们看看，目镜、物镜放大倍数与长度有怎样的关系？目镜倍数越大，长度越短；物镜放大倍数越大，长度越长。""第二组结构是反光镜和遮光器，这组结构能够调节视野光线，反光镜的两面是一样的吗？……遮光器在哪里？……(实物展示遮光器的位置，并在黑板上画出遮光器简图)"

3. 原理中心式讲解

原理中心式讲解是以概念、原理、规律、理论为中心的讲解，一般按照总分总的讲解框架，以一般性概括引入、推理论证、得出结论，属于高级的讲解类型，生物学教学中的生物学概念、生理功能、遗传变异、生物进化、生态学原理等知识适合用原理中心式讲解。

■ 案例剖析

引入：天上飞的蝙蝠、地上跑的马、水中游的鲸都属于哺乳动物，他们的生活环境、运动方式区别那么大，为何都属于哺乳动物这一类群呢？

论证：要了解它们为什么同属于哺乳动物，我们需要了解哺乳动物的共同特征。不管是蝙蝠、马还是鲸，它们的生殖方式相同，具有胎生、哺乳的特征，胎生能够保证从受精卵到分娩这一阶段获得母体的保护与充足的营养，哺乳能够解决这些动物幼崽活动能力较弱时，能获得优质的营养物质的问题。不管胎生还是哺乳，都极大提高了哺乳动物成活率。此外这些动物有门齿、白齿，甚至犬齿的分化，帮助掠食与消化；神经系统发达，能提高对周边环境的感知能力，方便逃避天敌与获取食物。

结论：马、蝙蝠、鲸虽然生活环境、运动方式差异大，但它们生殖方式同属胎生哺乳，牙齿有门齿、白齿、犬齿的分化，神经系统发达，因此，属于哺乳动物这一类群。

4. 问题中心式讲解

解答问题是问题中心式讲解的中心，有助于学生探究学习和思维能力训练，是一种高级的讲解类型。其方法为引出问题→明确标准→选择方法→解决问题→得出结论。常用于生物教学内容重难点的讲解，与提问、讨论等技能配合使用。

■ 案例剖析

了解了心脏的结构之后，教师提出问题："请同学们根据心脏的四腔、房室瓣、动脉瓣的相对位置，推断血液在心脏中的流动方向，并用箭头画出。"

在此基础上，课堂围绕着以下问题展开，学习血液循环：

(1) 血液从左心室出来后，经过怎样的路径，最终回到心脏哪个腔？(体循环)

(2) 体循环过程中，血液发生什么变化？为什么？

(3) 血液从右心室出来后，经过怎样的路径，最终回到心脏哪个腔？(肺循环)

(4) 肺循环过程中，血液发生什么变化？为什么？

(5) 体循环和肺循环的共同路径特征是什么？

(四) 讲解的基本要求

1. 课前准备充分

准备讲解，最重要的是理清思路。所谓思路是指认识客观规律的思维过程，它反映着本学科的规律与人的认识规律的统一。教师应对讲授内容作全面的分析和把握，做到准备充足，力图将系统的知识呈现给学生。准备过程中，基本要做到将教材细细阅读完整，分析教材重难点，遇到难点、疑惑点查阅大学教材，找到相应知识的阐述，阅读最新科学研究进展，了解上课内容的前沿动态。

2. 讲解要具有科学性与启发性

教学中所要传授的知识，应当是在人类目前达到的认识水平上已成定论的可靠知识。讲解过程注意严谨，避免出现科学性错误；用词要恰当，不要出现经不起推敲的情况，特别是一些绝对化词语，如"全部""都""一定"，用词要斟酌。

根据教学要求，从学生的实际出发，借助各种教学手段，调动学生的积极性、主动性，引导他们积极地、创造性地思维，主动地获取知识，真正达到发展智力、培养能力的目的。

3. 讲解要简洁，注意和谐性

教师应使用简洁明快，既准确又精练，既有逻辑性又有概括性的语言进行知识传授。这就要求教师对教材的书面语言进行加工、提炼、斟酌，用最简练的语言表达最丰富的内容，使每一个字、每一个句话都起到相应的作用。讲解过程中，教师应注意语速、语调、音量等的科学运用，并根据学生的反应及时作出相应的调整。

4. 讲授要与板书相配合

讲解与板书相互配合，可以更好地发挥讲解的作用。板书的基本内容包括图画、文字、公式和表格。板书内容一般都是教学内容的重点、难点，教师利用讲授对精心设计的板书内容加以点拨、讲解，能引导学生抓住教学的主要内容，提示学生重点和关键问题，帮助学生记忆和消化教学内容，有利于学生记好笔记和复习。

四、提问技能

■ **案例剖析**

学习生物对环境的适应与影响时，以教材中的资料分析为基础，向学生提问：

(1) 骆驼、骆驼刺、海豹分别生活在怎样的环境中？

（2）它们的结构及生理特征分别有什么特点？

（3）通过三个实例说明生物的结构、生理特征与生活环境之间有怎样的关系。

通过层层深入、指向性明确的问题，学生很容易归纳出"生物能够适应环境"的结论，减少盲目性，让学生科学有效地掌握生物学知识与规律。

（一）提问技能的概念

教学中，提问是为了什么？为了获得正确的答案吗？答案显然是否定的。提问不仅仅是为了一个答案，更重要的是促使学生不断巩固知识、修正知识与运用知识，促使学生不断保持求知的欲望的目的。提问在教学中的运用，历史悠久，我国古代教育家孔子在与弟子的交流中常用启发性的提问，认为教学要"循循善诱"，用"叩其两端"的方法做到"不愤不启，不悱不发"，引导学生批判性思考，探求知识。苏格拉底通过不断的提问，让学生在回答中找到自己的谬误所在，反复修正自己的观点，最终得出正确的结论。这是一项基本教学功能，它广泛应用于教学的各个环节，并大量整合于导入、观察、讲解、结束等教学技能的设计与实施之中。

我们所说的提问技能指的是教师运用提出问题以及对学生回答问题的反应方式，了解学生的学习状态，启发思维，使学生理解和掌握知识、发展能力的一类教学行为。

（二）课堂提问的功能

教师巧妙的提问能够有效地点燃学生思维的火花，激发他们的求知欲，并为他们发现、解决疑难问题提供桥梁和阶梯，引导学生去探索达到目标的途径，获得知识的同时，也增长了智慧，养成勤于思考的习惯。其主要功能如下：

1. 激发学生的学习动机和兴趣

提问能够激发学生的好奇心，使学生产生探究的欲望，迸发学习的热情，产生学习的需求。

2. 促进学生学习

宋代朱熹说："读书无疑者，须教有疑。有疑者，却要无疑，到这里方是长进。"提问是教师对学生学习的一种支持行为。学生的学习是以学生的积极思维活动为基础的，学生的思维过程往往又是从问题开始的。提问能够帮助学生复习巩固所学的知识和技能，提示教学重点，分散难点，促进学生对教材内容的记忆等。

3．平稳过渡

每一科目的教学内容，其各个组成部分之间都相互联系，并以一定的方式关联在一起的。提问可以为学生理清思路，把握学习内容之间内在的逻辑关系，实现教学内容各组成部分之间的平稳过渡。

4．为学生提供参与机会

提问是课堂上的一种召唤、动员行为，是集体学习中引起相互活动的有效手段。提问给学生提供了一个流露情感、发表看法，与老师和班级其他成员沟通、交流的机会。

5．培养能力

提问可以培养学生的思维能力、口头表达能力和交流能力。课堂提问能够引起学生的认知矛盾并给学生适宜的紧张度，从而引发学生积极思考，引导学生思维的方向，扩大思维的广度，提高思维的深度。

6．反馈教学信息

提问过程是一个教师"教"与学生"学"的双向过程。教师通过对学生回答问题情况的了解，检查他们对有关问题的掌握情况（包括理解情况、记忆情况、运用情况等），便于教师和学生及时把握教与学的效果，调整教学方式和学习方式。提问还是教师诊断学生学习困难程度的有效途径。

7．管理课堂教学

提问可以活跃课堂气氛，促进师生之间的情感交流，吸引学生的注意，有助于课堂教学活动的顺利进行，因此提问是进行课堂教学管理，维持良好课堂秩序的常用手段之一。

（三）课堂提问的类型

1．知识性提问

知识性提问是对学生已学过的生物学事实、概念、形态结构、功能的回忆与确认，是最简单的一种提问方式。在新旧知识的连接、补充、比较过程中具有重要作用，例如，在高中学习光合作用相关内容前，通过知识性提问帮助学生回忆起初中有关光合作用的知识点，能有效帮助学生了解光合作用的知识体系，更容易接受高中知识的学习。但只是简单的知识性提问会限制学生的思考空间，缺乏表达自己思想的机会。

■ **案例剖析**

> 学习动物体的结构层次后，帮助学生总结，设计如下问题：
> (1) 动物体的结构层次包括哪些？
> (2) 动物体的四大基本组织是什么？分别有什么特征与功能？
> (3) 什么是器官？
> (4) 人体八大系统分别是什么？

2. 理解性提问

理解性提问是用来检查学生对已学的知识及技能的理解和掌握情况的提问方式，让学生用自己的语言对相应问题作出回应，这就要求学生先对已学过的知识进行回忆，重新组合，对材料加工内化处理后，组织语言表达出来。常用于生物学概念、原理的学习后进行提问。因此，理解性提问是较高级的提问。实际使用过程中，教师通常使用的提问动词有：读（图、表）、回答、解决（问题）、举出（例子等）、得出（什么样的结论）、叙述、阐述、比较、解释、转换、预测、推理、总结、分类。

■ **案例剖析**

> 学习了光合作用的相关内容后，设计以下问题：
> (1) 光合作用反应式如何写？并用自己的话描述光合作用的过程。
> (2) 光合作用原料、产物、场所、条件分别是什么？
> (3) 说出光合作用的物质与能量分别是怎么变化的？

3. 应用性提问

应用性提问是检查学生所学生物学概念、原理、规律等知识应用于新的问题情境中解决问题的能力水平的提问方式，要求学生结合内化知识，经加工整理解决实际问题，有助于提高学生分析问题、解决问题的能力，属于高阶的提问方式。实际使用中，教师常用的动词有：发生、应用、运用、解决、执行、实行、施行。

■ 案例剖析

> 生态系统指的是在一定的空间范围内，生物及其环境所构成的统一整体。学习这个概念时，设计问题如下：
>
> (1) 在生态系统的概念中，应找出的关键词有哪几个？
>
> (2) 根据生态系统的概念，请判断深圳所有的中学生可以组成生态系统吗？深圳的所有生物呢？深圳这座城市呢？说明原因。
>
> (3) 你能举出其他生态系统的例子吗？

4. 分析性提问

分析性提问是要求学生通过分析知识结构因素，弄清概念之间的关系或者事件的前因后果，最后得出结论的提问方式。学生仅靠记忆并不能回答这类提问，必须通过认真的思考，对材料进行加工、组织，寻找根据，进行解释和鉴别，才能解决问题。这类提问多用于分析事物的构成要素、事物之间的关系和原理等方面。在分析型提问中，教师通常使用的提问动词有：对比与比较、分析（作者的意图是什么、为什么、哪些因素、什么原理、什么关系）、陈述（主要观点、主题、假设、证据等是什么等）、找出类型、得出（结论）、论证、证明等。

■ 案例剖析

> 学习了无性生殖与有性生殖的概念后，让学生判断克隆羊多莉的生殖过程属于有性生殖还是无性生殖。要作出准确的判断，学生一要能够准确理解两种生殖方式的概念与区别；二要清晰了解克隆羊多莉产生的过程，虽然涉及三只母羊，但是没有经过精卵结合，才能准确地回答这个问题。

5. 综合性提问

综合性提问要求学生能够检索和概括出与问题有关的知识，经分析综合、推理想象，进而得出结论的提问方式。这类提问强调对内容的整体理解与把握，把事物的各个方面、各个特征结合起来思考并作出回答，可以激发学生的想象力和创造力，能更好地体现个人认知风格。

■ **案例剖析**

> 学习了呼吸系统、循环系统之后，为帮助学生巩固知识，深刻理解系统间的分工与合作，提出问题："假如你是一个氧气分子，一天被吸入人体中，在人体内会经历怎样的旅程？"学生要清楚地回答这道问题，需要用到的知识包括：肺与外界的气体交换、发生在肺内的气体交换、肺循环、体循环、细胞呼吸，综合运用这些知识才能回答清楚这个问题。

6. 评价性提问

评价性提问是一种要求学生运用准则和标准对观念、作品、方法、资料等作出价值判断，或者进行比较和选择的一种提问方式。这是一种评论性的提问，需要运用所学内容和各方面的知识和经验，并融进自己的思想感受和价值观念，进行独立思考，才能回答。

评价性提问包括三大类：一是学生提出自己的观点，例如，现代类人猿能够进化成人类吗？为什么？需要学生理解森林古猿向现代类人猿和人类进化的原因及过程，同时分析目前地球是否具备相应环境使得现代类人猿向人类进化，从而对阐述自己的看法。二是对某些观点进行评价，例如，有人认为，生男生女责任在女方，你认为对吗？为什么？三是要求学生对解决实际问题，提出自己的看法。例如，《选择健康生活方式》这一节教学中，向学生提问："你爱好上网吗？怎样做才能避免染上网瘾？"

（四）课堂提问的要求

1. 设问得当

在设计提问时，教师最好能以学生感兴趣的方式提出问题；应该服务于教学目标、教学内容。每个问题的设计都是实现特定的教学目标、完成特定的教学内容的手段。

2. 发问巧妙

对象明确，针对不同水平的学生提出难度不同的问题；表述清晰；适当停顿，发问后要稍作停顿，留给全班同学思考的时间，不宜匆匆指定学生作答；发问应简明易懂，并不重复，以免养成学生不注意教师发问的习惯。

3. 启发诱导

教师要创设良好的提问环境；提问时的面部表情、身体姿势以及与学生的距离、在教室内的位置等，都应使学生感到信赖和鼓舞，而不能表现出不耐烦、训斥、责难的态度，要耐心地倾听学生的回答。对一时回答不出来的学生要适当等待，启发鼓励；对错误的或冗长的回答不要轻易打断，更不要训斥这些学生。

4. 归纳总结

学生回答问题后，教师应对其发言作总结性评价，并给出明确的问题答案，使他们的学习得到强化。必要的归纳和总结对知识的系统与整合，认识的明晰与深化，问题的解决，以及学生良好思维品质与表达能力的形成都具有十分重要的作用。

五、结束技能

（一）结束技能的概念

一节课的结束常常容易被忽视，有些教师在实践中常听到铃声响起，一句"今天先到这里"结束，或兴致所至，拖堂几分钟，甚至占用整个课间。这些草草收场的结束方式常会让教学效果大打折扣。因此，如何结束一节课，是很有必要研究和设计的。

结束技能是教师完成一项教学任务时，通过重复强调、概括总结、实践活动等，对所教的知识或技能进行及时的系统化巩固和应用，使新知识稳固地纳入学生的认知结构中去的一类教学行为。结束技能不仅广泛地应用于一节新课讲完、一章学完，也经常应用于讲授新概念、新知识的结尾。

（二）结束技能的构成要素

课堂的结尾要将本节课分散的内容聚焦，帮助学生理清思路，将感性认识转化成理性认识。按照构成要素，包括结束信号、要点提示、巩固应用、拓展运用。

1. 给出信号

在进入课堂结尾阶段，给出结束性语言，提示现在进入课堂结尾总结阶段，让学生的思绪参与到这部分教学活动中来，为学生的参与提供心理准备。例如，"大家学完了本节 ×× 内容，让我们一起来总结一下吧。""课堂最后，让我们一起梳理我们重点学了哪些重要知识点？"

2. 要点提示

课堂结束教学活动中，通过教师独自总结或师生互动带领学生总结的方式，梳理出本节的重点、难点、关键点，必要时可作进一步的说明，进行巩固和强化。例如，学习完动物体结构层次之后，引导学生一起梳理动物体结构层次次序、分化、组织、器官、系统等关键概念。

3. 巩固应用

课堂结尾时，适当地设计与组织问题，以测试或者小游戏等形式，检测学生知识掌握情况，发现不足，及时获得反馈，同时，也提高学生将知识运用到解决实际问题中的意识与能力。

4. 拓展延伸

课堂结束只是停留在本节知识的简单重现与罗列会过于呆板，不利于学生思维的培养。为了拓展学生的思路，开阔学生的视野，或把前后知识联系起来，形成系统，需要在结课时对教学内容进行必要的扩展延伸，将知识与生活，与其他学段、学科知识联系起来，形成完整的知识网络，促进学生思维发展。

（三）结束的方法

教学结束的具体方法多种多样，生物学教学中常用的结束方法有：

1. 归纳法

归纳不是简单地重复，而应包含一定的思考，有所升华与创新。课堂结尾运用归纳法时，教师引领学生以准确简练的语言对课堂讲授的知识进行归纳、概括、总结，梳理学习内容，理清知识脉络，突出重点和难点，归纳出一般的规律、系统的知识结构等。

■ 案例剖析

> 学习完《开花与结果》后，根据开花→传粉→受精→结果这个过程，帮助学生梳理本节内容。开花部分重点理清花的结构，特别是雄蕊雌蕊的结构，传粉引导学生了解什么是传粉，传粉的方式有哪些类型，受精作用部分让学生说出受精过程是怎样的，结果部分侧重梳理子房各结构与果实各结构的关系。在师生互动中，厘清知识框架。

2. 比较法

比较法是对教学内容采用辨析、比较、讨论等方式结束课堂教学的方法，意在引导学生将新学概念与原有认知结构中的类似概念或对立概念进行分析、比较，既找出它们各自的本质特征，又明确它们之间的内在联系和异同点，使学生对内容的理解更加准确、深刻，记忆更加牢固、清晰。比较法常见于生物教学中，特别是相似、易混淆的知识点，比如藻类植物、苔藓植物、蕨类植物的比较，细胞分裂与细胞分化的比较等。在比较辨析中，能有效加深学生对知识的理解和准确掌握。

■ 案例剖析

> 学习完"呼吸作用"之后，设升表格，帮学生归纳总结"光合作用""呼吸作用"的区别与联系。

	光合作用	呼吸作用
发生场所	叶绿体	线粒体
条件	有光	有无光均可
原料	二氧化碳、水	氧气、有机物
产物	氧气、有机物	二氧化碳、水
能量转变	光能→化学能	化学能→其他形式的能量
联系	对立统一，相互联系	

课堂结束时，呈现此表，引导学生对比光合作用与呼吸作用的区别与联系，更好地帮助学生理解光合作用与呼吸作用的本质。

3. 悬念启下法

悬念启下法是课堂将结束时，教师选择时机设置悬念，引发学生探究欲望的方法。课堂在扣人心弦处戛然而止，教师打出"欲知后事如何，且听下回分解"的招牌，引发学生产生继续探究的强烈愿望，为后续教学奠定良好的基础。做好这类课堂结尾，教师需要仔细分析两节课内容之间的联系，结尾语言或形式需要有一定的吸引力，帮助学生进入情景中。

■ 案例剖析

> 课堂结束时，教师给同学们讲了这样一个故事："古时候有个人进入菜窖里取白菜，进去之后没走上来，第二个人走下去也没上来，第三人走下去一半，蜡烛突然熄灭，大喊一声'有鬼'。请同学们思考，这是怎么回事？如果想知道其中的科学道理，我们下节课一起学习《植物的呼吸作用》。"

4. 练习法

练习法是教师通过让学生完成练习、作业的方式结束课堂教学的方法，这是最简单最常用的一种结课方式。常见的形式包括口头提问、做练习题，即做即讲，这种结课方式，既能够起到趁热打铁、巩固与运用基础知识的作用，又能获得学生对知识掌握程度的反馈。比如，学习完种子萌发后，教师在课件上呈现一种区别于教材的种子萌发实验装置，让学生判断对照组与实验组，相对应的实验组能得出怎样的结论，能有效检测学生对种子萌发实验的掌握情况。

5. 歌诀法

设计概括性强、富有哲理性的歌诀、谜语等为课堂收尾，能有效激发学生思维，提升记忆效果。比如，学习了昆虫特征之后，利用四句口诀帮助学生梳理知识点，"身体分为头胸腹，两对翅膀三对足，头上两根感觉须，里面是肉外是骨。"朗朗上口的口诀，将昆虫的特征总结得完整清晰。

6. 回应法

回应法是指教学结束与起始相呼应，使整个教学过程前后照应的方法。回应的内容包括开头设置的悬念、问题、困难、假设等，是悬念则释消，是问题则解决，是困难则克服，是假设则证实或证伪。

■ **案例剖析**

> 学习《基因的显隐性》时，课堂开始导入时，设置了这样一个情景：小明父母都是双眼皮，小明本人是单眼皮，小明怀疑自己是被收养的，请你用遗传学知识为小明解答疑惑。课堂结束时，提出问题"聪明的同学们，学习了基因的显隐性后，你能通过小明家的双眼皮遗传图谱，打消小明的疑惑吗？"呼应课堂导入时的情境。

7. 拓展延伸法

拓展延伸法是指教师在总结归纳所学知识的同时，与其他科目或以后将要学到的内容或生活实际联系起来，把知识向其他方面扩展或延伸的结课方法，以拓宽学生的知识面，激发学生学习、研究新知识的兴趣。

■ **案例剖析**

> 《种子萌发》课堂收尾时，为学生布置一个生活实践作业，在家制作豆芽，告知学生做豆芽的基本步骤与注意事项，豆芽发好后，做一道豆芽菜，拍照上交。

8. 汇报法

汇报法结束就是在一堂课结束时，让学生汇报这堂课的学习收获，培养学生的自我评价能力。让学生自己谈收获，学生兴趣浓，责任意识强，既能调动学生的积极性，又能使学生巩固本节课所学内容。这种结束方式时间可能较长，要注意时间掌控，避免因为结束拖得过长而占用学生课间时间。

（四）结束的一般要求

在实际的课堂教学中，要充分发挥课堂教学结束的作用，圆满地完成课堂教学的任务，应遵循以下基本要求。

1. 自然贴切，水到渠成

课堂教学结束是一堂课发展的必然结果，它既反映了课堂教学内容的客观要求，又是课堂教学自身科学性的必然体现。教师在教学过程中，要严格按照课前设计的教学过程由前而后依次进行。

2. 语言精练，紧扣中心

课堂教学结束的语言一定要少而精，紧扣本节课教学的中心，梳理知识，总结要点，形成知识结构，干净利落地结束全课，使之做到总结全课，首尾呼应，突出重点，深化主题，让学生的认识产生一个飞跃。

3. 内外沟通，立疑开拓

在学校教学中，课堂教学只是教学的基本形式，而不是唯一的组织形式。为了充分发挥各种教学组织形式在培养学生中的协同作用，课堂教学结束时，不能只局限于课堂本身，还要注意课内与课外的互动，学科课程与活动课程的联系，以及本学科课程与其他学科课程的沟通，以此拓宽学生的知识面。

第三节　生物学课堂教学动作技能

一、演示技能

（一）演示技能的概念

所谓演示，即把某种物体拿出来展示。教学中的演示，仅仅把物体拿出来，让学生看看，这是远远不够的，在展示过程中，教师需要发挥肢体动作、教学语言的作用，引导学生观察与思考。

演示技能是指教师在课堂教学中向学生展示实物或实物的模型、标本、挂图，或通过幻灯片、投影、电视等媒体展示或实验演示，说明有关事物的特点和发展变化过程，使学生获得感性的认识的一种教学活动方式。演示技能属于直观教学范畴，使学生获得生动而直观的感性认识，将书本知识和实际事物联系起来，同时，给学生理解抽象知识必要的感性材料，降低抽象知识的认知难度，减少学习疲劳，促进学生观察与思维能力的培养，提高学习效率。

（二）演示的构成要素

演示不是简单地将物体展示在学生面前，也不是在学生面前表演实验，完整的演示包含以下六大要素（表4-2）：

表4-2　演示的六大要素

演示目的	生物学教学中，演示的目的要么是获得新知识，要么是巩固、验证、应用知识。此外，演示实验操作具有一定的指导性，让学生具体看到实验如何操作，易错点在哪里
演示手段	演示手段的选择要根据教材内容与教学目的进行，力求可以通过演示突出重点、突破难点，保证教学目标的完成
演示操作	演示过程，即向学生示范的过程，在演示教学仪器、模型、实物、生物学实验时，一定要注意规范操作，以免对学生产生不良影响
指导观察	演示中，通过教学语言与肢体语言明确告知学生观察哪里、注意的点有哪些，如何观察，指导学生全面、有序、客观地观察
启发思维	演示过程中，一边指导学生观察，一边通过设问等方式引导学生积极思维，透过现象抓住本质
进行总结	无论采用何种演示手段，演示结束时，都要进行总结，帮助学生形成准确的知识与精确的记忆，巩固观察与思维的结果

（三）演示的类型与运用

1. 实物、标本和模型演示

生物教学中，对于实物、标本、模型三类演示物选择的优先级是：实物优先，标本次之，最后是模型。当然，在选择时结合教学内容与实际情况，选择合适的演示物。在教学过程中，演示实物、标本和模型的目的是使学生充分感知教学内容所反映的主要事物，了解其形态和结构的基本特征，获得对有关事物的直接的感性认识。

演示过程中要注意：

（1）材料的演示要与语言讲解恰当结合

（2）实物的演示与其他演示手段恰当结合

（3）模型的演示要做必要的说明，一般可按标本的演示方法进行。但是有时它的大小比例以及表示颜色等与实物有所不同，必须向学生交代清楚。

（4）必要时进行重复演示和观察，保证所有学生都能观察清楚。在教授新的教学内容后，学生已经获得了一定的知识，必要时可再次演示，以便起到验证、巩固、检查、加深已获得的知识的作用。

例如，学习八年级多种多样的动物类群时，考虑到实际情况，教师可以演示蛔虫（标本）、蚯蚓（实物或浸制标本）、河蚌（活体）、鲫鱼（活体）、黑斑蛙（活体）、蛇（标本）、鸟（标本）、兔子（标本），在这部分内容的学习过程中使用到这些活体标本，能够极大地激发学生的学习兴趣与积极性。

2. 挂图演示

挂图是教学中最早使用的一种教学辅助手段。它不但制作方法简单，而且使用灵活方便，不受地点条件的限制。挂图一般包括两类：一类是正规的印刷挂图，一类是教师自制的简略图、设计图、结构图、分类图、表格图和象形图等。

挂图是教学中最常用的直观教具，在演示时注意以下问题：

（1）注意演示的适时性，把握好演示时间。不要在不需要展示的时候展示出来，分散学生的注意力，用的时候引导学生再看时，学生反而没兴趣观察了。例如，学习心脏结构时，把图挂出来前，先对学生说："心脏如拳头大小，形似桃子，它的内部结构是怎样的呢？请结合挂图，阅读教材，一起学习心脏的结构。"

（2）挂图、语言、文字有机结合。演示挂图时，要说明挂图的标题、比例等等，演示过程要边指边讲解，指示位置要准确，讲解语言要精练。例如，演示草履虫结构时，草履虫的表膜位置要指示明确，注意点、面结合。

（3）画略图或使用辅助图要配合主图。挂图中，有些比较微小部分或者坐在后排学生看不清楚的部分，教师要适当地在黑板上简略画出，帮助学生理解。

3. 多媒体演示

生物学教学中，多媒体演示应用广泛，能够非常直观地将生物的形态、行为展示出来，特别是随着摄影技术的发展，丰富多彩的生物世界通过照片、录像等方式展现得淋漓尽致。多媒体演示能够跨越时间、空间的限制，看到用传统手段看不到、看不清的宏观的、微观的生命现象。多媒体演示要注意以下三点：

（1）要保证画面的质量，不采用画质差的视频或照片，文字大小要合适。

（2）演示时间不宜过长。

（3）辅助课堂教学，而不能代替教师的讲解和演示。

4. 实验演示

在课堂教学中，为了使学生对教学内容获得直观的感性认识，有时也采用实验演示的方法。实验演示是面向全体学生主要由教师操作完成，达到非常典型的示范作用，也是教师人格魅力养成的重要方面。因此，演示必须严谨规范，避免给学生造成不良影响。实验演示要注意以下事项：

（1）演示实验的物品应放在具有一定高度的演示桌上。

（2）演示的实验材料应有足够的大小，保证学生看得清楚，学生比较陌生的材料有必要举起来进行简要介绍。

（3）复杂的实验应先画好图解，可在黑板上画好，帮助学生理解。

（4）引导学生观察实验的详细过程并记录实验现象，例如制作实验记录单。

（5）事先练习好，确保操作规范、准确无误。

■ **案例剖析**

　　在进行验证植物呼吸作用吸收氧气的演示实验时，教师将等量萌发的绿豆种子、煮熟后冷却的绿豆种子分别放进甲、乙广口瓶中，然后分别放入燃烧的蜡烛，引导同学们观察蜡烛燃烧的变化情况。一段时间后，甲广口瓶中的蜡烛熄灭了，乙广口瓶中的蜡烛继续燃烧，提出问题，通过蜡烛燃烧变化情况，引导学生得出结论：呼吸作用吸收氧气，使得甲广口瓶的蜡烛熄灭。通过演示实验，既让学生获得了呼吸作用的新知识，又引导学生通过实验证据，推理得出实验结论，培养学生科学思维。

二、板书技能

从 19 世纪的京师同文馆起，板书开始走进课堂，随着一百多年科学技术的发展，即使各式各样的多媒体技术逐渐走入课堂，成为课堂教学的重要手段，也无法完全替代或者取代板书在课堂中的作用。板书以其简便、灵活、有针对性和普及性强等优势，有着其他教学手段无法取代的一面，是一线教师必须掌握的一项基本技能，是教师应当具备的教学基本功。

（一）板书的基本概念

板书是教师以教学内容为素材，以教学目标为依据，在黑板上、投影仪上用书写文字、符号或绘图等方式，向学生呈现教学内容、分析认识过程，将知识概括化和系统化，启发学生思维，帮助学生理解和记忆的教学手段。

（二）板书的作用

1. 体现教学意图，突出教学重点

教师根据教学内容和各学科的特点设计板书，板书内容常为教学重点、难点，并在关键地方作标识，如用不同颜色粉笔书写、绘画等。

2. 显示教学思路，利于巩固记忆

教师上课有明晰的思路，教学步骤合理得当，使学生掌握科学的读书方法，同时也有利于学生对学习内容的记忆，巩固所学的知识与能力。

3. 有助于集中学生的注意力，激发兴趣

板书能够吸引学生的注意力，激发学习兴趣，并且能够使学生受到思维训练，同时板书、板画使学生的听觉刺激与视觉刺激巧妙结合，避免由于单调的听觉刺激导致的疲倦和分心，兼顾学生的有意注意与无意注意，从而引导学生的思路。

4. 表达形象直观，加深学生印象

富有直观性的板书能够代替或再现教师的演示，启发学生思维。好的板书能用静态的文字引发学生积极而有效的思考活动。

5. 概括要点，便于记忆

教师板书往往将所教授的材料浓缩成纲要的形式，并将难点、重点、要点等有条理地呈现给学生，有利于学生理解基本概念、原理，当堂巩固知识，其对学生的课后复习起引导、提示作用。

（三）板书的类型

选择适当的板书类型是增强教学效果的重要一环，生物学教学中常用的板书类型主要有以下几种：

1. 提纲式板书

提纲式板书，运用简洁的重点词句，分层次、按部分地列出教材的知识结构提纲或者内容提要。这类板书适用于内容比较多，结构和层次比较清楚的教学内容。生物学教材中大部分内容都适用这类板书，如图4-2所示：

第2章　第4节　细胞中的糖类和脂质

一、细胞中的糖类
　1. 元素的组成：C、H、O。
　2. 种类：
　　①单糖：不能水解，如葡萄糖、果糖、半乳糖、核糖。
　　②二糖：由两分子单糖组成，如麦芽糖、乳糖、蔗糖。
　　③多糖：植物　如纤维素、淀粉
　　　　　　动物　如糖原
　3. 功能：糖类是人和动物最重要的供能物质。
二、细胞中的脂类
　1. 脂肪：人和其他动物最重要的储能物质，还具有保温和缓冲的作用。
　2. 磷脂：构成细胞膜及细胞器膜最主要的物质。
　3. 固醇：包括胆固醇、性激素及维生素D。
三、生物大分子以碳链为骨架
　1. 单体：均由碳链构成（氨基酸、单糖、碱基）。
　2. 构成方式：脱水缩合等。

图4-2 "细胞中的糖类与物质"提纲式板书

2. 词语式板书（关键词）

词语式板书通过摘录、排列教学内容中几个含有内在联系的关键性词语，将教学的主要内容、结构集中地展现出来。这类板书简洁，清晰，如图4-3所示的，消化系统的结构组成。

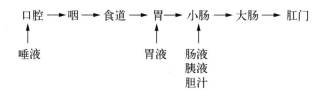

图4-3 "消化系统的组成"词语式板书

3. 表格式板书

表格式板书是将教学内容的要点与彼此间的联系以表格的形式呈现的一种板书。它是根据教学内容可以明显分项的特点设计表格，由教师提出相应的问题，让学生思考后提炼出简要的词语填入表格，也可由教师边讲解边把关键词语填入表格，或者先把内容有目的地按一定位置书写，归纳、总结时再形成表格。生物学教学内容中，有很多适合表格式板书的内容，例如，单子叶植物与双子叶植物种子结构的异同；红细胞、白细胞、血小板的比较；动脉、静脉、毛细血管的比较等。光合作用与呼吸作用的比较见表4-3：

表4-3 光合作用与呼吸作用的区别

	光合作用	呼吸作用
场所	叶绿体	线粒体
是否需要光	是	有光无光均可进行
物质变化	无机物→有机物	有机物→无机物
能量变化	光能→化学能	化学能→细胞生命活动所需的能量

4.关系图式板书

关系图式板书是借助具有一定意义的线条、箭头、符号和文字组成某种文字图形的板书方法。它的特点是形象直观地展示教学内容，能将分散的相关知识系统化，便于学生发现事物之间的联系，有助于逻辑思维能力的培养（如图4-4）。

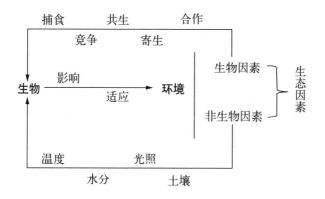

图4-4 生物与环境的关系

5.图文式板书

教师边讲边把教学内容所涉及的事物形态、结构等用单线图画出来（包括模式图、示意图、图解和图画等），形象直观地展现在学生面前。这种板书图文并茂，容易引起学生的注意，激发学习兴趣，能够较好地培养学生的观察能力以及思维能力（如图4-5）。

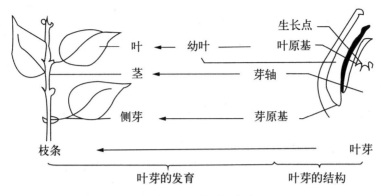

图4-5 叶芽的结构与发育

(四)板书的原则

1.目标明确,针对性强

板书是为了一定的教学目标服务的,偏离了教学目标的板书是毫无意义的。设计板书之前,必须认真钻研教材,明确教学目标,从教材特点、课型特点和学生特点出发。

2.语言正确,科学性强

这是从内容上对教师的板书提出的要求。板书的用词要恰当,语言要准确,图表要规范、线条要整齐美观。板书要让学生看得懂,引发学生思考,避免由于疏忽而造成意思混乱或错误。

3.书写规范,示范性强

板书是一项直观性很强的活动,教师的板书除了传授知识外,还会潜移默化地影响学生书写习惯。因此,教师的板书应该规范、准确、整齐、美观,切忌龙飞凤舞、信手涂抹,不倒插笔,不写自造简化字,一字一句,甚至标点符号都要有所推敲。

4.重点突出,条理性强

板书要引导学生把握教学重点,全面系统地理解教学内容。因此,教师的板书要依据教学进程、教学内容的顺序与逻辑关系做到重点突出,详略得当,条理清楚,层次分明。

5.形式多样,趣味性强

充满情趣的板书设计,好像一幅生动美丽的图画,给学生以美的享受,拨动着他们的心弦，激起他们浓厚的学习兴趣，加深对教学内容的理解和记忆，增强思维的积极性和持续性。

三、教态变化技能

教态，一般理解为教师在课堂上的姿态，是一种无声的语言。课堂中，教师的一个眼神、一个动作、一个表情变化都会影响到课堂的氛围。优美和谐的教态给人以美的享受，它能辅助教学语言，调控教学秩序，融洽师生关系。

（一）教态变化技能构成的概念

教态变化技能，指的是在教学中，教师利用表情、动作等身态语言，辅助口头语言，对于突变情况进行处理或对学生的反馈信息作出反应的教学行为方式。生物课堂中，教师可以通过真诚的微笑、友善的表情、期待而专注的眼神，增进师生间的感情，融洽课堂气氛；亦可以通过身体或手势作为教学的教具，摆出不同的手势，帮助学生理解生物学中一些抽象的内容，让知识变得形象具体。

（二）体态语言的作用

1. 有利于组织教学

上课时，向全班同学"扫视""注视"。启发学生回答问题时，手势辅助提问，减少语言的重复，提高课堂效率。

2. 融合师生情感、激发学习热情

当学生回答问题时，带着善意、真诚的微笑倾听；当学生回答完毕时，亲切、赞许地点头，并带着微笑纠正其中的偏差，能给学生以精神上的鼓舞。

教师抛出问题时，学生想发表自己的看法，但又碍于各种原因，犹豫不决时，给学生一个期许的眼神或一个鼓励的手势，学生就会受到鼓舞，大胆举手回答问题。

3. 突出教学重点

讲到重点、难点时，配以必要的手势，引起学生注意，让重难点给学生留下深刻的印象。

4. 提高教学效果

体态语言除了能吸引学生注意外，教师还可以以肢体动作为教具，适时使用肢体动作帮助学生理解重难点，让学生在轻松愉悦的氛围中掌握知识。

（三）教态变化技能的类型

1. 体态的变化

体态变化包括课堂中的走动与身体动作。

生物学课堂上，如果教师整节课都在讲台上，会给学生距离感，课堂单调沉闷；如果教师频繁地在学生旁边走来走去，又会分散学生的注意力。教师在课堂中的走动要适当，做到既不分散学生的注意力，又能引起学生的注意，调节课堂的气氛。例如，学习线形动物时，给学生演示蛔虫浸制标本，由于蛔虫个头比较小，坐在后排的学生会看不清，教师可以用镊子夹着蛔虫，下面托着蜡盘，绕着教室走一圈，向学生展示蛔虫标本。

教师的身体动作能够表达一定的教学内容，生物学的形态、结构、大小在一定程度上都可以借助教师的手势来表达。恰当的肢体动作表达生物学教学内容，不仅可以帮助学生把握重难点，还能活跃课堂气氛，让学生在轻松愉快的氛围中学习知识。

■ **案例剖析**

> 学习《关节的模式》时，教师左手握拳，右手呈凹陷状包着左拳，左拳旋转滑动，左拳代表关节头，右掌代表关节窝，拳掌之间留一定的缝隙，代表关节腔。讲到《脱臼》时，左拳正对右凹掌，并保持一定缝隙，代表正常；左拳从凹掌中滑出，造成脱臼（边动作演示，边讲解）。

2. 面部表情与眼神的变化

课堂中，教师与学生间顺畅的情感交流可以创造和谐、宽松的课堂氛围。在交流中，教师的面部表情与眼神变化对激发学生的感情具有重要作用。师生之间的交流，除了语言的互动，学生最关注的是教师的面部表情与眼神，也能感受到其变化并对学生情绪产生影响。教师丰富的内心世界，可以真实地通过眼神与面部表情变化表达出来。

　　课堂上，面部表情的基本要求是和蔼、亲切、热情开朗，让学生感受到真诚与信赖。面部表情可以随着教学内容、教学环节的变化而变化，让面部表情的变化为教学内容服务、为课堂服务。

　　生物教学过程中，要以前视为主，统摄全体学生，做到眼中有学生，让学生能感受到老师是在关注着自己的。对课件、教材讲解时，也要控制学生的眼神，避免教师自说自话，学生精神涣散，可以用教鞭等用具，指着课件具体部位，让学生的眼神跟着自己的思路走，专心看，认真听。

　　3. 声音的变化与适宜的停顿

　　平缓、单调式声音会让课堂变得死气沉沉，教学过程中，声音的音量、语调、节奏的适当变化，会让课堂充满活力。在生物学教学中，特别是学习与生殖有关的知识时，青春期的学生常常会非常兴奋，遇到某些点时，会议论纷纷，这时，教师若是大声喊："把嘴巴闭上，安静！安静！"虽暂时有效，往往很快又恢复嘈杂；有经验的教师往往此时自己的声音会变弱，甚至保持沉默，让学生自己意识到，此时要安静下来，往往会比大喊奏效。

　　适宜的停顿是一种无声的语言，是引起他人注意的有效方法。课堂中，要避免整节课都是教师不停地讲述，这会让学生缺少思考的空间，同时也要避免长时间停顿，3秒的停顿，会引人注意，30秒的停顿就会惹人烦躁。在提出问题时，适当停顿，给学生思考与准备表达的时间；学生回答完毕后，适当停顿，给学生进一步思考的空间，让回答更加完善；讲完一个生物学概念、生物学规律或现象后，适当的停顿，让学生自己回味、思考、消化、巩固。

　　（四）教态变化技能的注意事项

　　1. 科学性

　　科学性指的是教学过程中使用的体态语是准确无误的，并要自然得体、恰到好处。例如，在讲解"气孔"时，两手掌心相对，手指弯曲成半月形的保卫细胞，中间的孔代表气孔。两手掌逐渐靠近，代表保卫细胞失水，气孔逐渐关闭；两手掌缓缓向外掌心远离，代表保卫细胞吸水气孔逐渐张开。此方法可以准确、形象地描述了气孔的开闭。

　　2. 实用性

　　教态变化要服务于教学内容，符合学生心理发展年龄、特点。比如，讲到生物多样性受到威胁，物种多样性下降，此时，不能有喜悦、轻浮的动作，要神情严肃、举止有礼，渲染气氛，让学生了解物种多样性减少的危害，知道保护生物多样性的重要性，达到一定的教育效果。

3. 协同性

各种教态可以单独使用，亦可配合使用。例如，为了制止课堂违纪的学生，教师可以通过眼神（怒视）、面部表情（愤怒）、距离（靠近）等方式综合起来使用，产生一种威慑的效果。体态语言与教学语言相互配合，两者相得益彰，达到最好的教学效果。

四、强化技能

（一）强化技能的含义

强化技能是教师在教学中的一系列促进和增强学生学习动力和保持学习力量的方式。它基于行为主义心理学理论中操作条件反射原理，能使学生的良好行为再次发生，不良行为得以抑制。

（二）强化技能的作用

在课堂组织方面，集中学生注意力，促进提高学生积极性和主动性。中学生对一件事物很难长时间关注，容易分散精力，课堂上，教师要巧妙地运用强化技能，通过眼神、手势、靠近等方式，有效地聚焦学生的注意力。例如，看到打瞌睡的学生，善意靠近敲一敲桌子。师生交流是双向的，学生积极参与教学活动，要及时给予表扬，这样不仅可以提高学生的课堂参与度的积极性与获得感，还能带动其他学生的积极性。

在学生学习方面，帮助学生养成良好的行为习惯，牢固掌握所学知识。对学生积极思考、主动学习、劳逸结合等良好学习习惯及时给予必要的奖赏，肯定学生的努力与成绩，优秀的习惯不断得到正向强化；对于学生消极学习、注意力不集中等行为，及时制止，逐渐帮学生改掉学习中的坏习惯。学生的努力与成绩获得老师的肯定后，会进一步激发学生学习的积极性与主动性，比起被动式接受，学生自主学习的效率会更加高，掌握的知识会更加牢固。

在情感培养方面，让学生感受到被理解、被关心、被重视、被信任，产生激励作用。通过课堂交流、课后谈话、书面交流等方式，了解学生需求，进行适当的强化，可以达到事半功倍的效果。通过强化，让学生觉得老师是在关心我、重视我、理解我，会对学生产生极大的鼓励，对他的学习和生活都有极大的影响。

（三）强化技能的类型

1. 语言强化

语言强化包括口头语言强化与书面语言强化。

常见的口头语言强化方式有表扬、鼓励、批评等，课堂中，该表扬、鼓励时，千万别吝啬自己的表扬与鼓励，这是最直接的，而且是反馈最及时的强化。课堂中可以尝试使用这些语句，给学生以表扬与鼓励，比如，"这个回答非常好""回答得很有见地""很好，再想想，已经非常接近答案了""继续努力"等实际使用过程中，可以结合具体情景，作必要的具体说明，表扬与鼓励得越具体，学生越能感受到真诚。对于课堂上学生不认真听讲或违反纪律等行为，要及时明确指出并批评制止，给出改进意见，纠正错误行为。同时，批评时要注意保护学生的自尊心，对事不对人，避免学生产生逆反心理。

书面语言强化指的是在学生作业、试卷上，或黑板上所写的批语与标记，从而强化学生行为的一种方式。例如，学生在黑板上写完了豌豆杂交遗传图谱后，教师在上面用红笔打"√"，并给出恰当的点评；对于作业完成度变高，书写有进步的学生，及时在作业本上写下"文字工整、错误率低，进步非常大"等具体评语，能不断强化学生认真完成作业的积极性。

2. 动作强化

课堂教学中，教师不仅要利用语言手段，也要利用身体动作、面部表情等非语言方式强化教学的行为。常见的动作强化方式有：微笑、手势、目视、站立位置变化、沉默、点头或摇头。

亲切的微笑给人以亲近感，可以使腼腆的学生大胆地表达自己；给外向好动的学生及时的提醒，意识到自己的行为需要控制和自律。手势如鼓掌、拍手等能对学生的表现给予及时的鼓励，但手势的运用应该适当，频次不可过高、幅度不可过大，以免分散学生的精力。教师眼神切忌暗淡无光、双目紧盯天花板等，要始终保持明朗透彻、神采奕奕，眼中有学生，表现好的学生给予及时的鼓励，注意力分散时及时给予提醒。当学生回答问题时，教师靠近他，并认真倾听，能给学生以鼓舞；学生有小动作时，假装不经意靠近，引起注意，给予暗示性批评。课堂上有学生违反纪律，或对一个问题进行激烈讨论时，教师保持必要的沉默，多数情况下能引起学生注意，成为一种课堂强化与控制的手段。对学生的行为表达肯定或者否定时，通过点头表示赞许，摇头表示否定。

3. 标志强化

对于学生的行为或者成绩给予象征性的奖赏物，如图章、贴纸、加分卡等。例如，在学生的日常作业批改后，对字迹工整、准确率高、进步大的作业，盖上"优秀""进步之星"等印章。

讲评或总结时，在关键的板书下面画条线或者画个圈，给予强化。

例如，讲血液循环时，用红色彩笔代表动脉血，蓝色彩笔代表静脉血，避免学生对知识点的混淆。

4. 活动强化

对于在教学活动中贡献比较大的学生，可以通过个别活动等方式进行奖赏。如动手操作。课堂演示实验过程中，除了教师操作，教师也可以有目的地邀请一些同学上讲台试一试，既表达教师对学生的奖赏，又体现教师的信任，能极大地鼓舞学生，强化其正确行为。此外，竞赛也是常见的强化手段之一，通过竞赛既可以培养学生刻苦学习、攀登科学高峰的精神，又可以促进教学，提高学生的学习水平。

（四）强化技能应用要点

1. 目的明确

应用强化技能一定要将学生的注意力吸引到学习任务上来。提高学生参与学习活动的意识。帮助学生采取正确的学习行为，并以表扬为主，促进学生的学习方式的改变。

2. 注意方式多样

教师要根据学生的年龄和能力特点，有目的并灵活地采用多样化的强化类型进行强化。强化语言要善于变化，风趣幽默，丰富多彩。个别的强化要适合个别学生的接受能力，不求一律，努力在有目的的同时采用多样强化。

3. 努力做到恰当

使用强化技能要恰到好处，恰当、可靠。如果使用不当，反而会分散学生注意。如采用标记强化时，使用的彩色标记过多或五颜六色，弄得眼花缭乱，没有突出关键，达不到强化的目的。

4. 教师的教学情感要真诚

教师要热情、诚恳，才能使得对学生的情感性传递产生积极有效的影响。即使是批评，以等待、期之以望的深深情感才能打动学生，起到强化作用。生硬的、不恰当的表扬、接近学生、接触学生，不但无作用，有时反而会带来不良结果。

第四节　提供学习支架技能

教学技能的发展具有时代性，随着教育技术的发展和教学理念的更新，新技术、新理念也会逐渐进入课堂。要求教师掌握的新的教学技能也会不断地涌出，教师需要保持开放的姿态，接受新技术、新理念、新技能。新课程理念下，教师需要掌握的新兴教学技能众多，本节尝试介绍近年来较流行、较实用的教学技能——提供学习支架技能。

早在 1976 年，伍德和罗斯设计了支架式教学实验，给幼儿提供言语指导和动作示范，帮助他们完成任务。1978 年，布鲁纳基于维果茨基的"最近发展区理论"，提出"支架"一词，之后，"支架"作为一种教学模式或者方法，被引入教育教学领域，获得国外教育同行的广泛关注和研究。1997 年，何克抗老师在他的研究《建构主义的教学模式、教学方法与教学设计》中详细介绍了支架式教学，此后，诸多教育界人士对支架式教学进行了理论与实践上的研究，涌现出很多优秀的实践案例。

一、提供学习支架技能的概念

提供学习支架技能即教师通过适时适度提供帮助，指导学生进行独立探索或协作，了解学生的学习状态，调动学生潜能，帮助学生将自身能力进一步提高并在提高后适时撤去学习支架的一类教学行为。

提供学习支架技能是一项基本教学功能，它广泛应用于教学的各个环节，并大量整合于导入、演示、讲解、结束等教学技能的设计与实施之中。

二、提供学习支架技能的功能

1. 对学生知识储备的调节功能

学生在进行学习前，脑海中是有知识储备的，这些知识储备不一定能得心应手地调用，在教师提供支架的帮助下，学生可以了解脑海中的知识什么时候可以用，可以怎样用，提高学习的效率，这就是学习支架调节学生知识储备的功能。

2. 对学生学习过程的引导功能

学生需要的时候，为学生提供支架，引导学生上升到一个潜在的发展水平。充分利用"最近发展区"规律，"让学生跳一跳能吃到果实"，体现了学习支架的发展性与教师因材施教的特点。

3. 对学生自主学习的强化功能

学习的过程，不是灌输知识的过程，是学生独立自主学习与探索的过程，教师为学生提供支架，最终是帮助学生自主寻找支架，通过各种可行的方式寻找支架，达到自主学习的目的。

三、提供学习支架技能的类型

1. 情境型学习支架

情境型支架可以具体表现为导入型情境支架、递进型情境支架、随机型情境支架和强化型情境支架。

提供情境型支架要注意以下几点：教师要依教材内容、难易程度、学生接受水平以及教材前后的关联，灵活提供情境支架；教师要把握时机适时提供情境，而且必须巧妙解决提供情境支架所涉及的各种问题。

■ **案例剖析**

> "血液循环的途径"教学时，为学生提供教材中的血液循环示意图与教材正文关于血液循环路径的描述，请学生想象：如果你是一个红细胞，从左心房出发，要经过哪些地方才能再次回到心脏？再次从心脏右心室出发，经血液循环重新回到心脏时，又需要经过哪些路径？

2. 问题型支架

问题型支架是通过创设问题情境，引发学生的思维矛盾冲突，开阔学生的思路，发展学生的智力和能力。问题型支架的提供需要教师根据教学目标和学生情况精心设计，对学生的回答进行反馈引导，帮助学生经由问题型支架启发思维，提升认知水平。

■ **案例剖析**

> 学习"生物膜的流动镶嵌模型"时，某一线教师依据教材中给出的科学情境，设置了如下问题支架[1]：
>
> (1) 根据你已有的化学知识，物质具有相似相容的特性，这对你有何启发？
>
> (2) 生物膜是由脂质构成的，这个结论的依据是什么？是根据实验现象合理推测？抑或是对膜成分进行了提取鉴定？
>
> (3) 推理分析得出了结论后，有必要对膜成分进行提取、分离和鉴定吗？
>
> (4) 如果你是当时的研究者，发现单分子脂质层的表面积是红细胞表面积的两倍，你能提出怎样的假说？
>
> (5) 细胞膜的成分只有磷脂分子吗？你认为还有的化学分子是什么？
>
> (6) 脂质分子和蛋白质分子是如何组成细胞膜的？两层磷脂分子是如何排列的？
>
> (7) 根据超薄电镜结果，你推测蛋白质是如何分布的？和磷脂双分子层有何位置关系？

---

[1] 黄玮. 支架式教学在高中生物教学中的应用 [J]. 课程教学研究，2013，(10)：52-54.

3. 实验型支架

实验型支架可以有演示实验、学生实验、家庭小实验等形式。实验具有直观性和参与性，在实验中教师适当提供学习支架可以激发学生的参与意识和探究能力。

教师要针对教材内容，结合学生知识水平提供学习支架，鼓励学生进行类似科学探索的学习，在解决问题的过程中获得知识，培养能力，学会科学研究的方法、态度，获得积极的情感体验。

■ 案例剖析

初中阶段学习呼吸作用时，可以利用演示实验作为支架，引导学生去探究呼吸作用的发现过程，见表4-4。

表4-4 "呼吸作用"实验型支架创设

情境素材	问题情境	知识构建
点燃的蜡烛分别放进装有萌发种子和煮熟种子的广口瓶中 甲—熄灭 乙—继续燃烧 甲：萌发的种子 乙：煮熟的种子	(1) 煮熟的种子具有什么作用 (2) 实验中观察到了什么现象 (3) 分析实验现象，得出什么结论	呼吸作用消耗氧气
利用澄清石灰水检验萌发的种子和煮熟的种子瓶中排出的气体 甲（萌发的种子） 乙（煮熟的种子）	(1) 实验过程中会出现怎样的现象 (2) 该实验现象说明了什么	呼吸作用释放二氧化碳

续表

情境素材	问题情境	知识构建
分别测量萌发种子和煮熟种子瓶中的温度变化 甲（萌发的种子）　乙（煮熟的种子）	（1）你观察到了什么现象 （2）分析现象，你能得出什么结论	呼吸作用过程伴随着热量的散失

4. 信息型支架

信息时代的教师应该是资源的提供者，随时为学生提供信息支架。信息支架可以是教师已有的知识，也可以是网络资源、教学资料、阅读材料，或供学生用的其他资料。信息支架必须与学生所学内容相关，并能增强学生的学习兴趣和活跃课堂气氛，帮助学生理解。

■ **案例剖析**

学习"反射弧基本结构"过程中，除引导学生阅读教材中所给的缩手反射示意图外，还可以方便学生理解有感觉与有反应之间的时间差原理，为学生提供"人踩铁钉后……"有感觉与有反应示意图，为学生提供信息支架，帮助学生理解感觉相对滞后的原理。

5. 知识型支架

"知识型"是特定时代知识系统所赖以成立的更根本的话语关联总体，正是这种关联总体为特定知识系统的产生提供背景、动因、框架或标准。知识型支架指的是提供了评价和产生新的经验和信息的框架。

6. 程序型支架

程序型支架提供一套关于办事的操作步骤和过程的规则，主要用来帮助学生解决做什么和怎么做的问题。程序型支架偏重指导功能即帮助学生按既

145

定的程序、规则行事，有时需要学生的复述程序作为强化。

■ **案例剖析**

> "显微镜的使用"教学过程中，教师先按照规范的显微镜使用步骤：取镜与安放→对光→观察→绘图与整理进行操作。通过教师规范操作，指导学生按照程序重新操作并强化，让学生学会规范使用显微镜。

7. 策略型支架

策略型支架必须在确定教学目标后，根据已定的教学任务和学生特征，有针对性地选择与组合相关的教学内容、教学组织形式、教学方法和技术，形成具有效率的特定教学方案。策略型支架具有综合性、可操作性和灵活性等基本特征。

■ **案例剖析**

> 《鸟类》教学过程中，可以让学生回忆前面学习"鱼类""两栖动物"等动物类群时的"套路"是怎样的？从外到里学习动物的结构与生理特征，同时联系相应结构对应的功能。在学生学习这类知识时，渗透"结构与功能相适应"的观念与策略。

8. 范例型支架

范例型支架要求从日常生活中选取蕴含着本质因素、根本因素、基础因素的典型事例和范例，掌握科学知识和科学方法，并把科学的系统性与学习者的主动性统一起来。

■ **案例剖析**

> 学习"染色体组"概念时，为学生提供范例支架：一副扑克牌，除去大小王，每个数字取一张，如取一张 A、2、3…，可以分为多少组？回答：四组。再呈现雌果蝇的染色体组成图，提问"依据刚才扑克牌的分组规则，雌果蝇染色体可以分为几组？"回答：2 组。再引入染色体组的概念，学生非常容易理解。

9. 训练型支架

训练型支架旨在加强学生的认知理解，通过指导和练习使学生提升学习能力或掌握某项知识。训练型支架可以在学生为巩固所学、加深理解记忆，或学生为获得实践技能而进行练习时随时根据学生需求提供，可结合集体、个体和小组活动进行。

■ **案例剖析**

> 学生练习"植物临时装片制作"时，了解了洋葱鳞片叶内表皮临时装片制作的基本步骤与注意事项后，学生两人为一小组，一人操作，另外一名组员根据《植物临时装片制作操作评价表》，检查组员操作是否规范，并对操作过程评分记录，指出其不规范之处，再重新操作至规范为止。

四、提供学习支架技能的要素

1. 确定学生水平

"支架"的理论基础是维果茨基的"最近发展区"，想要架好"支架"，教学前需要了解学生的水平，确定其起点状态，确定学生起点的好办法是前测。前测的常见方法有问卷、课前问答、作业、制作预习单。前测内容需要考虑几点：①了解学生学习新任务的先决条件或预备状态；②了解学生对目标状态是否有所涉猎；③了解学生对新任务的情感态度；④了解学生对学习新任务的自我监督能力。

2. 适时提供支架

支架提供频率过高或者过低，或提供时机不合适，均会影响支架对学习的效果。那么什么时候是为学生提供学习支架的最佳时机呢？我们可以从以下三个方面进行判断：学生是否在迷思状态？是否处在异议状态？是否呈现目光转移？

3. 指导学生学习

学习支架指导学生学习阶段应注意以下几点：注重科学性和实用性、关注学生学习情感、要因材施教、教师角色定位要准确。

4. 适度提高层次

在指导学生学习的同时，要注意适度提高学生的思维层次，帮助其提高学习能力，这需要注意把握以下几个方面：

(1) 运用学习支架指导学习必须与学生原有的经验建立联系。

(2) 对学生科学思维过程的指导是提高思维层次的关键因素。

(3) 关注学生在课堂学习中的即时成长。

5. 撤去支架后强化

撤去支架后进行强化应用时应注意以下几点：

(1) 准确强化。对学生的反应要进行迅速准确的判断，保证教师的强化是发生在被要求的学生表现上。

(2) 有效强化。教师一定要使学生知道强化的是他的哪些特殊行为，保证强化的意图被学生正确理解。

(3) 客观强化。教师使用强化手段时，态度应该是客观真诚的。

五、提供学习支架技能的策略

1. 设计策略

在教学设计中建构学习支架的常用形式有：新授课中设置教学情境，激发学生的学习兴趣；习题课中设置疑问，集中学生的注意力，保证教学效果，激发学生的学习兴趣；在整个教学流程中，关注每一位学生的认知情况，构建和谐的师生关系。

学习支架的作用常常是无形的，优化并调控支架设计策略，是实现教学目标达到预期教学目标的重要因素。

2. 兴趣调控策略

使用学习支架进行教学时，教师创设适宜的情境，把学生的情绪调控在最佳状态，可以使学生受到感染，将精力投入到学习中去。这样教师信心十足，思路清晰，学生学习情绪饱满，思维活跃，整个课堂气氛处于教师积极主动的调控之中。

3.肢体语言调控策略

在教师运用学习支架肢体语言调控策略时，不要忘记关注学生的肢体语言表达，教师在运用肢体语言上要把握尺度和力度，力求做到自然得体、准确生动。课堂、课后结合起来，及时调整支架教学肢体语言策略，改变教学的方式方法，变换语气、语速、语调，达到有效的教学目标。

4.媒体应用策略

在实施支架教学中选择教学媒体要遵循以下原则：

（1）根据教学媒体的特征和功能，为实现教学目标服务；

（2）考虑媒体的成本效益；

（3）考虑教师对媒体的操作程度；

（4）选用的媒体要具有适中的难度、适合的容量、适宜的内容和适当的节奏，达到最优的教学实用性。

（5）有利于创设支架式教学情境，增加课堂信息量，激发学生学习的兴趣；

（6）有利于引发学生的想象力和创造力。

5.淡出策略

当学习的深度和广度达到合理要求后，当习惯养成后，让支架逐步淡出，对复杂问题的处理最终由学生来完成，教师此时只起到宏观指导的作用。

■ **拓展延伸**

上海于2021年出台的新中考政策中，出现了全新的考查方式——跨学科案例分析，测试学生分析、解决问题方面的能力。考查的案例源于生活，内容涉及地理、生物等学科。无独有偶，2022年颁布的《义务教育生物课程标准（2022年版）》中，增加了一个主题——跨学科实践，强调学生要具有跨学科能力，能分析与解决真实情景中的生物学问题。面对新课程的要求，如何设计跨学科教学活动？有哪些培养学生跨学科思维与能力的方式？这些问题都值得我们深思，作为未来的人民教师，你认为该如何培养学生跨学科的能力呢？如何提高自身的跨学科教学技能呢？

综合训练

请登录一师一优课国家教育资源平台（网址：https://1s1k.eduyun.cn），选择一节完整的展示优课，认真观摩整节课，并分析授课教师在各环节中如何展示教学技能的。点评该节课中，授课教师技能展示特别出彩之处有哪些？填写表格，见表4-5。

表4-5 点评表

课题名称：		
授课教师	姓名：	单位：
技能类型	本节课堂中是如何使用的？	
导入技能		
语言表达技能		
讲解技能		
提问技能		
板书技能		
变化技能		
强化技能		
演示技能		
结束技能		
点评		

资源推介

[1] 俞如旺.生物微格教学 [M].厦门：厦门大学出版社，2007.

该书详细介绍了生物学教学技能的理论与实践，最难能可贵的是，书中向读者展现了非常丰富的教学案例，可操作性、实用性强，非常适合新教师或者师范专业学生阅读与练习。

[2] 肖萍."支架式教学"在高中生物教学中的应用 [J]. 中学生物教学，2018（Z1）：13—15.

该文阐述了支架式教学的内涵，生物教学中运用的形式，具体说明范例支架、问题支架、建议支架、工具支架、图表支架在生物教学中的具体运用。

[3] 夏献平. 我是生物学教师 [M]. 广州：广东人民出版社，2021.

该书记录了特级生物教师夏献平的成长故事，也阐述了他对教材、教法、教研、生物课堂的深刻理解与感悟，对生物学教师专业成长具有重要的价值与启发意义。

[4] 郭永峰. 生物学新课程课堂教学技能概论 [M]. 北京：科学出版社，2009.

该书从教学实际出发，紧密联系一线教学，着眼于教学理论基础，对教学技能的理论、分类、运用、评价进行了精彩的阐述与探讨。

第五章 生物学教学设计与实施

本章要览

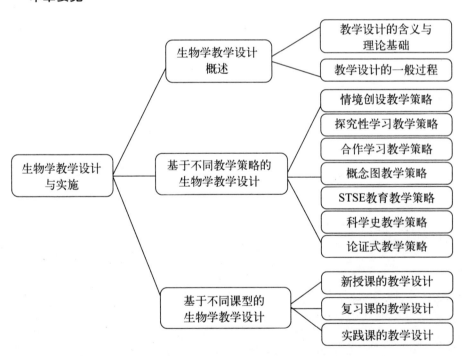

　　每一节课的开展都离不开教师的精心备课，离不开教学设计。教学设计是教师在授课前准备的教学方案，是教师引领学生探究、处理、分析综合信息的指导组织方案，其出发点和落脚点均以学生为中心。如果没有教学设计或者教学设计不当，则在课堂教学过程中教师很容易抓不住重难点，从而偏离学习者的发展需求。教学设计决定着课堂教学质量，前端分析、学习目标的制定、教学策略的设计以及教学成果的评价均是教学设计中的内容。为此，本章将从生物学教学设计概述、基于不同教学策略的生物学教学设计以及基于不同课型的生物学教学设计三个方面具体介绍生物学教学设计与实施。

学习目标

1. 阐明教学设计的概念，明确教学设计的一般模式；
2. 能依据教学实际，掌握教学过程的设计，辨析解决教学设计中的常见问题；
3. 能够运用不同教学策略进行教学设计及案例分析；
4. 区分掌握不同课型教学设计实施特点及如何进行教学设计。

第一节　生物学教学设计概述

■ 现场直击

　　朱老师是一名刚进入中学任教的生物学教师。作为新教师，他积极主动请教老教师，多次听课，每次上课前都会做好教学设计。但是，他却不擅长主动与学生沟通，了解学生兴趣。

　　在讲解"植物生长素的发现"一节时，朱教师提出自己的设计理念，并针对本节内容进行深入的教材分析，确定教学目标、重点和难点，详细设计了教学过程。在教学设计中，他预设通过引导学生分析达尔文、詹森、拜尔、温特的实验，希望学生能够理解植物生长素的发现历程，并且掌握植物生长素的特性。他觉得这些实验趣味性较强，学生们应该很活跃，结果上课时却恰恰相反，学生们反应却并不积极，觉得这部分内容比较难理解。迫不得已，他在课上硬起头皮按照教学设计的思路坚持讲了下去，课堂教学效果很不理想。课后，他再三反思：自己也认真备课了，也按照教学设计去讲课了，到底哪里出错了？

　　朱老师的困惑在哪里？你对"教学设计"这一概念了解多少？"中学生物

学教学设计"又该包含哪些方面？如果要你以"植物生长素的发现"一节内容进行教学设计，你会从哪些方面入手？

一、教学设计的含义与理论基础

教学的目的是学生高效率、高质量地学到更多的知识，从而全面提高能力，因此教学设计是教师在教学前必备的一项工作。教师在进行教学设计之前，必须明确教学设计的含义，理解其理论基础。

（一）教学设计的含义

教学是一种有目的、有计划、有引导地进行教与学的活动，而教学设计，通俗地说是对教学过程进行的计划设计，是对一节课的整体规划。在这一过程中需要运用多学科理论基础和技术对教学过程的各个环节和要素进行有计划的安排，从而使教学效果达到最优化。

从某种意义上来说，教学设计其实是要求教师回答"为什么教""教什么""怎么教"以及"教得怎么样"等问题，从而对教学提前作出整体安排，所以，教学设计实际上就是对课程实施的一个决策过程[①]。

（二）教学设计的理论基础

教学设计是基于多学科理论与技术的应用发展起来的，其理论基础包括四个方面：传播理论、教学理论、学习理论以及系统理论。

1. 传播理论

传播是在一定社会关系中进行的信息共享活动，利用一定的传播渠道将信息在传播者和传播对象之间进行交流，是一种通过信息的传播与反馈而形成的双向互动行为。

■ 案例剖析

  1948 年，美国政治学家哈罗德·拉斯韦尔提出的传播过程的理论模型——"5W"模式说明了教学过程中所涉及的传播要素以及基本传播过程，

---

① 俞如旺. 生物微格教学 [M]. 厦门：厦门大学出版社，2007：59.

其中图解模式可用图 5-1 表示。

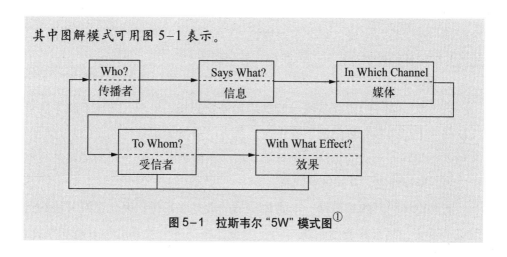

图 5-1　拉斯韦尔 "5W" 模式图[①]

从图 5-1 中我们可以看出，在教学中传播者（教师）通过合适的多媒体将信息传递给受信者（学生），受信者（学生）会将信息接受的效果再反馈给传播者（教师）。而传播过程中涉及的基本要素是研究设计教学过程、发现解决教学问题的重要因素。

2. 教学理论

教学理论作为一门研究教学一般规律的科学，形成过程并不是一蹴而就的，而是经过漫长的研究，从一开始的总结教学经验，到逐渐形成教学思想，最后发展为教学理论，其目的在于研究教学现象，发现教学问题，最后解决问题。所以，可以发现教学理论来源于实践教学，并用于指导教学。

教学设计是在确定教学目标的前提下，发现并科学地解决教学问题的过程，在这一过程中必须遵循和应用教学客观规律，因此教学理论是教学设计的重要理论基础。

3. 学习理论

学习理论是在探究学习性质、过程和动机过程中形成的一门心理学理论，研究解释了学习是如何发生的，以什么样的形式进行的一个过程。教学设计为学生的学习创造环境，根据不同学习者的需要设计不同的教学计划，从而进一步充分挖掘学生潜能。

教学设计必须在充分了解学生学习和行为的基础上，以学习理论作为理

---

① 杜士珍. 现代教育技术基础 [M]. 武汉：华中师范大学出版社，2002：30.

论基础。对于教师来说，研究学习理论可以清晰地了解学生的学习规律，以此为基础设计的教学过程可以不断提高教学质量。

4. 系统理论

系统理论是一门研究系统一般结构和模式的新兴科学，掌握系统方法可以从整体上思考和分析问题。其中，系统方法是指运用系统理论的观点处理各种系统问题而形成的方法，侧重于从组成系统的各要素之间的关系进行整体分析，发现规律，从而解决问题。

教学设计的目的是设计一个整体有效的教与学系统，因此系统方法的运用极为重要，只有将教学系统作为一个整体将其各个要素进行分析和设计，才可以使教学的各个环节相互关联，使之成为具有最优功能的系统。所以，教学设计应该以系统理论为理论基础。

■ **拓展延伸**

泛在学习环境中资源设计——MOOC，指的是大规模的网络开放课程，它是基于联结理论的一种主题学习型网络资源，是以学习者、社交网站和移动学习为核心，由一群愿意分享与深化自我知识的学习者组成的，通常是在一到数位专家的带领下，在一定的

图 5-2　中国大学 MOOC 页面

时间内，通过各种移动学习工具，进行特定主题的学习。这也为实际的课堂教学提供了参考和新思路。

二、教学设计的一般过程

教学设计的目标在于解决以下几个问题：为什么教和为什么学？教师教什么和学生学什么？教师怎么教和学生怎么学？教师教得怎么样和学生学得怎么样？其中第一个是解决教学必要性问题；第二个是解决教学目标问题；第三个是解决教学过程中策略问题，即教学的内容、方式、手段等；第四个是解决教学评价问题。

除此之外，还要对学生、教材、课程标准进行深入分析，也就是前端分析，这是教学设计过程中不可缺少的第一步。综上所述，教学设计的一般模式可用图5-3表示。

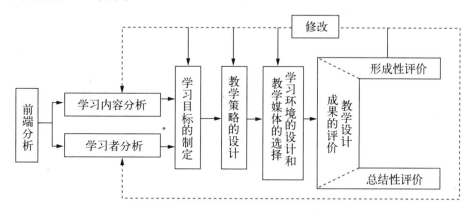

图5-3　教学设计一般模式图[①]

（一）前端分析

前端分析是教学设计中必不可少的环节，也是最重要的第一步，如果缺少前端分析，不对学习者进行分析，不了解学习者的学习风格、起点能力以及一般特征，可能导致设计的教学策略并不适合学生，无法达到最优的教学效果，而对学习内容进行分析，可以更好地把握各部分知识的联系，从而确定学习目标。

1. 学习者分析

教学是一项有目的的教与学活动，其目的是促进学习者的学习和挖掘学习者的潜能，因此对学习者的分析是教学设计必备的前提。对学习者的分析主要包括学习者学习风格、学习者起点能力和学习者一般特征三个方面。

（1）学习者学习风格的分析

学习风格是学习者持续且稳定，并带有个人独有特征的学习方式，是学习者在感知、处理信息过程中表现出的持续一贯的学习策略和学习倾向。其中学习策略是指学习者在完成一系列学习目标过程中采用的方法策略，而每个学习者在这一过程中都会表现出不同的学习倾向，包括学习态度、动机等，

① 崔鸿，郑晓蕙. 新概念生物教学论 [M]. 北京：北京大学出版社，2009：171.

以及对不同教师、学习内容、学习条件的偏爱。这种策略和倾向并不是完全一成不变的，有些会随着学习内容、学习情绪以及学习环境的变化而改变，有些则表现出一贯性。

(2) 学习者起点能力的分析

起点能力又称起始能力，是指学习者在新的学习过程前已具备的知识、技能以及态度等。在学习过程中，任何一个学习者都不可避免地会将原有的知识、技能和态度代入，所以教师在教学设计时必须了解学习者的起点能力。

分析学习者的起点能力，主要有以下三个目的：一是了解学习者在学习新知识时，是否具有必备的知识技能，还有哪些方面需要进行补习，也就是对学习者的预备能力进行分析；二是了解学习者对所学新内容的掌握程度；三是对学习态度的了解。

(3) 学习者一般特征的分析

学习者的一般特征是指学习者在学习相关内容的过程中，对其学习产生影响的心理特点，虽然与具体学习内容没有直接关系，但却影响着教学设计的组织、教学方法的选择以及教学媒体的选择和应用。对于处于不同阶段的学习者，其学习智能、认知成熟度、情感发展的一般特征以及学习动机和资源不尽相同。

例如小学六年级的学生与小学一年级的学生相比，虽然都处于小学阶段，但六年级学生的语言能力、逻辑思维能力都得到了很大的发展，可以尝试自己去发现问题和解决问题。除此之外，即使处于同一年龄段的学习者，也存在着个体的差异，教师可以根据这些差异进行个性化教学，所以对学习者一般特征的分析是教学设计中必不可少的。

2. 学习内容分析

学习内容分析的范围比较广泛，并不是简单的课本知识，广义上来说更多的是指为了满足学习需要，学习者所学到的知识、技能和行为经验的综合。在分析过程中，要学会分析学习内容的类型和地位，从而确定合适的教学策略，还要对内容的广度和深度进行分析，明白前后所学知识的联系，熟悉知识之间的联系以及与其他学科的关系，从而保证实现教学目标，达到最优化的教学效果。

　　相对于广义的学习内容分析来说，整体分析与深入把握教材可能对于教师来说更具有实际意义，也是高质量教学的前提。关于教材内容的分析，首先要整体了解教材的内容和结构，即每一册教材的内容是什么，是以什么样的逻辑进行的内容组织，章节的顺序与学生认知发展的联系以及教材内容的内在联系。其次，具体了解教材每一章节的内容，包括课本里的每一句话、每一张图片以及设置的每一个问题，去思考、去了解、去领会编者的意图，根据实际教学选择合适的教学方法，以达到教学效果的最优化。最后，要针对不同版本的教材进行比较和分析，虽然指导编写教材的课程标准只有一个，但是教材的呈现方式却是多样的，即使同一学科同一年级的教材内容结构也不尽相同，通过比较不同版本的教材可以有效汲取教材内容的优势，并加深对教材内容的个性化理解。

案例剖析

　　某教师在教授"种群数量增长模型"时做的前端分析：

　　本课的教学对象是高中二年级的学生，学生已具备了一定的逻辑思维、自学及总结归纳的能力，对新知识兴趣浓厚。学生通过以前的学习对细胞、个体、物种等有较系统的认识，但对种群和群落的相关概念比较陌生，对种群特征仅有初步了解。但学生学习态度认真，有一定的数学建构基础，能在老师的引导下完成种群增长的"J"形和"S"形曲线的学习。但是学生的思维方式和学习风格都存在差异，基础也不尽相同，因此基础较差的学生的学习效果会相对较差。

　　构建种群数量增长模型是"种群的数量变化"中最重要的内容，也是教学重难点，在教授这部分内容时，教师对学习者的一般特征以及起点能力进行了详细的分析，从而为学习目标的制定和教学策略的选择奠定基础。但是本次的前端分析，缺少对学习内容的分析，学生在初中阶段就已经学过一些生态学知识，具备一定的知识基础，而高中阶段的学习是进一步建立生态学思想观念，发展学生核心素养。

（二）学习目标的制定

学习目标是指教学活动实施的方向和预期达成的结果，是一切教学活动的出发点和最终归宿[①]。其目标需要依据课程标准要求，结合教学内容、学生实际和社会需要进行制定，制定的目标应行为动词准确且可测量，目标主体需要以及实际可操作。

教学目标和学习目标是两个不同的概念，但在实际教学中要落实到学习目标的确定和具体化。在这里，我们可以改变说法，将平时的教学目标转变为学习目标，学习目标是从学生的实际出发，是学生在课堂中需要达到什么目标，而不是教师教给学生什么内容，这样一来，课堂主体就从教师转变为学生。

关于学习目标的具体化，课程标准中涉及的学业质量标准给制定学习目标提供了一定的参考，在制定目标的过程中，必须依据课程标准，指向生物学核心素养，对重要的核心概念进行深入理解，而不是针对"大概念"泛泛而谈。

在制定学习目标的过程中，其关键词大多都是"掌握""理解""了解""解决""体验""运用"等，对于这样的描述自然没有错误，但是并没有将学习目标具体化，所以学习目标要具有实际可操作性。要想使学习目标具体化，我们可以以布鲁姆目标分类学为依据进行目标分类（如表5-1），去理解学习目标的不同层次。

表5-1 布鲁姆教育目标分类图

知识维度	认识过程维度					
	记忆	理解	运用	分析	评价	创造
事实性知识						
概念性知识						
程序性知识						
元认知知识						

依据布鲁姆教育目标分类学说，可以细化学习目标，从而为其提供更加

---

① 慕然，何英姿. 生物学教学中从三维目标到核心素养目标的转换 [J]. 中学生物学，2019，35 (10)：4-6.

严谨细致的标准。其中每种知识维度都可以对应认知过程的一种或多种维度，例如在学习线粒体的结构与功能以过程中，学生能够在理解线粒体结构图的基础上，对其结构与功能的关系做出判断，在这一过程中，知识维度是概念性知识，认知过程既有对线粒体结构基本知识的"记忆"，又有对线粒体结构模式图的"理解"。

（三）教学策略的设计

教学策略的设计和选择是为了解决"如何教"的问题，合适恰当的教学策略不仅可以更好地促进教学目标的实现，而且可以使教学过程变得更加高效，使教师的教和学生的学在一个愉快的氛围下进行。这同样要求教师在教学策略的设计、选择以及组织运用的过程中，从教学活动的全过程进行考虑，不能只是针对部分教学片段就进行教学策略的设计，需要将教学目标、任务、教学内容以及现有的教学资源和多媒体条件等多方面综合考虑在内，灵活机动地选择教学策略，从而保证教学能高效低耗地进行。

（四）教学设计成果的评价

检测设计的教学目标是否符合要求、检测教学目标完成程度、教学者反思教学过程以及学习者反思学习质量，简单来说是为了检测教师教得怎么样以及学生学得怎么样。其形式主要有形成性评价和总结性评价，形成性评价是在教学活动过程中，为了达到教学目标的要求，取得更好的教学效果而不断进行的教学评价；而总结性评价则是在教学结束后，为了清晰了解教学设计的效果而进行的最终评价。

第二节　基于不同教学策略的生物学教学设计

■ 现场直击

在一项关于学生对教学的反映的大型研究中，学生中最普遍的批评意见集中在他们所接受的教育的质量、教师的教学质量和教师对学生的表现的期望值等方面。最突出的批评意见针对教师在知识传授中严重依赖讲解与练习，课堂缺少师生、生生之间的互动，缺少"探究学习"等方面。学生表达了一种强烈的感觉：单纯依靠讲解法传授的内容远远不能满足他们真正的学习需求。许多学生表示他们的老师并没有真正关心他们、没有真正关心他们的学习、没有真正愿意与他们进行互动交流。

结果是什么呢？学生没有全身心地、劲头十足地学习他们不愿意学或者认为没必要学的东西。为什么会出现这样的情况呢？作为教师，我们应该如何去改变这种情况？在课堂教学过程中，我们应该采用怎样的教学策略才能激发学生的主动性？是不是采用的策略越多，课堂教学效果越好呢？要想解决这些问题，我们必须充分地了解教学策略，针对不同的教学内容，采用不同的教学策略。对于不同的教学策略来说，应该如何进行教学设计见？

一、情境创设策略教学设计

（一）情境创设的概念

教学情境的创设是指在课堂教学中创设有利于学生理解所学内容，引起学生积极学习情感的情境，是教学设计中非常重要的环节。情境的创设既可贯穿全课，也可只出现在课前、课中或课后。

凡是可以帮助学生理解掌握学习内容、营造积极向上的学习氛围、激发学生学习兴趣的情境都属于情境创设的范畴，所以这是一个宽泛的概念。例如，可以利用多媒体向学生提供丰富多彩的网络学习资源，播放体现学科特点的视频、图片，也可以与学生熟悉的生活现实相结合，或者利用诗歌等艺术化语言，以营造出良好的教学情境。

创设教学情境是为学生提供认知停靠点，又能激发学生的学习心向，这是教学情境的两大功能，也是促进学生有意义学习的两个先决条件。

（二）情境创设的原则

1. 生活性

《普通高中生物学课程标准（2017 年版 2020 年版）》对生物学学科核心

素养的"社会责任"提出要求：基于生物学的认识，参与个人与社会事务的讨论，并具有解决生产生活问题的担当和能力[①]。为此，教学情境创设的第一原则就是生活性，要注重与学生的现实生活进行联系，通过提供学生在生活中经常遇到的问题或感到困惑的现象来进行情境创设，学生在这样的情境中更能联想到自己的生活经验，激发学习兴趣，并且通过问题的解决能让学生切身体会到知识的价值。

2. 真实性

强调创设情境的真实性，在搜集材料创设情境时，一定要使情境更为直观真实，最好是在生活中可以找到的，学生在这种丰富生动、"眼见为实"的情境面前，更能激发自己对问题的探究，激发学生的思考与想象，不仅可以让学生获得更多的知识，更重要的是促进其思维的发展。

3. 学科性

教学情境的创设应紧扣学科特点，体现学科特色，应是体现学科知识在实际生活中的意义和价值的情境，在这种体现学科自身特征的情境中，学生通过解决问题，更能准确地把握学科知识在真实生活中的价值，更能准确地理解学科知识的内涵，激发他们学习的动力和热情。

4. 问题性

情境的创设并不是简单地提供一段材料即可，而是要包含一定的问题，这样的情境才能有效地引发学生的思考，才是有价值的情境。情境中的问题应该与教学目标相匹配，而且要与学生的认知能力相匹配，符合全班同学的认知水平，这样的问题情境可以保证学生在课堂上保持一种思考的状态，从而提高学生想要解决问题的动力。

（三）情境创设策略教学设计案例

利用情境创设策略进行教学设计的重点在于合适的教学情境，因此在进行教学设计之前应该结合教学内容，选取与教学内容相关并且有利于学生理解学习内容的情境，在构建好情境的框架后，需要进行资源的设计和准备，例如利用自行制作的模型或者自己拍摄的一小段视频等，最后用于实际教学。其中，情境的设计可以根据不同班级学生的认知水平进行调整，并且在教学

---

① 中华人民共和国教育部. 普通高中生物学课程标准 [S]. 北京：人民教育出版社，2018.

后依据课堂教学效果的反馈进行及时修改。

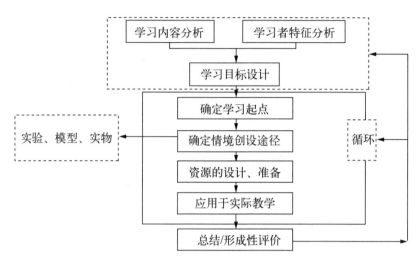

图5-4　情境创设策略教学设计模式图

■ 案例剖析

　　某位教师在讲解"ATP与ADP相互转化"时，利用生活实例创设的情境：

　　有位老奶奶想去买菜，她年纪比较大，不会使用微信，也没有支付宝，她就只能带着装满钱的鼓鼓的钱包去菜市场。装满钱的钱包刚才我们类比成ATP。到了菜市场以后呢，她要把里面的钱拿出来买菜，这个钱就相当于能量。买了很多菜之后，鼓鼓的钱包就变成了一个瘪钱包，钱变少了，也就相当于能量变少了，大家说瘪钱包相当于什么啊？

　　买完菜老奶奶准备回家了，突然她又发现了一件好看的衣服，但是钱包里的钱不够啦。那现在怎么办？大家帮她出个主意啊。回家拿？找朋友借？这时候，老奶奶一翻口袋，发现了身上的存折。那存折里的钱能直接拿来花吗？

　　钱要从银行里取出来转化成钱才能花，就像我们之前说的细胞中的糖类和脂肪也不能为生物体直接提供能量，而是要经过转化来间接供能。

　　教师利用"老奶奶买菜"这一生活实例进行了情境的创设，其中将"装满钱的钱包"类比为"ATP",将"钱"类比为"能量",将"瘪钱包"类比为"ADP",通过这个简单的类比,学生能容易地理解 ATP 与 ADP 之间的转化关系。在这个过程中,此情境与学生的生活现实联系紧密,不仅体现了学科特色,而且包含的问题可以激发学生的思维。最后教师不只是简单地着手于 ATP 与 ADP 之间的转化关系,更是利用情境将"糖类和脂肪通过转化间接供能"进行说明,将前后知识进行了联系。

二、探究性学习教学策略

(一) 探究性学习的含义
(见第二章)

(二) 探究性学习的特点

1. 主动性

探究性学习过程中,教师是一个引导者、组织者和参与者,而学生则是活动的主体,在教师的引导下,学生利用自己的知识和经验进行积极的探究和发现,尝试利用自己的知识基础解决问题。因此,探究性学习有利于学生主动性的发展,有利于培养学生的主体意识和能力。

2. 实践性

探究性学习主要是通过学生的实践活动来开展教学过程,特别重视学生认知、操作以及语言等实践活动,从而使得学生的认知活动可以建立在实践活动的基础上,以学生为主体的实践活动来促进学生的全面发展。

3. 过程性

探究性学习在重视学习结果的同时更加关注学生学习的过程,尽可能地让学生像科学家一样经历一个完整的探究过程,从发现问题开始,到利用自己的知识提出问题的解决方案。探究性学习的过程对于学生来说比单纯的结果更为重要,因为学生在探究过程中更能激发自己的思维,提高自己的能力。

4. 开放性

探究性学习的目标是灵活的,内容和结果是开放的,没有统一的标准模式和答案,随个人发现问题的角度、探究的方式、解决问题的能力的不同而不同，教师在这一过程中，不能只是着眼于学生的结果，而是要挖掘出结果背后隐藏的思维方式，引导学生大胆质疑、勇于创新，对不同的结果进行分析探究。

（三）探究性学习策略教学设计案例

探究性学习力求让学生像科学家一样探究，因此创建一个科学探究的情境，让全体学生可以参与进去就显得尤为重要。教师在这一过程中并不只是参观者，重要的是要发挥引导作用，所以要确定探究方法以及引导方式，让学生利用设计、准备好的资源进行探究，并且在最后要对学生的探究进行评价。

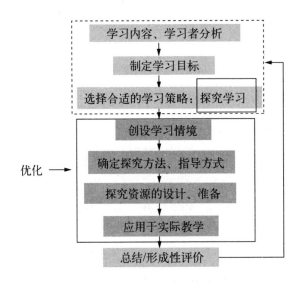

图5-5 探究性学习策略教学设计模式图

■ 案例剖析

探究内容

植物细胞的吸水和失水

探究设计

1. 理解渗透作用的概念

2. 以紫色的洋葱鳞片叶为实验材料进行实验，观察洋葱的液泡大小、原生质层的位置以及细胞的大小在不同质量浓度的蔗糖溶液和清水中的变化。

3. 多媒体展示紫色洋葱鳞片叶细胞的模式图，提出问题：水分进出植物细胞的方式是渗透作用吗？原生质层在其中发挥着怎样的作用？

4. 学生通过准备好的实验材料进行探究后，将小组探究的过程、结果与结论进行交流，得出结论：水分进出植物细胞的方式是渗透作用，其中的原生质层相当于一层半透膜，水分子可以通过半透膜进出，是因为细胞液与外界溶液之间存在浓度差。

5. 再次回顾探究实验与实验现象，继续引导学生思考：如何利用不同质量浓度的蔗糖溶液进行实验确定细胞液的浓度？

6. 学生分组讨论后确定实验方案进行实验，收集学生的实验结论，对其中的差异进行讨论。

在本次探究学习过程中，教师事先给学生提供了需要探究的问题、探究材料以及探究的方法，由学生独立或分组进行探究。在探究的过程中，给学生创建一个探究的情境，让学生可以像科学家一样进行科学探究，并进行积极的引导，关注学生的探究过程，而不仅仅关注最后的探究结果。

三、合作学习教学策略

（一）合作学习的含义
（见第二章）

（二）合作学习的基本原则
（见第二章）

（三）合作学习策略教学设计案例

合作学习策略的应用在于小组成员的相互协助，因此分组尤为重要，每个小组的人数不宜过多，也不宜过少，保证小组的每个成员都能参与到小组任务中，因此教师在利用合作学习策略之前就应将学生提前进行分组，并对他们的座位进行调整，这样可以更好地开展合作学习。教师在阐明学习任务后，小组成员之间就可以开展学习，最后以小组为单位进行成果汇报。最后的评价非常重要，合作学习中不能只是单一的总结性评价，形成性评价和总结性评价要相结合，在进行小组评价的同时还要进行自我评价等多种评价。

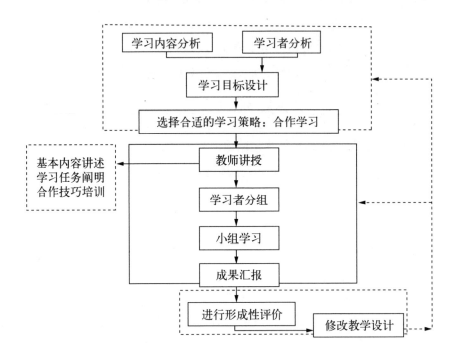

图 5-6 合作学习策略教学设计模式图

■ 案例剖析

"有丝分裂"合作学习的教学设计

1. 教学目标

生命观念：理解细胞周期的概念和有丝分裂过程，形成结构与功能相适应的观念。

科学思维：比较有丝分裂过程中物质或结构的变化规律，培养逻辑思维能力。

2. 课时安排

45 分钟的小组合作学习

3.教学过程

(1) 课前明确小组任务

根据教学目标、教学内容制定小组任务，以高等植物细胞为例，将有丝分裂的分裂间期以及分裂期的前中后末5个时期列为5个主题，主题任务是搜集资料弄清各个时期的内容，利用动画、模型等表示每个时期的变化，并在课堂上以角色扮演、演示等形式进行汇报。提前一周将5个主题分配给各个小组，小组内部自行分工进行学习。

(2) 培训学生的合作技能

让学生意识到小组是一个整体，教师针对每个人的评价都关系着小组最后的评价，要遵守小组的合作规则。

(3) 创设情境

教师在小组活动前再次明确目标，做好准备

(4) 小组活动

小组内部首先针对自己收集的材料进行交流，不仅要说明自己的观点，还要认真聆听他人观点，在对观点进行讨论时，可以将自己的想法进行说明，并结合他人意见修改自己的内容，也要对他人准备的材料提出问题，进行反馈。

(5) 全班汇报

每个小组自行推荐某个组员或者采用小组形式进行小组汇报，汇报后要回答小组或者老师提出的问题，其他小组根据汇报小组的表现进行评价。

(6) 总结提升

最后教师针对每个小组的汇报进行归纳总结。

4.教学评价

教师根据小组之间的互动、汇报的内容以及小组回答问题的表现进行评价。

利用合作学习策略最重要的是让小组的每个成员都参与到学习中，而不是表面的讨论，否则，合作学习就会流于形式。教师在教授"有丝分裂"时，由于这部分内容较为微观抽象，如果只是简单地用文字表示，学生理解起来比较困难，因此让学生分组搜集资料并讨论汇报，可以帮助学生深刻理解有丝分裂的含义以及各个时期的变化，从而为"减数分裂和受精作用"的学习奠定基础。

四、概念图教学策略设计

（一）概念图的内涵

概念图是表征知识的工具，可以将概念与概念之间的关系进行形式化表示，是知识的抽象，可以呈现知识之间的关系。通常将相关概念置于圆圈或方框中，用连线表示概念的关系，并在连线上表明概念之间的意义关系。概念图可以帮助学习者构建一个清晰的知识网络，掌握整个知识架构，从而促进知识的迁移和同化。

概念图的制作过程中，知识领域的选取非常重要，我们应该选择一个熟悉的知识领域，确定其中的关键概念以及概念之间的关系，并利用连线进行连接，同时用连接词表明概念之间的关系。在日后的学习中，可以根据新学的知识不断地修改和完善概念图。

（二）概念图的教学功能

1. 教的工具

在教学设计时，概念图的特征有着特殊作用，教师可以利用其组织课堂教学内容。因为概念图可以直观清楚地表示概念之间的分层关系，所以教师不仅可以利用概念图制订每学期的教学计划，还可以利用概念图展示每节课堂要完成的教学内容和具体的知识结构。教师通过制作概念图可以清楚地展示教学内容的核心概念和主要概念，把握教学的主次关系。

2. 学的工具

概念图同样可以作为学生学的工具，在学习的过程中可以利用概念图整理组织学习内容。在制作概念图的过程中，学生对于概念与概念之间的关系不仅能够得到进一步的理解和巩固，还可以将整个课程内容进行融会贯通。但在学生制作概念图的过程中要注意，教师只能起一个引导的作用，不能要求学生仅仅只是记住教师提前准备的概念图，这样只会将学生的学习变为一个被动过程，完全体现不出概念图的功能。

3. 评价工具

概念图作为评价的工具，可以被教师利用检测学生的学习效果，利用学生制作的概念图，教师可以检测学生的认知结构，检测有没有错误的概念以及概念之间的关系是否正确等，并能及时进行纠正和完善。学生自己也可以利用制作的概念图检查自己对课堂教学内容的理解状况，并能够及时进行复习巩固。

（三）概念图策略教学设计案例

概念图不仅可以被教师用于教学设计中，来确定教学内容的主次，在课堂教学中，概念图策略也可以很好地被老师用来梳理知识结构，而且可以用作板书，这样学生可以更好地理解知识之间的关系，并且课下可以在教师制作的概念图的基础上，自行制作符合自己逻辑思维的概念图。一般模式见图5-7。

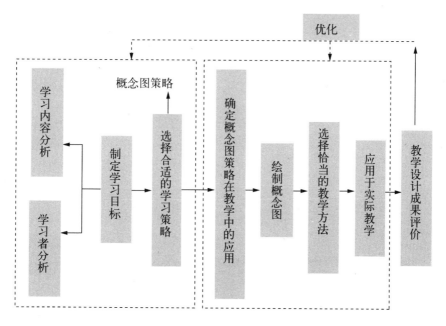

图5-7　概念图策略教学设计模式图

■ 案例剖析

概念图教学策略——以"细胞器之间的分工合作"为例的部分复习教学设计

1. 教学目标

生命观念：明确各种细胞器的分工和合作，建立生命部分与整体的观念。

科学思维：归纳细胞的结构与功能，培养逻辑思维能力、归纳总结能力和辨识分析图的能力。

科学探究：尝试制作真核细胞的结构模型。

2. 教学重难点

重点：细胞器的分工与合作。

难点：概念图的构建。

3. 教学过程

（1）课前准备

课前，学生在学案上基于给定的概念图框架进行填空完善：细胞器的结构、功能以及在分泌蛋白形成过程中的分工合作，在整理知识的同时学习概念图的制作。

（2）导入

以"分泌蛋白的合成与加工"为例分析重要概念：细胞各部分结构既分工又合作，共同完成细胞的各项生命活动。从而引出大概念：细胞是生物体结构与生命活动的基本单位。

（3）学生制作概念图

学生在教师的讲授引导下自行制作概念图，从而通过概念图更深一步地理解概念之间的关系。

（4）展示并评价学生的概念图

教师在课堂上展示学生构建的概念图，由其他学生评价和完善，最后提供较完备的概念图。利用这种方法帮助学生学会构建概念图及构建相关概念体系的方法。

（改编自：杨波、周业宇的《基于大概念的专题复习教学——以"细胞是生物体结构与生命活动的基本单位"为例》）

复习课的目的是帮助学生将知识系统化，这些内容学生之前虽然已经学习过，但是没能将知识融会贯通，对知识的部分内容过于关注，从而缺乏整体感，不利于知识的迁移和利用。在这次复习中，教师利用大概念开展和组织教学活动，引导学生利用概念图将大概念、重要概念以及次位概念构建形成一个有机的概念体系[①]，从而为学生构建知识框架奠定基础。

五、STSE（科学、技术、社会及环境）教育教学策略

（一）STSE教育策略的基本理念

STSE教育是科学、技术、社会及环境教育的统称，但本身并不是分立学科的总和，而是跨学科、交互集成性的，是一个能够为学生提供整体认识世界机会的桥梁，让学生能够将学到的知识变成一个互相联系的整体，从而提高学生综合解决实际问题的能力，消除传统教学中各学科知识割裂的障碍，其内容分布广泛，涉及日常生活、社会热点问题、食品、医药、能源、环保、化工生产、高新产品等多方面的内容。

（二）STSE教育策略的特点

1. 注重学习与现实世界的联系

STSE教育的内容不是只要求学生对学科知识的掌握，而是在此基础上能够将所学知识与现实世界进行紧密联系，让学生对相关的社会问题产生浓厚的兴趣，并积极地利用所学的知识解决实际问题。学生在这一过程中能进发出巨大的创造力，同时还能培养社会责任感。

2. 注重应用跨学科综合能力

传统教育模式将知识按照学科进行划分，虽然易于教授，但是并不能反映我们生活世界的真实性和趣味性。分科教学在目前科学、技术以及工程比较发达的时代已经显现出较大的弊端，所以STSE教育应运而生，其中跨学科性是它最重要的核心特征。跨学科意味着教育工作者的重点不能仅放在某门特定的学科，而是要将重心放在特定的问题上，利用科学、技术、工程等

---

① 杨波，周业宇. 基于大概念的专题复习教学——以"细胞是生物体结构与生命活动的基本单位"为例 [J]. 生物学通报，2019，54（03）：23-25.

学科相互关联的知识解决问题，跨越学科界限，从多学科知识综合应用的角度提高学生解决实际问题的能力。

3. 注重学习的过程

STSE 教育提倡的是一种新的教学方式，让学生可以动手完成他们感兴趣的，并且和他们的生活相关的项目，学生可以在这一过程中学习各种学科以及跨学科的知识。相对于学习结果，STSE 教育更加注重的是学生学习的过程，是基于标准化考试的传统教育理念的转型，可以让学生尝试不同的想法，大胆创新，创造出应用于真实生活的知识。

（三）STSE 教育策略教学设计案例

教师在进行 STSE 教育时，可以利用专门编制的有关 STSE 教育的教材，针对某一特定的问题，结合多学科进行教育，但是现在有关 STSE 教育的教材在市面上并不多，而且专门成立一门有关 STSE 教育的学科，对教师的要求比较高，所以实行起来有一定的难度，因此教师一般是利用教材的正文或者边栏挖掘有关 STSE 教育的内容，进行 STSE 教育思想的渗透。一般模式见图 5-8。

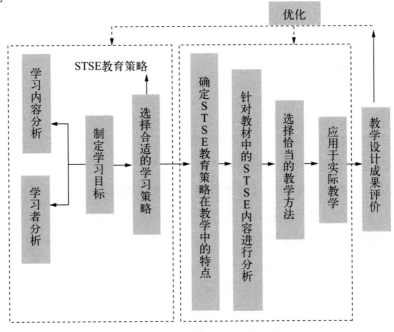

图 5-8　STSE 教育策略教学设计模式图

■ **案例剖析**

> 　　教师在讲解"降低化学反应活化能的酶"时，引导学生学习了课后"科学·技术·社会"栏目中"酶为生活添姿彩"的内容，在学生了解一些酶在生产生活中的应用后，教师给学生布置了如下的家庭作业：
>
> 　　"怎样使用加酶洗衣粉能使衣服洗得更干净？它适于去除哪些污渍？"仔细阅读多酶片的说明书并向家人说明服用时的注意问题。调查市场上加酶牙膏有哪些品牌？亲自试验一下哪种品牌效果更好并向周围人推荐。

　　生物学是一门与生产生活联系极为紧密的学科，因此在教材中有着大量与技术、社会生产有关的内容，教师通过组织这些内容渗透 STSE 思想，可以提高学生解决现实生活问题的能力。因此在教材中除了"科学·技术·社会"这种栏目供教师利用外，还有"与社会的联系""生物科技进展""学科交叉"等，有助于学生对科学过程和本质的理解，了解科学技术在社会各领域的应用及现代科学的新进展[①]。教师在利用这些材料时，不能只是让学生阅读即可，而是要充分挖掘其中蕴含的 STSE 思想，进行 STSE 教育。

六、科学史教学策略

（一）生物学科学史的运用原则

1. 尊重科学史的真实性

　　科学史是用来记录科学家开展科学探究的历史，因此真实性是科学史的一大特点，其中经典的实验均是科学家亲自动手操作的。所以教师应尊重科学史的真实性，利用经典实验，挖掘其中蕴含的科学思维，引导学生感受科学家发现问题、研究问题以及解决问题的科学探究过程[②]，从而为学生学习科学探究的过程提供很好的范例。

---

① 梁强，赵瑞祯. 利用《生物》新教材中的专题栏目实施 STSE 教育 [J]. 生物学教学，2005 (08)：14–15.

② 程良英. 人教版高中生物学新教材科学史内容的主要特点 [J]. 中学生物教学，2019 (19)：79–80.

2. 重视科学史的客观性

在历史发展的过程中，并不是所有科学家的发现都是正确的，有时甚至会得出错误的结论，而教师在对待这部分内容时不能自行删除，因为要重视科学史的客观性，尊重科学发展的背景。教师在运用科学史时不能执着于介绍正面事例，失败的事例也有其意义所在，不仅会让学生明白科学的发现是建立在众多科学家的努力上，还能从其中的事例汲取到经验教训。

3. 符合学生的认知水平

教师在利用科学史时，要对科学史进行一定的整理和编排，不能只是单纯地将历史摆在学生面前，要符合学生的认知水平，因为有些内容学生理解起来可能并不容易，更不用说深究其中的科学思维和科学方法。另外，选取的内容应该具有较高的探究价值，这样学生在科学史的学习过程中，才能获得多方面的启迪。

（二）生物学科学史的教育价值

1. 促进学生对知识的理解

科学史将科学家的研究过程和研究结果清晰地展现出来，与生物学理论知识有机结合，激发了学生的学习兴趣，从而获得相互联系，形成有发展变化的知识结构，可以进一步地促进学生对知识的理解。特别是针对一些晦涩难懂的结论性知识，必要的生物学科学史可以帮助学生进一步理解其含义。

2. 发展学生的思维能力

生物学理论的本身就蕴含着许多辩证唯物主义的基本思想，利用生物学科学史，创设基于问题的学习情境，营造倡导思考的学习氛围，有助于发展学生的思辨能力和批判性思维，让学生切身体会科学家的探究过程，从而发展学生透过现象看本质的科学思维方式，并能够将这种思维方式应用到现实中的问题解决。通过培养学生的这种思维能力，学生在思考问题时可以超越具体专业问题，在更大范围分析思考问题，可以有更宽广的视野。

3. 培养学生正确的价值观

利用生物学科学史渗透积极向上的情感，培养学生正确的价值观，用学生喜闻乐见的方式，润物无声地开展德育教育。生物学知识点覆盖内容广泛，涉及大量的基础知识和经典理论，有着丰富多彩的科学史，几乎每项重大发现背后都有富有启发性的科学故事，通过具体的研究发现的实例，学生们可以学习在故事背后科学家们令人敬佩的精神。

（三）科学史策略教学设计案例

科学史是科学家探究的历史，利用科学史可以真实地让学生体会到科学家探究的过程以及在遇到问题后的解决方法，从而提高学生的科学思维能力，激发学生探究的兴趣。要想达到这样的目的，教师在利用科学史策略时，不能仅仅将科学史简单地进行展示，而是要让学生切身地体验科学家探究的过程。一般模式见图 5-9。

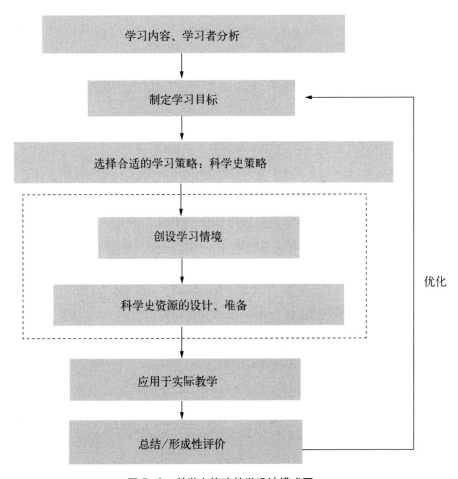

图 5-9　科学史策略教学设计模式图

■ 案例剖析

　　某教师在讲解细胞膜的化学成分时，对科学家探究的历史进行的总结：

表5-2 "细胞膜的结构与功能"一节中的科学史和科学方法与结论

科学史	科学方法与结论
欧文顿利用 500 多种化学物质进行的植物细胞通透性实验，发现脂质更容易通过细胞膜	通过对现象的推理分析得出：细胞膜是由脂质组成的
科学家利用动物的卵细胞、红细胞、神经细胞等作为研究材料提取细胞膜，从而进一步确定细胞膜中脂质的成分	实验得出组成细胞膜的脂质有磷脂和胆固醇
戈特和格伦德尔利用人的成熟红细胞提取脂质，测得单层分子的面积恰为红细胞表面积的 2 倍	提出假说：细胞膜中磷脂分子的排列为连续的两层
丹尼利和戴维森研究发现细胞的表面张力明显低于油-水界面的表面张力	推测细胞膜除含脂质分子外，可能还附有蛋白质

　　在"细胞膜的结构与功能"这一节中，讲解细胞膜的成分时，教材并不是直接给出结论，而是利用科学史对细胞膜的化学成分与结构进行了探究。因此，教师可以利用多媒体或者分组学习等多种手段，呈现科学家的探究过程，引导学生分析科学家的科学实验和结论，感受科学探究的过程与方法。更为重要的是，教师在利用科学史的过程中，不能仅仅只是简单地呈现科学结论，而是应该引导学生更关注科学家在探究时思维的变化。

七、论证式教学策略

（一）论证式教学策略的类型[①]

1. 浸入式教学策略

　　浸入式教学策略是指在课堂中将论证与科学进行结合，并不是简单的进行论证，而是将论证作为工具贯穿于科学活动，从而可以更好地理解科学的

---

　　① 何嘉媛，刘恩山. 论证式教学策略的发展及其在理科教学中的作用 [J]. 生物学通报，2012，47（05）：31-34.

素养。在这一过程中，可以引导学生提出问题来构建，例如，提出的问题的是什么？主张是什么？支持主张的证据有哪些？我提出的问题与其他人的问题有何不同？

2. 结构式教学策略

结构式教学策略的目的在于让学生需要了解论证的结构，并通过其结构来解决问题，论证的结构一般包括资料分析、得出主张、对主张进行反思、辩驳论证中的问题、评价论证的正确与否、得出客观结论等。学生可以利用论证的结果来解释同一现象的不同理论，或者应用到实际生活中以解决问题。

3. 社会科学式教学策略

社会科学式教学策略主要是将社会背景与科学知识进行结合，学生在进行科学论证时需要考虑到社会的作用，尤其是生物学是一门与社会生活密切相关的学科。例如在人教版生物学教材中有许多与社会有关的话题，在学习这部分内容时应该与社会现实进行联系。

（二）论证式教学策略的意义

1. 提高学生的学习兴趣

论证式教学策略与其他策略的不同之处在于学生在课堂中可以体会科学家经历的过程，依据教师提供的资料提出自己的主张，并找出证据支持主张，同时对其他人的主张进行判断和分析，并对别人的质疑进行辩驳，这种反差的学习方式可以充分调动学生的学习兴趣，并使其产生学习激情，从而提高学生的学习效果。

2. 培养学生的能力

在论证的教学过程中可以培养学生的多种能力。在论证的过程中，学生需要分析资料提出主张，因此可以培养学生提取信息的能力；学生提出的主张并不是唯一答案，同一件事可以得出不同结论，因此可以培养学生的创造思维；学生在论证的过程中可以更好地体会科学本质，因此可以提高学生的科学思维能力；论证是一个逻辑过程，因此要想最后得出正确的主张，可以培养学生的逻辑思维能力。

3. 发展学生的批判思维

论证式教学策略中比较重要的环节即是对其他人的主张提出质疑，同时面对他人的质疑自己需要进行辩驳。在这一过程中不仅需要学生掌握的知识，同时还需要学生的批判思维，在这种思维下，学生不会只是接受结论，而是在众多结论下辨别出哪个是最科学的结论。

（三）论证式策略教学设计案例

论证式教学策略是目前科学教育研究的热点之一，其目的是让学生经历科学家探究的过程，提出主张并进行辩驳论证，从而提高学生的科学思维以及解决实际问题的能力。在这一过程中，教师从主导者变为引导者，将论证活动引入课堂中，引导学生像科学家一样思考科学的本质，并加强对科学概念的理解。一般模式见图 5-10。

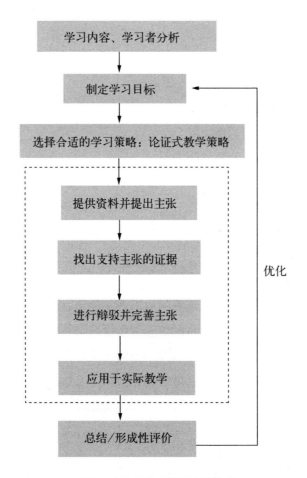

图 5-10　论证式策略教学设计模式图

■ 案例剖析

加热杀死的 S 型细菌中存在"转化因子"的论证[①]

教师提问：阅读教材格里菲斯的肺炎链球菌转化实验过程，对比第一组和第二组实验结果你能得出什么结论？第三组加热杀死的 S 型细菌为何失去了毒性？第四组中无毒的 R 型菌与加热杀死"失去毒性"的 S 型菌混合后为什么会导致小鼠的死亡？结合所给资料你能提出什么猜想？

猜想一：加热杀死的 S 型细菌中可能含有某种促使 R 型活细菌转化为 S 型活细菌的活性物质——"转化因子"；

猜想二：无毒的 R 型菌可能突变成了有毒 S 型菌

资料 1：S 型菌可将控制荚膜合成的相关基因整合到 R 型菌的 DNA 分子上并表达。

资料 2：(1) 根据荚膜多糖抗原特性的不同，S 型菌可分为多种类型，如 SI、SII、SIII 等亚型，格里菲斯发现，某亚型的 S 型菌连续培养多代后，极少数可能突变为相应的 R 型菌，如 SI 型菌突变为 RI 型菌。(2) 回复突变是指突变体在第二次突变时，能够完全或部分地恢复成之前的基因型和表现型。

在"DNA 是主要的遗传物质"这一节中，通过 3 个实验讲解遗传物质时，如果只是单纯地讲解实验学生可能会难以理解，那么在这一过程中我们就可以利用论证式教学策略，教师提供资料，学生依据资料提出自己的猜想和主张并进行辩论，从知识的接受者变为主导者，从而更好地体会科学的发展，也能更好地理解知识内容。

■ 拓展延伸

2020 年，全国累计有 20 个省份的普通高中全面实施了新课程，使用了新教材，因此如何结合新课程、新教材的实施，推动普通高中育人方式

① 龙槿彦，李从虎. 基于论证式教学策略的高中生物教学设计——以"DNA 是主要的遗传物质"为例 [J]. 科教导刊，2021 (13)：153–155+160. DOI：10.16400/j.cnki.kjdk.2021.13.048.

改革是当前的重要命题。在新课程、新教材实施的过程中，要改变以往的讲授式教学，积极深入探索基于情境和问题导向的启发式、互动式、探究式、体验式教学，从而推进跨学科、综合化教学改革。

第三节　基于不同课型的生物学教学设计

■ 现场直击

赵老师虽然并不是一位新入职教师，已经有过教授高一高二的经验，却第一次负责高三的一轮复习，她很是紧张，于是在课前积极与经验丰富的老教师交流，并多次去听课汲取经验。在上课前，她精心准备教学设计，制作PPT，并准备各种图片和模型。

她认为自己已经做好了万全的准备，可是课堂教学效果并不好，学生在课上反应不积极，赵老师只能硬着头皮按照教学设计上完第一次复习课。课后学生普遍反映，自己好像又重新学了一遍新课一样，并没有很大的收获。赵老师课后陷入了深深的困惑中：为什么自己准备得这么充分，课堂效果却并不好？新授课和复习课的区别究竟在哪里？对于不同课型来说，应该如何进行教学设计？

一、新授课的教学设计

（一）新授课的概念

新授课是教授新内容、新知识的课，是最常用、最基本的课型。新授课的特点在于"新"，是学生获取新知识的关键过程，因此新授课的质量从根本上决定着学生学习的质量。

（二）新授课的类型

根据教学内容的不同，生物学新授课的类型主要分为以下几种。

1．生物学概念的教学

生物学教材中对于概念是通过术语和概念内涵进行描述的，因此教师在进行概念教学时就可以利用这两种方式进行。其中，重要概念通常是处在学科中心位置，表现形式通常用文字加粗表示，从而表示此概念在本节内容的重要性，教师在进行生物学概念教学时可以利用这种重要概念帮助学生形成知识结构。

但是需要注意的是，学生在学习概念时会经常遇到概念的定义与一些概念外延个例相矛盾，或者对概念理解不到位的现象[1]，这就要求我们在教学时要正确运用概念转变的原理，处理好前科学概念、错误概念与科学概念之间的关系。例如，脂肪是细胞内良好的储能物质；淀粉是植物体内的储能物质；糖原是动物细胞体内的储能物质，同样是储能物质，却有着不同概念，这就要求教师引导学生深刻理解概念的内涵以及它们之间的关系。

2．生物学形态结构的教学

生物学形态结构一般是研究动植物以及微生物整体或各个组成部分的外形和结构，其形态结构专有名词多，有一些内部结构细微复杂，学生理解记忆较为困难，甚至有时无法通过文字描述想象出具体结构。这就要求教师在教学时应激发学生的兴趣，利用实验、多媒体、观察标本模型等多种手段对信息进行精细加工，加强联系，反复应用和巩固，提高学生的记忆水平。

3．生物学规律的教学

生物学研究的是生命现象和生命活动的规律，无论研究对象怎么改变，都会有着普遍的生物学规律，例如生物的结构与功能总是相适应的。理解并掌握生物学规律，可以使生物学的学习从复杂变为简单，能帮助学生形成系统化的知识网络。因此在教学中，要引导学生主动参与生物学规律的总结归纳，而不是让学生死记硬背，通过阐述生物学的现象、事实或实验结果，从而揭示生物学的基本规律。

4．生物学原理的教学

生物学原理可以说是另一种规律，是最基本、最普遍的基础规律，建立在大量科学实践的基础之上，一般通过概括归纳得出，同时又可用于指导实

---

[1]　赵占良．生物学概念的特点及其教学启示 [J]．中学生物教学．2021 (08)．

践。例如，细胞膜具有流动性这一原理是通过人鼠细胞融合实验得出的结论，同时又可以作为动植物细胞融合的实验原理进行指导。对于学生来说，生物学原理一般比较复杂、微观、抽象，涉及的相关知识较多，难以观察也不易理解，因此在进行教学的过程中，要充分利用学生已有知识、生活经验或相关认识，构建新旧知识间的联系，促进知识的正迁移。

5. 生物学方法技能的教学

生物学是一门基础学科，与人类的生产生活密切联系，因此有些基本的方法技能是学生在学习过程中必须掌握的。例如，研究生物学常见的方法有观察法、类比法以及实验法等，要想正确运用这些方法，必须熟悉生物学基本技能，例如在实验过程中正确地使用显微镜等实验仪器设备、掌握科学探究的一般过程、运用实验设计的基本原则等。这些方法技能不能仅仅通过文字描述进行教学，必须让学生在教师的引导下亲自动手操作，并反复练习，从而能熟练掌握方法技能。

（三）新授课的教学设计案例

■ 案例剖析

"蛋白质是生命活动的主要承担者"一节的教学设计

一、教材分析

本节课选自人教版高中生物学必修一第二章的第四节。高中生物学必修一让学生从分子水平认识了生命的物质基础和结构基础，其中蛋白质部分是重中之重。蛋白质种类繁多、功能多样，是生命活动的主要承担者，学好这部分内容对学生从分子水平理解细胞的物质基础和结构基础举足轻重，同时也与必修二基因表达部分密切相关。

二、学情分析

本节课面对的是高一学生，他们只具备初中生物学的基础，缺乏一定的生物学及化学知识和解决生物学问题的一些能力与素养，而细胞的分子组成又是微观的内容，比较抽象，所以要安排学生进行课前准备与资料搜集。在教学时，联系学生的生活经验，利用图解和视频等方式增强教学的直观性和学生对微观事物的感性认识与理性思考，从而培养学生的思维能力，形成相应的观点。

三、教学目标

基于对教材的了解和对学情的分析，确立了如下的生物学学科核心素养目标。

生命观念：通过对氨基酸脱水缩合过程和蛋白质多样性的分析，建立生命的物质性观点、结构与功能相适应的观点。

科学思维：通过对蛋白质形成过程的相关计算，培养逻辑思维能力和学科间知识的综合应用能力。

社会责任：通过对蛋白质与人体健康及在疾病治疗等方面的应用问题分析，基于生物学的基本观点，关注并参与社会热点中的生物学议题的讨论，辨别并揭穿伪科学。

四、教学重难点

教学重点：1.蛋白质的结构及其多样性。2.蛋白质的功能。

教学难点：蛋白质的结构及其多样性。

五、教学策略

探究性学习策略、合作学习策略、概念图策略

六、教学过程

教学过程	教师活动	学生活动	设计意图
问题导入	请大家展示并讨论课前收集的有关蛋白质的资料，说一说这些资料中都体现了蛋白质的哪些功能？待学生讨论结束，教师提出任务：自主学习教材图2~8，以表格形式对蛋白质的功能进行归纳和整理	学生分组展示并说明	在平时生活中，学生已经对蛋白质的功能有所了解，在此基础上展开学习，更加符合学生的认知水平
新知探究	驱动性问题一：通过之前的学习我们知道蛋白质是生物大分子，而生物大分子通常都有一定的结构基础，那么蛋白质分子的结构基础是什么呢？教师提供小球和细线若干（小球代表氨基酸分子），要求学生结合教材图2~12，充分发挥想象力，构建蛋白质物理模型	学生分组合作建构出不同氨基酸种类和数目的多肽链，并将其以不同的方式盘曲、折叠，最终建构出完整的蛋白质物理模型	通过模型制作，使学生对蛋白质的形成过程首先建立起一个整体、直观的认知，锻炼学生的科学思维能力和动手能力

续表

教学过程	教师活动	学生活动	设计意图
新知探究	驱动性问题二：多肽链是由氨基酸分子相互连接而成的，那么在生物体中，组成蛋白质的氨基酸有多少种呢？是什么样的结构特点使得氨基酸分子之间可以相互结合呢？ 教师将20种氨基酸模型收集起来，逐一向学生展示并提问："这是哪种氨基酸？其结构特点是什么？"	学生通过自主观察、分析和总结得出答案。 每位学生利用材料至少构建出一种氨基酸的结构模型。 学生回答问题	以问题形式驱动学生自主归纳和总结，增强学生的科学思维能力。在掌握了氨基酸结构的基础上，尝试建构其结构模型，增强学生的直观理解
	驱动性问题三：观察氨基酸分子的结构，你认为氨基酸分子是以怎样的方式相互结合形成多肽链的？该过程又有什么样的特点？	小组利用刚才的球棍模型，合作组装出任意多肽结构，并派代表上台演示，由其他小组进行质疑和补充	小组通过模型组装、讨论分析来进行探究，形成自己的初步理解
新知探究	教师展示"氨基酸脱水缩合形成多肽链"的动画，并对学生刚才的演示结果进行分析和评价	学生讨论总结出该过程的特点	教师利用制作的动画进行演示并验证，学生在亲历探究过程的同时，提高自身的思维水平和探究能力
	驱动性问题四：通过观察蛋白质的结构层次示意图，并结合多肽链的形成过程，请大家阅读以下资料，思考影响蛋白质结构的因素有哪些？是什么原因导致了蛋白质具有不同的功能？	学生分组讨论，并对蛋白质结构和功能多样性的原因作出解释。	在解释蛋白质结构多样性原因的过程中，锻炼科学思维水平。逐步形成结构与功能相适应的生命观念
归纳总结	教师引导学生通过建构本节课的概念图来做最后的总结和深化	制作概念图	通过构建概念图，可以帮助学生厘清知识之间的逻辑关系，更培养学生归纳与总结的科学思维和良好的学习习惯

新授课在进行教学设计时应注重教学各环节的过渡与衔接。在"蛋白质是生命活动的主要承担者"这一节中，教师通过问题连接各环节，并通过资料收集、建构模型、合作探究等方式来提高学生的思维水平，帮助学生在解决问题的过程中逐渐形成核心概念[①]。

因此，教师应该结合学生的生活实际设计问题，并全面考虑学生在回答问题时出现的各种情况。用怎样的语言进行引导，如何顺利过渡到下一个教学环节等，都需要在教学设计时具体地反映出来，从而有助于教学的顺利开展。另外，教学内容的逻辑层次、教学重难点的突破方法以及最后归纳总结的问题等都是需要进行详细设计的。

二、复习课的教学设计

（一）复习课的概念与功能

复习课的目的是"温故而知新"，不仅能让学生对已经学过的知识进行再回顾，还可以产生新的认识，是教学中必不可少的课型之一。

复习课可以帮助学生夯实基础，加深理解和克服遗忘，并培养和提高学生综合运用知识解决问题的能力。因此教师应对复习课的特点、原则以及教学设计实施过程等进行研究，以充分发挥复习课的最大功能。

（二）复习课的原则

1. 自主性原则

在复习的过程中，因为其教学内容是学生早已接触并学过的知识，因此需要充分发挥学生的自主性。在教学过程中，利用多种教学方法使学生积极参与复习全过程，特别是要关于知识的归纳整理，应该让学生主动归纳，而不能由教师代替。在复习课中，要调动学生的主动性，激发学生的学习兴趣，多给学生提供机会，做到知识让学生整理、规律让学生寻找、错误让学生纠正。

2. 系统性原则

复习课中应对学生学到的分散知识点进行系统归纳，对学科知识进行系

---

① 程思，周苏林，毕明庚，王占军，徐忠东. 基于问题驱动的"生命活动的主要承担者——蛋白质"教学设计 [J]. 生物学教学，2021，46（02）：36-39.

统整理，依据知识的相互联系以及相互转化关系，分类整理，组织归纳，将其变为系统的知识点。所以教师在进行教学设计的过程中，可以打破原有的教学顺序，按照知识内容的关联程度进行讲解，把平时相对独立的知识以归纳的形式进行串联，从而帮助学生建构知识体系。

3.针对性原则

复习必须突出重难点，针对性强，紧扣知识的易错点进行教学设计，不可泛泛而谈。因此在复习过程中，一是要了解全班学生的认知发展规律，清楚他们的知识结构，了解他们的薄弱环节，从而对症下药，进行针对性教学；二是针对个别学生的问题，巧妙利用探究合作等方式，帮助学生对知识的完善。

（三）复习课的教学设计案例

■ **案例剖析**

某老师在复习"细胞核的结构与功能"时，没有像新授课一样进行详细的教学设计，而是结合当时新授课的教学设计进行了考点梳理和知识补充。

1.知识点梳理

对细胞核功能有关实验进行梳理，让学生自行总结分析"黑白美西螈核移植实验""蝾螈受精卵横缢实验""变形虫切割实验""伞藻嫁接与核移植实验"等的实验过程、实验结论。教师引导学生归纳细胞核的结构与功能，并与第一章学习的原核细胞和真核细胞，以及细胞分裂过程中核膜、核仁的变化等知识点进行结合，帮助学生建立知识框架。

2.深挖教材

在复习的过程中，深挖教材的知识点与问题进行分析，并引导学生尽可能地回顾相关知识，而不是着眼于本节知识点。例如，"真核细胞核内的核仁被破坏，抗体合成将不能正常进行的原因是什么？"学生在知道抗体的本质以及细胞器的功能后，对于这个问题就可以很好地解答。

3.结合高考真题

梳理知识点后，教师应该针对学生学习过程中存在的问题对症下药，选取相应的题目让学生进行练习。

复习课的重点在于让学生形成完整的知识框架，因此教师在进行教学设计时，不能仅着眼于本节的内容，还要与旧知识进行联系。除了清楚所复习内容的层次，还要从整体出发提出新问题，并清楚学生在本部分学习中常出现的错误，从而在课上针对学生的欠缺进行复习。教师在进行教学设计时可以针对新授课的设计写好复习提纲，最好以表格的形式进行梳理，将新知识与旧知识联系起来。

三、实验课的教学设计

（一）生物学实验教学的概念

中学生物学实验教学一般是指学生在教师的指导下，利用一定的实验仪器和设备，在校园内外针对某些特定的问题进行有关的观察或探究，并得出或验证结论的过程。其目的是培养学生的探究能力以及动手操作的技能。中学生物学实验教学是生物学课程的特点，也是生物学教学的基本形式之一。

（二）中学生物学实验的类型

生物学实验依据不同的分类方法，所划分的实验类型也有所不同。整体上可以按照教学形式、实验场所、实验质量、实验内容、实验目的、实验的方法和手段、实验进程进行分类。具体分类情况如表 5-3 所示：

表 5-3　生物学实验分类简析

分类依据	实验类型
生物学教学形式	演示实验、学生实验、课外实验
实验的场所	实验室实验、自然实验
实验的质和量	定性实验、定量实验
实验的内容	分类学实验、解剖学实验、生理学实验、生物化学实验、微生物实验、遗传学实验、生态学实验、分子生物学实验、细胞学实验等
实验的目的作用	验证性实验、探究性实验
实验的方法和手段	比较实验、析因实验、模拟实验、调查实验
实验的进程	预备性实验、决断性实验、正式实验

虽然种类很多，但生物学实验性科学的本质不会变。

（三）实验课的教学设计案例

■ 案例剖析

"探究酵母菌细胞呼吸的方式"是人教版高中生物学教材中的一项探究性实验，通过学生的探究性活动，分析有氧条件与无氧条件下酵母菌的呼吸产物。

1. 课前准备

正式开始实验前，教师事先给每个小组分配好任务，让学生自行搜集资料，了解酵母菌的特征。

2. 创设情境

依据学生搜集的资料，回想酵母菌在日常生活中的应用，并展示两个发面团，一个裸露在空气中，一个完全密封，让学生观察现象。

3. 提出问题

学生根据观察的现象提出问题，经过筛选后作为本次探究的问题：酵母菌在有氧条件下的呼吸产物是什么？酵母菌在无氧条件下的呼吸产物是什么？并提出假设。

4. 设计实验

小组根据教师提供的参考资料以及实验装置确定实验思路，针对以下问题进行思考：如何控制有氧、无氧条件？推测不同条件下呼吸产物是什么？应该如何进行鉴定？如何保证酵母菌在整个实验中保持正常的生命活动？解决以上问题后，遵循实验设计原则，选择实验器具药品，确定实验方案。

5. 进行实验

实验方案确定后即进行实验，并做好实验记录。

6. 交流讨论

根据实验结果得出实验结论，并进行交流。

实验课对于学生科学思维的形成和科学探究能力的培养至关重要，因此教师应该给予足够的重视。在实验课上，教师应提前做好实验前的准备，准备好实验材料、实验设备、用具以及药剂等，还可以利用实验教学辅具，引导学生掌握正确的实验要领。实验过程中指导学生发现问题，以小组为单位，让学生分工合作进行实验，最后教师检查实验效果，做好总结评价，指导学生进行实验总结，并让学生保持好实验室卫生。

四、活动课的教学设计

（一）活动课的内涵与功能

活动课是学校有目的、有计划地开展多种课题研究和项目活动的课程，其活动不受学校围墙的限制，学生可以积极主动地进行探究。活动课与一般的生物课不同，一般生物课主要用于生物学知识的系统性学习，而活动课则在提高学生创造能力、促进学生个性发展，以及实现知识、学习方法与能力的结合等方面，占据明显优势。

（二）活动课的组织形式

生物学活动课的形式多种多样，有课题研究、项目活动设计、主题活动、参观访问以及专题调查等。其组织形式主要有个人独立研究、小组合作研究以及集体活动研究三种形式。

个人独立研究。个人独立进行研究，可以充分发挥个人的主动性和积极性，全面发展个人能力，在研究过程中全面提高个人能力。

小组合作研究。生物学活动课上一般都是采用小组合作研究的形式，不仅可以增加师生、生生之间人际交往的频率，提高班级凝聚力，而且在这一过程中，每个学生都会有自己明确的任务，并意识到自己在研究过程中的重要性。

集体活动研究。集体活动研究跨越了小组、班级的局限，扩大了学生的人际交往范围，因此学生可以更为广泛地进行意见交流。

（三）活动课的教学设计案例

■ 案例剖析

"调查人类中的遗传病"教学设计

本课教学是在了解人类遗传病的主要类型后开始的。学生已经知道在我们国家有 20%~25% 的人患有遗传病，遗传病不仅会给患者带来个人痛苦，还会给家庭和社会造成负担。因此在了解遗传病的类型后，调查人类中的遗传病是至关重要的，对遗传病的监测和预防有重要的意义。

教学设计思路

1. 明确课题要求

通过调查人类遗传病，了解其发病情况。

2. 制定研究方案

调查前首先提出问题：如何保证调查结果的准确性？明确问题后，学生制定调查方案，分组开展活动调查，在调查时选取发病率较高的单基因遗传病，如红绿色盲、白化病等，调查周围 5~20 个家庭的遗传病情况。

3. 展示与交流

小组之间针对调查情况进行交流，并针对以下问题进行讨论：你调查的遗传病是否有家族倾向？

我国人群中红绿色盲中男性的发病率为 4.71%，女性发病率为 0.67%。你的调查情况是否符合，如果不符合的话？请分析原因。

4. 总结提升

教师就学生的调查情况进行总结提升。

活动课是以学生的活动为主，教师在其中只起引导的作用。所以进行活动课教学设计时应注重学生的主体活动，通过小组合作、讨论交流，保证每个学生都能积极参与到活动中[1]。这其实也进一步说明活动主题的重要性，活动主题应与学生实际生活联系紧密，这样才能激发学生的兴趣，所以在活动主题的选择过程中，应根据学生的认知水平和教学内容确定，并且让学生参与到课题的选择过程中。

综合训练

1. 目前，为减轻义务教育阶段学生作业负担和校外培训负担，制定了一系列措施，在全面提高校内教育服务质量的背景下，我们应该如何做？怎样

---

① 崔鸿. 中学生物教学设计与案例研究 [M]. 北京：科学出版社，2012：279.

制定我们的教学设计使得教学质量更高？

2. 请自选内容，分别制作一节新授课和复习课的教学设计，并比较它们之间的不同点。

资源推介

[1] 赵占良. 生物学概念的特点及其教学启示 [J]. 中学生物教学, 2021(08).

该文基于对生物学概念的哲学、逻辑学和认知心理学分析，结合生物学概念与数理学科概念的比较，总结出生物学概念表现最突出、最能体现育人价值的特点：概略性、合目的性、逻辑性、辩证性、隐喻性等，从而为中学生物学教师进行生物学概念教学提供启示，提高概念教学的有效性。

[2] 赵萍萍，刘恩山. 新课程标准理念下的高中生物学建模教学策略 [J]. 生物学通报，2019，54（02）：10–14.

该文介绍的建模教学策略在促进模型与建模等科学思维方面发挥了重要作用。以人教版高中生物学"遗传与进化"模块为例，从生物学学科核心素养的视角剖析建模教学策略在促进素养达成中的具体实施过程和作用，旨在帮助教师理解如何通过建模教学将发展核心素养落实到具体的课程内容中，为教学提供参考。

[3] 储锐. 针对不同生物课型的概念图应用策略 [J]. 中学生物，2011，27（01）：27–29.

教师利用概念图进行教学，可以充分发挥学生的创造性思维，活化书本知识，有助于提高教学质量。该文通过新授课、复习课以及实验课三种不同课型讲述了概念图应用策略，为中小学教师的教学提供了参考。

第六章 生物学实践活动与教学

本章要览

实践活动是生物学教学的重要组成形式。在《义务教育生物学课程标准(2022 年版)》中指出，义务教育生物学课程注重探究和实践，以丰富的生物学知识为载体，通过多种教学活动展现人们认识自然现象和规律的思维方式及探究过程，反映自然科学的本质。《普通高中生物学课程标准（2017 年版2020 年修订)》中提到，生物学课程高度关注学生学习过程中的实践经历，强调学生学习的过程是主动参与的过程，让学生积极参与动手动脑的活动，通过探究性学习活动或完成工程学任务，加深对生物学概念的理解，提升应用知识的能力，培养创新精神，进而能用科学的观点、知识、思路和方法，探讨或解决现实生活中的某些问题。由此可见，通过实验、探究类学习活动或跨学科实践活动，能够帮助学生建立生命观念，用科学的思维方法进行探究，在过程中生发出社会责任。本章内容涉及生物学实验教学、跨学科实践教学、生物学课外活动教学，以及生物学实践教学环境布置与安全防范等四个方面。

学习目标

1. 能做好生物学实验教学的准备工作，应用生物学实验设计的原则和方法来设计实验，学会实验教学的策略，熟悉实验教学的主要环节；

2. 了解生物学跨学科实践教学提出的背景、内涵及意义，学会制定恰当的选题来进行生物学跨学科实践活动，会进行生物学跨学科实践的设计与实施；

3. 了解生物学课外活动背景、定义、特点和意义，重视科技类博物馆在生物学课外教学中的实际应用，会进行小课题类生物学课外教学活动；

4.了解生物学实践教学环境的布置，包括实验室建设、园地建设、实践基地建设、校园科普馆建设等，熟悉实验室内、野外活动中的安全问题，知晓对策，注重安全防范机制的建设。

第一节　生物学实验教学

■ 现场直击

小李老师是今年刚刚走上工作岗位的初中生物学教师，刚走上工作岗位的他非常希望能够带领学生们做好每一个实验，可几节课下来，他发现班级里的学生进入实验室后特别好奇，注意力都被各种实验器材吸引了，上课注意力不集中。这还只是小李老师困惑的一方面。更甚的是，都说生物学实验是让学生像科学家那样思考，但现实是很多学生往往只是简单重复课本上的实验步骤。李老师觉得这样下去会使学生的科学思维和科研精神并无法得到很好的训练，慢慢地也不愿意带学生去实验室了。

请问你是否有与小李老师类似的体会？实验教学究竟该如何进行才能发挥应有的作用？

一、生物学实验特点与作用

（一）生物学实验特点

1.实验场所多元化

生物学实验的取材、研究对象来自自然，依据不同的实验目的和实验要求，实验场所也是灵活多样的，以中学生物学实验为例，有些实验是在实验室进行的,例如"制作并观察植物细胞临时装片"。有些实验较为简单易行,如"膝跳反射实验"可以在教室内随堂进行。有些实验则需要在不同的场所进行,如初中生物学实验中"测定不同环境中的细菌和真菌",就需要将装有培养基的培养皿在不同的环境中打开,用以测定不同环境中的细菌和真菌数量,这就需要学生将培养皿放置在不同的环境下进行取样,实验的场所也不仅局限于实验室了。

2. 实验周期较不定

生物学实验中的有些实验是对个体形态的观察,这样的实验往往不需要耗时很久,但有的实验是对生命现象的观察,通常需要较长的时间。以植物学实验为例,人教版教材七年级上册第三单元第二章的章标题是《被子植物的一生》,其中描述了植物从种子萌发到植株生长再到开花结果的全过程,用同一植物进行长期实验,给学生带来的体验和震撼必将是不同的。以植物种子的结构和种子萌发为例,学生在观察完单子叶植物的种子和双子叶植物的种子以后,对各部分种子的结构并不完全理解,不理解为什么这些结构的名称叫作胚芽、胚轴和胚根,但如果我们将种子种下去,取其萌发的不同时期对植物种子的萌发进行动态观察,学生就很容易理解种子各部分结构与功能。

3. 实验应用于生活实际

有些生物学实验来源于现实生活中的真实问题,如果将初中、高中的生物学实验统一来看,就很容易发现有些实验具有连续性。以合理膳食为例,在初中学段,对这部分的要求是会测定食物中的能量,了解食物中不同的营养物质的主要功能,能够根据合理膳食的要求搭配制作一份营养餐,高中学段则是放在普通高中课程标准实验教科书《生物必修1——分子与细胞》第2章第1节的内容,测定细胞中的不同营养成分。不同学段在同一问题上有很强的关联性,学生通过实验和社会实践的方式对该部分有了更加深刻的认知,应用于实际生活中让他们更有成就感,体会到"所学即所用"。

(二)生物学实验的作用

1. 生物学实验有利于帮助学生建立生命观念

"生命观念"是指对观察到的生命现象及相互关系或特性进行解释后的抽

象，是人们经过实证后的观点，是能够理解或解释生物学相关事件和现象的意识、观念和思想方法。实践是认识的基础，生物学实验就是实践的重要组成部分，是生物学知识产生的基础。学生在完成生物学实验的过程中，能够对概念、原理和规律有更深刻的认识，能够检验、巩固和构建生物学知识。

2.生物学实验有助于训练学生的科学思维

"科学思维"是指尊重事实和依据，崇尚严谨和务实的求知态度，运用科学的思维方法认识事物、解决实际问题的思维习惯和能力，包括归纳法、演绎法、实验设计、因果推理、概念形成、假设检验等。科学的生物学实验从设计、操作到结果的分析和论证，都包含着严密的科学研究思维方式，包含很多对科学研究方法的有效训练，对激发学生的认知兴趣，调动学生积极性有着很强的助益。

3.生物学实验帮助学生以科学探究的方式领悟科学工作的精神内核

"科学探究"是指能够发现现实世界中的生物学问题，针对特定的生物学现象，进行观察、提问、实验设计、方案实施，以及对结果的交流与讨论的能力。科学探究的核心是帮助学生使用证据来解释自然现象，是科学工作的核心和基本范式。生物学中点滴理论的积累，都需要现实实验作为深厚的根基，科学家对未知的探索，正是建立在提问、询证、探究的过程中。生物学实验中的探究性实验教学，就是要学生模拟科学家工作的过程，在这个过程中磨砺自己的生物学实验操作基本技能，培养探究生物学未来前进方向的能力基础，团结协作，形成团队，共同来攻坚克难。

4.生物学实验有助于培养学生的社会责任

"社会责任"是指基于生物学的认识，参与个人与社会事务的讨论，作出理性解释和判断，解决生产生活问题的担当和能力。包括能够破除生活中的迷信与伪科学，解决现实生活中的问题，具有良好的生态意识，能够贯彻健康生活的理念。生物学实验能够用数据和实验结果来帮助学生分析生物学议题，自发形成清晰而又准确的观点，让学生自觉成为健康生活、环境保护、破除谣言的实践者和传播者，承担起未来社会公民的责任与担当，生物学实验教学对学生社会责任的培养具有独特的作用。

二、生物学实验准备

生物学实验课程在实施之初需要经过一定的准备，包括制定适于发展学生核心素养的实验教学目标，根据教学进度和教学需要提前编制实验教学计划，做好整体实验开始前的整体准备工作。

（一）研究生物学实验的教学目标

教学目标是教学活动完成时学生应达到的水平和境界，主体是学生，而非教师。发展学生核心素养是生物学学科的核心价值追求。一节实验课的教学目标在设计之初就要与核心素养相匹配。

1.在制定与生命观念相关的生物学实验教学目标时，要认识到生命观念是学生在本节课的学习过程之后达成的标志性学习成果。区别于细碎的、彼此孤立的生物学知识，生命观念是一个人忘记知识后仍留在头脑中的生物学想法和观点。教师在实验教学之初应仔细发掘课程内容，从中提炼出本节课上应重点锤炼学生的生命观念。目标的表述上要使用理解、认同这样的词语，达到理解一种生物学现象，认同一种生命观念，或者运用一种生命观念解释一种生物学现象。

2.科学思维是指尊重事实和证据，崇尚严谨和务实的求知态度，运用科学思维的方法认识事物、解决实际问题的思维习惯和能力。实验教学中师生之间、生生之间互动频繁，实验中的大量细节需要沟通和实践。科学思维目标的表述可以是通过实验过程培养学生的科学思维能力，也可以是学生通过质疑、比较、演绎等科学思维逐步构建生物学概念。以上两种表述形式都可以运用到生物学实验目标关于科学思维这一维度的表述当中。

3.科学探究目标在制定之初，教师要帮助学生树立一种观念：科学并不是静止的，科学理论的提出基于一定的证据，当证据更新，科学理论也要随之更新。从证据出现到完成科学理论的更新必须经过科学探究。科学探究是科学工作的核心内容和基本范式。在表述科学探究相关目标时，要描述清楚如何借用科学探究的方法得出生物学结论。

4.社会责任或者态度责任是高中学段和义务教育学段对生物学课程目标的不同表述，本质上都是期望学生能够基于对生物学概念、现象的认识，在科学态度、健康意识和社会责任方面有自我要求和担当。在生物学实验教学中关于本部分的教学目标的表述中，可以是将学习过程中的经验和体会迁移运用到为解决社会议题提供方案，也可以是主动运用知识为他人答疑解惑、辨析谣言。

■ 案例研究

> 基于课程标准的内容要求，实验教学的教学目标要围绕培养学生核心素养的要求制定。以人教版高中生物学教材必修 1 第 5 章第 1 节 "降低化学反应活化能的酶" 第 2 课时内容为例，在学生已经具备酶的作用和本质的相关知识，但对 pH、温度等因素如何影响酶活性缺乏实验依据的基础上，本节课通过酶相关特性的探究实验，从实验中发现问题、分析问题并作出假设，通过提供的实验材料设计实验、实施实验、分析数据、得出结论，让学生完整地经历了科学探究的思路与方法，提升了实践能力和团队合作能力。在酶的应用环节，做到引导学生将实验结论应用到日常生活中。因此在实验目标的制定上，围绕培育核心素养的四个方面，制定如下生物学实验目标：
>
> (1) 运用结构与功能观，描述温度影响酶活性的本质。
>
> (2) 在小组合作过程中质疑、探讨、论证，学会比较、归纳温度对酶活性的影响，逐步构建酶的作用条件比较温和这一概念；学会准确记录、分析和处理数据，构建数学模型。
>
> (3) 实验过程中提出可探究的问题并作出假设，根据提供的器材设计实验、实施实验，完成对影响酶活性的因素的实验探究；乐于团队合作，勇于创新。
>
> (4) 应用温度对酶活性的影响特点提出在生活中使用酶制剂的注意事项，体验应用生物学知识解决生活中问题的过程，提高社会责任感。

（二）实验设计

1. 实验设计的三要素

要设计一个完整的生物学实验，首先要考虑实验设计的 "三要素"，包括实验对象、实验因素、实验效应。

实验对象是指实验时所用的材料，材料的选择对实验结果的影响是至关重要的，选材得当，实验效果就会比较理想；如果选材不当，则得不到预设的实验结论。因此，材料的选择考查的是学生的生物学基础知识功底。选择好材料，接下来就是要考虑选材的用量，在用量的考虑上，第一原则是方便实验进行，第二原则是设置重复组，依据以上两项原则，对实验所用的材料进行预估，得出较为合适的样本量。除了选材，在学生设计实验层面比较容易实现的还有实验材料的更新，实验的新颖性和创新性也多会从材料的选择上面进行考量。

实验因素是指对实验结果形成影响的条件，都称为影响因素。实验设计方案中的各项条件，都直接影响着实验结果，属于实验因素中的直接因素。此外，实验者的知识层次、技能水平，现场组织过程中的种种因素，都属于间接实验因素，对实验结果也会造成一定的影响。

实验效应是指因实验因素的不同而导致的不同实验反应。预设实验中可能出现实验效应，也是实验设计中的重要一环。

2. 实验设计的一般原则

（1）对照性原则

对照性原则是实验设计中常用的原则。在实验设计中，通常设置对照组，通过干预或控制研究对象以消除或减少实验误差，鉴别实验中的处理因素同非处理因素的差异。对照是实验控制的手段之一，目的仍在于消除无关变量对实验结果的影响。实验对照原则是设计和实施实验的准则之一，通过设置实验对照对比，既可以排除无关变量的影响，又可以增加实验结果的可信度和说服力。

通常一个实验总分为实验组和对照组，实验组是接受实验变量处理的对象组；对照组对实验假设而言，是不接受实验变量处理的对象组。至于哪个作为实验组，哪个作为对照组，一般是随机决定的，这样从理论上说，由于实验组与对照组的无关变量的影响是相等的、被平衡了的，故实验组与对照组两者之间差异则可认定为来自实验变量的效果，这样实验结果是可信的。按对照的内容和形式上的不同，通常有以下对照类型：

①空白对照

空白对照是指不做任何实验处理的对象组。例如测定不同环境中的细菌、真菌实验中，我们将不同环境中采集细菌、真菌的组别称为实验组，将一组不接种任何细菌、真菌的培养皿作为空白对照，所有组别的实验结果都与空白组做对照，得出实验结论。

②自身对照

自身对照是指实验组与对照组在同一对象上进行，不再另设对照组。这种方法的好处是可以保证唯一变量，节约实验材料，经过实验条件的处理后所得实验现象与实验条件明显相关。例如测定烟草浸出液对水蚤心率的影响，可将水蚤先置于清水中观察心率，再置于不同浓度的烟草浸出液中观察心率变化，如此，便可以看到实验处理对水蚤心率变化的影响，得出实验结论。

③条件对照

条件对照是指虽然给对象施以某种实验处理，但这种处理是作为对照意义的，或者说这种处理不是实验假设所给定的实验变量意义，但在实验中能够充分说明实验变量的含义，进一步证实实验结论的得出，是由于实验条件的设置而得出的。例如"动物激素饲喂小动物"实验，采用等组实验法，其实验设计方案是：甲组中给动物饲喂甲状腺激素（实验组）；乙组中给动物饲喂甲状腺抑制剂（条件对照组）；丙组中不给动物饲喂药剂（空白对照组）。显然，乙组为条件对照。该实验既设置了条件对照，又设置了空白对照，通过比较、对照，更能充分说明实验变量——甲状腺激素能促进蝌蚪的生长发育。

④相互对照

相互对照是指不另设对照组，而是实验条件之间互为比照，在一次实验过程中得出多个实验结论。例如探究"种子萌发的环境条件"实验，实验共设计4组：第1组将10粒种子放在瓶中，置于室温下；第2组将10粒种子放在瓶中，撒一点水，不没过种子，置于室温下；第3组将10粒种子放在瓶中，撒一点水，不没过种子，置于冰箱内；第4组将10粒种子放在瓶中，加大量的水没过种子。4个组的设置就可以互为对照，得出种子萌发的环境条件：适宜的温度、一定的水分、充足组的空气这一结论。4个实验组所采用的相互对照，较好地平衡和抵消了无关变量的影响，使实验结果具有说服力。

对照实验设置的正确与否，关键在于如何尽量保证"其他条件的完全相等"。具体来说有如下 4 个方面：①所用生物材料要相同，即所用生物材料的数量、质量、长度、体积、来源和生理状况等方面特点要尽量相同或至少大致相同。②所用实验器具要相同，即试管、烧杯、水槽、广口瓶等器具的大小型号要完全一样。③所用实验试剂要相同，即试剂的成分、浓度、体积要相同，尤其要注意体积上等量的问题。④所用处理方法要相同，如保温或冷却、光照或黑暗、搅拌或振荡都要一致，有时尽管某种处理对对照实验来说看起来似乎是毫无意义的，但最好还是做同样的处理。⑤除实验变量要做不同的设置外，其余的实验条件尽可能遵循生物原有的生活条件和环境，尽可能减少非必要影响因素对实验结果的影响。

（2）随机性原则

实验设计中的随机性原则，是指被研究的样本是从总体中任意抽取的，其核心是"机会均等"。这样做的意义在于：一是可以消除或减少系统误差，使显著性测验有意义；二是平衡各种条件，避免实验结果中的偏差。

①随机抽样

随机抽样概念及特点如下：设一个总体含有 N 个个体，如果通过逐个抽取的方法从中抽取一个样本，且每次抽取时各个个体被抽到的概率相等，则这样的抽样方法叫作简单随机抽样。这种抽样方法消除了主观因素对实验结果的干扰，更加科学。

②随机分组

随机分组是指通过随机的方式，将研究对象分配到实验组与对照组中去的方法。随机分组在实验实施的源头上减弱了无关变量对实验结果的影响，使得实验结果更为真实可信，具有说服力。

③随机顺序

有些实验对实验进行的先后顺序有要求，有些则没有，在无特殊实验要求的情况下，又必须按照一定的先后次序来进行实验的情况，可采用随机顺序。与前两种方法相同，随机就是为了减少主观能动因素对实验结果的干扰。

（3）平行重复原则

平行重复原则，即控制某种因素的变化幅度，在同样条件下重复实验，观察其对实验结果影响的程度。任何实验都必须能够重复，这是具有科学性的标志。

遵循平行重复原则，目的是排除偶然性，使实验结论更科学、可靠。独立重复是科学界承认实验成果的必要条件。

（4）单因子变量原则

单因子变量原则，又称单一变量原则，是处理实验中的复杂变量关系的准则之一。它有两层意思：一是确保"单一变量"的实验观测，即不论一个实验有几个实验变量，都应做到一个实验变量对应观测一个反应变量；二是确保"单一变量"的操作规范，即实验实施中要尽可能避免无关变量及额外变量的干扰。按照性质不同，通常有以下两种类型4种变量：

①实验变量与反应变量

实验变量，亦称自变量，指实验中由实验者所操纵、给定的因素或条件。反应变量，亦称因变量或应变量，指实验中由于实验变量而引起的变化和结果。通常，实验变量是原因，反应变量是结果，二者具有因果关系。实验的目的在于获得并解释这种前因后果。

②无关变量与额外变量

无关变量，亦称控制变量，指实验中除实验变量以外的影响实验变化和结果的因素或条件。额外变量，亦称干扰变量，指实验中由于无关变量所引起的变化和结果。显然，额外变量会对反应变量起干扰作用。

（5）平衡控制原则

控制，是处理实验中变量关系的又一准则，指实验中要严格地控制实验变量，以获取反应变量；与此同时，还要严格地均衡无关变量，以消除额外变量。一句话，通过实验控制，尽量消除实验误差，以取得较为精确的实验结果。

如果说"单一变量"原则主要是对实验变量与反应变量的控制而言，而这里的"平衡控制"原则，则主要是对无关变量与额外变量的控制而言的。意思是说，实验中的无关变量的因素条件很难避免，只有设法平衡和抵消它们的影响。

常用的平衡控制方法有：

①单组实验法

单组实验法是指对一组（或一个）对象，既用A法，又用B法，顺序随机或轮流循环，这是生物实验常用的实验方法。例如"观察植物细胞的质壁分离与复原"实验，通常是将做好的洋葱紫色鳞片叶表皮细胞装片，先用蔗糖溶液做质壁分离观察；接着又用清水做质壁分离复原观察，这就是单组实验法。由于对象同一，无关变量影响也就被平衡和抵消了。

②等组实验法

等组实验法是指将状况相等的对象分成两组或多组，一组用A法，另一组用B法，这也是生物实验常用的实验方法。例如"植物激素与向性"实验，设计了5组实验，其对象——玉米幼苗，要求品种、萌发期、粗细、大小、长势等状况都是相同的，这就是等组实验法，对无关变量的影响起到了平衡和消除作用。

③轮组实验法

轮组实验法是指对两组或两组以上的对象，轮番循环两个或两个以上的实验处理，如甲组——A法、B法；乙组——B法、A法等。这样能有效地平衡和抵消无关变量的影响，但操作起来要麻烦一些。

3. 实验设计的基本内容

实验的具体设计是一项系统工程，在上述实验设计原则的指导下，一份完整的实验设计应包括以下基本内容：

实验名称：这是关于一个什么内容的实验。

实验目的：要探究或者验证的某一事实。

实验原理：进行实验依据的科学道理。

实验对象：进行实验的主要对象。

实验条件：完成该实验必需的仪器、设备、药品条件。

实验方法与步骤：实验采用的方法及必需操作程序。

实验测量与记录：对实验过程及结果应有科学的测量手段与准确的记录。

实验结果预测及分析：能够预测可能出现的实验结果并分析导致的原因。

实验结论：对实验结果进行准确的描述并给出一个科学的结论。

4. 实验设计应注意的问题

实验设计过程中还应注意的问题包括：①在掌握实验目的、实验原理、背景相关知识的基础上确定实验方法，要符合客观规律。实验的原理、方法、装置等必须科学，只有在科学思维引导下得出的实验结论，才有意义。②严格遵循实验设计的基本原则，准确设置对照或变量，思考周密、计划翔实后再实施方案。③对实验现象进行准确的观察、测量和记录，学生往往注重实验过程中步骤的设计，容易忽略设计中要以科学的方法来观察、测量和记录实验现象，如果获得数据的方法不科学，则实验没有成功，所以要重视这一环节。④准确地预测实验结果，实验设计的最后往往还需要预测实验结果，在结果预测上要全面、准确。

（三）做好实验课前的准备

实验课要顺利进行，除了制定好学习目标，做好学习设计之外，还需要做其他准备，大体包括以下三项：

1. 实验室准备

在实验进行前，教师要联系学校实验室，确定实验时间和场地；了解参加实验的学生数目，按照实验室现有情况对学生进行分组；准备好实验材料；准备实验要用到的仪器、设备、药剂以及其他辅助教学手段，必要时可以自制教具。

2. 教师准备

首先，教师在进行实验之前，应对实验的原理和流程非常熟悉，以此为前提，选择适合的教学方法，进行学生学习过程的设计；其次，要对学习过程的主体——学生有一定的了解，要知道学生对本节实验课的知识储备量，对实验动作技能的熟练程度，如果不够熟练，还要在先期对学生应掌握的相关实验技能进行培训，还要考虑到学生对实验的心理准备程度等，确定相应的教学策略；在条件允许的范围内进行预实验，力求自己的实验操作示范准确无误、连贯、熟练，预设学生实验过程中可能遇到的困难，提前思考，采用恰当的教学方法进行突破。最后，教师要在实验设计和教学设计的基础上，形成切实可行的教学方案。

3. 学生预习

实验课开始之前，教师可以根据不同的课程难度设置预习学案，帮助学生对实验内容尽快熟悉。如果是以培养学生科学探究精神为目的的实验类型，可以在预习时提前让学生熟知探究的六大步骤；如果是以培养学生动手实际操作为目的的实验类型，预习时就应侧重对已掌握的实验技能的回顾和迁移；如果是以培育学生生命观念为目的的实验类型，就要让学生预习实验的原理和相关的概念。实验教学前，教师可采用设计预习学案、口头提问、让学生录制实验动手技能视频等方式，掌握学生的预习情况，做好充分的准备。

三、实验教学的主要环节

1. 组织教学

组织教学是实验课的首要和重要环节，并且也贯穿实验课的始终。组织教学的目的是保证学生实验的顺利进行而不仅仅是维持课堂纪律。组织教学体现在实验小组的划分，小组成员的合理分工与互相配合，教师注意巡视，保障实验材料，指导学生实验，提示学生观察记录，引导学生分析讨论等。

2. 指导性谈话

讲清楚实验目的、内容和要求，明确实验的方法和步骤，提出注意的事项及关键性问题。

谈话要注意突出重点，讲清关键，语言简练、明了，表达清楚、规范、对现象表述明确，解决主要矛盾。在讲解实验原理和示范操作时，注意运用电影、电视、幻灯等直观手段或设计一个好的辅助教具，以提高演示效果。指导性谈话一般掌握在10分钟左右，不宜时间过长，影响实验操作。

3. 学生实验操作

学生实验操作时间必须充分保证。学生动手的时间一般不应少于30分钟。注意学生操作的安全性，确保学生的活动符合实验室的规范。

教师要指导各小组学生顺利开展实验工作，及时发现有困难的小组，并给予启发或点拨。教师要督促各小组将注意力放在实验内容上，不要做与实验无关的事。

4. 对实验结果和过程进行评价

检查应依据教学目标来进行，看学生是否掌握了目标规定的操作技能或完成了探究任务。

5. 实验小结及结束清理

根据教学目标再次强调本次实验应掌握的技能或知识方面的要点。教师可对学生态度、表现、纪律等方面进行小结，表扬表现突出的同学，指出应注意的问题。小结的时间一般不超过 5 分钟。最后做好实验台清理、器皿清洗、仪器归位，以及垃圾分类处理等工作。

第二节　生物学跨学科实践教学

■ 现场直击

小陈老师参加工作不久，刚刚成为一名初中学段的生物学教师，在大学阶段学习了包含学科教学论等多门教师教育课程，上班之后对教学抱有极大热情的她非常想将自己的所思所学进行实践。一次，学校举行了以"端午"为主题的综合实践活动，她看到学生们有的研究与端午节相关的神话故事传说，有的研究市场上粽子的价格变化趋势，有的根据网上菜谱做各种馅料的粽子，学生们都忙得热火朝天。小陈老师兴致勃勃，心想也可以尝试将实践活动应用在自己的学科教学中，于是她设计了一套以"蝴蝶"为主题的课程，将学生划分成不同的小组，有的探究蝴蝶的发育过程，有的了解蝴蝶的生活习性，有的研究蝴蝶的种类，有的找寻文学作品中关于蝴蝶意象的描述，有的尝试创作以蝴蝶为主题的画作。学生们领到了不同的学习任务，觉得非常新奇，很快也同样投入了极大的热情进行相关主题的学习。在一次汇报活动课上，同学们的表现都非常积极。小陈老师也觉得非常满足，认为自己完成了一次以"蝴蝶"为主题的跨学科实践教学活动。

请问小陈老师的这次主题课是否属于跨学科实践的教育活动？生物学跨学科实践活动是什么？应该怎样设计？为什么在当前课程改革的背景下提倡跨学科实践？相信阅读完本节的内容，你会有所收获。

一、生物学跨学科实践教学提出的背景、内涵及意义

（一）生物学跨学科实践教学提出的背景

随着教学改革的日益推动，过去工业化车间式的教育教学方式已经不能胜任现代人才的培养需求。我国基础教育的教学目标从最开始的"双基"到"三维目标"，再到现在提出的"核心素养"，越来越关注人的发展。在《普通高中生物学课程标准（2017 年版、2020 年修订)》中提到，要以发展学生生物学学科核心素养为宗旨来构建课程内容。在核心素养中科学探究部分中提到，学生要掌握科学探究的基本思路和方法，提高实践能力，在探究中乐于并善于进行团队合作和勇于创新。在社会责任部分中倡导学生要关注社会议题，尝试解决现实生活当中的问题，参与环境保护的实践。

《义务教育阶段生物学课程标准（2022 版)》中课程理念部分强调探究实践，即综合运用生物学和其他学科的知识和方法，通过一定的工程技术手段解决真实情境中的问题，或真有完成实践项目的能力与品格。其中特别提到，跨学科实践是拓展视野、增强本领的重要途径，探究实践是创新型人才的重要标志。在课程目标中，也特别突出了跨学科实践能力，解释为具有基本的实验操作技能，初步的技术与工程实践能力，能够综合运用生物学和其他学科的知识和方法，解决真实情境中较为复杂的问题，或完成实践项目。在课程内容中专门设计了跨学科实践这一主题，并提出该主题应占到总课时数的 10%。

（二）生物学跨学科实践教学的内涵

1.跨学科概念的提出

"跨学科"是基于"学科"提出的。"学科"这一概念按照学术性质可划分为哲学、经济学、法学、教育学、文学、历史学、理学、工学、农学、医学、军事学、管理学、艺术学、交叉学科等共计 14 个门类，113 个一级学科。按照教学可划分为语文、数学、外语、思想政治、历史、地理、物理、化学、生物、技术、艺术、体育与健康、综合实践活动、劳动等 14 个科目。军事和体育训练中的科目也被称为学科。

跨学科（interdisciplinary）一词最早诞生于 20 世纪 20 年代美国社会科学研究理事会会议的速记文字中，而最早公开使用"跨学科"一词的是哥伦比亚

大学著名心理学家 R. S. 伍德沃斯。1972 年，经济合作与发展组织发行了首份关于跨学科类型学的出版物，提到了"interdisciplinary"（跨学科）的概念。2010 年，莫兰在《跨学科性》一书中认为，跨学科是从主题或交叉概念的角度对各学科进行整合，学科边界得以软化，学科之间实现融合。国内著名跨学科研究专家刘仲林指出，凡是超越一个已知学科的边界而进行的涉及两个或两个以上学科的实践活动均可称为"跨学科"。他深化了"跨学科"的三层含义：第一，打破学科壁垒，进行涉及两个或两个以上学科的研究或教育活动，通称"跨学科"；第二，指包括众多交叉学科在内的学科群，从这个意义上说，跨学科不是一门学科，而是所有具有跨学科特点的学科的总称；第三，指一门以研究跨学科规律与方法为基本内容的高层次学科，通称"跨学科学"。

可见，"跨学科"是一个系统性的单元整体，既有多个学科活动，又包含学科间的内在联系，是一个有规律和方法的学科体系，是打破学科壁垒、超越单一学科边界、涉及两个或两个以上学科的课程方法和教育实践活动有机融合的过程和结果，包括跨学科课程、跨学科教学、跨学科学习和跨学科实践。

2. 生物学跨学科实践

"实践"强调的是"做"和"学"的不可分割性，通常依靠项目式学习来进行，项目式学习是一种以真实世界的问题为驱动，学生通过组建学习小组，以项目主题为中心，借助多元化的学习资料开展探究性学习，并将最终学习结果通过项目作品进行展示的学习方式。郭华认为这是学生综合运用多学科学习成就进行自主学习的一种综合性、活动性的教育实践形态。

跨学科实践是把原本分散和独立的学科知识、技能以解决真实问题为最终落脚点，通过形式多样的实践活动进行整合、运用和迁移。跨学科实践要在解决问题中自然产生，要同时基于包括生物学在内的两个以上的学科课程标准，涉及两个以上的学科知识综合与迁移运用。《义务教育阶段生物学课程标准》（2022 版）提出跨学科实践学习主题要让学生能够理解科学、技术、工程学、数学等学科之间的相互关系，并尝试运用多个学科的知识和方法，通过设计和制作，解决现实问题或生产特定的生物学产品，发展综合素养。

综上，生物学跨学科实践就是要培养学生像真正的科学家那样，遇到真实的问题，并在多种问题情境中经历持续的实践。要落实生物学跨学科实践的最佳途径是进行项目学习，STEM 是科学教育领域的项目式学习的主要形式。

3. 生物学跨学科实践教学的特点

（1）有明确的目的。生物学跨学科实践教学活动一定是为了解决那些无法用单一的学科观点来理解的现象或问题而出现的。很多现实问题往往比较复杂，单一学科无法进行解释，需要运用两个或更多的学科方法，以新工具和新观点才能够探析其奥秘和魅力。构建跨学科实践活动时要聚焦目的，组织和建构教学活动，跨学科本身只是加深学生对周围世界的理解，解决一个问题，创造一件作品，建构一种解释，满足一种需要，是帮助学生理解，增强理解能力的一种手段。不要为了跨学科而跨学科。

（2）各学科的要素是有机整合的。在有效的生物学跨学科实践教中，各学科不是简单地围绕着一个主题排列，更不是随意杂乱地被堆在一起。不同学科之间是通过问题概念、成果联系在一起的，使学生能够对止在学习的主题产生新的更深入的、更有说服力或更细致的理解。新概念、知识网络、成果和评价，都指向包括生物学在内的所跨各个学科的核心概念和知识网络。

（3）依据课程标准。生物学是一门基础学科，国家在初中学段和高中学段都给出了明确的课程标准，生物学跨学科实践活动的开展并不独立于其他学习主题而单独存在，是贯穿学科学习活动始终的。生物学跨学科实践鼓励推动新认知、新产品的出现，鼓励学生在表达和交流中沉淀自己的创新性思维。

（三）生物学跨学科实践教学的意义

生物学跨学科实践教学充分体现了学科特点，发挥了学科的育人功能，在学生核心素养的促进与提升和转变教师教学方式和学生学习方式上，有着促进作用，最终获得的产品或者成果是师生、生生对问题情境的共同探索，是教师们从做教学转向做教育的一个突破口，有着重要的现实意义。

1. 促进学生核心素养的提升

生物学是自然科学中的一门基础学科，它不仅是一个结论丰富的知识体系，也包括一些特有的思维方式和探究过程。生物学课程要求学生主动地参与学习，在亲历提出问题、获取信息、寻找证据、检验假设、发现规律等过程中，发展自身的价值观、必备品格与关键能力，即核心素养。实践活动能够帮助学生体验和经历知识的发生过程，完整地构建生物学概念。跨学科的方式能综合提升学生的科学探究能力，从这个意义上来说，跨学科实践教学是非常有必要的。

2. 转变教学方式

生物学课程倡导探究实践，这为生物学课堂教学带来了新的内涵和活力，教师们在理念上普遍认同，但在教学过程中很少主动尝试，学生的学习方式深刻地受着教学方式的影响，大多还是被动接受式的机械学习。跨学科实践教学从教学理念上转变教师思想，从实践行动上给教师教学活动的设计提供空间和想象力，让教师从实践的层面上为学生创造机会，辅助学生学习，为学生学习方式的转变奠定基础。

3. 转变学习方式

过去传统的学习方式大多是教师讲授、学生听讲，很少有机会像科学家一样去探索和实践，生物学知识体系庞大，可背后的探究方法和科学思维更为重要，如果只是强调知识的接收而忽略背后的这些隐形素养，是不利于学生综合素养发展的。生物学跨学科实践活动是落实探究实践的有力抓手，学生在探究实践的过程中亲历科学发现的过程，像科学家一样工作和思考问题、解决问题，有助于提升学生学习兴趣，全面提高学生综合素养。

二、生物学跨学科实践活动的选题

跨学科实践活动旨在通过学习，使学生能够理解科学、技术、工程学、数学等学科之间的相互关系，并尝试运用多个学科的知识和方法，通过设计和制作，解决现实问题或生产特定的生物学产品，提高综合素养。这就说明，并不是所有的内容都适合作为跨学科实践活动的主题，主题的选择要基于真实情境，参照课程标准，要选择那些能够指向学生综合素养的发展，符合学生身体特点的学习实践活动主题。

1. 基于真实情境

《义务教育阶段生物学课程标准（2022版）》中无论在课程理念、课程目标还是课程内容方面，都反复强调体验真实情境的生物学问题，解决真实情境中的复杂问题，由此可见，真实情境是跨学科实践活动的重要土壤。基于真实情境所提出的问题和所引发的思考，是学生学习与生活的真正需求，看到自己的思考结果与生产的产品与现实生活发生真实连接，对学生而言非常震撼，将会使学生获得极大的鼓舞。这里要注意现实世界中的真实问题往往非常复杂，学生探究起来难度太大，所以教师应注意将真实情境中的要素汲取出来，使之在常态课堂中得以实施，追求在探究实践过程中的思维是真实的，所获得的必备知识和关键能力是真实的，在现实生活中是可以实现迁移和应用的，这就达成了跨学科实践活动要求的真实性。

2.参考课程标准

《义务教育阶段生物学课程标准》（2022版）中明确了模型制作、植物栽培和动物饲养、发酵食品制作三类跨学科实践活动，具体如表6-1所示：

表6-1　模型制作、植物栽培和动物饲养、发酵食品制作三类跨学科实践活动表

模型制作类	制作可调节眼球成像模型，提出保护眼健康的方法
	制作实验装置，模拟吸烟有害健康
	设计并制作能较长实践维持平衡的生态瓶
植物栽培和动物饲养类	探究栽培一种植物所需的物理和化学环境条件
	探究植物无土栽培条件的控制
	探究影响扦插植物成活的生物和非生物因素
	饲养家蚕，收集我国养蚕的历史资料
	制作水族箱，饲养热带鱼
发酵食品制作类	收集当地面包酵母菌品种，比较发酵效果
	设计简单装置制作酸奶
	制作泡菜，探究影响泡菜亚硝酸盐浓度的因素

初中学段的生物学跨学科实践活动可以参照上述表格提供的参考内容进行选题。除此之外，义务教育阶段课程标准中提出的学业质量的相关描述，也可以作为跨学科实践活动选题的参考。生物学学业质量标准是依据生物学

核心素养中的生命观念、科学思维、探究实践和态度责任及其具体表现，结合生物学重要概念、方法等对学生学习本课程后所表现出的核心素养的描述。其中在与生物技术有关的问题情境中指出：运用生物学、物理、化学、地理、数学、技术与工程等多学科的知识和思想方法进行分析，尝试提出生物技术产品的设计或改进方案。教师据此为指导，结合实际情况灵活自主选题。

高中学段课程标准并未给出明确的跨学科实践探究项目，在课程内容的必修与选择性必修模块中，在学业要求栏目里给出了学生学习完成本模块后应能够达成的要求，其中与跨学科实践相关的活动，以模块为单位可作统计如表6-2所示：

表6-2　高中生物与跨学科实践相关活动表

必修模块1　分子与细胞	建构并使用细胞模型，阐明细胞各部分结构通过分工与合作形成相互协调的有机整体，实现细胞水平的各项生命活动
	观察处于细胞周期不同阶段的细胞，结合有丝分裂模型描述细胞增殖的主要特征，并举例说明细胞的分化、衰老、死亡等生命现象
必修模块2　遗传与进化	结合DNA双螺旋结构模型阐明DNA分子作为遗传物质所具有的特征，以及通过复制、转录、翻译等过程传递和表达遗传信息
	运用细胞减数分裂模型阐明遗传信息在有性生殖中的传递规律
	运用统计与概率的相关知识，解释并预测种群内某一遗传性状的分布及变化
选择性必修模块1　稳态与调节	运用图示和模型等方法表征并阐释内环境为机体细胞提供适宜的生存环境并与外界环境及进行物质交换
	基于植物激素在生产生活中应用的相关资料，结合植物激素和其他因素对植物生命活动的调节，分析并尝试提出生产实践方案
选择性必修模块2　生物与环境	运用数学模型表征种群数量变化的规律，分析和解释影响这一变化规律的因素，并应用于相关实践活动中
选择性必修模块3　生物技术与工程	针对人类生产或生活的某一需求，在发酵工程、细胞工程和基因工程中选取恰当的技术和方法，尝试提出初步的工程学构想，进行简单的设计和制作

教师在进行跨学科实践活动选题时还可参照课程标准中的学业质量部分进行，学业质量是学生在完成本学科课程学习后的学业成就表现的总体刻画，是教学活动完成后学生应有的样态。教师以学业质量水平为导向来考虑高中学段的跨学科实践活动的选题也是一个非常可靠的方式。学业质量标准明确将学业质量划分为不同水平，进行了详细的质量描述，与跨学科实践活动相结合较为紧密的，是水平4中关于科学探究部分4-3的描述：能够针对日常生活和生产中的真实情境，提出清晰的、有价值的、可探究的生命科学问题或生物工程需求，查阅相关资料，设计并实施恰当可行的方案，运用多种方法如实记录，创造性地运用数学方法分析实验结果，并客观分析与评价生物技术产品在生产和生活中的应用所产生的效益和风险；能论证人类的活动对环境产生的影响，阐释生物多样性对生态系统的维持、人类生存和发展的重要意义；在生物学的探究过程中起组织和引领作用，运用科学术语精确阐明实验结果，善于沟通，开展有效的合作。

3. 指向学生综合素养的发展

生物学跨学科实践项目的选题应综合考虑内容本身的综合度和学生素养发展综合度。在内容上，要选择与课程理念和课程目标高度契合的项目，即那些生命观念蕴含丰富，有助于培养一定科学思维习惯、能力和严谨求实的科学态度的项目，这些对学生学习生物学课程及核心素养发展都是必不可少的。内容上的精心选择为提高学生综合素养打下了良好的基础。

4. 符合学生发展真实状况

生物学跨学科实践项目在选题阶段要充分考虑所教学段学生的身心发展特点，需要考虑学生在学习相应内容时的经验基础。这些经验包括学生在真实生活中已有的观察体验、知识储备、学生的兴趣爱好等。充分考虑上述内容，能为跨学科实践活动的选题提供切入的视角，也提供了必要的学习支架。

5. 参照时下热点话题

实践活动的选题既然要与真实生活发生链接，那么时下的热点话题也应作为实践活动选题的主要依据，这样更有助于学生将所学知识与真实世界联系起来，加深了学生对学习意义的认识、激发兴趣。

■ 案例剖析

在进行实践主题的选择上，要选择那些综合素养指向明显、有一定现实意义的内容作为实践主题。例如清华大学附属中学的师生们选择豆芽的萌发作为实践活动的内容。在实际生活中，种子萌发和出芽是生产实际的重要环节，虽然只要满足种子萌发的基本条件，种子都会萌发，但是那是在实验室条件下，首先能够提供比较理想的实验条件和状态，其次实验室条件下的成功与实际生产生活的需要之间还存在一定的距离。教师通过查阅文献资料和实地探访研究，确定以绿豆催芽的研究为切入点，引导学生进行自主探究。学生按照温度、光照、溶液 pH 以及营养液浓度四个可能影响绿豆萌芽的重点因素进行分组探究，通过查阅文献资料确定变量范围；依据实验设计原则设计对照试验及实验装置；依照实验方案进行实时数据收集；通过仔细求证，得出绿豆催芽的条件变量模型，汇集成果。学生在此基础上进行工程实践，设计出催生豆芽的装置。

这一内容的选择既符合现实情境的需要，又符合课程标准中的重要内容，综合成果的产生也结合了科学、技术、工程学、数学等学科的核心素养，指向了学生综合素养的培育。

三、生物学跨学科实践的设计与实施

根据课标指导，跨学科实践是学科教学设计中的组成部分，服务于总体教学设计的统领，跨学科实践活动的完成情况对学生发展必备品格和关联能力有至关重要的作用。但要明确，生物学跨学科实践教学活动并不独立于学科教学内容之外，而是学科教学互动的拓展和延伸，重点还是在于服务生物学科在培育学生核心素养的特有方面，因此，在做跨学科实践活动的教学设计时，要注意这一点。

（一）生物学跨学科实践的设计

1. 确定跨学科实践内容

跨学科实践内容是跨学科实践教学设计的核心内容，用于帮助学生链接学习内容与真实情境。在内容选择上，优先考虑课程标准中提供的参考选项；其次考虑学科与真实世界的关系，与同备课组的老师依照各自的生活经验，共同思考生物学科与现实世界的交集，从中挖掘和提炼出指向学生核心素养生成的、具有跨学科潜力的综合生物学问题，确定为跨学科实践内容；内容还可来源于学生在日常生活中的真实体验，由于真实情境往往比较复杂，存在很多问题，如果面面俱到地解决，往往会陷入其中，因此要仔细分辨并进行提炼，选择一些可以生成阶段性成果的跨学科实践项目有助于明确实践的目的，提高学生学习活动的积极性。这个过程可以由学生和老师共同完成，从真实情境中确定出有跨学科实践价值的问题也是核心素养培育的途径之一。

2. 明确核心问题，设计实践目标

将跨学科实践中的核心问题提炼之后，教师要依据课程标准，在课程理念的指导下，结合实践内容中牵涉到的学习主题中的大概念，参照所跨学科需要的必备品格和关键能力，设计出跨学科实践活动的目标。跨学科实践活动的目标要能够清晰地解决跨学科实践活动的核心问题，要使学生在解决问题的过程中，所跨学科方面的核心素养有综合提升，这也是接下来跨学科实践活动评价设计的主要依据。

3. 拆解核心问题为子问题，与核心目标下的分目标一一对应

由于核心问题具有较高的概括性和统摄性，且跨学科实践活动的核心问题还需要多学科的概念和知识进行整合才能够回答，想要一蹴而就地回答并不现实。在实际跨学科实践活动过程中，需要将核心问题进行拆解，使之具象化，变成在实践活动中可以解决的具体的子问题，子问题的分解过程除了参照核心问题之外，核心目标也具有一定的指导意义，即子问题的设计要在核心目标的指导下进行，这样就将核心问题消解为子问题，在子问题解决的过程中又一一落实了核心目标。依据子问题的设计，学生跨学科实践学习活动的基本框架也就搭建了起来。

4. 设计跨学科实践活动方案

跨学科实践活动并不是一个活动，而是一系列活动的集成与综合，活动的设计就是让学习框架的内容变得充实和丰满。生物学跨学科实践活动的设计非常考验教师对本学科课程理念认同度，也考查了教师对所跨学科大概念、核心知识与能力、学习素养的理解程度，看学生能否在活动方案实施后体现出对人类、世界所面临的真实问题的关怀和责任。在此提出了跨学科实践的几点设计原则：

（1）贴合所跨学科学习目标。生物学跨学科实践活动的特点是以生物学科为基准点，辐射其他所跨学科，体现在活动设计上，要注意综合所跨学科对学习主题与本学科核心知识之间的关联。不降低单一学科对核心问题价值的思考，建立起跨学科的思维和心态，据此来指导学习活动的设计。这样设计出来的学习实践活动一定是贴合跨学科综合实践学习目标的。

（2）遵循一定逻辑顺序。跨学科实践活动是由多个学习活动构成的，不同的学习活动都是指向综合实践目标分解下的子目标的。在进行活动内容的设计时，应根据一定的内在逻辑安排学习活动的顺序。这种内在逻辑有多种形式，例如"理解→应用""事实→观点→应用中验证观点""微观→中观→宏观"等。具体采用哪种逻辑关系，要根据实践内容和实践目标来确定。

（3）实践活动具体、可操作。根据课程标准的要求，学习主题中的跨学科实践活动的时长约为总学习主题的10%，这里的10%主要为课上时间，所设计的学习实践活动主要还是在校园条件下完成的，在活动设计的时候要综合考虑学校各个实验室、功能室的场地条件以及能够提供的资源支持，让实践活动变得可操作。

（4）实践活动具有一定趣味性。在设计活动时要考虑所设计活动的趣味性，学生是活动实施过程中的主体，所设计的活动首先要符合学生身心发展的一般规律，要让学生在实践中持续保持探究的兴趣，这是活动设计成败的重要因素。趣味性一方面注重学生的实际体验度和参与度，一方面也可以通过持续的产品输出和必要时的学习内容作为支架来帮助维持，教师在活动设计时要注意这一点。

5. 设计跨学科实践活动成果

生物学跨学科实践活动最后要落脚到实践活动的成果上，作为科学属性较强的生物学科，其所跨学科包括技术、工程、数学等学科，最容易想到的就是制作类的实践成果。在设计跨学科活动方案时要对所产生的实践成果有大体的设想，例如"果酒的制作"，果酒作为产品，就是明确的实践活动成果。但如果仅仅聚焦在结果的产生就忽视了实践活动的目标是学生综合素养提高的重要意义，因此要将解释说明类的成果放在并重的位置，即除了要做出成品作为活动成果外，如何做出成品的活动过程也是成果的一种。教师在进行实践活动设计时，要注意将两种成果放在并重的位置上。

6. 生物学跨学科实践活动的评价设计

生物学跨学科实践活动的评价要指向学习目标，这样才形成了目标—实践—成果—评价的一致性。评价的设计往往不需要面面俱到。所跨学科的核心知识、关键能力是评价设计的重要方向。跨学科实践活动的评价设计往往要前置，即先设计出目标，根据目标考虑对实践活动的评价，再在评价的基础上进行实践活动的设计。量规作为跨学科实践活动评价的主要工具，在设计时要注意发挥它应有的价值。一个好的量规除了是一个评分的依据和程序外，还是一份学生实践学习活动的指南，量规给出了各个指标达成度的标准，便于学生在实践活动的过程就完成对自己学习活动的评价，引发自我反思，引导学生更深层次地探索、创造与合作。评价要包括对成果的评价以及对探究过程的评价，还要包括对成果解释说明的评价，这样的评价体系才能够较为立体、综合地反映学生的素养达成情况。

（二）生物学跨学科实践的实施

1. 跨学科集体备课

跨学科实践活动的集体备课不同于以往学科内部的集体备课，需要从所跨学科的不同视角来看待实践内容。多个学科的教师在一起集体备课，才能够将这些不同视角下的内容表述得清晰和完整。集体备课的关键是让不同学科的教师在一起产生"头脑风暴"，大家对实践内容轮流提想法，其中一名教师做好记录，大家对集体备课中提出的想法不作评价，待想法提完后，再统一依据核心素养进行判断和评估。集体备课的另一个重要作用是综合各学科资源服务于实践内容，为实践活动的顺利实施提供前提和保证。

2. 确定活动设计方案

跨学科团队根据之前确定的大体活动框架与提供的资源细化实践活动内容，进一步明确实施的步骤和路径；汇总不同学科领域的相关资源列表，对方案提供资源支持，进行综合考量；生物学跨学科实践活动要注意采取课上实践活动与课下实践活动相结合的方式，在方案中明确课上能做的内容和课下需补充完成的内容。

3. 实践活动的实施与改进

生物学跨学科实践活动的实施需要进行探究，与常态课不同，综合了多个学科的核心知识与关键能力的跨学科实践活动课，在实施阶段一定会有很多想象之外的问题出现，尤其是在进行跨学科实践的初期，很多教师经验不足，对实施过程中的重难点如何突破的预设与实际情况也许存在偏差，所以实施本身也需要小心探究。跨学科实践活动团队可以共同设计，独立实施，其他成员共同观察实施的结果，为下一步调整做好准备，也可以共同实施，在实施之后综合进行复盘，共同改进，形成相对成熟的跨学科实践活动样本案例。

4. 做好实施过程中的安全工作

生物学跨学科实践常常要综合多个科学类学科，尤其是实验部分，很多实验细节需要强化安全操作。室外实践活动同样也要注意安全。除了实践过程的安全之外，实践成果的应用安全也应在考虑的范围之内，例如"果酒的制作"中，重要成果的果酒其安全性就要考虑，其中甲醇含量的检测也应该考虑在内，这同样属于生物学实践活动的安全要素。

第三节 生物学课外教学活动

■ 现场直击

小张老师常常招架不住学生提出的各种问题，这些问题有的来源于学生的实际生活，有的问题是学生学习课堂内容后的想象。有的问题非常天马行空，有的问题比较有实践探究的价值。刚开始，小张老师像大多数老师一样，将问题的结论直接告诉学生，可思维活跃的学生们总会对问题的解答有数不清的"为什么"。小张老师知道，要回答其中的一些问题，最好的方式是带领学生进行实践探究活动，可很多问题的探究时长较长，需要将学习时间延伸到课外，有的问题探究需要转换空间，似乎博物馆才是进行探究的好地方。小张老师想组织学生们拓展生物学学习的时间和空间，实施课外教学，他该怎么做呢？学习完本章内容，也许你会有所收获。

一、生物学课外教学背景、定义、特点、意义

（一）生物学课外教学的背景

《普通高中生物学课程标准（2017 年版》2020 年修订）》（以下简称课程标准）指出："生物学是自然科学的基础学科，是研究生命现象和生命活动规律的科学。""它不仅是一个结论丰富的知识体系，也包括了人类认识自然现象和规律的一些特有的思维方式和探究过程。"这个探究过程的建立不仅发生在课堂，更多的延伸空间是发生在课外的。根据课程标准的立意，生物学课外教学是生物学教学的重要组成部分。

教育的初心是育人，是面向学生的自主发展，在《课程标准》中对生物学基本理念部分的论述中强调："着眼于学生适应未来社会发展和个人生活的需要，从生命观念、科学思维、科学探究和社会责任等方面发展学生的学科核心素养，充分体现本课程的学科特点和育人价值。"近年来的许多研究都表明，课外特定的生物学教学活动能够激发学生们的学习兴趣，对学生的生物学知识学习有着正向的引导作用，增强学生的探究精神和实践能力。由于其脱离教室固定环境，教师和学生们的原有的"固定思维"被打破，人们从原有的"思维定势"中跳脱出来，让教育更容易回归育人的初心和本质。

（二）生物学课外教学的定义

"教学"有广义和狭义之分，广义的教学是指一切时间、地点、场合下的传授经验的教学；狭义的教学是在学校中传授经验的教学，即学校教育。学校教育主要的形式是课内教育，随着"双减"政策的落地和实施，课外教育就成了教育新的、重要的实施领域。

课外教学是指在课堂教学之外，由学校组织指导或由校外教育机关组织指导的，用以补充课堂教学，实现教育方针要求的一种教育教学，是根据受

教育者的需要和自己的努力以及教育教学的需要，在教育者的直接或间接指导下，来实现教育目的的一种教学。

生物学课外教学是生物课堂教学的补充和延伸，它是指在生物课堂教学之外，利用课余时间，由学校组织、教师指导或学生自主进行的有关生物学方面的实践活动，如与生物有关的探究、考察、采集、种植。常发生在科技类博物馆、家庭、社区，以及校外综合实践基地等地。随着科技的进步，近年来一些以纸媒、电子媒体等为手段开展的生物学教学活动也被纳入课外教学的范畴中。开展方式多为场馆参观研学、课外阅读和实验，以及一些与生物学相关的社会实践活动。

（三）生物学课外教学的特征

1. 内容更加丰富和直观

学生日常生活中对生物学知识的接触并不少，因此课外的生物学教学内容是十分丰富的，很多是直接呈现现象，非常直观，而且有许多值得探究的内容。探究现象背后产生的原因是生物学课外教学的重要组成部分。但同样的，丰富的内容以及现象背后产生原因的复杂性，也是生物学课外教学中对师生挑战最大的部分。

2. 学习氛围更加开放

与课内教育相比，生物学课外教学发生在一系列社会互动中，在一个基于同伴或者陌生人建立起来的场景中，构成人员复杂，由教师、学生、家长和社会各行业的工作人员等，通过对话、交际、合作等进行社会交往是进行意义构建的重要途径。

3. 学习自主性更强

生物学课外教学要求学生主动参与、亲身实践，积极发现并解决问题，从而发挥学生的主动探索和创新精神。正如第斯多惠在《西方资产阶级教育论著选》中提出的："科学知识不应该是传授给学生的，而应该引导学生去主动地发现它们，独立地掌握它们。"

4. 实践意义更强

生命科学源自自然界，课堂以外的环境才是生命科学的真正起源地，在课外进行的生物学教学内容大多以实践为主，需要学生进行实地考察和研究才能完成学习项目。实践性是生物学课外教学的突出特征。

（四）生物学课外教学的意义

生物学课外教学，旨在通过丰富多彩的学习资源、自由开放的学习氛围、自主能动的学习方式，更全面地提升学生的生物学素养。而这些都是校内环境和课堂环境很难提供给学生的，因此生物学课外教学对培育学生的核心素养有重要的作用和意义。

1. 加深对生命现象的理解，培育生命观念

生命观念是指对观察到的生命现象及相互关系或特性进行解释后的抽象。与细碎的生物学知识不同，生命观念有助于学生理解较大范围的生物学实践和生命现象，使其在面对现实生活的实际问题和挑战时具有更好的解释力和决策能力。课外教学将探究场景的大部分时间和地点进行还原，让学生在课外生物学实践的过程中对生命现象有了更加深刻的理解，在实际观察到生命现象，对生命科学背后的规律进行探究时，更加能够明晰结构与功能、物质与能量、进化与适应、稳态与平衡的奥妙，积淀为长久的生命观念。

2. 在实践中激发和培养学生的科学思维

科学思维通常是指科学家在思考和解决问题时使用的、有标志特征的思维方法，是对科学内容的思考和渗透在科学领域的一套推理过程，包括归纳法、演绎法、实验设计、因果推理、概念形成、假设检验等。生物学课外教学有助于将发展学生的科学思维与发展学生的生物学概念结合起来。实践中形成的科学思维往往对实践结果起了关键性作用，更容易在学生心中留下深刻的印象。能激发好奇心、培养兴趣。在实践活动中做出的实际成果，又会引发学生的成就感，进一步调动学生学习的积极性。而科学思维的特点正是好奇心、开放的思想、逻辑思维、对证据的依赖，以及分享发现的勇气。这都离不开生物学课外实践教学活动的落实。

3. 提高学生进行科学探究实践的能力

科学家探索或寻求世界真理的不同方式可以概括地称为科学探究。科学探究是指科学家通过研究所得的证据来了解自然世界并作出解释的多种方法，也是科学知识发展的一系列实践活动。根据美国《国家科学教育标准》，科学探究包括观察，提出问题，查阅书籍或其他信息来确认已有信息。设计观察方案，根据实验证据修正已有信息，使用工具来收集、分析和解释数据，提出答案，解释和预测，与别人交流结果。这些科学探究的能力要在一次次的实践中进行巩固和发展，生物学课外教学为提升学生的科学探究实践能力提供了机会和试练场，学生可以像科学家一样完整进行探究的全过程，这样一来，学生对科学探究有了更加深入的理解，自身的实践能力和实践水平也会逐步提升。

4. 提升了学生的社会责任感

生物学中"社会责任"的特别要求在于学生要负责任地运用生物学学习成果、恰当地处理个人与社区（社会）的关系，这种态度、意识、行动指向和行动能力是基于生物学的观念与其贴切的价值观。"社会责任"也是学生参与个人与社会事务讨论、作出理性解释和判断、采取决策和行动的取向、尝试解决生产生活中生物学问题的担当与能力。如果将学习活动全部留在室内，那么生物学学习就离开了滋生它的环境和土壤，变成了书本上的一个个知识点。虽然大部分教科书都会强调生物学知识与社会之间的联系，但学生对其感受甚少，尤其是生物学作为自然学科，本身与社会学学科之间相比在与社会的联结上就较弱，如果脱离了课外教学，学生对这微弱的联系也难以产生认同感。因此，要落实和提升学生的社会责任，一个很好的方法就是让学生在课外实践和探究的活动中，真实看到所学知识与社会背景之间发生着怎样的联系，提升自己的尝试解释和解决现实生活中与生物学知识相关的问题和能力。

通过开展生物学课外教学培养学生深层次的实践能力，已经成为生物学课程拓展的重要方式。按照指导方式等可以将生物学课外教学活动分为科技类博物馆中的生物学课外教学活动和小课题类生物学课外教学活动。两种方式在选题的来源上可以参照《课程标准》的指导、学生当地的生活实际、时下发生的热点事件，以及当地的资源特色等内容。

二、科技类博物馆中的生物学课外教学

（一）科技类博物馆的教育功能愈加凸显

科技类博物馆与学校的生物学实验室中上课的氛围不同，科技类博物馆

以实物展出为主，"物"载负了人类活动或自然变迁的信息，科技类博物馆的教育功能也是依附于"物"展开的。在科技类博物馆中开展的生物学课外教学活动，主要也是围绕"物"来进行教育。

随着现代文化技术的冲击，博物馆在展"物"的基础上也更加注重自身教育功能的发展，尤其在当代，更加突出生物学与社会之间的互动关系，很多科技类博物馆提供促进公众动手实践或亲身参与的科学探究项目，引导参观者对生命活动中蕴含的科学内涵的体验，培养科学的思考方式。有的博物馆也设有专供参与者交流讨论的区域，有的更是在场馆内设置场馆科学教室。由此可见，现代科技类博物馆也在主动地引导师生积极参与生物学课外教学活动。

（二）科技类博物馆中的生物学课外教学活动与课内教学活动的结合

科技类博物馆中的生物学课外教学活动的内容与选题比较依赖场馆自身的展出主题，看起来是有一定局限性的，教师要在课外进行相关主题的教学，更多的是要对展出物进行精选，还要对学生知识经验积累的实际情况进行梳理和分析，围绕明确的主题或者具有代表性的展出物开展课外教学活动。课外教学活动与课内教学活动不可完全一致，要充分运用好博物馆中的场馆资源，与课堂内容实现关联、结合、互相促进和互为补充。在内容确定上要遵循以下原则：

1. 教学目标的结合

生物学课堂教学的目标与课外教学的目标内在是一致的。学校课堂教学目标是让学生通过学习生物学课程能够认识到生物学在坚持人与自然和谐共处、促进科技发展、社会进步和提高人类生活质量等方面的重要贡献；树立生命观念，形成科学思维的习惯，掌握科学探究的思路和方法，具有开展生物学实践活动的意愿和社会责任感。生物学课外教学目标一般围绕生物学知识、生物学探究精神等维度进行展开，这与生物学课上目标相匹配，也互为补充。

2. 资源的结合

生物学课堂教学多基于教材、实物教具、模拟教具展开，他们构成了学生学习生物学的内容载体，帮助学生分阶段、分层次地理解知识的发生过程或者探究过程，往往侧重说明一个点，在局部内容解释上更有优势。科技类博物馆中的展品大多高度凝练，比较完整地呈现了科学探究的成果，整体性上更具优势，另外场馆中开发的多个交互类科技探究项目，也能帮助学生通过体验获取直接经验，这与生物学课内教学资源形成了一定的互补。

3. 学习内容的结合

课堂上的生物学教育内容以凝练提取的大概念为轴心组织内容，抽象度、凝练度都较高。学生在这样的内容安排中逐渐形成系统的科学观念，提升科学素养。科技类博物馆中的教学内容是课堂生物学教学的深化、补充和拓展，场馆所呈现的生物学内容比课堂教学更加生动和形象，课堂学习中的抽象概念可以在课外学习中直观呈现，很好地补充了课堂教学。

（三）科技类博物馆中生物学课外教学活动的设计

在科技类博物馆中组织生物学课外教学活动在内容上面可选择的空间不大，对教师设计教学过程的能力要求更高。教师在生物学课外教学活动的设计上要充分考虑课程标准的要求，从科学知识、科学探究、科学态度等多个方面完成设计。一般活动的设计环节包括：创设情境、问题导入、科学探究、教师解释、总结与反馈等。教师可以根据不同的教学内容活动灵活调整环节的设计，可适当加入体验演示或内容讲解等环节。

1. 创设情境

情境的创设对生物学课外教学活动来说十分重要，如何吸引学生走进科技类博物馆，如何帮助学生快速在种类繁多、内容丰富的展品前迅速锁定研究目标，这些都需要一个好的情境的创设。情境的创设或从课堂教学内容的延伸来，或与学生日常生活的经验密切结合。在创设情境时还要考虑学生已有的知识经验积累和兴趣点，方便学生更加顺利地开展生物学课外教学活动。

2. 问题导入

问题导入在情境创设之后，是引发学生思考的重要抓手，一般在情境的创设上也是先确定要以什么样的问题来导入，围绕问题来创设情境。问题要来源于情境，又要与接下来的学习内容密切相关，可以说问题连接了情境与学习内容。在问题设计上，还要考虑活动所在的科技类博物馆的实际，问题要有一定的深度，有启发性。

3. 学生活动

在生物学课外教学活动中，学生活动是核心，是整个课外教学活动的主要环节，也是区别于课内教学的最主要部分。学生活动的核心是要让学生在观察、探究和实践中锻炼自己的科学探究能力。因此，学生活动的设计要遵循探究实践的一般规律，最常见的，要让学生在充分观察、充分了解背景知识的基础上对导入的问题提出有针对性的、可操作性的解决方案。学生能够按照方案进行逐项探究活动，在这之中注意探究的方式方法符合科学标准。

4. 探究总结

学生探究的整个活动需要教师来穿针引线，教师是整个生物学课外教学活动的设计者和引导者，掌握着活动的节奏和发展方向。教师在学生活动过程中更多地起到了解释和引导的作用，这样学生才能清楚了解一场高效的科学探究的样态。活动结束后，教师还要注意引导学生对自己的探究过程进行梳理和总结，将过程中所思所悟的经验固化和沉淀下来。

（四）科技类博物馆中生物学课外教学活动的实施提醒

在活动实施的过程中，要提前做好沟通和联系，除了要联系场馆之外，学生家长方面、接送车辆沟通方面、就餐休息等方面都需要提前做好联系，一次课外活动的实施是一场系统工程，教师在组织相关活动时要通盘考虑。

提醒学生文明参观场馆，不大声喧哗，不乱丢垃圾等废弃物，自觉爱护展品。可以在探究之初先组织学生对参观场馆有个大致的了解，方便学生能够快速、高效地进行探究实践活动。

活动实施过程教师要周密考虑，尤其是安全方面的相关问题，一定要和学生以及家长做好强调，必要时还要提前做好课外活动的应急预案，听从场馆给出的发生突发事件时的建议，做好安全工作。

（五）科技类博物馆中生物学课外教学活动的评价与总结

科技类博物馆中生物学课外教学活动完成后，教师可以带领学生在场馆现场展开评价。方式上也可以灵活一些，可以是学生对自我成长过程的反思，也可以是来自同组组员和老师的评价。教师也可以针对当天的活动设计一些有针对性的评价标准，帮助学生实现自评和互评、反思和总结。

三、小课题类生物学课外教学活动

学生探究能力的培养是生物学的课程目标之一。要完整地培养学生的探究能力和探究精神，就要努力帮学生实现科学探究实践的全过程。有的生物学课题研究过程漫长而复杂，这样的探究课题不可能在生物学课堂上全部完成。目前学生经历的大多是纸面上的方案设计和实施，很少有机会真的像科学家一样进行实践，因此要组织学生开展完整的探究活动，就离不开小课题类的生物学课外教学活动。

（一）小课题类生物学课外教学活动的选题

在做小课题类的生物学课外教学活动的选题时，要充分体现探究的过程，甚至是探究的失败、假设上的预计错误等方面都要让学生有一个完整的体验，因此，不要选择那些课堂教学中已经给出结论的生物学知识作为小课题，那样一来，探究实践就变成了验证实验，失去了其本来的意义。

选题前要开拓选题思路。为了鼓励学生参与的积极性，可以让学生联系身边的生活实际提出问题，让学生明确选题原则、了解选题范围、学会选题方法，在此基础上，学生提出的问题才能够真正起到引发学生兴趣，体现学生主动性的价值。

选题范围可以拓展、从选题的思路上看，可以是以生物学现象和知识为基础的跨学科实践课题，也可以是单科性课题；从课题形式上看，可以选择实践性强的课题，也可以选择思辨含量高的课题；从课题指向上看，可以选择现实性课题，也可以选择前瞻性课题；从研究意义上看，可以是有结论的课题，也可以是尚无定论的课题。这里更看重学生的探究实践的过程。

要作小课题类的探究，在选题原则上要注意选择科技成分含量高的、当地特色的、解释大自然中现象的、与生活相关的、在学科边缘上与其他学科有交叉的、与当地经济发展相关的、与重大社会问题相关的、探索未知的选题。选题时不必追求高、大、深，不利于进行实践。

选题阶段要带领学生进行反复论证。一个好的选题才有探究和实践的价值，让学生亲历选题的过程，有助于学生们在科学探究的道路上作出正确的判断，这样的经历不要让老师的包办来替代，让学生失去实践自主选题的机会。

（二）小课题类生物学课外教学活动的设计

小课题类生物学课外教学中设计是关键，对活动方案的结果有至关重要的作用。活动方案应主要包括：问题的提出、活动目的、活动适用对象、活动原理、活动准备、活动内容、活动过程、预期结果，以及呈现形式等。活动方案要以开题报告的形式在论证会上进行论证，且要在实施过程中不断修正。

（三）小课题类生物学课外教学活动中教师的指导

1. 教师首先要帮学生明确具体任务

生物学校外活动的任务一般包括专业知识的获得、技术方法的学习、具体事项的分工和操作等。教师在此要给予学生必要的指导来帮助学生更好地进行小课题类的生物学课外活动。比如，教会学生阅读和查找文献的方法，对数据的基本分析和处埋。此外，还要帮助学生组成合作小组，并且指导学生完成分工的安排。

2. 教师要注意充分尊重学生的自主性

在小课题类的生物学课外教学活动中，教师要尽可能放手给学生去完成一些他们能够力所能及的事情，当探究实践活动过程中出现一些问题和障碍时，教师第一时间也要试着让学生通过自主合作的方式来尝试解决问题。素养的培育往往产生在一些问题的解决过程中，教师切记不要代替学生处理问题。只有这样，才能最大限度地挖掘学生的创造潜能，把学生自主设计、自我组织、自我体验、自我探究、自觉操作和自我管理真正落到实处。教师要站好组织者、参谋者、指导者、服务者和促进者的定位，而不是实际实施者。

3. 教师要注意做好学习时空的开放

尽量帮助小组克服由于时间和空间上的局限给探究造成的困难，提供一切可以提供的帮助，团结组织多方力量，在外围保证小课题类生物学教学活动的实施。在内部注意协助各小组做好组织工作，让小组成员将更多的精力放在项目的探究和实践上，督促课题小组的同学做到"小组的事，事事有人做，小组的人，人人有事做。"

4. 教师要注意做好小组内成员的心理素质调节

要进行小课题类的项目探究，其中人的因素不能忽略。学生都处于青少年时期，自身的年龄特点决定了其情绪波动容易较大，面对实践过程中的困难表现出抗挫折能力不强等等。教师要注意在活动中对学生的耐挫力、意志力、责任心、使命感和团队精神进行培养，帮助学生控制探究中的不良情绪，把注意力集中到课题的探究实践中来，培养学生积极体验、主动求知、乐于探索、勇于创新的心理品质。

5.教师要注意活动结束后的指导

小课题类生物学课外教学活动因为时间上持续较长、空间上离开教室等因素，学生往往更注重探究的过程，而忽略了探究后的总结阶段。而这一阶段恰恰是整个探究实践活动的关键，是升华阶段，教师要注意引导学生做好活动结束后的总结。

（1）督促学生处理资料、提炼观点。要求学生对繁杂的资料进行加工处理，注意资料的可靠性、有效性、充分性、典型性、时间性。提炼观点要注意避免主观因素的影响。

（2）组织学生进行成果的交流和展示。小课题类生物学课外教学活动的成果有的是制作表现类成果，有的是交流展示类成果，无论是哪一种，学生能够清晰明确地表述自己小组的探究过程，对成果进行说明和解释都是非常重要的。教师要为学生创造条件，模拟论文答辩的过程，组织学生注重活动结束后的表达和交流这一环节。

（3）教师要鼓励学生参加科技竞赛，组织能力突出的学生积极冲击科技竞赛。目前，以小课题形式开展的竞赛主要有各级各类的青少年科技创新大赛。比赛的主要形式为展示问辩，以口头表达的方式进行。教师可以帮助学生锻炼口头报告的能力和回答专家提问的能力，帮助学生完成和总结。

（四）小课题类生物学课外教学活动的评价

课外教学活动的评价与课内教学不同，评价的主体发生一定的转变。过去课内教学评价主要是教师的教和学生的学两个维度，课外教学活动的评价主体则呈现多元的样态，有面向学习者的评价、对课外教学活动项目本身设计的评价，以及对课外环境对生物学课外教学活动友好度的评价。这里主要聚焦在对学习者和对项目的评价上，这两个方面是小课题类生物学课外教学活动的主要部分，侧重对这两个方面评价的研究有助于体现评价发展性的特点。生物学校外活动的评价具有以下几个较为鲜明的特性。

1. 过程性

不同于生物学课内教学，课外教学活动的评价特别强调活动实施的过程，评价时并不刻意关注活动内容本身和得出的结论，而是关注活动中学生所展现的种种表现对活动或积极或消极的影响，关注在整个活动过程中学生的发展情况。因此，在评价的总体思路上，应把握目标达成与过程评价相结合的原则。在具体评价时可增加实施过程的权重。

2. 全面性

生物学校外活动的评价应体现以人为本的理念。不以知识的掌握量为唯一评价标准。评价主要着眼于学生的生命观念、科学思维、科学探究和社会责任等维度展开。还要评价学生在小组合作过程中的参与度与合作度等。这样的评价一定不再是单一维度的，而是全面客观地评价一个人的综合能力。

3. 动态性

生物学校外活动评价是贯穿探究活动全程的，并非是在活动结束后才开始进行的。活动过程中的评价要充分发挥评价发展性的特点，多使用鼓励性语言或动作，对学生的探究过程进行全记录，这些原始数据可以作为生物学课外活动评价的主要依据。

第四节　生物学实践教学环境布置与安全防范

■ **现场直击**

在新课标的指引下，小张老师更新了以往对生物学学科学习的认知。在小张老师上学的时代，生物学知识多以讲授为主，往往注重知识获取了多少，而忽略了知识的获取方式。因实践教学更加有利于核心素养的针对性落实和有效完成，因此，新的课程标准建议要加强生物学实践教学，这对学生时代未能很好经历实践教学的小张老师来说是一个不小的挑战。生物学实践教学包括哪些？环境氛围如何铺设才更有利于核心素养目标的达成？在活动中存在哪些安全问题？如何防范？相信随着本章内容的学习，你会在心中有自己的答案。

一、生物学实践教学的环境布置

（一）生物学实验室建设

生物学实验室是生物学实践教学的主要环境，因其在学校内，且设施设备完善，学校会特别注重实验室的建设，因此除教室外，实验室就成了生物学课堂教学的主要场所。对生物学实验室的环境建设主要包括显性的功能区建设和精神文化建设，以及隐性的制度建设等。

1. 功能区建设

传统的生物学实验室往往是排排坐模式，学生们的座位区和在教室上课类似，这样的座位区划分虽然有助于学生知识信息的获取，但不利于组内、组间学生的交流合作，比较适合传统的验证性实验，不适用于探究性实验。因此，在桌椅排放上，岛型布局更具优势。活动的实验桌椅组合相较传统的实验桌椅有更好的灵活性，便于学生之间、师生之间促进交流和探讨，培养团队精神。

教室内实验区域应划分为基础实验区和开放实验区。基础实验区放置生物学实验的基础设备和药品，目的是通过基础实验的学习与训练，达成对所学理论知识的深度理解，重点培养学生的基础技能操作，让学生熟练掌握生物学实验的基本方法和操作技术，这一区域按照实验进度表的时间定时开放，日常由负责实验的老师进行日常维护。

开放实验区不同于基础实验区，重点不是基础验证项目，而是基于问题引发的探究性实验项目的实施场所。开放实验区作为学生生物学实验活动的基地和长期系统观察的场所对学生长期开放，由学生进行自主管理和维护。这一区域除常备的实验仪器外，还应该增加培养箱、超净台、种植区等便于长期观察和实验的设备，强化科研特点，为学生深入开展探究性活动提供基础条件。

2. 精神文化建设

精神文化建设是生物学实验室建设的重要组成部分，如果能够很好地加以利用，将对学生核心素养的培养有很好的助力作用。实验室四周的白墙、外墙、功能区切割后的边角区域都应作为生物学实验室的精神文化建设区域。外墙以及内墙的墙面多悬挂生物学家的生平事迹、对生物学发展作出的贡献。还有生物学发展历史，生物学发展中的获得重大突破的标志性实验，实验对生物学发展推动的具体案例。要根据不同的生物学实验学习主题更换不同的科普栏目，让学生走进实验室就感受到浓厚的科研气息与氛围。

根据心理学上的无意注意原则，强化实验室的陈设打造，可按照类别、进化顺序摆放植物标本、动物标本；按照系统类别陈设人体解剖结构标本。让实验室成为生物学教学的活环境。学生在实验室学习的过程中潜移默化地获取生物学知识、扩大视野。

生物学实验室应成为学生的实践成果陈设基地，教师通过收集、陈列和展出学生的实践作品，能够极大地激发学生学习生物学知识的兴趣，调动学生学习的积极性。

3. 制度建设

相较于功能区建设和精神文化建设，生物学实验室的制度建设要隐性一些，但却是保障实验室日常运转的重要部分。实验室的制度引导了实验教学模式的转变、实验在生物学学习过程中的地位等，因此重视生物学实验室制度建设是十分必要的。

传统的实验室制度更多的是强调学生在实验技能中的训练与培养，忽视了实验推动生物学发展的基础地位。构建实验室要创新制度，改革传统实验教学模式，变验证性实验为探索性实验，让学生带着问题来，在课堂学习中有所收获，能够调动学生的积极性与创新意识，在现有实验方案的基础上积极提出改进意见，能够在实验室实施。

实验室的制度还可以让学生参与实验的准备工作，由传统的教师准备实验仪器转为学生准备，让学生完整体验实验的准备、实施、收尾过程，学生的实验不再是体验式，而是沉浸式，有助于学生核心素养的培育，可以在实践中学习和增长才干。

实验室制度可以让生物学教师将办公室、生物学课堂搬进实验室，在实验室进行日常生物学课程的学习活动，营造良好的"学习—实验"氛围。师生之间、生生之间的交流更具科研氛围，更加直接，充分发挥了学生的主体性。

（二）生物学园地、实践基地和校园科普馆建设

1. 建设背景

在"双减"政策的支持下，学生获得了相较以往大量的时间，双减政策要求加强课程内容建设，强调学校课程与学生经验、社会生活的联系，强化学科内知识的整合，统筹设计综合课程和跨学科主题学习，注重学生在真实情境中综合运用知识解决问题的能力，倡导"做中学""用中学"和"创中学"。这些目标的实现都需要更多实践场地的辅助。

新课程标准对学生的核心素养提出了更高的要求，而目前学生普遍知识学习的能力优于动手实践的能力，要关注到学生的全面发展，开展五育并举的教育模式，现有的课堂教学远远不够，需要大量的课外实践内容作为补充。因此生物学学习的室外场地建设就显得尤为重要。

2. 建设定位

一是教师教学知识与教学理念更新的载体。有的教师由于长期面向基础教育，大部分不太注重学科发展的前沿成果，导致知识储备更新不足。教学理念长期不更新，只满足于应试教育，与当下倡导的五育并举的教育理念有很多不符之处。课外生物学实践场所的建立能够帮助教师了解校外资源，根据学科标准在原有的项目案例的基础上进行二次开发，深度挖掘学科知识点，加深自身对核心素养的认识并应用于学校常规教学中，有利于激发学生的学习兴趣，提高学习效率，实现理念和知识的双重更新。

二是学生实践活动的园地。生物学是实践性很强的自然科学，学生的核心素养的形成也需要实践的强化，实践活动园地的建设能够帮助学生从浓缩的、抽象的理论知识中抽离出来，将所学应用于生产社会实践。学生在实践的过程中必然会遇到许多实际问题的挑战，破解问题、克服困难本身就是素养教育的重要组成部分。生物学实践园地成为学生探索生命世界奥秘的小天地，激发学生学习热情，调动学生主动学习的积极性。

三是现有课堂教学内容的有效补充。生物学实践活动中的内容可以跳出课堂内容进行项目化拓展，但更重要的是教师要将其作为课堂教学的有效辅助手段，以生物科学知识为基础，以提高生物学实验研究技能为目标，以探究式学习、研究性学习为主要载体，精心设计并组织学生参加形式多样的科学实践活动，在实践活动中掌握科学探究的一般过程和方法，逐步养成严谨求实的科学态度，提升核心素养。

■ **案例剖析**

实验题目：玉米的种植与研究

实验目的：掌握玉米授粉的方法与步骤，学会统计发芽率与株高的测量，对 3 个品种的玉米进行自交和杂交实验，观察所得玉米果实的性状。

实验材料用具：黄色（粤甜 28）、白糯 3 号、黑糯 4 号玉米种子，复合肥，农具，授粉用具，实验记录工具。

实验步骤：

1.三种玉米种子作浸种处理，实践基地中选取一块长约 20 米、宽约 1.5 米的实验用地进行翻土、除草、施肥等播种前的准备。

2.选取部分浸种进行发芽率的测定，公式：发芽率＝（发芽种子粒数 / 供试种子粒数）×100%。

3.播种三种玉米种子，测量株高。

4.授粉。

（1）自交：用右手轻轻拉下套袋的雄穗，左手轻拍纸袋，使花粉落入袋内，然后取下纸袋扎紧袋口。用毛笔把纸袋内的花粉均匀地涂抹在花丝上，立即将雌穗纸袋套回。整个授粉过程动作必须迅速和轻便，切忌触动周围植株，以免串粉造成杂交。授粉后，立即在自交果穗上挂上吊牌。牌上用黑笔注明品种名称、授粉方式、授粉日期、实验者姓名导。

（2）杂交：所套的雄穗是作为杂交父本，而雌穗应该选用其他品种的玉米。实验的杂交共有六种方式。三种正交方式：♀黑 × ♂黄、♀黑 × ♂白、♀白 × ♂黄；三种反交方式：♂黑 × ♀黄、♂黑 × ♀白、♂白 × ♀黄。授粉后的纸牌上应注明杂交组合名称。

5. 对玉米植株进行正常的培养，注意作好水肥的管理，及时除杂草。

6. 统计实验结果，作好实验后的分析和反思，撰写实验报告。

生产实践对学生核心素养提升的总结：

1. 生命观念部分。在生产实践的过程中，学生直观地感受到生命从一颗种子的萌发开始，以一棵植物的衰老与死亡为结束，期间要经历细胞的分裂与分化、生长与发育、成熟与衰老的各个生命环节，建立了生殖与发育观。通过玉米品种间的杂交实验，学生能很好地理解基因重组是杂交育种的基本原理，属于可遗传的变异，建立了遗传与变异观。

2. 科学思维部分。学生在实验中确定地看到了所谓"转基因"玉米的生长过程，所谓的"转基因"玉米实则为玉米品种间杂交所得，食品安全方面没有问题。学生在生产实践过程中能够运用归纳与概括、论证与分析的方法对实验现象作出独立的思考和判断，对转基因玉米这个社会热点议题进行了审视，作出选择。

3. 科学探究部分。学生全程参与生产实践的全过程，完整地体验到了科学家的思维过程、科学定律的产生过程。学生还结合孟德尔杂交实验，提出了一些有科学依据的假设。例如，如何判断玉米的基因型？哪种科学探究的方法应用于实验操作最简便易行等。学生在探究过程中获得的直接反馈和亲身体验，使他们形成了对科学现象的新的、更加持久的理解。

4. 社会责任部分。实践中得来的社会责任体验是书本学习无法比拟的，学生看到自己辛苦种植的玉米有了收获，是对自己学习实践经历的极大正反馈。社会责任的落实在生产实践中帮助学生形成正确的价值观，具有很大的正面导向作用。

3. 室外实践环境建设

（1）区域建设：

校园科普馆通常建设以能容纳40~50人的活动为宜，室内建设有易于更新的科普知识版面的展板、标本实物等的建设，有多体验交互功能的展项，通过课程和活动定期向学生提供，做成课程，成为日常课堂教学的辅助。

实践园地是自然的缩影和延伸，是学生的实践基地和老师的科研基地，具有综合功能且为教学服务，因此多建设在校园、楼顶等区域，便于学生进行场地活动，较为完备的实践园地区域大致可规划为日常种植区和项目学习区，在此基础上还可拓展出温室种植区、陆生生态系统建设区、水域生态系统建设区、动物饲养基地和微生物培养基地等。

建设要遵循经济、实用、安全、长效的原则，让实践园地具备教育功能、生产功能和生态功能，学生在实践园地中既能培育核心素养，又能强化劳动观念，如果有产品生产出来，还能初步培养学生的管理能力和市场经济意识，作为学生认识社会了解社会的窗口，也可作为社会参与学校教学过程的链条。

（2）机制建设：

室外生物学实践教学场地的人员构成通常由学校的专职工作人员和志愿者队伍组成，志愿者中包括校园科普馆中的日常科普专员和实践园地中的管理人员。志愿者队伍可以从学生、教师中选拔，也可以面向社会招聘，退休教师、有科研经历的高校师生、社会上热心公益科普事业的人士都可作为实践教学环境的工作人员。

在管理制度上，要实行专人管理，学校有专任教师或者员工负责科普馆或实践园地的日常维护。学生在室外基地活动时要注意遵守纪律，保持园地馆舍的卫生整洁，同学之间不相互随意触碰实验用品和材料。

■ 拓展阅读

基于 iGEM 的中学生物学社团课程模式建设

"国际基因工程机器竞赛"（iGEM）是合成生物学领域顶尖水平的国际学术科技竞赛。其目的是指导学生在生命科学与数学、化学、计算机科学和工程学等学科的深度跨学科融合背景下，以工程化为理念，通过标准化、自动化和智能化等过程，对现有生物体系系统的改造和优化。这一项目普遍由高等院校的生命科学团队参与，有些高校如浙江大学尝试从 2020 年春夏学期开始，开设面向全校各专业本科生的合成生物学课程。课程通过对 iGEM 作品的分析和讲解，完善和巩固学生对整体课程所学知识的理解和知识间的联系，与合成生物学最新前沿研究内容接轨。近年来部分中学也受此启发，开设新的中学生物学社团课程模式。

传统生物学社团活动存在一些弊端，学生在传统的社团活动中很少有基于现实问题确定研究课题的经历，社团活动的课程体系构建初衷是日常教学活动的延伸，在实际活动中，却往往与教学内容发生较多重合，缺乏STEM 项目化学习理念，项目成果难以实现转化。

而基于 iGEM 的生物学社团课程模式与传统项目的最大区别是以项目为载体，以解决实际情境中的问题为目标，以团队协作为主要学习方式，在教师专业指导下开展跨学科交叉融合学习，最终实现课题项目的成果转化，以期为健康生活和社会发展带来实际效益。

例如，在 iGEM《蚯蚓养乐多》的课题项目中，学生一致认为土壤对人类一直很重要，它提供了一种可用于庇护和粮食生产的资源。土壤污染防治与土壤—植物—动物—人类系统的健康问题密切相关。因此，团队设计了一个"行走"的生物平台，培养具有 Mer R 依赖性超敏开关、汞监测器和汞稳定剂的多功能工程菌，用于汞污染土壤的检测和修复。一旦在土壤中发现汞离子，就能激活散布在土壤中的多功能工程菌，释放出显色蛋白，将汞离子稳定为低毒的 HgS。此外，考虑到工程菌在土壤中移动缓慢，受环境影响较大，团队还选择蚯蚓作为行走载体。工程菌将在蚯蚓体内繁殖，并随蚯蚓在土壤中移动，对受汞污染的土壤进行可移动监测和修复。

基于 iGEM 的中学生合成生物学课程模式真正能让学生学有所想、学有所依、学有所动和学有所得，是新课程改革背景下中学生物学教学及活动模式的一种全新的有效的探索，在提高青少年科技素养和创新能力方面具有重要的参考意义。

二、活动中的安全问题与对策、安全防范机制建设

中学生物学教学中，经常组织学生开展实验活动和户外实践活动。新课程标准中非常重视学生知识的获取方式和获取途径，实验教学、实践教学、探究性学习、项目式学习等，都需要学生通过经历知识的发生过程来培养核

心素养。这样一来，教师在开展实验实践教学之前，就应对过程中存在的安全问题有充分的认识和预设。

（一）为什么要重视活动中的安全问题

从课程特点来看，生物学是一门实验学科，实验室环境、户外实践环境中存在安全隐患。实验室用于实验教学工作使用，同时也是实验仪器设备、危险药品的存放场所。各类易燃易爆、易氧化、有剧毒、放射性物质以及贵重仪器设备在存放和使用过程中稍有不慎，就有可能引发重大安全事故，威胁人身健康和生命财产安全，因此在生物课中推行安全教育是十分必要的。

从学生角度而言，重视活动中的安全问题既是学生自身生命健康的重要保证，也有利于培养学生良好的学习习惯、科研习惯。重视学生安全意识的培养是其健康成长的基础和前提，只有人身安全得到了保障，才能言及其他，从这个角度来看，安全教育应被摆在首要位置；从学生的长远发展来看，培养学生的实验安全意识有助于良好科研能力和科研习惯的培养。好的科研能力和习惯又会反作用于学生的科学思维，对学生观察生物、认识世界等都有重要意义。

从现实意义出发，中学阶段对生物学安全方面的知识强调得并不多。学校常常对中学生物学实验实践教学中的安全问题作出明确要求，但各级各类的专业培训中对安全教育部分面向任课教师的培训也不多，教师自身安全意识有待加强；受限于升学压力，很多实验实践课程在教学实际中开展起来也有一定难度，生物学教学中安全教育的客观需求受到抑制。随着新课程改革的深入进行，中学生物学实验实践活动将会逐渐增多，因此，重视安全教育也顺应了现实发展的要求。

（二）安全防范机制建设

实验室以及实践的安全性要得到保障，离不开安全机制的建设，要做到用机制来约束和规范师生行为，用制度来管人而不是用人来管人。安全防范的制度建设是一个系统工程，与教学过程直接相关的方面大致包括管理建设、师生安全意识建设和环境建设。

1. 管理建设

实验实践活动中的制度建设是安全保障的重要基础，学校应根据自身特点从学生身心发展的角度制定实验室安全守则、生物学户外活动安全守则等，建立安全行为规范，与学生共同学习和遵守。安全守则的内容可包括：对学生进入实验室、储藏室、标本室、实践活动室的具体规定；对学生使用实验材料、设备时应遵守的操作规范；对学生实验、实践活动中应遵守的纪律要求；用电用火安全；危险药品、化学试剂的使用规定；实验动物的安全处置等。安全守则和安全行为规范的内容应在实验室或实践主要活动场所张贴。

除了做好对安全规范和安全守则的制定外，教师还可与学生签订安全协议书，在协议书中明确学生进入实验、实践活动场地时的行为规范，目的是帮助学生更好地树立安全观念，遵守安全制度。安全协议书的内容可以由师生双方共同约定，也可参照学校给出的模板进行制定。

教师应根据生物学实验特点制定安全应急预案，做到分工清楚、责任明确，并组织学生共同学习，做好应急演练，以确保在突发安全事件时能够做到快速、有效地处置。在户外实践活动之前，教师应对实践中可能发生的安全问题有一定的预见，除对学生讲解说明外，还可以帮助学生推演在安全事故发生时的应急处置流程。

2. 认识建设

管理制度建设好后，归根结底还是要靠人来执行，如何确保师生共同遵守是一大难关，也是安全教育的关键环节。

教师层面应努力提升教师对实验安全和实践活动安全的重视程度，通过教研会、教师经验交流会、专家讲座等方式提升教师安全意识，避免侥幸心理。另外，教师的个人安全素养必须得到强化，才能有效应对在实验实践过程中可能出现的风险。教师在教学互动中要督促学生按照实验规范进行操作，尽量避免因操作不当引发安全事故。教师还应重视自身对安全技能的学习，积极参加有关培训，学会使用应急设备，懂得基本的急救原理。加强对学生操作的指导，必须对学生进行严格要求。

学生层面主要是强化安全思想教育和安全知识教育。教育学生在实验活动或实践活动开始之前要先对内容做好预习，特别是实验安全方面的问题，一定要提前做到心中有数。教育学生在实验中一定要注意细节，很多安全问题的产生都源于细节做得不规范、不到位，因此对学生加强这部分内容的强调就十分必要了。

3. 环境建设

生物学实验和室内实践环境中的文化建设不容忽视，作为实验室安全保障的操作行为规范和安全守则都应"上墙"，悬挂在明显位置。文化建设中还应包括安全应急预案以及处置流程，方便师生熟记，发生安全事故时能够快速按照流程处置进行应对。

实验室中的消防安全设施、专用电路和下水管道应组织专人进行日常维护，做到定期检修，防止因硬件设施破损造成责任事故。通风系统应经常检查，避免实验中逸出的不良气体对人体健康产生危害。

（三）生物学实验实践教学活动中常见的安全问题与对策

1. 用电用火安全

在加热实验材料时，如果操作不当会引发烫伤，严重时会引发火灾，要教育学生不用手直接拿被加热的器皿，酒精灯能正确点燃和熄灭。教师要知道电源位置，确认实验室安装有三孔、接地保护的电源插座，确认插座接线正确，地线已接地。知道实验室总电闸的位置，发生紧急情况能做到应急处置。

2. 仪器、物品使用安全

要教育学生在实验实践过程中避免由于使用锋利的物品，或因碎玻璃处置不当等问题割破皮肤、造成伤害。会正确使用显微镜等实验仪器，注意保护好贵重标本，避免翻倒造成砸伤事故。

3. 化学药品使用安全

生物学实验中化学药品均存在一定程度上的危险性，大致可以归为易燃、毒物、强腐蚀性等几种类别，如果使用不当，会对使用人造成急性或慢性损伤，较轻的可能会引发正常组织的过敏反应或炎症，若较重则有可能引起组织永久性的、不可逆的损伤。实验实践活动时应注意做到小心使用药品，尽量避免直接接触；实验室中的通风系统定期检查，保证良好通风；腐蚀性、剧毒类药品要注意做好密封；易燃易爆物品要注意远离火源，单独存放；养成良好的实验实践习惯，勤洗手，必要时佩戴口罩；不在实验室中饮食。

4. 生物安全

实验中使用的动物须经专人到专门负责实验供应的部门采购，切勿将野生动物带入实验室。实验用的植物不要用可能喷洒过有毒农药的；不适用实验植物的任何部分；不把植物汁液涂抹在人体伤口、黏膜等处；不吸入燃烧植物的烟尘；野外实践时要熟悉当地的有毒植物，不随意采集和品尝；接触过植物后要及时用肥皂和清水洗净双手。在微生物相关实验活动中更要注意操作的精细程度，如有操作不当不仅会影响实验结果，还会引发安全问题，正确处置实验中的微生物，切勿将未经灭菌的培养皿随意处置，引发安全问题。

5.标本和废液处理

标本和废液有的属于有公害的废弃物，处置时应按照具体情况进行处理，不得将废液或固体废弃物不加处理随意排放。

6.野外活动中的安全问题

在户外参加生物实践活动应注意以下问题：活动前要对学生进行充分的安全教育；指导学生根据户外实践的具体内容备好应急设备或物品，以备不时之需；教育学生在实践中除目标内容外，要尽量减少对自然环境的破坏，不招惹野生动物；户外活动有一定的组织纪律要求，教育学生要认真遵守；交通方面也要注意乘车安全，避免不必要的意外事件发生。

综合训练

1.请尝试论述生物学实验在实现学生核心素养培育中起到了什么作用。

2.请尝试进行设计一个跨学科实践活动的案例，并进行分析说明。

3.请根据当地实际情况设计一份课外活动教学计划书。

4.讨论并制定一个生物学实验室的安全守则。

第七章　生物学教学媒体与技术

本章要览

在进行生物学教学设计过程中，生物学教学媒体与技术的选择极为重要。如果教学媒体与技术使用不得当，教师就可能无法实现教学效果最优化。教学媒体与技术的选择与确定决定着教学活动开展的总方向，学习内容的展示、教与学的教学活动设计、教学策略和教学模式的选择与设计、学习环境的设计、学习评价的设计都与教学媒体与技术的选择有密切关系。为此，本章将从教学媒体选择与学习环境设计、信息化学习环境概述、信息化学习环境下的教学设计三个方面具体介绍生物学教学媒体与技术。

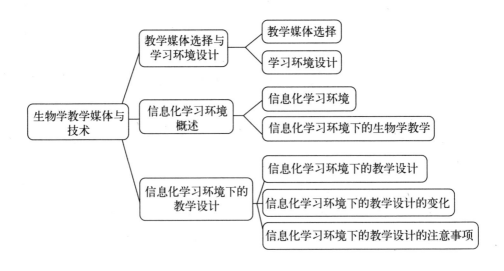

学习目标

1. 能依据教学内容与学生的特点，准确地进行教学媒体的选择；能够根据学习环境设计的有关理论，明确学习环境设计的三个方面；

2. 能围绕教学实际，阐明信息化学习环境的含义、组成要素及特点，并能够规范地进行生物学教学；

3. 能够根据信息化学习环境，规范进行教学设计，选择合适的学习模式、学习活动，并明确信息化学习环境下的教学设计的注意事项。

第一节　教学媒体选择与学习环境设计

教学媒体的正确选择和学习环境的恰当设计是教学活动高效展开的基础，也是教学设计的重要组成部分之一。

一、教学媒体选择

教学媒体这一术语概念并没有统一的界定，以下将引用国内外专家学者对教学媒体的认识，明确其含义，并介绍其分类、特点与影响因素。

（一）教学媒体选择的概念界定

在教学过程中，通过教学媒体，可以实现教学内容的传递。教师在教学时，必须要明确教学媒体的选择，以高效实现教学目标。

了解"教学媒体"的概念之前，应对"媒体"一词展开解释。《现代汉语词典》（第7版）将"媒体"定义为交流、传播信息的工具。[1]《教育大辞典》将"媒体"定义为信息的载体或传输信息的媒介。[2] 根据以上的不同定义，可以看出"媒体"的定义在本质上存在共同之处，即传输信息的工具。

---

[1] 现代汉语词典（第7版）[M]. 北京：商务印书馆，2016：887.

[2] 顾明远. 教育大辞典 [M]. 上海：上海教育出版社，1981.

"教学媒体"这一概念将媒体的使用环境进行了界定，将其局限于教学之中。它是指在教与学的活动过程中所采用的媒体，是存储和传递教学信息的载体和工具。我们常说的"多媒体"是教学媒体的一部分，其一方面指作用于感官的文本、图像、视频和声音等多种媒体信息，另一方面指能够呈现这些感官信息的多媒体技术。

（二）教学媒体的分类

对于媒体的分类，不同学者存在不同的观点。综合目前已有的教学媒体分类来看，将教学媒体按其物理性能、应用、历史发展进程进行分类的策略得到诸多学者的认可。这里将按照历史发展进程来谈教学媒体的分类，可将其分为传统教学媒体和现代教学媒体两类。

1. 传统教学媒体

传统教学媒体也叫普通教学媒体，主要包括教科书、黑板、粉笔、模型及实物等。传统教学媒体是课堂教学中的重要组成部分，是各地区保证教学过程正常进行的必不可少的教学基础。这些教学媒体具有效益高、应用广的特点，受到师生的广泛依赖。

2. 现代教学媒体

现代教学媒体主要包括电视机、DVD、电子白板、数字投影、无线投屏器、计算机和网络等。它不仅是利用现代技术储存和传递信息的工具，也是推动教学理念更新的外在力量。

在中学生物学教学中，实验占有非常重要的地位，是理论与实践相联系的中介。传统的生物学教学不利于学生还距离地观察实验中的每个细节，即使是借助电视机或投影器将实验细节进行投放，也难以细致地观察

图7-1 常见的无线投屏器

到整个实验过程。手机的录像功能，可以录制整个实验过程，方便学生重复观看。教师需要使用一个无线投屏器（如图7-1所示）将手机的画面投影出来。由于没有线材的限制，教师可以在任意地方实现内容的投放。现代教学媒体融入于教学中，可以优化教学情景，塑造教学氛围，激发学生学习兴趣，

提升学生们上课的积极性，进而提高课堂效率。

（三）媒体的特点

媒体是教学活动正常进行的必备条件，在教学过程中发挥重要作用。面对琳琅满目的媒体，教师应该熟知媒体的特征，正确使用教学媒体，提升教学的深度和广度，以促进学生深度学习的发生。无论是传统教学媒体还是现代教学媒体均表现出以下几个方面的特点：

1. 工具性

工具性是教学媒体基础特点之一，无论是传统教学媒体还是现代教学媒体，都是承载和表征教学内容的重要工具。传统教学媒体中的黑板、粉笔和书本等在教学过程中作为教学工具被人使用和操作。现代教学媒体中的硬件设备和软件代替了传统教学媒体中的黑板和粉笔，尽管其存在较为复杂的操作特点，需要操作者拥有一定的知识和技能加以操作，但其依然作为教学工具被师生广泛使用。

2. 重现性

教学媒体可以不受时空的限制，根据教学活动的需要，将所要表达事物再一次呈现到大众面前，以保证课堂活动的高效进行，这充分体现了教学媒体重现性的特点。例如，在《DNA的结构》一节的教学中，教师可以在不同的班级展示DNA的双螺旋结构的模型或图片，以帮助学生从宏观上对DNA的空间结构产生一定的认识。教学媒体的重现性从一定程度上可以节约教学成本，实现教学效益最大化。

3. 重复性

教学媒体具有重复性的特点。它们可以根据教学活动的需要，在不同的时间地点一次次被使用，而其呈现的信息的质与量不会发生改变。譬如，教师开展教学活动时，可以无限次数地使用黑板、模型或者计算机和网络等教学媒体，使师生可以随时随地获取知识，以提高教学资源的利用率。

4. 扩散性

扩散性是教学媒体的特点之一。教学媒体可以作为一种媒介，将各式各样形态的信息传送出去，使信息在扩大的范围内再现，以帮助人们实现足不出户便知天下事的愿望。线上教学正是利用了教学媒体的扩散性的特点帮助师生实现立足于云端的教学活动。

（四）教学媒体的影响因素

教学过程是通过教学媒体进行信息交流的、以教师的"教"与学生的"学"组成的有机整体。随着信息化时代的到来，越来越多的教学媒体成为教学内容的载体，在教学过程中发挥着重要作用。面对功能各异的教学媒体，教学媒体的选择成为教师应该考虑的必要问题，它对教学的效果产生深远影响。但是，面对众多的教学媒体，教师选择哪些媒体及怎样加工组合才能达到预期的教学目标？影响教学媒体的选择的因素有哪些？有人把影响教学媒体选择的因素归结如图 7-2 所示。[①]

图 7-2　影响教学媒体选择的因素

1. 人为因素的影响

不同的年龄阶段的学生在认知水平、理解能力和身心发展上存在一定的差异。因此，教师在进行教学媒体的选择时需要作出合理的选择以满足学生发展的需要。对于低年级的学生，他们形象思维远远超过抽象思维，对直观画面有较强的接受性，教师可以选择使用动画、图片和视频等媒体对低年级学生进行教学；而对于高年级学生，他们的抽象思维逐步发展成熟，对于信息的传送有更强的接受力，教师在教学媒体的选择方面也有了更多选项。

① 刘 刚，马德俊. 教学设计中教师自身因素对媒体选择的影响 [J]. 现代教育技术，2010，20（8）：70-74.

随着时代的发展，教师仅凭借对知识的深入理解已经无法满足教学的需要。想要提高教学效果，教师对教学媒体的驾驭能力和兴趣也是影响教学媒体选择的关键因素之一。教师对不同媒体的驾驭能力会影响教师在媒体选择上出现不同的倾向性。并且，教师在面对两种均可满足教学活动的教学媒体时往往会选择一种自己较为感兴趣的教学媒体使用。

2. 教学目标和教学内容的影响

教学活动的开展以实现教学目标为前提，教学内容是决定教学目标是否达成的关键。因此，教师在进行教学媒体的选择时应该着重考虑教学目标和教学内容。

每个章节的内容都有特定的教学目标，即教师在教学过程中所要达到的具体的教与学要求。教学目标的达成需要选择合适的教学媒体加以辅助，以实现教学信息的输送。以生物学教学为例，引导学生"认识 DNA 的结构"与引导学生"描述 DNA 的复制过程"是两项不同的教学目标。前者可以采用教师讲解，辅以图片或模型的方式，使学生在有条不紊的讲解和观察中形成对 DNA 结构的认识；后者往往在教师讲解过程中再加上动画辅助教学，使学生在动态情景下掌握 DNA 的复制过程。

由于各门学科之间的性质存在差异，所以教学媒体的选择有所不同；同一学科内的不同教学内容，对教学媒体也有不同的要求。艺术学科教学需要重视学生创作能力的培养，计算机 MIDI 软件"音乐大师"的音、谱自动转换功能可以帮助学生学会声音、乐谱间的转换，实现音乐作品的创作。生物学是以观察、实验为主的学科，在生物学教学中，为了方便学生理解动植物细胞的特征，可以向学生展示相关的图片、模型或动画，或使用虚拟现实设备，借助教学媒体化抽象为形象，以弥补教学中的不足。

3. 教学条件的影响

教师在进行教学媒体的选择时，真实的教学条件是其主要限制因素之一。教师需要结合当地学校的经济实力、媒体效用等进行评估，选择适宜的教学媒体进行教学。生物学实验是生物学教学的重要组成部分，但由于各地的经济条件或环境对教学媒体的选择存在一定的限制，并不能保证所有的生物学实验均能有效开展。

4. 媒体特性的影响

在教学过程中，充分了解各教学媒体的特性有助于教学活动的有效进行。教学媒体是否便利、是否可以发挥最大优势，是恰当地选择教学媒体的前提条件。只有充分了解各个媒体的优点和局限性，才能在使用中扬长避短，发挥教学媒体的最大效能。

■ **案例剖析**

某教师制定的《检测生物组织中的糖类、脂肪和蛋白质》一节的教学案例如下：

糖类、脂肪和蛋白质的检测方法是本节课的教学重点和教学难点。通过教学，让学生从试剂成分、鉴定物质、使用方法和颜色反应四个方面对三种试剂的使用进行梳理、比较，从而掌握蛋白质遇双缩脲试剂时会呈现紫色；还原糖与斐林试剂反应生成砖红色沉淀等知识。但是，由于教学条件的限制，一些学校无法开展相关的生物学实验。若单纯采用讲述或板书的方式传授该知识点，则无法激发学生学习的积极性。教师可以融合多媒体技术，借助 NOBOOK 中的虚拟实验实现身临其境，帮助学生熟悉生物组织中的糖类、脂肪和蛋白质检测方法。并且可以借助视频随讲随看，帮助学生感知实验的全过程，从而使理论知识变得直观与形象。在此过程中，学生会产生疑问，如试剂颜色为什么会发生变化等，此时教师便可以将化学反应方程式书写在黑板上，使学生加深对反应过程的理解。

教学媒体为教学的开展提供了便利。通过设计生动化的教学情境，使用动画、音频等方式，可以将枯燥的知识生动化，满足中学生物学学习的多样化需求，激发学生的学习兴趣。在上述的实验中，教师结合教学媒体的特点与影响因素，选择恰当的教学媒体，将难以进行的实验"由实变虚"，为学生提供虚拟实验操作环境，帮助学生感知实验的全过程，从而使知识变得更加直观与形象。教师在教学过程中，应该灵活、适当地运用多媒体设备，提高教学效率。

二、学习环境设计

（一）学习环境设计的概念界定

环境是指某一事物所生活的空间、地域或介质等，对人的身心发展具有重要作用。什么是学习环境？目前对于学习环境的定义没有统一的解释。田阳曾提到，学习环境是教学过程中必须依赖的时空条件。学习资源和人际关系是学习环境的重要组成部分，其中学习资源是指教材、认知工具的获取和使用、学习空间的应用等方面；人际关系主要是指"学生与学生""教师与学生""学生与管理人员""学生与教辅人员"等的人际交往活动。[①]

一个良好的学习环境，可以激发学生的学习动力，增强学生的学习效果。因此，教师对于学习环境概念的准确理解，有助于为学习者提供更恰当的学习环境帮助其学习。

（二）学习环境设计的理论基础

近年来，人们对学习环境设计的理论基础的认识逐渐增强，国际教育技术学逐渐出现了以情境认知理论、活动理论和认知分布理论为分析框架的趋势。这些理论解释了个体与环境或其他情境互动的本质。[②]

1. 情境认知理论

情境认知理论研究的是一种可以促进知识向真实情境转化的学习理论。其早期研究来自杜威的实用主义、维果茨基的文化历史学说和列昂捷夫的活动理论和生态心理学等。[③] 后来引起了研究者的广泛关注。情境学习理论关注的是知识的情境性和协商性，知识不是单独存在的，它作为一种工具参与到个体和行动的互动中，通过与情境的互动建立起与已有知识的联系，从而获得新的知识。除此之外，情境认知理论认为学习是一种积极参与学习共同体或实践共同体和积极互动的过程，学习的知识、情境是相互紧密联系的，不可分割。情境是以认知、学习和行动作为基础的，这些行为可以在丰

---

① 田阳，纪河. 基于教育场域的网络学习环境探究 [J]. 中国电化教育，2019（4）：36-43.

② 钟志贤. 学习环境设计的理论基础：心理学视角 [J]. 中国电化教育，2011（6）：30-38

③ 付佳雯. 情境认知理论对于人工智能研究的启示 [J]. 电声技术，2019, 43（3）：34-36.

富的情境中逐渐发展。人的认知行为的产生是在特定的情境交互中实现的，没有缺少情境的认知，也没有缺少认知的情境，二者之间相互依存，不可分割。

随着情境认知理论的发展，情境认知理论在教育学领域崭露头角，逐渐将其引入教育实践，开始了围绕情境认知的教学设计、教学模式、教学策略的开发。这些实践探索为传统教学提供了新思路，使教学开始围绕真实情境创设，促进学生对所体验到的真实情境进行构建，以培养能够独立思考和解决问题的解决者。

2. 活动理论

活动理论起源于德国古典哲学、马克思辩证唯物主义和苏联心理学的社会——历史学派。像苏联鲁宾斯坦、维果茨基和列昂捷夫等心理学家，他们对活动理论的发展作出了重要的贡献。[①] 活动理论研究的基本内容是人类活动的过程，是人与自然环境和社会环境，以及社会群体与自然环境之间所从事的双向交互的过程，是人类个体和群体的实践过程与结果。活动理论可以概括为以下几个方面：

（1）人类活动区别于动物活动，它是以各种工具和手段为中介的，可以借助工具能动地作用于外部环境。

（2）活动可以划分为外部活动和内部活动。内外部活动若具有共同结构，可以将外部活动转化为内部的智慧。外部活动先于内部活动，内部心理活动是由外部活动产生的。

（3）完整活动过程是由需要、动机、目的、达到目的条件和与这些成分相关的活动、动作、操作组成的。活动是客体导向的，驱动活动发生的是主体的需要和动机。活动由一系列行动组成，行动是通过操作来完成的，操作可以用来调整活动。

（4）恩格斯托姆提出活动三角模型。他认为个体上的活动是不存在的，目标的达成需要团队合作；主体与共同体成员之间的互动是在将客体转化为结果的过程中，主体与共同体成员之间遵循活动规则和分工来实现的；主体

---

① 钟志贤. 学习环境设计的理论基础：心理学视角 [J]. 中国电化教育，2011（6）：30—38.

的活动是发生在一定情境中的，一旦离开活动情境，主体行为便不能被理解；活动理论具有应用的普适性，它已发展成为一门分析人类不同形式活动的哲学理论框架。①

活动理论的出现为学习环境的创设提供了新的理论依据和指导原则。活动理论指导下的学习环境的设计突出了学生主体性，学习环境的设计是以围绕学生为中心展开的。活动理论指导下的学习环境设计从学生的生活经验、学习兴趣等方面出发，将学生与周围环境相融合，使学习者在与环境的交互中学习知识。

3. 分布式认知理论

分布式认知理论由加利福尼亚大学的赫钦斯于 20 世纪 80 年代中后期提出，是目前国际上不断发展的理论。他认为认知活动不应该是仅仅局限于个人头脑中的认知活动，而是认知主体与参与认知活动的其他因素交互的一个过程。②Hatch 和 Gardner 就教室中的认知活动提出同心圆圈层模型。③此模型从个人力、地域力和文化力说明影响分布式认知的因素。其中，最外圈是"文化力"，它代表了习俗、信仰等，超越了特定情境，会对个体认知产生影响；中间层是"地域力"，它表示个体所处的某一地域的资源和其他个体，会对个体认知产生直接影响；"个人力"位于模型的最内层，是影响个体认知的核心因素，是个体的经验和特性，可以直接影响个体的认知。这三种因素均会对个体的认知产生影响，这也说明学习不仅仅是个体利用头脑对符号进行加工的过程，而且是一种以"文化生成物"为中介的同环境、他者协调、构筑知识的行为。④

分布式学习理论作为学习环境设计的一种理论基础，为学习环境设计提供了新思路。学习环境多种多样，教师可以从系统论的观点出发，强调学习

---

① 孙海民，刘鹏飞. 以活动理论审视学习活动 [J]. 中国电化教育，2015（8）：29–35.

② 曹锋利，吉日嘎拉. 分布式认知理论下的物理教学设计 [J]. 内蒙古师范大学学报（教育科学版），2016，29（8）：127–129.

③ Hatch T, Gardner H. Finding cognition in the classroom: an expanded view of human intelligence. In: Salomon G. ed. Distributed cognitions: psychological and educational considerations. USA: Cambridge University Press, 1993.

④ 翁凡亚，何雪利. 分布式认知及其对学习环境设计的影响 [J]. 现代教育技术，2007，17（10）：14–17.

环境的设计，从而激起学生的学习兴趣。同心圆圈层模型中提到："知识不仅仅存在于个体头脑中，而是分布于环境与他者之中的。"这就要求我们在进行学习环境设计时要重视周围环境和他人的力量，借助集体的力量取得更好的成绩。我们教学中的"小组合作学习"便是体现了这一点。为满足国家对创新型人才的需要，教学从本质上也发生了改变，更加重视学生高阶思维的发展，人工制品，特别是信息技术的应用在分布式认知中的作用十分显著，它为人才的培养提供了更多可能性。

（三）学习环境设计的三个方面

学习环境包括学习发生的方方面面，在此主要从以下三个方面探讨学习环境的设计。

1. 物理学习环境

一个良好的学习环境有助于学生的学习体验，对学生学习动机、学习兴趣产生一定的影响。正如现在娱乐场所的设计，均会按照不同的娱乐活动打造与之相符的活动环境，通过创设良好的氛围刺激消费者消费。

物理学习环境主要指对学习发生的时间和空间的安排。教师需要依据学生的心理特点、学习的特征来安排学习活动。例如，在中小学阶段，由于学生的自控力不稳定，注意力难以集中，一节课的学习时长一般为40分钟左右；在大学阶段，学生的注意力更加集中，与中小学相比，一节课的学习时长也相对延长。再如，不同学习活动具有不同的发生时间以实现学习活动效果最大化。

在空间上涉及的方面千千万万。例如，学校的建筑风格、教室的空间大小、座位的安排方式均是针对不同的学习者专门设计的，通过打造良好的学习氛围，以保证学生学习的积极性。

以座位的安排方式为例，传统的课堂中，座位是一排排并列排布，座位前面的空间作为教师上课主要的活动场所，进行知识的传送。目前，座位的排布多种多样，以此满足不同形式的教学活动。例如，在讨论课上，一些学校采用圆座的排列方式，方便学生沟通交流，积极讨论。因此，面对丰富多样的物理学习环境，教师应该结合不同学生的特点、不同教学内容选择合适的座位排列方式开展教学。

2. 技术学习环境

随着现代信息技术的发展，人们开始使用技术打造新的学习环境，增加学习者的选择。在传统的教室中，教师主要通过讲授的方式传递学习知识，学生针对教师讲述的知识加以理解，从而完成学习任务，达成学习目标。技术时代的到来重新打开了教育的大门，为学习者提供了最为丰富的学习资源和多样的学习情境，以帮助学生进行深层次的学习。无论是教师传授知识的过程还是学生利用课余时间巩固的过程，都可以借助信息技术支持的工具加深对知识的理解。

技术学习环境可以支持学生进行深层学习。在技术学习环境中，支持系统有良好的界面设计，能够激发学习者学习兴趣，各功能模块有良好的导航机制，便于学习者在学习过程中可以根据学习进程进行任意的学习跳跃，同时该环境可以支持学生进行小组讨论和协作学习。例如，学生在课堂活动结束之后可以在专题网站下载相应的练习题进行巩固，或通过各类 App 寻找对应课程进行二轮听讲。师生或生生之间可以利用 E-mail、QQ、钉钉等软件展开问题的讨论与交流。对于难以开展的实验，教师可以利用"虚拟实验平台"为学生提供类似的实验情境，在良好的导航机制的帮助下实现科学思维、创新能力的培养。因此，借助技术学习环境，能够激发学习者的学习兴趣，实现深层次的学习。

3. 情感学习环境

关于学习环境，除了需要考虑外部学习环境之外，还需要考虑内部学习环境，即情感学习环境。学生的学习兴趣、学习动机是发生学习行为的直接因素，也是我们所说的情感学习环境，它由内而外地制约着学生的学习。一个良好的情感学习情境有助于调动学生的学习兴趣、激发学生的学习动机和有利于师生、生生之间建立相互协作的环境。因此，如何设计学习环境培养学生的良好情感和道德情操是每位教师应该重点思考的问题，这对教学效果具有重要影响。

物理学习环境、技术学习环境和情感学习环境之间是相互制约、不可分割的整体。学生的情感因素会受到外在环境的影响，包括物理学习环境和技术环境。例如，坐在教室两侧的学生往往会受到光线的影响看不清黑板，从而产生厌恶感导致学习成绩下降。除此之外，物理学习环境与技术工具的设置密切相关，对技术学习环境产生一定影响。技术学习环境中界面的设计、时间的组织形式、资源的组织结构又与物理环境有联系。学习环境的设计从一定层面上决定了学生的学习方式和学习效果，教师在进行学习环境的设计时，需要紧密围绕学生身心发展的特点，精心选择和组合学习环境，提供恰当的学习环境完成学习任务。

■ 拓展延伸

位于美国俄亥俄州的戴顿大学所成立的学习教学中心为学习者创造出良好的学习环境。

该学教中心以走廊为学习场所，在走廊中安放了桌椅、沙发等，为学生进行即兴讨论、小组学习或安静的反思提供单独的空间。

除此之外，该学习空间还设置了休闲娱乐的讨论区。该讨论区配有舒适的沙发、圆桌和学习的白板。空间上方柔和的灯光给人舒适的感觉，学生可以通过无线网络查找资料，利用提供的白板书写，并进行讨论交流。

在工作室内摆放了 24 把可旋转的椅子，所有椅子构成了一个大圆形。工作室的四周各配有一块巨型白板供教师书写。在白板中间挂有等离子屏幕，帮助教师进行教学。学生围成一圈坐着，可以随着场景的旋转而旋转。

在教师授课完之后，学生的活动丰富多样。一些学生选择留在工作室并使用那里的资源：墙壁和便携式标记板，投影设备以及访问 Web；或几个小组依偎在一个僻静区域内的桌子摊位上；有些人把灵活的座位拉在一起，同时使用笔记本电脑和便携式记号板。这种灵活多变的学习方式极大地激发了学生学习的积极性，培养了学生自主学习与合作探究的能力。

在戴顿大学，学生与教师在崭新的学习空间下采用多变的教学方式展开教学。学生与教师之间能够通过各种方式交流互动，学习活动从室内延伸到室外，在轻松愉快的氛围之下取获知识。

第二节 信息化学习环境概述

构建良好的信息化学习环境对于教师开展教学活动具有重要意义。本节将深入剖析信息化学习环境的含义、组成要素及特点，并详细阐明信息化学习环境为生物学教学带来的影响。

一、信息化学习环境

2018 年 4 月，教育部发布了《教育信息化 2.0 行动计划》，其中指出：要深入贯彻落实党的十九大精神，办好网络教育，积极推进"互联网＋教育"发展，加快教育现代化和教育强国建设。因此，打造信息化学习环境是未来网络教育发展最为重要的脚步之一。

（一）信息化学习环境的定义

学习环境是一种场所，是学习活动展开的过程中赖以持续的情况和条件的总和。从学习环境的角度对信息化学习环境进行定义，信息化学习环境是指借助信息技术手段和信息资源，为学习者提供的有利于其发展的学习环境，主要包括技术环境和人文环境。其中技术环境是指为学习者学习所提供的硬件、软件和潜件环境，譬如电子网络教室、网络课程、教学设计等；人文环境是指在信息化学习过程中促进学习者发展的人的因素，譬如教师或学习者之间的影响。

（二）信息化学习环境的组成要素

为了更加详细地了解信息化学习环境的定义，可以对其组成要素进行分析和探讨，以便于加深对定义的深入理解。不同学者对信息化学习环境的要素组成的认识有所差异。吴琼等人构建了信息化学习环境构成要素模型，认为信息化学习环境由信息化基础设施、信息化媒体设备、信息化学习系统、信息化学习资源、信息化学习工具、信息化智慧资源、信息化学习文化等要素构成。[①] 在此，主要针对信息化学习环境的组成要素——人的因素、硬件、

---

① 吴琼，张养力. 云计算视野下的信息化学习环境建构 [J]. 继续教育研究，2014 (6)：135–137.

软件和潜件四个要素进行探讨。

1. 人的因素

教师和学习伙伴是信息化学习环境的组成要素之一，对学习者的学习活动产生重要影响。传统意义上对教师的定义——"知识的传授者"已经不能匹配现阶段教师的职责与技能，信息化学习环境使教师的角色需要重新被定义。教师作为学生学习的指导者，需要具备新的教学理念，更新自身的知识和能力，在提升自己专业素质的过程中，不断探索新型教学策略教学，逐步培养学生对信息处理工具的使用和对现实问题的处理，可以利用更多的时间与学生进行信息技术交互，以促进师生双方的交流。学生作为信息化学习环境的组成要素，需要发挥学习主动性，主动参与到学习之中，可以通过单独或小组合作的形式完成教学任务，摆脱"受教育者"的枷锁，真正实现学习的自主性和创新性。

2. 硬件

硬件是保障信息技术得以充分应用的基础性物理条件。主要包括普通电教室、多媒体计算机演示教室、电子网络教室、学校的基础网络设施和电子阅览室等。普通电教室是最基本的信息化环境，主要由投影仪、音响和幻灯片组成，曾在各个学校广泛应用。随着技术的不断发展，多媒体计算机演示教室逐渐取代普通电教室成为各个学校广泛应用的信息化学习环境。电子网络教室具有信息资源丰富、交互性强的特点，弥补了前面几种信息化学习环境的不足，但依旧存在新的问题，比如学生注意力分散、网络安全意识差等问题。而电子阅览室配置了众多供学生进行上网检索的联网计算机，为学生自主学习提供便利。学校的基础网络设施以相互共享资源的方式连接起来，以保证信息资源的正常运用。

3. 软件

软件是程序、数据，以及相关文档的完整结合。软件作为信息化学习环境要素之一，是存在并作用于硬件基础上的实质性的学习资源，是实现特定教学目标而设计开发的教学程序或系统，可应用于教育教学活动中。主要包括课件、网络课程、学习资源库、网络学习支持系统和数字图书馆等。

课件是根据教学大纲和教学目标制定的、用以展示教学内容的图片、文本、视频等素材的集合，教师在教学过程中可以借助课件将主要的教学内容展示给学生以帮助学生达成教学目标。常见的课件制作软件包括 PowerPoint、WPS、Focusky 等。

网络课程是随着互联网的发展而兴起的一种新型课程表现形式，它具有交互式、共享性、开放性的特点。利用在线教学平台，教师可以开设自己的网络课程，吸引互联网上感兴趣的学习者，实现跨时空教学。学生可以根据自己的需求，通过在线教学平台自主学习课程内容。例如，国家中小学智慧教育平台、中国大学 MOOC 网站等，都是国内有代表性的网络课程平台。

学习资源库是由多种形式的学习资源组建起来的庞大系统，既可以以网站的形式呈现，也可以以 App、公众号的形式存在。学习者可以根据自身情况进行检索，从学习资源库中选择适合自己的学习资源。常见的学习资源库有电子课本网、CSDN 论坛、超星尔雅等。

网络学习支持系统是指通过网络、利用网络技术为学习者网络学习提供支持的软件系统。学习者在网络学习过程中遇到问题，可以通过网络学习支持系统加以解决。国内在这一领域已经有不少研究成果。识花君是一款植物识别软件，它是由腾讯"识你所见"AI 产品团队研发，通过人工智能技术，为用户提供智能识别植物服务的小程序。只要对植物的花、叶等部位拍照便可以快速对植物进行识别，告知操作者此植物所在的科、属、分类、别名、花期和果期等。

数字化图书馆是基于互联网而产生的用数字技术处理和存储大量电子读物的图书馆，是传统图书馆的一种变形，是图书馆从重视资源与技术到重视服务功能的过渡，以方便用户进行检索和使用。[①] 学习者可以根据自身的需要，进入数字图书馆进行检索，查找相关的学习资料。经常使用的数字图书馆包括中国知网、万方数据知识服务平台等。

4. 潜件

潜件是教师对教育教学软件的应用能力，是把教学内容转化为学生易学

---

① 初景利，任娇菌，王译晗. 从数字图书馆到智慧图书馆 [J]. 大学图书馆学报，2022，40 (2)：52–58.

乐学知识的数字化能力，是发挥好教育"硬件"和"软件"最大效用的动力。因此，师生的信息技术技能和信息素养都可以称为"潜件"。2004 年，教育部颁布了《中小学教师教育技术能力标准（试行）》，以提高中小学教师教育技术能力水平，促进教师专业能力发展。该标准主要从意识与态度、知识与技能、应用与创新、社会责任四个层面对中小学教学人员、管理人员、技术支持人员的教育技术能力提出要求。[①] 除此之外，为提升中小学教师信息技术应用能力，促进信息技术与教育教学深度融合，2014 年 5 月，教育部颁布了《中小学教师信息技术应用能力标准（试行）》。该标准包括应用信息技术优化课堂教学的能力和应用信息技术转变学习方式的能力两个方面，分别对教师在教育教学和专业发展中提出了相应的要求。信息技术优化课堂教学的能力要求教师恰当地利用信息技术开展教学活动，以提升教学效果。应用信息技术转变学习方式的能力要求教师可以利用信息技术转变学习方式，引导学生更多地采用合作学习、自主学习等学习方式，促进深度学习的发生。[②] 信息技能与信息素养是师生在进行信息化教学过程中必备的品格和能力，良好的信息技术能力有助于师生选择恰当的信息工具和信息资源。信息素养的提升可以帮助师生提升自我管理意识，促使学习活动高效开展。

（三）信息化学习环境的特点

1. 环境的开放性

在信息化学习环境中，教学不仅突破了时间的限制，也打破了空间限制的壁垒。学习者可以通过信息化学习环境与外界进行沟通，获得更为广阔的空间和资源。同时，由于环境的开放性，环境外的成员也可以进入学习环境中，与学习者共同进行知识的探讨，以便增加环境主体的活力，实现更大范围的共享。信息化学习环境的开放性有利于学习者时刻保持学习的新鲜度，增加学习者的学习热情。例如，在进行某一主题的学术交流时，既有内部助学人员的参与，也有外来专家的加盟，这样可以更好地实现信息交换与流通。

---

① 教育部关于印发《中小学教师教育技术能力标准（试行）》的通知 [EB/OL]. (2004–12–15) [2022–11–10]. http://www.moe.gov.cn/srcsite/A10/s6991/200412/t20041215_145623.html.

② 教育部办公厅关于印发《中小学教师信息技术应用能力标准（试行）》的通知 [EB/OL]. (2014–05–28) [2022–11–10]. http://www.moe.gov.cn/srcsite/A10/s6991/201405/t20140528_170123.html.

2. 资源的共享性

随着信息技术的不断发展，各个地区基本实现了网络的全覆盖。学习网站中的资源设计灵活多样，视频、课件、课程日渐丰富，以帮助学习实现信息化资源的共享。在教学过程中，教师可以根据学习者的身心发展特点，为学生推荐相应的学习资源，让学生在信息化学习环境中自主学习，促进深度学习的发生。在课余时间，学生可以通过"国家中小学智慧云平台""慕课"等网站中共享的资源，实现学习的自由化。由于资源的共享性，学习者可以足不出户遨游于知识的海洋中，提炼出对自己有益的内容。

3. 学习界面的人本性

技术的进步和信息化学习环境的发展为开拓学习者的学习机会和提高学生学习成绩创造了历史性机遇。信息化学习环境中的内容千姿百态、多种多样，不同的学生适合于不同的学习方式，学习者可以根据自身的特点选择合适的学习环境，实现个性化学习。例如，有的学生习惯于做纸质版笔记，而有一部分学生习惯于借助平板写电子版笔记，信息化学习环境满足了不同学习者的不同要求，提高了学习者学习的积极性。除此之外，教师可以针对每个学习者的需求调整学习进度和教学方法，充分满足学习者的需求，开展最优化的教学。维果茨基的"最近发展区"理论就是要求教师精准针对个体进行教学，帮助学生弥补当前认知水平与潜在认知水平的差异，用实证的方法有依据地去了解学生的学情，并根据学情分析，运用科学的方法，有针对性地设计教学。

4. 学习过程的协作性

协作学习目前已经成为课堂教学与互联网环境下一种非常重要的教学模式，它对于培养学生的创造力、求异思维、批判思维、探索发现精神、与学习伙伴的合作共处能力非常重要。[1] 在学习过程中，为了达成学习目标，无论是教师还是学生都需要具备协作意识。学生在学习过程中离不开教师的指导，教师需要发挥领路人的作用，在学习过程中体现学生的主体性原则，激发学生的学习积极性，利用信息化学习环境打造良好的课堂氛围。

---

① 安磊，杨丽娟，杨翠萍. 试论网络环境下协作学习方式的功效及改进 [J]. 通化师范学院报，2010，31 (10)：103–105.

5.知识学习的重构性

《中国教育现代化 2035》中指出，要利用现代技术加快推动人才培养模式改革，实现规模化教育与个性化培养的有机结合。[①] 为了促进信息技术与教育教学的深度融合，越来越多的学校采用一些新的教学模式开展教学，例如翻转课堂、微课或虚拟实验等，以达成学习者的知识建构。翻转课堂改变了教与学的方式和流程，将知识的学习环节放入课前，问题的探讨放入课上，通过线上和线下的混合式学习，为学习者提供了充足的思考时间，促进学习者进行知识的建构。

二、信息化学习环境下的生物学教学

（一）信息化学习环境下教与学的课堂

随着信息化时代的到来，教学方式发生了重大改变。它不仅弥补了传统教学中的不足，还为学生提供了更多的发展机会。教师作为课堂活动的组织者，应该抓住信息技术教学的优势，充分了解信息化时代背景下的课堂特点，激发学生学习兴趣，打造良好的课堂氛围，提高学生学习质量。

1.多媒体课堂

随着多媒体技术的发展，多媒体辅助教学成为各位教师首选的教学方式，打造了一种新型的课堂——多媒体课堂。多媒体课堂与传统课堂相比，提供了更加丰富的教学方法和教学环境。教师在教学中可以借助图片、视频、动画等直观地把难以表达的现象与过程生动形象地展示出来，通过视觉、听觉等感官的刺激，激发学生的学习兴趣，启发学生的想象力，加深学生对事物本质的理解。

良好的师生关系是保证课堂教学顺利进行的基础和前提。在传统教学中，教师作为教学的主导者，把控整个教学过程，通过语言的讲述控制着学生对知识的理解与把握。多媒体课堂的出现，打破了师生间"纯粹"的面对面的交流。人机交互的过程中，学生的注意力不再完全放在教师身上，他们可以通

---

① 中共中央、国务院印发《中国教育现代化 2035》[EB/OL]．(2019-2-23)［2022-11-5］. http://www.gov.cn/zhengce/2019-02/23/content_5367987.htm.

过多媒体上展示的图片、视频等素材自主地对知识进行适当的加工，实现知识的内化。但是，多媒体课堂为教学带来好处的同时也产生了许多问题。例如，在多媒体课堂教学中，教师一般使用 PowerPoint 制作的课件代替板书进行教学内容的讲述。一部分教师过度依赖课件，缺少与学生之间的交流，导致课堂氛围沉闷单调，学生学习动力减弱。其次，并不是所有的课程都适合用多媒体教学，教师应该准确把握教学内容，寻找恰当的教学策略，将多媒体教学与传统教学结合起来，更好地提升课堂教学效果。

2. 网络课堂

随着网络时代的来临，教育行业受到一定的冲击，必须进行创新改革以适应时代的发展。网络课堂紧跟互联网的发展的脚步，通过计算机技术和通信技术与传统课堂相互融合，借助强大的互联网功能应运而生。伴随着互联网的加入，学生的学习不仅仅局限于教材，互联网中丰富多样的资源为课堂教学提供了支持，帮助学生拓展知识面。其次，网络课堂打破了时空的限制，弥补了传统课堂的不足，实现了课堂学习的便利性。例如，疫情期间，网络课堂的组建解决了学生上课难的问题。与此同时，一些问题也随之出现。比如，在缺乏教师面对面监督的课堂中，学生的自觉性出现了问题，部分学生无法像传统课堂一样紧跟教师的教学进度作出反应；由于各个地区的教学资源分布并不均衡，有些劣势地区存在基础设施不完善、网络覆盖率相对较差的问题，导致上课效果并不理想。因此，网络课堂是否能完全代替传统教学，还需要寻找恰当的方案加以验证。

3. 远程教育课堂

随着信息技术的不断发展和教育信息化发展的需求，我国兴起了一种新型的教育手段——远程教育。它是基于互联网技术利用各种媒体和传播手段向学习者发出的非面授的网络教育。远程教育具有很强的针对性，可以针对不同的学习者提供不同的知识，通过网络平台进行传输，满足学习者的学习需求。远程教育课堂打破了时空的限制，可以通过网络平台将优质教育资源直接分享到所需要的地域，供不同的学习者学习，从而实现优秀资源共享的可能性。例如，由于某些因素无法实现上学自由的学生，教师可以借助远程教育课堂帮助这些学生重圆梦想，实现教育的普及化。再如，一些教学资源较差的乡村学校，可以依托远程教育课堂实现知识的共享，使学生有同等机会接受优质教育。远程教育课堂具有促进优质教育资源共享、节约师资力量和推动教育均衡发展的特点，以满足学习者由于某种限制导致无法高效学习的愿望。

4. 智慧教室

信息化时代的发展为教学带来新的挑战与机遇。面对琳琅满目的资源，课堂教学也出现了内容繁重、方法不当等问题，导致学生学习效果欠佳。课堂是教育发展的核心地带，只有抓住课堂这个核心地带，教育才能真正发展。[1] 基于此，各个地区纷纷开展课堂教学改革，以借助信息化资源提升学生学习效果。智慧教室作为信息化时代发展与教育结合的结晶，将成为一种新型的课堂，帮助学生实现学习形式的转变，成为完成教育信息化2.0行动计划的重要途径。近几年，越来越多的地区开始建设智慧教室，例如，北京师范大学未来学习体验中心设计了多个智慧教室，以满足不同教学形式的开展；[2] 华中师范大学智慧教室是基于 StarC 云平台，打造了集"物理空间＋资源空间＋社区空间"于一体的新型学习环境。[3] 这些智慧教室与传统教室比较而言，可以借助信息化技术手段最大限度地满足不同学生的学习需求，以更加灵活的教学模式开展教学活动，切实体现了以学生为主体的教学，激发了学生学习的积极性。在生物学教学中，教师可以通过创设智慧教室，借助云端丰富的资源，实现学生的个性化学习。例如，在学习《细胞器之间的分工合作》一节时，教师可以带学生走进智慧教室，利用云端提供的丰富多样的资料，帮助学生对各种细胞器的结构和功能形成一定的认识。之后，教师可以引导学生借助平板电脑自行选择资料或通过小组合作的方式查阅、讨论，分别从分布上、结构上、功能上对细胞器进行详细分类和归纳。从目前来看，智慧教室在建设过程中也存在一些问题需要解决。比如，智慧教室的设计缺乏合理性的规划，未能创设良好的学习情境，导致教学效果减弱；智慧教室的教学平台设置复杂，导致师生出现抵抗心理；智慧教室缺乏管理分析数据，

---

① 程敏. 基于 PST 框架的智慧教室设计 [J]. 实验室研究与探索, 2021, 40 (9): 259-263, 272.

② 江丰光, 孙铭泽. 国内外学习空间的再设计与案例分析 [J]. 中国电化教育, 2016 (2): 33-40, 57.

③ 金智勇, 张立龙. 智慧教室"三位一体"模型构建及实践探索——以华中师范大学为例 [J]. 现代教育技术, 2019 (4): 72-78.

导致无法对其使用情况作出准确的评价等问题。

■ 案例剖析

高中生物学"种间关系"一节的教学案例

通过"翻转课堂"＋"虚拟实验"实现高效学习：

教师在课余时间为学生提供数字化学习资源包，将录制好的微视频、课件、课后练习题，以及学习拓展资料等资源打包，通过在线平台分享给学生，引导其通过自主学习《种间关系》一节中的重要概念、种间关系类型、特点等。并且，教师为学生规划问题线索，构建学习路径，引导小组间交流，开展以问题解决为目标的自主学习。之后，教师借助问卷星等在线评价平台发布本节课程相关的练习题，引导学生利用在线评价系统实现有效学习反馈。

课堂上，教师利用虚拟实验网站 Virtual biology lab 中探究种间关系的相关软件，并对其进行改善，然后应用于课堂教学中，为学生提供问题情境，切实开展探究未知种群间种间关系的活动。此外，教师为每一个小组配发电子平板，以小组合作探究的方式对虚拟操作平台中出现的未知物种的种间关系进行探索、归纳。并且，教师组织学生进行组间论证，发展其高阶思维能力，促进深度学习发生。最后，组织学生总结归纳，实现概念的内化与迁移。

"种间关系"这类探究性实验需要从实际考察中获取结论，这个过程耗时长、难考察，对于高中生物实验教学而言更是举步维艰。通过信息化学习环境下的两种技术的结合，不仅可以解决以上所谈到的问题，还可以培养学生自主学习能力，发展高阶思维能力，促进深度学习发生。

（二）信息化学习环境下生物学教学中的技术

生物学与人类的生活息息相关，具有一定的生活性、抽象性和探究意义，在教育教学体系中占有重要的地位。信息化社会的到来，信息技术与学科间实现了融合，这不仅为教学创造了新型的教学模式，还为生物学教学提供了多种技术选择，以建立起微观世界与宏观世界的桥梁，提高生物学教学的质量和水平。信息化学习环境下的生物教学中所涉及的技术主要包括微课、虚拟实验、手持技术、数字化游戏、WebQuest 和直播教学，这些技术为生物学教学提供了无限可能。

第三节　信息化学习环境下的教学设计

在信息化潮流的推动下，教学呈现出了不一样的风采。教师正在努力适应网上教学，而学生也拥有了多种灵活的方式进行学习。信息化学习环境下，教学模式发生了哪些变化？丰富多样的教学活动为教学提供了哪些可能？

一、信息化教学环境下的教学设计的变化

（一）信息化学习环境带来的教学模式的变化

生物学是一门兼有科学课程和技术课程双重性质的学科课程，课程标准中倡导学生通过主动的、多样的学习活动达成学习目标。信息化学习环境为生物学教学带来了新的教学模式，在教学过程中，教师借助信息技术可以运用更直观的教学手段，把必要的知识内容化抽象为具体，促进学生学习，引导学生进行多样化的感官体验。

1. 微课

现代信息技术的飞速发展推动了教学改革的步伐。传统的教学模式已经不符合当前教育的发展，无论是教育工作者还是学习者都希望可以将抽象知识形象化，复杂知识简单化，优质课堂同频化。2008 年美国圣胡安学院的 Penrose 教授第一次提出"微课"的概念，自此以后，微课开始进入到大众的视野中。2011 年，胡铁生将微课引入中国，并向大众阐述了微课的概念、特点、组成、分类，以及微课资源库开发的步骤，微课自此作为一种新的课程资源成为国内教育工作者的研究热点。[①]

---

① 胡铁生."微课"：区域教育信息资源发展的新趋势 [J]. 电化教育研究. 2011 (10)：61–65.

随着微课在国内的酝酿发展，全国各地相继开展了各种微课比赛，以便普及教师对微课的认识与制作过程。中学生物学教师也经历着从学习技术到实践应用的过程。在积累了大量资源以后，教师对微课的认识也在逐步发生变化。由最初的将其当作一种新型的教学视频，到逐渐与生物学知识相融合，帮助学生化抽象为具体，实现自主学习。

微课的开发与制作也是一线教师应该具备的信息技术能力。微课的开发与制作需要经历以下几个流程：选题、教学设计、视频制作、视频上传。接下来将根据微课制作流程进行详细阐述。

如果想要实现微课效果的最大化，选题是极为重要的一步。在谈选题之前，先说一下研究者对微课类型的深入研究。微课的制作者围绕微课"短小精悍"的特点，不仅利用微课突出重难点知识，同时也使用微课帮助学生构建概念、操作实验等。例如，在《种间关系》一节的学习中，教师可以通过微课展示真实群落中的种间关系来增强学生的认知。微课中通过呈现大自然中形形色色的生命，从广袤的平原到富饶的丛林，翠鸟捕鱼、菟丝子寄生于大豆、生活在同一草原的非洲狮和斑鬣狗为食相争，以及豆科植物与根瘤菌的互利共生等场景，使学生直观感受大自然中存在的种间关系，自主构建重点概念。再如，在学习鼠妇的生活习性时，由于众多因素的影响可能使实验结果有所偏差，教师可以借助微课辅助教学。基于以上分析可以看出，微课的选题可以从众多的知识点或教学环节中提炼出重点、难点中选择，也可以选择对传统教学有帮助的课题。

在进行教学设计时，教师需要对学习者特征、教学任务和学习内容进行分析，然后根据分析结果确定合适的微课类型和组成要素，制定符合学习者特征、学习内容和教学形式的教学策略，设计教学视频的情景、案例、教学过程，以及了解相关的网络教学支持材料等。

视频是微课的核心内容，大多采用流媒体形式呈现教学过程。较为普遍的微课制作方式之一是拍摄型微课，教师需要根据不同的教学主体选择不同的拍摄工具进行拍摄。拍摄型微课常见的录制方式主要有录播室录制和拍摄器材录制。录播室录制可以将教师授课过程、学生反应情况，以及课件呈现的内容收录，形成视频；拍摄器材录制时，教师可以使用相机或智能手机记录教师的教学过程，一般对拍摄者的水平以及摄像头的清晰度有较高的要求。除了拍摄型微课之外，还有两种常用的视频制作的方法。一是录屏式拍摄，它是指运用录屏软件把计算机屏幕上呈现的内容录制下来，经过剪辑形成一段视频。常用的录屏软件主要有 PowerPoint 演示文稿录制、EV 录屏软件，以及 Apowersoft 免费在线录屏软件等。这种录屏方式方便快捷，被大多数老师使用。二是混合型微课。这种录制方式是多种方法的结合，既可以使用拍摄剪辑，也可以使用屏幕录制，最后通过 Flash、Maya 等软件进行合成，制作出生动有趣的微课。

最后，在微课制作完成之后，微课制作者可以根据现实的需要通过网络平台上传微课。常见的微课网络平台有全国高校微课教学平台、哔哩哔哩、少培网等。

2. 翻转课堂

微视频是开展翻转课堂最常见、最常用的核心资源。它是课前自学的核心，其质量直接影响课前学习的有效性与积极性。翻转课堂是信息技术发展下的产物，在 2004 年，萨尔曼·可汗的"翻转课堂"教学模式引起了利用信息技术转变学习方式的一轮深刻变革。

Robert Talbert 教授经过多年的教学积累，总结出翻转课堂的实施结构模型。在此基础上，张金磊等人根据翻转课堂的内涵以及众多理论，完善了翻转课堂教学模型。[①] 该模型由课前和课中学习两部分组成。信息技术和活动学习作为翻转课堂学习环境创设的两个有力杠杆，保证了学习环境的构建与生成。

课前，教师可以将录制好的微课与课前练习同时发布给学生，学生自主学习微课内容之后，可以完成教师布置的课前练习，以加强对视频内容的理解并反映学生对内容的疑惑点。在课前学习的过程中，教师应该利用信息技术为学生提供交流的空间。学生在家可以通过钉钉、留言板等线上交流工具与其他同学进行收获或疑问的交流沟通，实现生生间的共同进步。翻转课堂的高效实行离不开微课的推波助澜，微课是该教学模式得以实施的重要基础，不仅有利于学生建构概念，而且可以引导学生自主构建知识网络，促进学生自主学习（如图 7-3 所示）。

---

① 张金磊，王颖，张宝辉. 翻转课堂教学模式研究 [J]. 远程教育杂志，2012，30（4）：46-51.

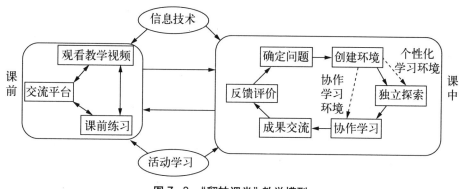

图 7-3　"翻转课堂"教学模型

　　建构主义认为，学习者需要基于真实的情境，通过人与人之间的协作交流实现知识的获得与建构。课堂活动的设计应该发挥学生主体性，实现所学知识的内化与迁移。在"翻转课堂"教学模型中，课中环节的设计围绕个性化学习与协作学习两类学习环境展开，通过确定问题、创建环境、独立探索、协作学习、成果交流和反馈评价完成学习任务。个性化学习环境的创建能够使学生成为自我激励的学习者，拥有强大的自主学习控制权；协作学习环境可以培养学生小组合作意识与沟通能力，在学生掌握知识的同时，提升学生的综合素养。

　　翻转课堂为教学带来的影响引起了一线中学生物学教师的重视，与此同时，也面临着众多挑战。例如，朱文辉提到，一些教师在录制微视频的过程中将关注点主要集中在技术的运用上，着重渲染视频制作的技巧和花样，却较少考虑微视频的受众需求以及教学内容的整体呈现。其二，技术工具的支配束缚和限制了教师的教学境界，导致教学更多关注的是技术应用的"实然状态"，很少从整体出发去思考教学中技术存在的"应然状态"。因此，教师不应该单纯地将信息技术与教学相融合，需要仔细考量技术的使用价值以及和教学的适应性问题，根据时代要求创新教学理念，以新的教学理念统整新技术，真正实现信息技术与生物学教学相融合。[①]

3. WebQuest

　　在"互联网+"的教育背景下，网络学习资源不断丰富，WebQuest 就是基

---

① 朱文辉，柴月天. 翻转课堂技术化的再思考 [J]. 当代教育科学，2022（7）：47-54.

于网络时代的背景产生的。WebQuest 是由美国圣地亚哥州立大学的伯尼·道奇和汤姆·马奇于 1995 年开发的一种新型课程计划，是主要为教师提供的一种将网络资源应用于课堂学习的教学模式。[1] 教师作为号令的发布者，下达课题任务，以驱动学生利用网络资源自主学习，完成相应的学习任务。

根据完成时间的长短，WebQuest 可以分为短周期和长周期，短周期的 WebQuest 一般耗时 1~3 课时，要求学生在相应的时间内获取、处理大量新信息，完成对所学习知识意义的构建；而长周期的 WebQuest 耗时约 1 个星期至 1 个月。要求学生对所学知识进行分析、提炼、拓展、迁移，并能以一定的形式科学地呈现自己对相关知识的理解。[2]

一个完整的 WebQuest 包括六大关键属性：前言、任务、过程、资源、评估、结论等六个部分。其中前言是指为学习者创设问题情境、提供背景信息，鼓励学生回顾原先掌握的知识，激发学生探究的兴趣；任务即学生需要借助网络环境探究的主题，是 WebQuest 的核心部分；"过程"这一部分，相当于"脚手架"，意味着将令人望而生畏的项目计划打碎成若干个片段，让学生能够继续钻研相对单一的任务，运用他们的知识研究相对困难的步骤。在一个 WebQuest 中，老师创建一些到其他互联网站点的链接来共享网络资源。例如，在任务执行过程中需要的资源可以从网站、电子邮件、网络数据库、专著或录音带等获取，WebQuest 可以为不同学习水平或不同学习方式的学生提供信息；WebQuest 的焦点是要让学生应用他们的知识建设性解决真实的问题，一直到学生制作他们自己的网页。为了验证活动价值，教师需要罗列出与任务相符合的评价标准，用来测评学习结果；最后要鼓励学生对完成任务的过程进行总结、反思和拓展。[3] WebQuest 教学模式为学生提供了学习的方向性和目的性，引导学生进行探索性学习以培养学生探究能力和创新意识。

关于 WebQuest 教学设计流程可以概括为学习需要分析、确定教学目标与教学重难点、教学策略的选择、教学媒体选择和学习环境的设计、教学环节

---

① Yang, K.H. The WebQuest model effects on mathematics curriculum learning in elementary school students[J]. Computers & Education, 2014. 72: p.158–16.

② 周素林. 探究 Web Quest 教学模式 [J]. 网络安全技术与应用，2013（12）：123–124.

③ 何艳秋，曾秋霞. WebQuest 教学模式在高职英语教学中的设计与应用 [J]. 职教论坛，2017（35）：67–70.

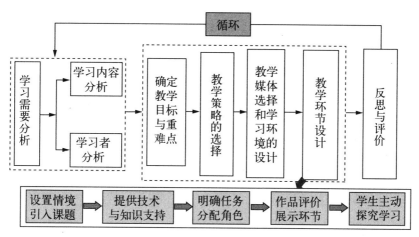

图 7-4　WebQuest 的教学设计

设计，以及反思与评价六个环节（如图 7-4 所示）。教师需要对学习内容和学习者进行恰当的分析，明确某节课程学生需要达成的教学目标以及教学重难点。接下来教师根据教学内容、学习者的特点确定会使用到的教学策略、教学媒体，以及学习环境设计。在确定好上述所讲述的内容之后，教师需要进行教学环节设计，主要包括设置情境引入课题、提供技术与知识支持、明确任务分配角色、作品评价展示环节和学生主动探究学习等，学习活动结束之后，教师需要依据学生在探究过程中的表现以及获取到的结果进行评价与教学反思，保证教学活动的高效性。WebQuest 可以将科学、信息技术与新颖的教学方法相结合，在形式和概念上打破传统教学观念的束缚，为中学生物学教学提供新型的教学模式，在教学模式上进行创新。

例如，Donovan 利用"无糖碳水化合物"WebQuest 教学，提高健康素养和培养英语语言能力的方式，解决肥胖症预防和低碳水化合物饮食的基本问题。[①]

万婷婷运用 WebQuest 教学模式，围绕其六个模块进行了"探究酵母菌细胞呼吸的方式"的教学设计，教学实践结果表明：与传统教学模式相比，WebQuest 教学模式的运用能够更好地让学生吸收知识，更加有利于培养学生的合作精神和创新精神，调动学生的学习积极性和主动性。[②]

---

① Donovan, O.M. The carbohydrate quandary: Achieving health literacy through an interdisciplinary WebQuest[J]. Journal Of School Health, 2005. 75 (9): p. 359-362.

② 万婷婷. WebQuest 模式在高中生物学实验教学中的辅助作用 [D]. 南昌：江西师范大学，2020.

根据以上分析，将 WebQuest 应用于中学生物学教学具有以下优势：一是培养学生科学探究与合作交流能力。WebQuest 教学模式是以学生为主体的合作探究活动，学生可以在探究合作过程中学会知识，调动积极性，激发学习兴趣，获得探究体验、合作交流和培养创新能力等。二是有利于学生实现自主学习。该教学模式下，教师为学生提供脚手架，将大项目划分为几个小任务，引导学生思考与探究，促进学生自主学习。三是有利于学生进行跨学科实践。在实际的教学活动中，学生需要根据教师设置的跨学科主题探究任务，通过小组合作、问题探究、实时反馈等一系列实践活动完成探究过程。

4. 直播教学

直播教学是随着信息技术的发展和智能学习设备普及而逐步兴起的一种新型教学模式，开启了我国教育事业新的篇章。《中国教育现代化 2035》提出：教师要充分利用现代信息技术，创新课程教学模式，使其具有启发、探究、合作等显著特点，让直播教学是一种基于当前的网络信息技术，使师生之间可以在云端实现思想的交流与知识的传递，从而让基于网络技术的即时学习成为可能。[①] 直播教学的开设需要选择合适的在线教学平台和创建线上教学环境。

在线教学平台种类繁多，既可借助线下丰富的教学资源，拓展教学范围的平台，如新东方在线；也可先创建在线平台，逐步扩大学生使用数量的平台，如腾讯会议、钉钉等。钉钉、腾讯课堂、学习通、雨课堂是教师青睐的直播平台，共同促成直播教学的发生。

阿里巴巴集团打造的企业级智能移动办公平台，是企业、学校钟爱的一款在线教学平台。对于中学生物学教师而言，钉钉软件的优势一是在于它的即时通信功能，基于钉钉平台，将学生以学校、年级、班级为单位，以学生学号、身份证号、手机号为个人账号，在后台统一添加。教师可以轻松借助平台联系学生。在后台人员添加过程中，会自动生成班级群，教师可以在群内发送学习任务或资料，让学生自主学习。通过钉钉软件进行交流时，在本人消息下方会显示"已读／未读"，如果在班级群发送消息，会在消息下方显

① 中共中央、国务院印发《中国教育现代化 2035》[EB/OL]（2019-2-23）[2022-11-5]. http://www.gov.cn/zhengce/2019-02/23/content_5367987.htm.

示"多少人未读"。该功能可帮助教师掌握多少人未接收到消息，可有针对性地进行通知与提醒。二是在于它的线上教学功能，学校教师可以利用钉钉方便快捷地召开线上会议与授课，同时可以实现电脑、手机客户端相互切换。它的网络延迟较短，以及会议通话质量较佳的特点，基本上满足了中学开展线上教学的需求。

CCtalk 是一种开放式教育平台，为平台的使用者提供完善的在线教育工具和平台能力，为求知者提供丰富的知识内容和一起学习的社群环境。教师可以利用平台的在线教学课堂与世界各地的学生无国界交流。学生可以根据自己的兴趣自主选择学习班级，融入学习型社区。

教师在使用 CCtalk 授课时需要使用它的电脑客户端建立一个或多个 CC 群，这样就类似于教师在线上创办了属于自己的班级。教师不仅可以使用多种教学工具，如 PPT 课件、多媒体播放、双向视频、摄像头、屏幕分享、作业系统等，也可以在这个班级中发布预习计划、课堂作业、授课或答疑、作业批改，及时互动交流。无论是万人大课、小班课，还是一对一授课，CCtalk 均可轻松实现。（如图 7-5 所示）

图 7-5　CCtalk 操作界面

直播教学的顺利进行也离不开良好的线上教学环境的搭建。通过调查发现，很多条件较好的学校已经陆续安装了先进的自动录播设备，并对相关教室进行改造升级，搭建符合直播教学的教学环境。但还有发展相对不完善的学校，教师在线教学的场所更多地选择工作间，甚至在家里。目前，虽然有些学校暂时没有条件搭建网络教学功能室，但搭建简单实用的网络授课环境是非常有必要的。

对于简易交互模式，一部手机就可以完成在线教学活动。教师主要考虑的就是手机的摆放问题，它不需要极为专业的工具，借助身边的材料便可以制作。例如，线上上课期间，福建福州十中高三各位老师在家自制"花式"直播设备，为高三学生在家复习提供远程帮助。

图 7-6　简易交互模式

除此之外，一部手机和一台电脑，或者两台手机也可以完成在线教学活动。一部手机用来观看互动，另一部手机或电脑用来播放 PPT，以提高教学效果。

教师的直播设备有时会影响学生的学习效果，设备越齐全，干扰性也就越小，学生的体验感也会越好。2020 年初，浙大的一位老师的直播间在网络走红，它直播间中"酷炫"又实用的教学装备吸引了无数人的关注，下面我们来揭秘一下这位老师直播间的"神秘武器"，可以为教师线上教学提供参考。[①]

图 7-7　教师直播间配置

① 浙大翁恺老师"直播间"亮了！十大神器，你值得拥有 [EB/OL]．（2020-02-21）[2022-11-10]．https://baijiahao.baidu.com/s?id=1659149332972263180．

图中十大神器对应如下：

（1）小屏直播。这个设备用于接入钉钉平台进行直播，学生端看到的就是这个屏幕。首选具有手写功能的电脑、平板，可以直接在屏幕上实现写板书，这可谓是需要进行演示推导过程的老师的"福音"。

（2）大屏工作。这个屏相当于直播时的"后台"。讲课时，一些不想展示给学生的操作可以在这里完成。这个屏幕上可以同步一个自己摄像头的实时画面，这样有利于上课过程中内容的输出。

（3）外接摄像头。好处在于可以自己调整机位。"如果 PPT 的备注显示在大屏上，则建议将摄像头架在大屏上。看着大屏上的备注，正好就对着摄像头，学生看过来，就是你眼睛对着他在看，更有交流互动感。

（4）触摸板。也可以用鼠标代替。

（5）键盘。在大屏上可以登录微信、钉钉等平台，在课程群内与同学们进行实时互动，及时收到学生的反馈。

（6）平板电脑。在这个平板电脑上，以学生端的方式进入直播平台，实时监测自己播出去的画面和声音。避免因为网速的原因，使得自己讲课的进度与学生接收到的信息有过多的延迟，导致课堂质量下降。当然，也可以用手机替代。

（7）落地话筒。这个设备的有无可以取决于房间的大小、杂音的多少。如果是上课过程中有较多杂音或是房间太大，则建议老师们用一个外接的话筒，以减小噪音或由于房间太大带来的回声。

（8）备用白板。如果老师们选择采用站着直播的方式，则可以准备一个传统的白板用于写板书，这样的方式比较接近于在教室教学。

（9）备用灯光。如果直播的环境光线不好，可以适当地打光，一般情况下不需要。灯光可以稍微有一点过曝的效果，体验另一种美颜磨皮。

（10）闹钟。实时关注时间，把控上课进度，提醒自己别拖堂或者早退。

此外，教师在直播教学的过程中也发现了各种各样的问题。比如，学习的组织性难以组建。由于教师无法直接关注学生，导致学习过程难以监督，组织与管理出现困难等问题。除此之外，学生的学习形态较为单一。由于教师缺乏对直播教学的本质的理解，导致直播教学完全演变成传统教学的线上交流，学习效果大大降低。同时，一些令人尴尬的场面也随之而来。比如，由于教师操作技术或网络条件不佳，导致出现各种问题：网络环境导致师生交流不畅，教学被迫中断；部分老师对在线平台或工具操作的不熟练引起各种"笑话"；在线办公的方式无形中加重了老师的工作量。同时，脱离了面对面的把控，师生之间的互动明显减少，教师难以察觉学生的听课状态，无法判断学生的知识掌握情况，也无法准确掌握上课节奏。其次，学生也受线上、线下学习双重负担的影响导致身心疲惫，在缺少教师的实时管控下，出现上课注意力差、学习效率低等问题。面对直播教学中出现的问题，折射出了教育信息化与教学融合的裂缝，同时也反映出操作者借助信息技术转变学习方式的真实水平。

如何促进师生之间的交互？如何帮助教师了解学生的学习状况？如何加强学生自主学习能力与参与感？如何减少家长的负担与担忧？这些问题值得我们持续关注与反思。朱家华等人提到，为了直播教学顺利进行，我们需要在实践中不断提升自身的信息技术素养，削减信息化教学壁垒；通过学习活动沟通在线教与学，破解"时空分离"藩篱；构建多样化在线教学路径，克服学习倦怠。[①] 除此之外，教师需要重新审视直播教学，明确其本质，减少对媒介工具的依赖，减少内容泛滥带来的迷失，把握学习的重点，教授有益于学生发展的内容，以提高直播教学的质量。

（二）信息化学习环境带来的教学活动的变化

1. 虚拟实验

虚拟仿真实验是目前课堂教学的创新教学手段之一，它是借助技术设备，将教学内容和研究对象虚拟化，创设出一种逼真的实验环境，是可以模拟实验过程、观察实验现象、探索实验规律的实验。

生物学是一门以实验为基础的学科。教师在进行中学生物学教学中经常遇到这样的问题：一是面对复杂的生物结构，教师无法用言语阐述清楚；其次，传统的实验教学中经常受实验器材、实验时间、实验安全系数、实验效果的限制，无法获得令人满意的结果，只能通过观看视频辅助学习。虚拟实验具有高仿真性、高安全性、高重复性、趣味性和人机交互性的特点，不仅

---

① 朱家华，伊丽莎."疫情"背景下直播教学的省思与启示 [J]. 新课程评论，2020 (Z1)：47–53.

有利于复杂实验的重复进行，还可以满足学生个性化学习，实现随时随地开展实验的梦想。除此之外，虚拟仿真实验的出现也解决了传统实验任务重、周期长和危险系数高的问题，为学生创新性思维的发展创造了条件。例如，丽水学院开发的果蝇杂交虚拟仿真实验。该实验由两部分组成，第一部分用Flash动画、三维动画的形式分别展示了果蝇的生活史、野生型果蝇的采集过程以及果蝇培养基的配制、接种、麻醉等操作过程，帮助学生迅速了解果蝇的特点，理解选用果蝇为实验材料的原因。第二部分可通过拖动鼠标完成果蝇的杂交实验的操作过程。其有效解决了真实实验中果蝇杂交耗时长、成功率低等问题，帮助学生生动地理解孟德尔的遗传定律。[①]

近年来，线上教学模式得到了各校的支持和广泛关注，实验作为课程的重要组成部分也纷纷加入其中，虚拟实验平台的建设为线上开展实验提供了有力保障。教育部发布《关于开展国家虚拟仿真实验教学项目建设工作的通知》提到，国家虚拟仿真实验教学项目是推进现代信息技术融入实验教学项目、拓展实验教学内容广度和深度、延伸实验教学时间和空间、提升实验教学质量和水平的重要举措。[②] 教育部在综合评议后认定了105个虚拟仿真实验教学项目为首批国家虚拟仿真实验教学项目供学生开展虚拟实验。"实验空间"是国家虚拟仿真实验教学项目共享服务体系建设支撑平台，它汇集了各个学科专业，服务于学习者开展虚拟实验。"实验空间"中的每个实验均会为学习者呈现实验简介视频、实验引导视频以帮助学习者高效开展实验。

除此之外，NOBOOK虚拟生物实验室也是一个线上的虚拟实验室。NOBOOK生物实验按照不同的教学阶段分为初中版和高中版，拥有目前市面上最完整的生物学教学资源。NOBOOK生物实验（初中版）涵盖了目前几种主流教材中的实验共计154个，NOBOOK生物实验（高中版）涵盖了必修和选修教材上的实验共计80个。此外，它还提供了大量的3D模型、高清视频、高清图片和显微镜装片，种类丰富，可以更好地帮助老师备课和授课，也可

① 汪言家，王晶晶. 国家虚拟仿真实验教学课程共享平台在高中生物学教学中的应用[J]. 中学生物教学，2022（11）：32–34.

② 中华人民共和国教育部[EB/OL]. (2018–06–05) [2022–11–4]. http://www.moe.gov.cn/srcsite/A08/s7945/s7946/201806/t20180607_338713.html.

以帮助学生更高效地学习。（如图 7-8）

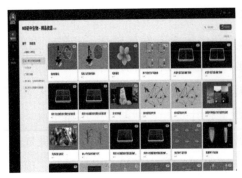

图 7-8　NB 生物实验（初中版）和（高中版）平台界面

　　NOBOOK 生物实验将所有的实验资源以三个维度进行分类，包括章节筛选、知识点筛选和资源类型筛选。NOBOOK 生物实验还具有十分强大的搜索功能，以帮助使用者快速找到需要操作的实验。

　　教师可以在"班级作业"列表中选择创建班级，邀请学生加入自己的虚拟实验班级以便于管理和上传任务。关于学案的制作，教师可以在精品资源中根据章节目录找到对应课题学案模板，根据教学需求进行修改，点击保存，保存到个人资源。在个人资源页面点击右上角"新建资源"，选择"学案"，建立空白学案。将知识点或题目的文字内容粘贴复制到空白学案中在对应位置插入实验或图片，点击"保存"，保存到个人资源。学案制作完成之后，教师可以选择要发布学案的班级，点击右上角"发布学案"选择需要发布的学案，设置发布时间，点击"发布"，班级内的学生就会收到学案进行使用。在"学案列表"中可以查看学生完成情况，点击"查看"进入学案，在"已提交"列表中，点击学生头像，可以查看学生作业内容，如图 7-9 所示。

图 7-9　NOBOOK 初中生物实验·班级作业操作界面

2. 创客活动

随着信息全球化和科学技术飞速发展，社会对创新型人才的需求也越来越多，培养创新型人才的研究和实践探索成为各国教育学者的研究热点。创客教育在创新型人才培养方面具有独特的优势，因而受到教育研究者的广泛关注。

中学生物学课程中的大多数概念是在三维空间基础上所作的科学抽象，涉及了一些比较抽象的知识。例如，在实际的教学过程中学生无法到自然环境下观看种子萌发的过程，教师更多的是为学生展示阶段性图片或拍摄好的视频，以此开展教学活动。借助创客教育组织学生开展"应用延时摄影观测种子萌发"的活动，能够让有兴趣的学生真实地参与到拍摄和观察的过程中，能够激发学生的探究兴趣，培养学生的实践创新精神。

借助创客教育开展的活动，需要制作者会使用创客工具。目前，根据不同的制作能力和任务，把创客使用的工具分为电子智能类、机械加工类和软件编程类。种子萌发过程的延时摄影创客活动呈现了电子智能类工具 Arduino 与生物学教学相融合的过程。Arduino 是一款便捷灵活、方便上手的开源电子原型平台，包含硬件（各种型号的 Arduino 板）和软件（Arduino IDE）。Arduino 能通过各种各样的传感器来感知环境，同时通过控制灯光、电动机和其他装置来反馈、影响环境。在使用 Arduino 设计创客作品的过程中，硬件电路的搭建需要依靠代码来工作，硬件实现取决于代码。Arduino 官方推出的编程开发环境是 Arduino IDE，纯代码编写环境对没有相关编程经验的使用者来说显然过于专业，难以学习。为此，不少第三方公司推出了面向 Arduino 的图形化编程程序，如 Mixly ArduBlock、Linkboy、Mind+ 等。它们是以图形化积木搭建的方法进行编程的，这样的方式使编程的可视化和交互性加强，编程门槛降低，适合没有编程经验的新手操作。[①]

开展这样的创客活动，对学校的信息技术环境、教师的信息技术能力等都提出了较高的要求。

3. 数字化游戏

2019 年 2 月教育游戏发展研讨暨《中国教育游戏发展报告（2018）》发布

---

① 黄世勇. 信息技术与中学生物学教学融合的实践研究 [M]. 南宁：广西教育出版社，2021：146–195.

会指出，教育游戏作为一种数字教育资源，对今天的教育改革具有非常重要的价值。[①] 如果说教育是人类智力遗传的 DNA，游戏则携带着人类社会属性的遗传密码，二者恰如人类进行自我修复的双螺旋结构。[②] "在社会生产力水平尚未充分发展、社会阶级尚未出现之前，教育存在的目的是给人们传授与生存活动密切相关的技能，而这种具有教育功能的实现主要就源于劳动和游戏。对于青少年来说，游戏就是他们为生活做准备的重要教育方式。"[③]

数字化游戏学习是教育与游戏再次融合的体现。它是借助于计算机、网络、多媒体等数字化媒介，利用能够培养使用者的知识、技能、智力、情感、态度、价值观，并具有一定教育意义的计算机游戏（包括网络游戏），将学习内容与游戏情节相结合，通过游戏过程来进行教学或辅助学生学习的一种新型学习方式。国际教育游戏的实证研究表明，教育游戏可以为学习者提供非建构的问题情境和开放的探索空间，有利于发展学习者的高阶思维。[④]

Quizalize 是一个以游戏化学习为理念的课堂互动系统，学生可以通过电脑、手机和平板等设备，登录 Quizalize 网站（https://www.quizalize.com/？language=zh），以完成课堂作业。该平台可以记录学生的回答情况，教师可以在后台查看学生的数据，以了解学生对知识点的掌握程度。网站会自动分析出需要关注的学生和问题，以便教师及时地调整教学策略，取得更好的教学效果。Quizalize 可以通过个性化教学吸引学生的学习兴趣。

在生物学教学中，为了帮助学生理解抽象概念和激发学生学习动力，教师也采用了数字化游戏学习手段帮助学生理解生物学概念。例如，在人教版《生物的进化》教学中，当讲解《生物进化的原因》这部分内容时，对学生来说，内容比较抽象，理解难度大，教师可以采用数字化游戏的方法帮助学生理解。"细菌塔防"是一款非常独特而有趣的防御类的小游戏，游戏风格独特，

---

① 中国教育技术协会教育游戏专委会秘书处. 教育游戏发展研讨暨《中国教育游戏发展报告（2018）》发布会举行 [J] 现代教育技术，2019，29（2）：25.

② 张晓顺，沙原，于海波. 玩中学：游戏的教育价值回归 [J]. 当代教育科学，2021（5）：10-15.

③ 裴蕾丝，尚俊杰. 回归教育本质教育游戏思想的萌芽与发展脉络全球教育展望，2019，48（08）37-52.

④ 尚俊杰，肖海明，贾楠. 国际教育游戏实证研究综述：2008-2012 年 [J]. 电化教育研究，2014（1）：71-78.

画面精致。这款游戏需要构建一个迷宫抗生素塔减缓并杀死侵染人体细菌，玩家用赚来的钱购买或升级塔，根据病人症状，选择"药"中的塔，对抗细菌。这款游戏也是将学习内容与游戏情节相结合，让学生在游戏中掌握生物学相关知识。

　　数字化游戏并不一定有利于学习的发生。教师在进行数字化游戏设计时，需要观察数字化游戏是否可以激发学生的兴趣、情绪和潜能，是否为学生提供了合作学习和间接学习的活动情境。教师还需要整合课程与评价，真正实现游戏与教育的再度融合。

■ 案例剖析

　　授课教师运用"翻转课堂"＋"游戏化教学"的新型模式开展《生物进化的原因》教学：①

　　第一，翻转课堂教学法。课前，学生利用网络教学资源，根据自身情况安排小组探究，自主学习；课上，利用电子书包和电子白板的统计、抢答、画板等功能，师生进行互动以及学生的展示使教学效果达到最优化；课后，利用班级论坛发布开放式作业，鼓励学生互动，培养学生的个性发展。

　　第二，游戏化教学法。课前环节，加入的游戏——"孢子"，学生会扮演一个单细胞生物，为了生存，它会不断吞噬、进化。在理解生物进化的原因时，学生会有更强的代入感；课中环节，利用白板游戏"模拟捕食者"是为了让学生们参与到知识的发生中来，深刻地体会、解决本节课的教学难点——保护色形成的过程。

　　教师利用"翻转课堂"着重培养学生独立探究活动的过程，培养学生的科学探究能力和自主学习能力。同时利用游戏化教学法，激发学生的学习兴趣，让学生主动参与到知识的学习中来，在游戏中理解本节的重难点知识。

---

① 郝磊. 翻转课堂中游戏化教学策略的应用教学设计——《生物进化的原因》[C]. // 第三届中小学数字化教学研讨会论文集. 2018；358–363.

■ 拓展延伸

随着信息化时代的发展和全媒体时代的到来，教师能够利用许多免费、在线、开放的社会化信息技术工具优化教学活动。例如，利用"二维码"。它具有数据存储量大、保密性高、追踪性高、互动性强、体验性好等特点，并且，在互联网上提供了众多的二维码在线生成

图7-10　Padlet 故事墙和草料二维码转换器

工具，比如"草料二维码"服务平台。在教学中，可以拓宽信息传递通道，实现资源的实时共享。Padlet（双页故事墙协作工具）是一个通过简单的拖拽式操作和丰富的模板，让新手可以做出好看的双站的建站工具。它的页面组织形式是以墙为基本结构，每面墙即一个独立的双页。用户可以随意创建一面墙，并进行网址公开分享，访问者可以随时在"墙面"创作。可以添加标题文字，也可以上传文件到单元中，供所有访问者内容共享。Padlet在教学中具有很广泛的用途，它可以实现更大限度的师生互动，有利于开展协作学习。①

三、信息化教学环境下的教学设计的注意事项

信息技术的发展对教育发展产生了变革性的影响，二者的融合为课堂教学提供了多种新型的教学模式，与之相适应的教学设计也呼之欲出。回顾历史，有关教学设计的理论基础发生了重大转变。行为主义倡导教学设计要建

---

① 朱家华，崔鸿. 信息化教学中提升师生互动体验的五种方法——基于免费、在线、开放的社会化信息技术工具实现 [J]. 中小学电教，2016（z1）.

立刺激与学习者反应之间的联系，通过创设条件使得学习者能够对所呈现的教学内容作出适当的反应并予以反馈强化。认知主义倡导教学设计要帮助学习者组织新旧知识之间的联系，形成新的认知结构。建构主义倡导创设问题情境、支持协作探究、开展对话交流和促进意义建构。从教学设计的内容来看，早期的教学设计关注的是"知识的传授""教师教什么""学生学什么"的问题，而现在则是把重心放在以学生为主体，从学习者的学习活动出发，创设有利于探究问题、建构知识和提升能力的资源环境与运行机制。

此外，《基础教育课程改革纲要（试行)》指出，要改变课程实施过于强调接受学习、死记硬背、机械训练的现状，倡导学生主动参与、乐于探究、勤于动手，培养学生搜集和处理问题的能力、获取新知识的能力、分析和解决问题的能力，以及合作交流的能力。

基于以上分析，信息化教学环境下的教学设计也应该突出以上特征，围绕学生为主体开展教学。

（一）以"学生"为中心

信息技术的不断进步为教学带来了重大变革。翻转课堂、虚拟实验均是信息技术支撑教与学方式变革的典型案例。这些教学模式虽以不同的形式呈现，但根本目的均是鼓励学生进行自主学习、合作探究及沟通交流。因此，教师在进行信息化环境下的教学设计时应该以学生为活动主体，引导学生开展自主学习。信息化教学环境为学生对教学内容的选择提供了条件，教师在进行教学设计时应该抓住这一特质围绕学生的自主学习展开教学设计。通过问题的提出，引导学生自主查阅网站，获取资料，展开相关问题的探究。

（二）以"问题情境、任务驱动"为活动主线

有效的问题情境可以帮助学生提出有探究意义的问题，发展学生的科学思维。教学中，教师往往以书本上的问题或有目的地引导学生提出教学开展所需的问题，这实际上剥夺了学生基于情境提出问题的权力。什么是有效的问题情境？如何利用信息技术促使学生提出基于真实情境的问题？例如，在学习《遗传与变异》一节内容时，教师展示了一家三口的图片，并提出问题：请同学们观察一家三口的眼睛。在观察过后，你可以提出什么问题？学生的回答大致可以分为两类，一类是针对图片呈现的眼睛的状况，发现双眼皮的

爸爸妈妈生出来单眼皮的孩子。一类是基于自己的生活经验，指出了双眼皮爸爸妈妈也可以生出双眼皮的孩子。由此可以看出，问题情境不仅基于图片、视频或模型，还包括了一系列思维活动。因此，教师在基于信息化学习环境的教学设计上不应该仅在于以图片、视频等形式呈现情境，还可以利用学习平台布置任务，通过任务驱动让学生成为问题情境中的角色，促使学生学习相关的知识，激发学生创新思考。

综合训练

1.阅读下面的材料，思考问题，完成学案活动。

在人教版必修一《分子与细胞》第四章第一节《物质跨膜运输的实例》中，我们通过外界溶液浓度与细胞质浓度的比较来学习细胞吸水与失水这个知识点，得出结论：

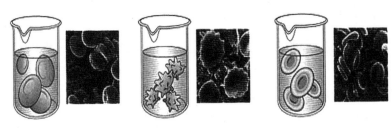

(1) 当外界溶液的浓度比细胞质的浓度低时，细胞吸水膨胀。

(2) 当外界溶液的浓度比细胞质的浓度高时，细胞失水皱缩。

(3) 当外界溶液的浓度与细胞质的浓度相同时，水分进出细胞处于动态平衡。

思考：作为一名生物教师，试想一下，我们可以借助哪些教学媒体或者如何设计学习环境来让学生的印象更加深刻？

2.比较信息化学习环境与传统学习环境，试着说明一下两者教学环境的异同。

3.根据你的亲身经验，谈一谈信息化学习的学习环境有什么作用？如何去构建一个性能良好且实用的信息化学习环境？

4.你如何根据 WebQuest 教学设计的流程设计一堂生物学课吗？

资源推介

[1] 朱家华，崔鸿，刘家武. 基于互动媒体技术的智慧教室设计思考 [J]. 实验室研究与探索，2018，37（12）：252–256.

该文阐述了技术的更新和迭代改变了传统的课堂教学环境，智慧教室提供了以信息化手段为支撑的智慧学习环境。研究通过对互动媒体的内涵进行解构与重组，对智慧学习环境下的互动媒体学习特征的分析，并立足智慧教室技术与实现，对互动媒体支持的智慧教室物化技术和模型进行建构，讨论了基于互动媒体技术的智慧教室教学有效性。

[2] 朱家华，崔鸿. 信息化教学中提升师生互动体验的五种方法——基于免费、在线、开放的社会化信息技术工具实现 [J]. 中小学电教，2016（z1）.

该文介绍了五种常见的社会化信息技术工具，主要包括：利用"二维码"拓宽信息传递通道，实现资源的实时共享；利用"Padlet"网页故事墙实现小组协作学习；利用"问卷星"实现课堂学习即时评价；利用"网络智能摄像头"构建移动学习课堂；利用"云盘"实现学习资源的管理与分享。并讨论了其在组织特定教学环节中的应用，以优化教学活动。

第八章　生物学教学测量与评价

本章要览

在生物学教学过程中，除了教与学之外，还有一项十分关键的工作——评价。教学目标设计完整、教学过程实施完成之后，教学目标是否达成、教学过程是否有效等均需要通过"评价"来实现。为此，本章将从生物学教学与评价概论、量化评价以及质性评价三方面具体介绍生物学教学测量与评价。

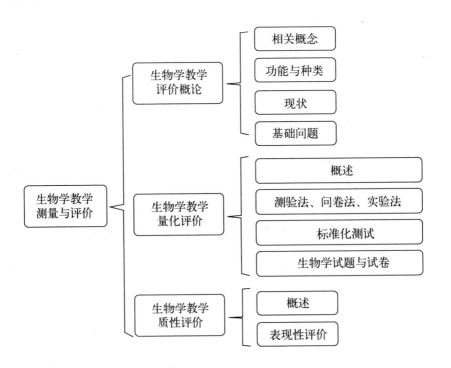

学习目标

1. 概述教学评价的概念，说出生物学教学评价的类型；对生物学教学评价的现状作出简单分析，厘清生物学教学评价相关的基本问题。

2. 简述生物学教育量化评价的概念；分别举例说明测验法、问卷法、实验法以及标准化测试等评价方式的概念、特点以及实施流程等，并对以上多种评价方式的优缺点进行比较；结合课程标准中的要求，编制出能够准确评价学生生物学学科核心素养的试题。

3. 概述生物学教育质性评价的概念、特点及其种类；运用质性评价相关理论知识，编制评价学生生物学学科核心素养的表现性评价试题及表现性评价的评分细则。

第一节　生物学教育评价概论

基础教育课程改革进入核心素养时代，生物学教育中的教、学、评作为教育共同体也都转向学生的素养发展上来。其中教育评价是影响课程改革的重要因素，能否开展科学的生物学教育评价直接关系到基于核心素养的课程改革的成效。[①] 本节将深入剖析生物学教育评价的基本概念、种类以及功能，并基于现状对相关生物学教育评价的基本问题进行解读。

一、教育评价的相关概念

（一）教育评价

评价是一套用于判断某程序、策略、方案的有效性或质量的方法和技术，以提升其实效，并为决策提供有关其设计、开发和实施的反馈信息。它既要求对客观的事实加以描述和把握，又要从主体的目的需要出发对客体的价值做出判断，是事实判断与价值判断的统一。而国内外关于教育评价的概念各

---

① 钟启泉，崔允漷. 核心素养与教学改革 [M]. 上海：华东师范大学出版社. 2017：1-2.

有界定，归纳总结起来则是从以下四个方面进行界定，即评价的价值、评价的方法、评价的效果以及评价的过程。因此一般认为教育评价是按照一定的价值标准和教育目标，利用测量和非测量的方法，系统地收集资料信息，对学生的发展变化以及影响学生发展变化的各种因素进行价值分析和价值判断，并为教育决策提供依据的过程。

（二）教育测量

教育测量是针对学校教育影响下的学生各方面的发展，侧重从量的规定性上予以确定和描述的过程，是为了了解学生的发展，特别是为了评价学生的学习成绩而进行的测量活动。但由于教育测量是针对学生在德育、智育、体育、美育、劳动技能以及个性、心理素质等方面的测量，因此与物理测量相比，在测量目的上更具有针对性、测量对象更具有复杂性、度量单位具有相对性、测量结果具有间接性。

教育评价与教育测量之间存在一定的联系。教育测量是教育评价的基础，教育测量是对教育进行量的测定，所获得的结果是教育评价所需信息的主要的、可靠的来源，是对教育的状态和价值进行客观判断的前提。教育测量的结果只有通过教育评价这个环节才能获得实际意义，否则便成了一堆抽象而枯燥的数字。

但两者在本质上也存在些许不同，比如二者着眼点不同，教育测量是为了取得数据，其更偏向于教师单方向有目的地对学生进行的测量活动。其中既有"测"也有"量"的成分过程，通过对学生进行测试、度量来实现对学生的分类；教育评价则是要分析解释，对教育价值作出判断，为学生以及教师双方提供有关学习成效的反馈。二者特点不同，教育测量是一个纯客观的过程，具有客观性特点；教育评价具有客观性与主体性相结合的特点。二者的复杂程度也不同，教育测量是对教育数量化的描述，关心"量"的获得，活动较为单一；教育评价着眼于事物质的判定，含定性与定量分析，活动是多重的。

（三）教学评价

教学评价是依据教学目标对教学过程及结果进行价值判断并为教学决策服务的活动。而在学科教育中，由于教育和教学是融为一体的过程，因此学科的教育评价一般就是教学评价。其中包括对教师教的评价和对学生学的评价。本章节内容主要围绕对学生学的评价展开讨论。

（四）教育评价的类型

标准不同，分类不同。根据不同的要素，可以将教育评价为不同类型。

1. 根据评价的时间与目的

根据评价时间与目的的不同，可将教育评价分为三类：诊断性评价、形成性评价以及终结性评价。其中，诊断性评价是指在各学年、各学期或某一教学阶段开始或结束前进行的预测性、摸底性的评价，目的是摸清评价对象的基础和情况，分析存在问题，设计排除学习障碍的教学方案。形成性评价是指学习中的评价，其目的是了解教学的结果及学习的进展情况和存在问题，及时调整和改进教学，以便顺利达到预期目的。终结性评价是指相应阶段教学活动结束后的评价，其目的是了解学生一学期或一学年的学习是否达到教学目标要求，对教学成果作出较全面的综合总结和成绩评价。

2. 根据评价参照的标准

根据评价所参照的标准不同，可将教育评价分为常模参照评价和标准参照评价。其中常模参照评价也叫相对评价，是以被评价的团体的平均状况作为评价标准，以评价学生在团队中的相对位置的一种评价方式。标准参照评价也叫绝对评价，是以既定的教育目标或课程目标、教学目标为评价标准，衡量学生在多大程度上达到了该标准的一种评价方式。具体内容参照本章第二节内容。

3. 根据评价工具

根据评价所使用的工具不同可将教育评价分为纸笔测验和表现性评价。其中纸笔测验又称文字测验，是以文字来表现测评内容，学生也以文字来作答。主要侧重评价学生在学科知识方面的掌握情况和认知能力方面的发展水平。其评价主要是借助于试卷展开。表现性评价则是指使用多种工具和形式，评定学生在实际情景下应用知识的能力，以及在情感态度和动作技能领域学习成就的一种评价方式。其可较好地评价学生的能力以及情感态度。其评价的形式包括观察与轶事记录、档案袋，实验操作检核表、实验报告、表演、作品等。具体内容参照本章第三节内容。

4. 根据评价的主体

根据评价的主体不同可分为自我评价和他人评价。自我评价是指学生基于元认知理论对自我个体学习过程以及成果等的评价。他人评价则是指根据评价依据对他人的学习过程和成果等进行评价，其包括同伴评价、教师评价、专家评价等。

以上教育评价的类型均适用于不同的生物学教育场景。除了上述教育评价类型外，当下由于生物学学科核心素养的提出，人们根据评价内容的不同又可将生物学教育评价分为生命观念评价、科学思维发展评价、科学探究能力评价、社会责任意识评价等。

二、生物学教育评价的功能与种类

根据不同需求选择不同类型的评价方式，发挥不同的评价功能。根据评价功能的不同，又可对现行生物学教育评价进行大体分类。

（一）生物学教育评价的功能

不同类型的教育评价有其相应的评价功能，总结为以下 5 个方面[①]。

1. 导向功能

通过评价目标、指标体系的引导，可以为教师与学生指明生物学科教与学的奋斗目标，为生物学教育活动指明方向。

2. 监督检查功能

可全面掌握教育情况，发现问题并及时加以解决，为促进、提高生物学科教育活动的有效性提供科学的依据。

3. 激励功能

激发被评价者争先的欲望和情绪，从而创造出一种正式或非正式的竞争环境，起到鞭策、激励的作用。

4. 筛选择优功能

根据科学的教育评价标准衡量与判断，对教育对象进行筛选择优，更有针对性地培养相关专业的顶尖人才。

---

① JIMAA S. The impact of assessment on students learning[J]. Procedia Social & Behavioral Sciences, 2011, 28 (none): 718–721.

5．诊断改进功能

通过教育评价发现当下生物学教育教学过程中存在的问题和不足，并针对这些薄弱环节提出相应的改进措施、调整教与学。

（二）生物教育评价的功能类型

1．素质测评类

基于以上不同功能导向，大致可将现行生物学教育评价分为两大类，即素质测评类以及选拔考试类。其中素质测评类主要是发挥督查检查、诊断改进的评价功能，如PISA（国际学生评估项目）、TIMSS（国际数学与科学趋势研究）、NAEP（美国全国教育进步评价）以及中国基础教育学业质量测评。

PISA是（Programme for International Student Assessment）国际学生评估项目的缩写，是由经济合作与发展组织（OECD）进行的对15岁学生阅读素养、数学素养、科学素养进行评价的研究项目。从2000年开始，每3年进行一次测评。由于15岁的青少年不可能在学校里学习到成年以后所需的所有知识和技能，所以PISA评价的并不只是中学生掌握了多少学科知识，而是他们是否掌握与他们将来生活有关的基本知识和技能，测量的是学生在实际生活中创造性地运用这些知识技能的能力，以便在成年后在社会上立足、发展。PISA除试题测验之外，还包括了学生问卷和学校问卷，目的是收集有关社会文化、经济和教育因素的指标，这些指标与学生的成绩相联系。因此PISA超越了对各参与国家或地区在三个主要领域的相对排名，涉及其周围的教育成果，如学生的学习动机、自信心以及学习策略等，获得来自学生、教师、学校和家长的综合看法和观点。该项目较为科学、全面地对参与国家及地区的青少年的主要素养水平及其教育发展情况进行了测评，可信度较高、有效性较强，较具影响力和代表性。

中国基础教育学业质量测评是我国教育部基础教育质量监测中心按照国务院教育督导委员会办公室的部署和要求开展的一项国家义务教育质量监测工作。其目的是科学评估全国义务教育质量总体水平，客观反映影响义务教育质量的相关因素基本状况，系统监测国家课程标准和相关政策规定执行情况，为改进学校教育教学、完善教育政策提供依据和参考。此项目对学生德智体美劳等全面发展状况进行监测，有利于扭转我国部分地区以升学率作为评价学校和学生主要标准的做法，在义务教育应当"培养什么人"和"如何培养人"方面发挥积极导向作用；另一方面，通过收集学生发展及其影响因素的客观数据，能对国家和地方义务教育质量发展状况进行全面"体检"，为诊断问题、分析原因、调整政策提供科学依据，从而推动义务教育质量的不断提升，充分发挥出此项目对素质教育"指挥棒"和"体检仪"的双重作用。

2. 选拔考试类

选拔考试类评价主要是发挥筛选择优的评价功能。如英国的 A-level 考试、美国的 SAT 考试、我国的高考以及生物学科相关的竞赛等。

■ 拓展延伸

美国基础教育评价考试体系

1. 国家级测评考试

（1）美国教育进展评价（NAEP）是美国唯一的、全国性的、有代表性和持续性的评价学生学业成就的项目。涵盖多个学科，如数学、阅读、科学、写作、艺术、公民教育、经济、地理、美国历史，2014年增加技术工程素养。其中，4、8年级学生的数学、阅读、科学和写作成绩以州为单位进行公布。

（2）长期趋势评价（Long-Term Trend Assessmentni）是从20世纪70年代开始对学生数学和阅读成绩进行研究，每4年公布一次评价结果。它对不同学科的评价有着不同的内容和标准。长期趋势评价针对9岁、13岁、17岁学生，学生来源于全国公立和非公立的中小学。

2. 州级测评考试

美国联邦教育部要求各州必须开展州层面的考试评价，并以考试成绩来衡量学校的教育质量，连续两年不达标的地方或学校，必须采取措施提高考试成绩，否则，联邦教育部扣减其联邦教育拨款。美国各州对州级考试办法有较强的自行决定权，即测评年级、测评科目、测评工具等都由各州自主确定。州政府对于考试评价起指导引领作用，而一些具体的实施则由当地的考试公司承担。

3. 学校的内部评价

在美国中小学的学校评价中，主要针对学生个体的发展状况，表现为较强的过程性评价，具有互动性特点。其中课堂评价以鼓励为主的正向评价导向，评价主体多元化，评价内容以知识与能力培养为主。课外评价则以精神鼓励的评价方式为主，评价内容不仅仅局限于知识和能力，也向品德、劳动技术、创新意识等其他方面扩展。[①]

4. 第三方评价

主要是第三方专业机构的评价，自愿性、地区性、民间性的协会组织根据相关需求制定相关评估标准并进行评估。

三、生物学教育评价的现状

回顾我国教育评价的历史，结合现行国内外具有代表性的生物学教育评价项目或考试，更加全面、准确地分析当下生物学教育评价的现状。

（一）教育评价的历史沿革

在历史的长河中，中国教育评价的主要方式是考试。中国考试的传统悠久绵长，我国考试演变过程如图8-1所示。在漫长的社会发展过程中，考试始终富有测量、考查、监测、甄别和评价人的意义，其内容涉及人的德、才、学、识、体等方面。

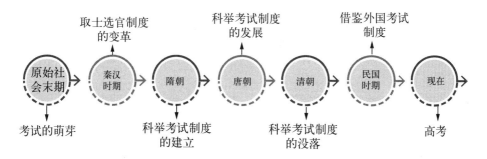

图8-1 我国考试演变过程

① 罗日叶. 学校与评估：为了评估学生能力的情境 [M]. 汪凌，周振平，译. 上海：华东师范大学出版社，2011.

通过多方努力，当下我国已初步形成总体的、全局性的、高层次的宏观教育评价，以学校为对象的中观教育评价及以学生为对象的微观教育评价。我国今天所实行的高考制度确立于 1952 年；1966 年废止了高考制度，随后又用推荐来替代高考；1977 年 10 月，国务院批转教育部《关于一九七七年高等学校招生工作的意见》，高考制度得以恢复。

（二）国内大型生物学教育评价

我国目前规模较大的生物学教育评价主要有高考、会考、义务教育阶段科学教育质量监测、初中结业考试以及生物学竞赛等。

1. 生物学高考

高考即普通高等学校招生全国统一考试，在 1978—1983 年的高考恢复和酝酿改革时期，恢复和完善了"文革"前一系列做法，广大教育科研工作者已经开始重视高考理论与方法的研究。生物学直到 1981 年才正式列入高考科目，之后试卷的分值从 30 分逐渐增加，生物高考从无到有，稳步上升。

在 1984—1997 年间的高考改革多元化时期，国家教委对高考科目设置进行了改革，提出要注意对考生能力的考查。这些措施完善了高中毕业会考基础上的高考改革。生物学高考在此时经历了发展与调整的过程。1993 年之前，生物学稳步发展，但 1993 年新的高考方案将生物学科排除在高考科目之外，生物学科人才培养和学科本身的发展受到影响。

在 1998 年至今的高考改革深化时期，在科教兴国战略中要实现社会以及教育发展的目标，高校招生考试制度必须坚持改革，主动适应时代的特点及其对人才素质能力的要求，着力引导人才全面素质的提高和创新人才的培养。自 1999 年起，生物学科陆续在各省又成为高考科目，成了一个重要的内容，处于综合实验阶段。[①]

当前随着新课程改革的不断深入，新一轮高考改革也正随之进行。生物学学科核心素养的提出，使得我们对生物学学科的育人价值进行反思，明确了生物学学科的育人目标，从而转变生物学学科的学习方式和育人模式。因此中学生物学的教、学、评作为教育共同体也都转向到学生的素养发展上。

---

① 杨帆，吴成军. 四十年来生物高考的历程、特点与展望 [J]. 课程·教材·教法，2017，37（01）：82 – 88.

《课标》中说明了评价的目的和内容，提出了评价建议，并提供了学业质量标准。因此近年的高考正在尝试改变过分专注碎片化知识的考试评价，试图构建能够促进学生生物学学科核心素养发展的评价体系。以简单的知识记忆为主的试题越来越少，而以能力考查为核心、具有情境性的非选择题稳步增多，试题注重对学生解决问题能力、逻辑思维能力以及用生物学语言表达生物学观点的能力等进行考查，充分发挥出其"为学习的评价"以及"作为学习的评价"的促进作用。

2. 生物会考

会考即普通高中学业水平考试，针对所有高中学生开展的鉴定其在生物学学科学习质量的水平考试，考试结果是高等学校招生选拔的主要参考依据之一，主要采取书面考试和操作考试两种方式，成绩采用等级制评定。

3. 义务教育阶段科学教育质量监测

义务教育阶段科学教育质量监测是针对我国八年级学生进行的监测普通初中学生相关科目学习质量的水平考试，能够较为客观地反映义务教育阶段学生学业质量、身心健康及变化情况，深入分析影响义务教育质量的主要原因，推动义务教育质量和学生健康水平不断提升。

4. 初中结业考试

初中结业考试是针对所有普通初中学生展开的鉴定普通初中学生相关科目学习质量的水平考试，通常为各地市自主命题，以书面考试的形式进行，最终成绩采用等级制评定。

5. 生物竞赛

生物竞赛，指生物学科的竞赛活动，包括我国的全国中学生生物学竞赛（CHSBO）以及国际中学生生物学奥林匹克竞赛（IBO）。其中全国中学生生物学奥森匹克竞赛是由全国中学生生物学竞赛委员会（中国动物学会与中国植物学会）组织的针对全国中学生展开的竞赛活动。通过各省地市逐级选拔，最终选拔出优胜者代表我国参加国际中学生生物学奥林匹克竞赛。其目的是加强中学生物学教学，提高生物学教学水平；向青少年普及生物学知识，促进中学生生物学课外活动，促进中学生创造性、科学思维和分析问题的能力的培养，进而提高青少年的生命科学素质。国际中学生生物学奥林匹克竞赛是由各国政府和科技团体联合主办，每个参赛国选派在本国竞赛中取得前四名的学生作为各国代表，其目的是尝试挑战并激发学生拓展他们的聪明才智，推动他们成为从事生物学方面相关的科学家。

（三）国际上具有代表性的生物学教育评估项目[①]

1. PISA

PISA 是经济合作与发展组织（OECD）进行的对 15 岁学生阅读、数学、科学能力评价研究项目。从 2000 年开始，每 3 年进行一次测评。其评估设计是基于"终身学习"（lifelong learning）的动态模型，评估的重点是为主动参与社会和经济生活所必需的、可被视为终身学习先决条件的基本知识和技能。测试领域与学校学科课程内容有密切关联，但是评估是在更广阔的范围内，在实际生活情境中测试学生的实际操作能力和文化素养。[②] 主要的测试内容为阅读素养、数学素养和科学素养，以及跨学科的能力，如"学习自控力和解决问题能力"。

■ **案例剖析**

PISA 试题：疫苗接种的历史

玛丽·梦特妖曾是一位美丽的女子，她在 1715 年受到天花感染后存活下来，但却留下了满身的疤痕。当她在 1717 年居住在土耳其时，她留意到当地经常使用一种被称为接种的方法。这种治疗方法就是将一种弱性天花病毒植入健康年轻人的皮肤内，于是接种者就生病了，但大部分情况下，只会引发轻微的病情。

玛丽·梦特娇非常相信这种接种方法的安全性，于是就让她的儿子和女儿都接种了。

1796 年，爱德华·杰纳用一种与无关病毒相关的牛痘病毒的接种，在

① NEIDORF T S, BINKLEY M, STEPHENS M.Comparing science content in the National assessment of Educational Progress (NAEP) 2000 and Trends in International Mathematics and Science Study (TIMSS) 2003 Assessments. Technical Report. NCES 2006−026[J]. National Center for Education Statistics, 2006, 18: 174.

② 王俊民，卢星辰，唐颖捷. 国际大规模科学学业评估的试题情境比较研究——基于情境类型学的量化分析 [J]. 中国考试，2019（02）：32-40.

体内产生了天花的抗体。与天花的接种比较,这种疗法引起更少的副作用,而且接受治疗的人不会传染其他人,这种疗法就疫苗接种。

问题 1:哪些种类的疾病是人们可以通过接种疫苗来抵抗的?

A.遗传疾病,例如血友病

B.病毒所致的疾病,例如小儿麻痹症

C.身体功能失调所引起的疾病,例如糖尿病

D.任何不能治愈的疾病

问题 2:如果人类或动物因一种传统性细菌疾病而生病,之后康复,引发疾病的这类细菌通常不会让他们再次患病。这是什么原因?

A.身体已经杀死所有可能导致同类型疾病的细菌

B.身体已经产生抗体,在这类细菌繁殖前便杀死它们

C.红细胞杀死所有可能导致同类型疾病的细菌

D.红细胞捕捉这类细菌并让身体摆脱这类细菌

问题 3:请提出一个理由为什么幼儿和老人特别应该接受疫苗接种以抵抗流行感冒。

"疫苗接种的历史"一题的背景资料以史为线,展现与科学相关的重要情境,与学生的个人生活以及社会生活有密切关系。设置的三个问题均结合现实情境来考查学生对于相关知识的运用。由此可见,PISA 的试题有以下特点:测评问题情境化,内容贴近生活,背景宽广;关注学生在现实情境中运用知识的能力;重在考查学生问题解决的知识和技能。

2. TIMSS

TIMSS,即国际数学和科学学习趋势(Trends in International Mathematics and Science Study),是由国际教育成就评价协会发起和组织的国际教育评价研究和评测活动。TIMSS 主要通过测试卷和调查问卷两种评测方式对 4 年级和 8 年级两个年龄段学生进行数学和科学两门课程的学习结果监测,从而了解影响学生学习和教师教学质量的因素,进而调整并改善教学环境和教学质量。

■ 案例剖析

TIMSS 试题：女孩的猜想：绿色植物需要沙子吗？

一女孩认为：土壤里必须有沙子绿色植物才能正常生长。她用两盆植物来检验其观点。其中一盆放置的条件如下：

第二盆她应按下面哪一个的条件放置？

"女孩的猜想：绿色植物需要沙子吗"一题所涉及的理论知识较为基础，但其更加关注的是学生运用知识作出答案背后所进行的思维活动。因此 TIMSS 的试题有以下特点：既重视基础知识的学习和掌握，又重视学科内容的现代性；关注学生认知能力方面的发展；重在考查学生对问题的复述、理解和分析能力。

四、生物学教育评价的基本问题

■ 现场直击

对目前国内外典型的生物学教育评价项目比较

比较项目	PISA	TIMSS	NEAP	义务教育阶段科学教育质量检测
对象	义务教育阶段末期的学生（15岁学生）	4年级、8年级	4年级、8年级、12年级	4年级、8年级
理念	评估学生能力培养未来公民	课程是学生学业成就的重要影响因素	为美国学生配置最佳的知识、技巧和能力	促进义务教育阶段科学课程有效实施
目标	为各国政府和教育政策制定者提供全面教育信息	考查参与过的教育，使其明白自己国家在教育上的利弊	了解学生成就情况及发展趋势，促进教育质量不断提高	掌握我国中小学科学素养现状和发展趋势，为国家和地方政府规划科学教育发展提供依据
实施	三年检测一次测试卷＋调查问卷	四年检测一次测试卷＋调查问卷	四年检测一次测试卷＋调查问卷	四年检测一次测试卷＋调查问卷
内容	科学素养（阅读、科学、数学素养）	科学内容、科学认知、科学实践	科学内容、科学实践	科学理解与应用、科学思维与实践、科学态度与责任

　　通过对以上相关项目的梳理比较，发现我国在教育评价上正在向先进发达国家学习，这也需要我们生物学教育工作者的共同努力。因此作为新时代生物学教育工作者，必须重新深入思考并明确生物学教育评价的理念、原则等相关的基本问题。

（一）课程标准与生物学教育评价之间的关系

■ 案例剖析

　　以下两道试题分别为新课标颁布前后的高考生物学试题。

　　2006年高考广东卷生物试题

　　40.(10分) 请回答下列问题：

(1) 兴奋在神经纤维上以 ___ 形式向前传导。

(2) 兴奋在突触的传递过程是：突触前神经元兴奋传至 ___，引起其中突触小泡与突触前膜融合，释放递质到 _____，递质与突触后膜上受体结合，导致突触后神经元 __________。

(3) 神经细胞与肌细胞接触点的递质乙酰胆碱与受体结合，肌细胞收缩，乙酰胆碱很快被胆碱酯酶分解，肌细胞恢复舒张状态。美洲箭毒有与乙酰胆碱争夺受体的作用，若美洲箭毒进入人体，其效应是 _____。

(4) 一位右侧脑出血患者由于血块压迫了发自大脑皮层的 _____，而造成左侧肢体瘫痪。

(5) 生物兴趣小组为探究雄激素与动物性行为的关系，用尚未发育成熟的仔公鸡为材料，进行了摘除睾丸实验，发现阉割的仔公鸡长大后，不出现啼鸣、鸡冠不发育和无求偶行为，因此得出雄激素能促进和维持公鸡第二性征和求偶行为的结论。科学工作者认为该实验有不严谨之处，请给予补充 _______________。

2008 年高考广东卷生物试题

34. (8 分)

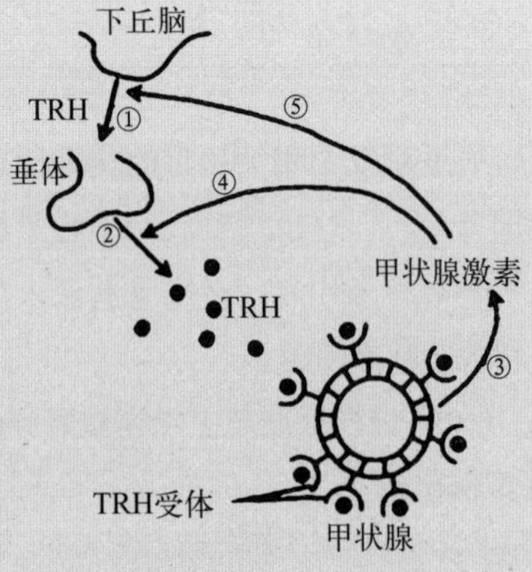

在神经和激素的调控下人体能够适应内外环境的变化。右图是甲状腺素分泌调控模式图，主要包括①至⑤五个过程，其中 TRH 及 TSH 分别表示促甲状腺激素释放激素和促甲状腺激素。请回答下列问题。

(1) 寒冷刺激后，图中过程 _____ 的活动较其他过程更早增强，过程 _____ 产生的激素可作用于肝细胞，使其代谢产热量增加。

(2) 当受到寒冷刺激时，正常人体会立刻感觉到冷，请根据反射弧有关知识写出冷的感觉是如何产生的？

（3）人体长期缺碘将会导致甲状腺增生（俗称大脖子病），这是图中哪些过程分别发生什么变化的结果？

（4）有一种疾病是体内产生了大量 TSH 受体的抗体，该抗体可以结合 TSH 受体而充当 TSH 的作用，从而引起甲状腺功能 ＿＿＿＿，这类疾病在免疫学上称为 ＿＿＿＿ 疾病。

普通高中实施第八次课程改革后，生物学高考试题在考核的角度、侧重点、形式、情境、能力要求上均发生了较大变化。因为课程标准是指导课程实施的纲领性文件，对生物学课程与教学做了标准性的规定。课程标准在课程的基本理念、课程目标、课程内容、实施建议等部分作出了详细、明确的阐述，对学业质量标准进行了水平划分[①]。因此实施生物学教育评价应当以课程标准为依据。

（二）生物学教育评价应秉持的理念

2017 年版 2020 年修订的《普通高中生物学课程标准》中明确了生物学的课程基本理念是核心素养为宗旨、内容聚焦大概念、教学过程重实践、学业评价促发展。因此在进行生物学教育评价时也应尊重"发展学生生物学核心素养"的课程宗旨，秉持如下理念：促进生命观念、科学思维、科学探究和社会责任的形成；关注学生应用知识解决实际问题时的必备品格和关键能力；既关注学业成就，又重视学习过程、个体进步和多方面发展。

（三）生物学教育评价应遵循的原则

在 2017 年版 2020 年修订的《普通高中生物学课程标准》中已明确指出如下原则：

1. 生物学教育评价应遵循"立德树人"的指导思想，重视学生爱国主义情操和社会责任感的形成；

2. 评价应关注学生对生物学大概念的理解和融会贯通；

3. 评价应指向学生生物学核心素养的养成；

4. 评价应体现导向性和激励性；

---

① 胡兴昌，张葳，李新国等. 把握学业质量标准，让学科核心素养落地 [J]. 生物学教学，2018，43 (08)：17-20.

5.评价方式应具有多样性。

遵循上述原则进行的评价既能促进学生核心素养水平的提升，又能推动教师教学水平的提高，实现评价者和被评价者的共同发展。

（四）生物学教育评价的内容

在 2017 年版 2020 年修订的《普通高中生物学课程标准》中已明确指出评价内容应以课程目标、课程内容和学业质量标准为依据，结合具体的教学内容，以生物学大概念、重要概念等主干知识为依托，检测学生生物学学科核心素养的发展水平。因此评价内容主要包括学生的生命观念、科学思维的发展、科学探究的能力以及社会责任意识等。

（五）生物学教育评价的价值取向

新一轮基础教育课程改革背景下，课程理念进一步更新，课程目标进一步优化，教育评价的价值取向必将关注学生核心素养，注重解决实际问题的能力考查；逐步纳入非认知因素和元认知因素；体现"以学生为本"的理念、关注学生终身可持续发展；重视科学思维、社会责任感的形成。

第二节　生物学教学量化评价

生物学教育评价根据评价分析方法不同可以分为量化评价和质性评价。量化评价将评价过程及结果量化，为教学评价提供事实依据。

一、量化评价法概述

■ 现场直击

　　为评价"翻转课堂"在生物教学中的有效性，王老师对试验班级和对照班级进行不同方式的教学实践（翻转课堂教学和常规教学）。他分别测量两班学生的开学考试成绩、期中考试成绩和期末考试成绩，并将三次得到的分数分别从中数、众数、回归分析等角度展开计算，并借助直方图、折线图、散点图进行分析。

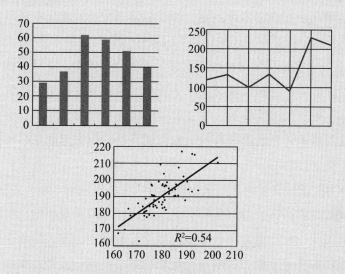

通过以上的量化分析，得出实验结果：

试验班中能够尽快适应"翻转课堂"的学生，其成绩差异为……

试验班中较慢适应"翻转课堂"的学生，其成绩差异为……

试验班中不能适应"翻转课堂"的学生，其成绩差异为……

通过这些结果，评价"翻转课堂"在生物教学中的有效性。

在此评价中，王老师运用了量化评价法，究竟何为量化评价法？有何科学依据吗？

（一）量化评价法的概念

量化评价法通常是指将评价内容化为可以量化的数量，经过测量这些相关数据，并以量化统计方法来分析结果数据，最终达到评价目的的一种方法。根据评价内容和目的的不同，在评价时选择不同的量化统计方法，简单分析时常采用一般量化统计方法，如频数、中位数、众数、百分比等。进行深入的数据分析时则会采用方差分析、假设检验、因素分析、相关分析、回归分析等。

（二）量化评价法的方法论来源

定量研究的理论基础是西方哲学史上发展了一百多年的实证主义哲学，其认为科学研究必须遵循六条原则，即经验证实原则、客观主义原则、方法中心原则、元素分析原则、还原论原则以及描述性与数量化原则。直到 19 世纪末 20 世纪初，实证主义孕育于即将诞生的教育评价中，并从方法论层面深刻影响教育评价的产生和发展，促成了教育评价研究中科学主义价值取向的形成。其中，最具代表性的实证主义者是法国社会学家涂尔干。涂尔干实证主义方法论的核心是其认为教育科学和自然科学的研究对象是一样的，都是纯客观的，教育现象的背后存在着必然的因果规律。因此，教育科学可以运用自然科学方法来研究社会。而又因为教育现象是客观的，是有规律可循的，所以是可以被人们所认识的，是可以发现其内在本质和规律的；经验是科学知识的唯一来源，并且也是科学知识得到验证的唯一标准。除此之外，其还认为教育科学的任务不在于说明教育现象应该是什么，或者必须是什么，科学的任务仅在于说明教育现象是什么。因此，教育科学无须对"事实"作出价值判断，而应该采取"价值中立"的原则。在实证主义理论的推动下，量化评价法应运而生。

二、测验法

在量化评价法中使用频率较高的具体方法有测验法等。

测验法是指用各种测量工具（教育、心理测验和其他量表）测定被评价对象的某些重要特性，从而收集到有关评价信息的方法。

■ 现场直击

为备战高考，某中学生物组共同编写了一份高中生物模拟试卷，并在高三年级进行测试，得到学生成绩。测试结束后，老师们想知道此份试卷的质量如何，比如：评价得到的结果是否可信、试卷是否测出学生的实际水平、试卷难度是否适中及试题能否区分出不同水平的学生，应该从哪些角度、如何进行检验呢？

测验的指标包括信度、效度、难度以及区分度等。

1. 测验的信度

信度是指在同样条件下重复测量其结果的一致性程度，即测量结果的可靠性。用同一份试卷，在大体相同的条件下，对同一群体的学生测验多次，其考试成绩保持稳定，一致性程度高，说明信度高；反之，说明信度低。其通常用信度系数来表示，最大值为1，表示考试完全反映了考生的稳定水平；最小值为0，表示考试与学生的学业成绩无关。对于中考、高考等大规模考试而言，其信度系数要求在0.80以上。

日常评价中可以尝试通过以下方法提高试题信度，如使试题表述清晰、题目设置恰当、解答时间分配充裕、参考答案制作合理、文字阅读量适中等。

2. 测验的效度

效度是指测量工具或手段能够准确测出所需测量的事物的程度，简单说就是测验的有效性和准确性。若测量能正确、真实地测量出所想测量的东西，其效度就高；反之，其效度就低。具体来说，效度又分为内容效度、效标关联效度以及结构效度，不同效度之间存在一定区别，在评价时，应尽可能保证各维度的高效度。

表 8-1　不同维度效度

比较项目	内容效度	效标关联效度	结构效度
概念	预定和假设要评价的内容与实际评价所得到的内容之间的一致性	效标：若一个调查存在其客观基准，则称此基准为效标。效标关联效度：将效度调查结果与效标作相关分析来确定效标关联效度	该测验所要测量的概念能显示科学意义并符合理论上的设想
举例	若要对初一学生生物学习的掌握程度进行评价，若其中内容涉及了初二或初三的生物内容，那这种评价显然就缺乏代表性	生物教学中常用学生的实际高考成绩与模拟高考试题得分之间的相关来检验高考模拟试题的有效性，即高考作为模拟考试的效标	

比较项目	内容效度	效标关联效度	结构效度
作用	确定测验分数说明学习成就的程度如何	确定测验分数预测未来成就的程度如何	确定测验分数所能说明的意义是什么

3. 项目的难度

难度是指测验试题的难易程度。一般要求试题的难度以 0.50 左右为宜，但根据考试目的不同，对难度的具体要求也不同，如选拔人才性质的考试，若确定录取人数为应试人数的 30%，则适宜的难度是 0.70 左右。对于不同题型的难度计算略有差异。客观题的难度一般用正确回答试题的人数与参加测验的总人数之比来表示，计算公式为 $P = R / N$。其中 P 代表试题的难度，R 代表正确回答客观题目的人数，N 代表参加测验的总人数。主观题的难度等于该题考生所得分数的平均值与该题应得的满分之比，计算公式为 $P_i = X_i / f_i$（$i = 1, 2, \cdots, Q$）。其中 P_i 表示试题的难度，X_i 表示各题考试分数的平均值，f_i 表示各题的满分值，Q 表示试题个数。

4. 项目的区分度

区分度是指测验对考生实际水平的区分程度，区分度又叫鉴别力。它是评价试题质量，筛选试题的主要指标与依据。区分度通常采用高低分组法进行计算，即将学生按其考试总分排序，取高分之 27% 定为高分组，取低分之 27% 定为低分组，然后分别计算高分组和低分组考试分数的平均值，计算公式为 $D_i = (Xh_i - Xl_i) / f_i$（$i = 1, 2, \cdots, Q$）。其中 D_i 表示第 i 题的区分度，Xh_i 表示第 i 题高分组的平均分值，Xl_i 表示第 i 题低分组的平均分值，F_i 表示第 i 题的满分，Q 表示题目数。

通过该方式计算得出的区分度的值为 –1.00~1.00，D 为正值，表示积极区分；D 为负值，表示消极区分；具有积极区分作用的试题，其 D 值越大，区分的效果越好。一般而言，区分度在 0.4 以上的试题非常好；区分度在 0.3~0.39 的试题为合格，如能改进则更好；区分度在 0.2~0.29 的试题尚可，用时需要改进；区分度在 0.19 以下的试题就淘汰。在评价中应保证评价试题的整体难度适中，在此基础上可适量增加复杂的题目，使水平高的学生能得分，水平低的学生不得分，使所有分数尽量分布在整个分数量尺上。

三、标准化测试

■ 现场直击

> 初中学业考试作为国内一个大规模测试，试题的命制和审题十分严格。在命题阶段，首先，经过层层选拔确定参与人员，他们根据考试标准编制试题，形成试题初稿。在审题阶段，审题人员依据考试标准、细目表等，多次讨论提出修改意见。命题人员与审题人员沟通交流后，逐条修改。再次审查后，若有问题，则再次进行修改，最后定稿。诸如初中学业考试这种评价方式的测评，与其他评价方式的测评有何不同？

如初高中学习水平考试等这一类评价测试都称为"标准化测试"。标准化测试是一种具有规范的标准，各个环节按照系统的科学程序组织，对误差做了严格控制的测试，这类测试需要专业测试人员与课程专家及教师参与，包含一个系统化、科学化、规范化的施测过程。[①]

（一）标准化测试的特点

与其他评价方式相比，标准化测试具有如下特点：标准化测试须经预测、对测试的要求极其严格、必须编制常模（常模是测试分数相互比较的标准，是解释测试成绩的参照数字）、计分方法标准化。

（二）标准化测试与教师自编测试

除了标准化测试外，在日常教育教学实践中教师通常自编试题，在本班进行测试，这种教师自编测试的有效性取决于教师的技能及其在测试编制方面的知识。因此与标准化测试相差较多，具体差异见表8-2。

---

① NORMAN L W. Issues related to judging the alignment of curriculum standards and assessments[J]. Applied Measurement in Education, 2007, 20 (1): 7–25.

表8-2　标准化测试与教师自编测试的比较

比较项目	标准化测试	教师自编测试
目标特征	目标针对大多数班级的学生的总体需求	目标针对特定班级学生的需要
内容	项目固定，不能修改，只考查课程中的基础内容	内容可能是课程的任一部分；项目可以按需要增减
施测和计分规则	由测试发行者确定，必须严格遵守测试手册的规定	由教师制定；在班级内统一；能够适应学生的特别需求
常模	由发行者将常模提供给所有教师，以便将某集体的成绩与其他群体的成绩作比较	没有常模，可由教师制定
测试评价	由发行者提供评价质量的材料	教师评价测试质量

（三）标准化测试的工具

标准化测试根据工具不同常分为常模参照测试和标准参照测试。

1. 常模参照测试

常模参照测试是依据测试集体的常模（平均分、标准差等）来解释分数的测试。这种考试着眼于学生成绩的区分，将学生个体之间的能力水平进行比较，它关心"应试人排在什么位置"，通常为了甄别和选拔不同能力水平的学生。常见的常模参照测试如小升初的升学选拔性考试、高等学校招生全国统一考试以及 PISA、TIMSS 等。

2. 标准参照测试

标准参照测试是指测试结果是根据教学之前制定的、完成课题的客观标准而进行解释的。它是利用某种既定的标准作为参照，也就是把每个人的分数与事先定好的标准比较，它关心"应试人是否达标"。通常是为了了解个体在所规定的测量内容上的行为水平，对个体作出是否达标或达到什么程度的判断，不与其他人的分数比较。常见的标准参照测试如全国公众英语等级考试、体质健康测试等。

（四）标准化测试的设计步骤

标准化测试的设计步骤可用图 8-2 表示如下：

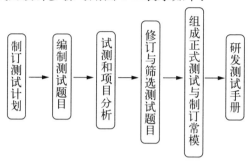

制订测试计划 → 编制测试题目 → 试测和项目分析 → 修订与筛选测试题目 → 组成正式测试与制订常模 → 研发测试手册

图 8-2　标准化测试的设计流程

1. 制订测试计划

测试的计划内容包括确定测试目的及测试内容，明确评价的大致方向；确定测试对象、时间，结合实际情况选择合适的测试形式，以便更有针对性地、更有效地开展评价；制订测试经费预算以及测试编制工程的日程安排，为评价测评提供充足的时间和后勤保障等。

2. 编制测试题目

1）搜集素材

不同类型的测试，搜集素材的途径不同。生物学学科标准化测试，主要是从课程标准、教材、教学参考书籍、学生过往测试中搜集素材。

2）编制试卷或问卷

结合评价对象和内容的特点编制试卷或问卷，试题数量至少多于最后所需题目数量的一倍，以备筛选备用。试卷或问卷整体上按难度排列，所编制的试题须登记在答题卡上，确保试卷及答题卡格式妥当。

3. 试测和项目分析

试测是为了了解试题是否具有适当的难度与区分度，了解试题是否存在含混不清的地方以及题目形式的选择、内容、测试时长对于目标人群是否合适等。应保证试测的步骤、管理、执行与正式测验的步骤一样。

试测后需要对评价项目进行内容以及原则分析，其中内容分析可以从试题层面以及整体评价层面，如从试题层面分析其回答率、难度、区分度以及选项适宜度等，从整体评价层面分析整个测试样本的信度、效度等。原则分析则需要分析该评价是否符合评价框架的要求，是否吻合评价的内容和行为目标；评价试题是否具备良好的测量学指标等。

4. 修订与筛选测试题目

根据试测结果以及项目分析，完善相关评价指标框架，筛选淘汰无效试题并进行试题替补，修订个别欠妥试题。重新组织形成的试卷需再次进行试测，因此需要重复三四次，直至试测结果较好满足预期效果以及相关测量学指标。

5. 组织正式测试与制订常模

待正式试卷或问卷形成后，正式、严谨地组织正式测评，相关工作人员需做好保密工作，确保评价的公平性。除此之外，评价组织者还需要制订常模为后期评价提供标准，或者根据被评价者的作答情况制订相关评价标准等。

6. 研发测试手册

梳理评价测试过程，研发编制形成测试手册，其中手册内容需要包括本测试的目的和功用、编制测试的理论背景以及选择题目的根据、测试的试题、实施方法、时限及注意事项、测试标准答案和评分方法、常模资料以及对分数作解释的有关标准等。

（五）标准化测试分数的解释

■ **现场直击**

> 某位研究者决定编制一套基于课程标准的标准化测试，该测试主要用来诊断不同能力水平的初三学生。他根据课程标准、课程内容，初步确定了测试的内容与结构，并根据测试对象确定了测试时间，选择了以试卷的形式进行测试。为完成这项标准化测试，该研究者接下来该怎么做？一个在难度小的测验里得的 70 分与一个在高难度的测验里得的 60 分，谁的水平更胜一筹呢？这又该如何比较呢？

如果不将基于标准化测试的表现与其他分数进行有效比较，那么这项测试就没有意义。原始分数必须转换成可以很好地反映表现被测者的分数，并将其与参加同样测试的人员分数进行比较。现有如下不同的方式供我们解释标准化测试分数。

1. 正态曲线

正态分布曲线是基于精确数学公式计算而得的对称钟形的曲线。运用正态曲线可以描述或精确地指出标准化测试中的个体表现情况，依据正态曲线分布的分数主要集中于平均数附近，同时其分数个数频率随着离平均数距离的增加而减小。

■ **案例剖析**

如案例所示图，正态曲线展示了理想状态下一群人的测试分数的正态分布，如果我们做一个图反映全国成年男性的身高，绝大部分身高会集中在平均高度附近，只有很少人会分布在很高和很矮的部分。

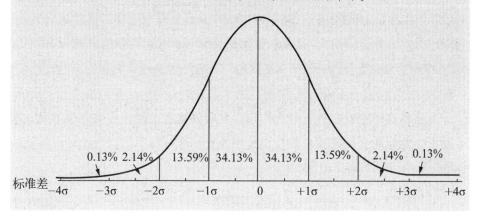

2. 标准差

方差是指离差平方的算术平均数；标准差是方差的平方根。二者计算公式如下：

$$\sigma^2 = \frac{\sum (x_i - \overline{x})^2}{n} \qquad \sigma = \sqrt{\frac{1}{n}\sum (x_i - \overline{x})^2}$$

式中：x_i 为原始分数，为一组原始分数的平均分；$\overline{x}$ 为平均值；n 为此组的样本数。

标准差可以用来计算个体得分，描述了测试分数如何在平均值左右分布。

标准差的值越大，表明这一组分数的离散程度越大，即分数越参差不齐，分布范围越广，平均分的代表性程度就越小；反之则相反。

3. 百分等级

心理测量学中的术语，是应用最广的表示测验分数的方法。一个测验分数的百分等级是指在常模样本中低于这个分数的人数百分比。将一项测试标准化以后，就会用到百分等级来评价比较常模样本和个体测试得分。学生在测试中的百分等级解释了比较组中得分低的学生的比例。例如：一个学生的百分等级是 60%，那么这个参加测试的学生在比较组的得分就会超过 60% 的学生。

■ 现场直击

> 高二（2）班的张同学生物学三个模块的考核成绩分别为：分子与细胞 78 分、遗传与进化 68 分、生物与环境 80 分，全班同学这三个模块的平均分分别为 75 分、63 分和 82 分，这三个模块的成绩的标准差分别为 12 分、15 分和 10 分，请你比较一下张小嵘哪一个模块的成绩最好？

当遇到这种测验模块不同时，测验平均分数也不同，标准差也不同，就不能用原始分数直接比较，只有将其转换成标准分数然后进行比较，常见的标准分数有 Z 分数和 T 分数。

4. Z 分数

Z 分数是一种线性转换的标准分数。可通过下式将原始分数直接转换成标准分数：

$$Z = \frac{X - \overline{X}}{\sigma}$$

式中：X 为原始分数；$\overline{X}$ 为一组原始分数的平均分；σ 为此组原始分数的标准差。

很多标准分数是基于标准差计算出来的。其中最简单的同时也是其他标准分数基础的是 Z 分数。这个分数只是简单地告诉我们，某一特定分数距离平均值有多少个标准差的距离。但 Z 分数是以平均数为零点，原始分数经转换后，有一半为正值，一半为负值，有时会出现小数，而且单位过大，与人们所熟悉的百分制相差太远，计算和使用时很不方便，不易为人们所接受。为了克服这些缺陷，美国的教育测量专家 W. A. Mecall 建议将标准分数扩大 10 倍（实际是减少标准差的数值），再加上 50，以避免小数和负数。然后将这种转换后的分数命名为 T 分数。

5. T 分数

T 分数是由 Z 分数派生出来的一种标准化分数。T 分数的平均值是 50，标准差是 10。很多标准化测试都采用的 T 分数。例如全国中学生生物学奥林匹克竞赛（CHSBO）。

6. 标准九分制

标准九分制是以 5 为平均数，以 2 为标准差的量表。标准九分数也是一种标准分，它将原始分划分为 9 部分，最高是 9 分，最低 1 分。除 1 和 9 的范围略大以外，其余均是以 5 为中心向两边各包含 0.5 个标准差的分数段。个体分数的九分等级可以测量个体在一组测试者中的排名。例如：在心理学研究中，通常会认为九分制的结果是反映儿童在标准化测试中表现的最简单的方法。他们能了解儿童是在哪些方面失分的。具体对应分值界定如下：9—非常优秀、8—优秀、7—中上等水平、6—稍高于中等水平、5—中等水平、4—稍低于中等水平、3—中下等水平、2—较差、1—差。

（六）教师在标准化测试中的角色

标准化测试能够较为有效地评估学习状况、诊断学生的优势和劣势，并且也能起到选拔学生的作用。因此在标准化测试中教师需要明确定位，发挥相应的角色作用。如需要选择测试形式，确保测试内容与课程教学相匹配；必要时需要传授应试技巧与适当练习，让学生充分做好测试的准备；评价时依据测试要求，严肃认真实施测试；分析和解释相应测试结果，利用评价结果改进教学并及时与学生、家长汇报交流等，确保评价的意义最大化。

（七）标准化测试的优缺点

1. 优点

标准化测试可靠性、有效性、高效性等优势。可靠性是指标准化测试具有测试所需的统一的标准，评价质量能够得到严格操控，评价结果相对科学可靠；有效性是指标准化测试能保证测试准确地反映测试目的的特质，因此所适用的评价范围较广；高效性是指标准化测试可以在最短的时间里对一个学生的能力作出评价和判断，并得出符合标准的结果。[①]

2. 缺点

标准化测试也具有一定的局限性，由于测试本身长度和持续时间的限制，无法全面评价和反映出学生的水平；而且其局限性也表现在它所评价的内容上，如对能力、思想意识等的评价相对较为片面。除此之外，标准化测试也对课程和教学具有一定负面影响。评价这个指挥棒的存在，使得在分数上有压力，教学变得更为关注要考什么，从而限制了生物学课堂的活动、教师的教以及学生的学。

四、生物学试题和试卷

如今提倡对生物学学科核心素养进行评价，那么我们又该如何设计指向生物学学科核心素养的评价试题呢？

（一）生物学试题的编制

1. 生物学试题的分类

根据试题的作答方式以及作答内容可对试题进行不同分类。根据作答方式可将生物学试题分为选择型试题以及供答型试题，其中选择型试题包括是非题、匹配题、选择题等；供答型试题包括填空题、简答题、论述题等。根据作答内容可分为客观型试题以及主观型试题。其中客观型试题包括选择题、是非题、匹配题、填空题、简答题等；主观型试题包括论述题、实验设计题等。[②]

在下列情况下使用主观型试题来评价为宜：

（1）拟评价学生的创意、组织和综合科学知识或语文表达等比较复杂的成就；

---

① SCHUWIRTHL. Optimising new modes of assessment: in search of qualities and standards[J]. Tijdschrift voor Medisch Onderwijs, 2001, 23 (5): 37.

② 郭巧云，马娟，张秋云，等. 科学素养下化学开放性习题的分类与编制研究 [J]. 教育现代化，2016 (24)：198−199.

（2）拟评测学生对某些科学知识的意见或态度；

（3）拟评测学生分析、应用或评价整体科学概念的能力；

（4）受试人数不多而且试题拟只使用一次或有充足时间阅卷而无足够时间命题；

（5）教师个人在评阅答案时，能明确制订统一的评分标准。

在下列情况下使用客观型试题来评价为宜：

（1）试题拟重复使用而且受试者人数众多；

（2）要求测验结果具有较高信度；

（3）评价结果必须尽可能公平、公正；

（4）有充足时间命题，而缺乏足够时间阅卷；

（5）教师个人在评阅答案时，无法把握明确而统一的标准。

2．生物学试题的总体命题原则

在《普通高中生物学课程标准（2017 年版 2020 年修订）》中明确指出："生物学试题命制应以课程标准中的内容要求、学业质量标准为依据，指向生物学学科核心素养的发展水平；试题素材应贴近学生生活实际，以真实问题情境组织命题，应注重考查学生综合运用所学的知识和技能解决问题的能力；试题的表述和指向要明确、清晰、直接，确保题目的公平性、科学性和规范性，要能够区分出不同素养水平的学生。"这提示我们在生物学试题命制过程中需要注重设问和呈现形式的灵活性以及试题的生活化和情境性，并尝试追求试题编制流程的标准化。

3．客观题的编制

1）选择题

选择题是生物学教育评价中常见的题型，选择题的评分标准统一、客观，可以用来测量被试者各种不同层次的学习结果；有利于考查被试者思维的敏捷性和准确的判断力；可以加大试题容量，抽取广泛有效的代表性样本，使试题覆盖的知识范围广；采用大量的似真选择项使得结果易于诊断，通过分析学生错误选项，教师便于发现学生在学习中存在的问题。但选择题难以全面地考核被试者，无法测量被试的思维（解题）过程，被试者有可能凭猜测而选中正确答案，编制良好的选择题花费时间较多，且要有专门的命题技巧。

因此在命制选择题时应遵循以下原则：题干意义完整并能表达一个确定的问题、题干和选项简明、尽量不使用否定式的题干、诱答项应具有迷惑性以及诱答项在语法、语气、长度方面尽量一致，避免暗示等。

2）是非题

是非题的评分标准统一、客观，取样广泛；编制相对容易，可适用于各种教材。但是非题仅能测量知识层次中最基本的结果，而无法测量高层次的学习结果且受猜测因素的影响很大。因此在命制是非题时需要注意：考核的内容应是重要的知识，应有考核价值；题目应多是测量理解能力，而不是记忆性知识；题干应围绕一个主题进行陈述；避免使用否定句，特别是双重否定。

3）匹配题

匹配题能够评价学生对多个事物与知识的理解能力和对其相互关系的判断力，可在短时间内考查较大范围内容。但匹配题也仅能测量低层次的教学目标且易提供额外的线索，导致受猜测因素的影响较大；而且在命制过程中较难找到一些符合教育目标和学习结果的同质材料。因此在命制匹配题时需要注意：

（1）指导语明确，清楚做题规则；

（2）题干和选项的个数最好不相等，以免一一对应；

（3）题干和选项各自应是同质的；

（4）顺序无规律，避免暗示。

4）填空题

填空题可用来考查被试者对知识的记忆和理解能力，受被试者猜测的影响较小，评分较为客观。但填空题偏重于测量知识记忆程度，使用过多，容易养成死记硬背的习惯。因此在命制填空题时需要注意：

（1）不能照搬教科书上原有的形式；

（2）空白处应是重要的内容；

（3）空白不宜过多；

（4）空白尽量放在题目的后面；

（5）题意明确，限定严密，答案唯一；

（6）空白处的线段长度一致，避免产生暗示。

5）简答题

简答题可以考查学生对基础知识、概念和原理的掌握和记忆情况，测评学生的逻辑思维能力、理解能力、分析能力和文字表达能力。而且简答题的编制较为简单、灵活，可以从不同角度和方向增大对知识考核的准确度和深度。但存在评分不够客观的现象，如错别字是否扣分等问题都需加以考虑。因此在命制简答题时需要注意：

（1）不能照搬教科书上的原文、原图简答设问；

（2）问题的叙述要明确，使被试者用简单语言回答；

（3）避免出只考查机械式记忆的题；

（4）问句简洁，尽量使用直接问句来提出问题。

4. 主观题的编制

1）论述题

论述题可评价学生高层次、复杂的学习结果，同时也能促进学生各方面素养的发展，受猜测因素的影响较小。但论述题所需作答时间较长，所考查知识的覆盖面较小，而且评价的主观性较强。因此在命制论述题时需要注意：

（1）①题目要求清晰，避免因阅读、理解题目造成的答题干扰；

（2）应采用答案具有统一定论的试题；

（3）一般不允许被试者选择问题回答；

（4）最好在题目中给出回答本题所需的参考时间。

2）操作题

操作试题用于测量实际动手操作性内容，着重测量被测者实际动手能力。但操作试题准备和实施比较费时，条件不易控制和标准化，评分困难，特别是测验情境与真实情况较接近时，其结果的鉴定难度更大。因此在命制操作题时需要注意：

（1）明确所要测量的教学目标和学习结果并将其操作化，为每一操作建立评分标准；

（2）选择合适的真实性程度；

（3）指导语简单清晰，向被试明确说明实际的情境、任务以及评价的标准；

（4）确定科学合理的计分方法。

3）设计题

设计题包括补充设计题、全程设计题以及设计改错题等。其中补充设计题的试题明确给出部分实验设计步骤，要求把其他步骤或原理等补充完整。此类题题干已提供较多信息，基本上划定了答题的模式，目的明确，前面的原理、方法步骤等信息已为后续作答做了铺垫，难度相对较低。全程设计题的试题明确给出或隐含相应的实验目的和原理，要求学生通过步骤的设计，验证或探究一个实验目的，得到相应的结果和结论，难度较大。题目有一定的开放性，要求学生能用课本所学知识来解决问题。便于考生发挥个性特长，符合课改要求。设计改错题的试题明确给出了试验目的、原理和设计步骤，要求把步骤中的错误之处指出来并加以改正。这类题型主要考查学生是否具备验证简单生物学事实的能力，并能对实验现象、结果解释和分析，以及理解探究性实验的一般方法。因此在命制设计题时需要特别注意：①注意把握实验变量；②重视课本实验的讲解；③善于让学生挖掘课本知识点中所蕴含的实验因素；④注重教材探究实验的开展。

（二）试题命题的失误

在命制生物学试题时由于多方面因素偶有失误的发生，以下列举出相关失误，以避免日后编制中出现，并对命制过程中的常见问题提供尝试解决的建议。

1. 测验题目的偏倚

偏倚是指在测验中对于一个总体中的某个子团体成员存在着一致性的非零预测误差，亦可称之为偏见、不公正等，大致可分为地域偏倚、性别偏倚、条件偏倚。

1）地域偏倚

地域偏倚是指生活在不同地理环境和文化环境中的考生群体对测验的反应概率出现的差异。其产生的原因是测验题目中的内容不能被全体考生广为接受。

■ **案例剖析**

> 竹子开花较为少见，但它的地下部分有很多竹鞭（地下茎），竹鞭分节，节上的芽发育为竹笋，竹笋长成新竹。

下图中的椒草，叶柄处能发出芽和根，从而长成新植株。马铃薯块茎的一个个芽眼里会发出芽来，把它切成带芽的小块，种植下去就可以长成马铃薯的植株了。

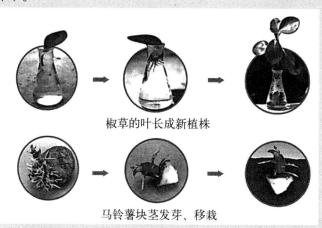

椒草的叶长成新植株

马铃薯块茎发芽、移栽

讨论

1. 这些植物的生殖方式有什么共性？

2. 还有哪些植物能以类似的方式生殖？

3. 许多植物既能进行有性生殖，又能进行无性生殖，这种特性有什么适应意义？

该题中用到的椒草多产于台湾、福建、广东、广西、贵州、云南、四川及甘肃南部和西藏南部，北方比较少见，因此在北方进行这个活动时可能不便找到椒草这种植物，无法顺利开展讨论。

2）性别偏倚

性别偏倚是指由于性别的差异对测验的反应概率出现的差异。产生这种偏倚的原因是测试的内容有利于某一性别的生理体验和心理承受。

■ **案例剖析**

"女大十八变，越变越好看"，与这种现象直接相关的器官是（　　　）

    A. 雌性激素   B. 子宫

    C. 卵细胞   D. 卵巢

现实教学实践中不同性别的学生对青春期发育的内容及心理上的反应存在差异。性别因素在此处可能会对学生作答产生影响。

3）条件偏倚

条件偏倚是指受教于不同教学设备水平的考生对测验的反应概率出现的差异。编制考查实验能力的试题，要充分考虑到现实的教学设备和实验材料的状况。生物学是一门以实验为基础的学科，许多试题都是围绕实验来编制的。目前还有一些偏远贫困地区还不具备做一些操作比较复杂的实验的条件，因此，教学条件较好地区和偏远地区的学生对试题的理解可能就会有偏差，这种情况下就会产生条件偏倚。

2. 测验题目的失误

1）试题超纲

超纲是指《课程标准》中没有述及的内容；二是相关文件中有述及的内容，但考查的内容过细，超过教学目标要求。生物学试题超纲导致很多生物学教师为了让学生在考试中能有更好的表现，而不自觉地依据大学或其他教材来安排教学的内容的顺序、深度和广度，把教学内容的深度和广度扩大化。

■ **案例剖析**

下列有关生物生理现象的叙述，正确的是（　　　）

A. 在冬天，家兔和蜥蜴的耗氧量都增加

B. 花生种子萌发初期，有机物的种类减少

C. 植物花芽的形成，标志着生殖生长的开始，该物种营养生长停止

D. 动物胚胎发育过程中，胚膜的出现增强了对陆地环境的适应能力

本题中 A 选项需要初中知识：家兔是"恒温动物，在冬天要保持体温恒定"，代谢增强，耗氧量增加；而蜥蜴是"变温动物，冬天要冬眠"，代谢减弱，耗氧量下降。因此 A 选项是超纲的，B 选项中的生殖生长、营养生长也属于类似情况的超纲。

2）试题不严谨

不严谨的题干、不严谨的答案、不严谨的杜撰试题，乃至出现命题的科

学性错误，这会影响学生的思维，形成学生思维的不严谨。

■ 案例剖析

　　下图为人体手背皮肤（A）接受一定刺激后引起肱二头肌（E）发生收缩而产生屈肘动作的神经传导路径示意图，以及图中F结构的放大，请据图回答下列问题：当兴奋在B上传导时，兴奋部位的膜内电位变化为_____。

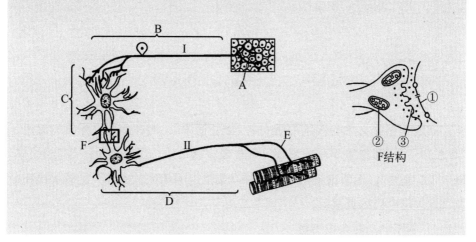

　　本题参考答案是"由负变正"，但经常有学生回答"正"，但两种答案都有道理。第一种理解：兴奋部位的膜内"电位变化"为：由负变正；第二种理解：兴奋部位的"膜内电位"变化为：正。如此一来，用词不准确，便会造成歧义，结果必然引起争执。

　　3）试题语言表达模糊、含混，有歧义

　　试题需要有一定难度，只有试题难度合适，才能达到训练和评价目的，用来测试才能有区分度。而试题的难度应体现在考查学生知识和能力的掌握程度以及内容和要求上，不应该是由于考生对文字表达的不熟悉、不理解而造成试题难度增加。试题语言表达模糊、含混，有歧义，会导致学生对试题的认识和作答出现错误，同时还会影响学生在平时的学习过程中语言组织方面的不规范，这种失误将影响答题的准确性、科学性、完整性、条理性、逻辑性等。

■ 案例剖析

下图中能正确表示"J"形、"S"形种群数量增长速率随时间变化趋势的曲线分别是（　　）

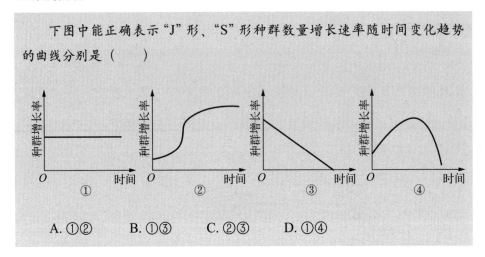

A. ①②　　　　B. ①③　　　　C. ②③　　　　D. ①④

本题在题目文字的叙述中用的是"增长速率"，而在曲线坐标轴中却用了"增长率"，出现张冠李戴的现象。学生做完题目后，很容易误认为"增长率"即"增长速率"。正所谓差之毫厘、谬以千里，因此这种粗心大意的失误在命制试题过程中应尽量避免。

4）题干信息冗余或不足

题干信息冗余是指题干材料无关信息过多，与考查内容无太大联系，可能会导致大部分题干的叙述及图解内容失去了意义，甚至干扰学生判断。题干信息不足是指题干材料信息量不足以支撑学生解题，致使学生无法判断，只能乱猜，失去了测试的意义。

■ 案例剖析

1.某植物红花和白花这对相对性状同时受多对等位基因控制（如A、a；B、b；C、c…），当个体的基因型中每对等位基因都至少含有一个显性基因时（A_B_C_…）才开红花，否则开白花。现有甲、乙、丙、丁4个纯合白花品系，相互之间进行杂交，杂交组合、后代表现型及其比例如下：

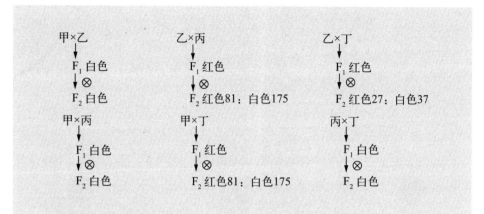

根据杂交结果回答问题：(1) 这种植物花色的遗传符合哪些遗传定律？(2) 本实验中，植物的花色受几对等位基因的控制？为什么？

2. 胰岛素原转变成胰岛素是在哪种细胞器中进行的？

    A. 线粒体　　　B. 溶酶体　　　D. 高尔基体　　　D. 核糖体

上述案例中的第 1 题中出现了信息冗余的失误，如第 (2) 题题干中没给出植物的名称，只是用"某植物"加以限定。对于一种具体植物物种，其花色遗传受几对等位基因控制是客观、具体的，题干中所给的 3 个杂交组合、后代表现型及其比例是用来让学生推导其花色遗传受几对基因控制的。"本实验中"对于"植物的花色受几对等位基因的控制"来说，是一个不起任何作用的无效限定。第 2 题出现了信息不足的失误，第 2 题的选项中各种细胞器的结构和功能在《课程标准》中有明确要求。但是由于胰岛素原的相关知识点在教材中没有涉及，所以题干中应提供相应的素材，设计成材料分析题，学生才能用教材中的知识、原理对其进行分析、判断。

（三）生物学试卷编制与分析

1. 生物学试卷的编制

（1）明确评价目标：基于教学过程的评价可大致分为诊断性评价、形成性评价和终结性评价，不同的评价侧重点不同，相应的试题难度、选取、实施方式也有差异。所以，教师在编制试卷之前首先要明确评价目标，具体的教学目标对评价目标具有导向与参考价值。

（2）设置双向细目表：双向细目表指为了科学地安排考试内容而命制

的试题规划表。最常用的考试命题双向细目表是一种考查内容和考查目标之间的关联表，实际上就是教材内容和学习结果两个维度，其中一维反映教材的内容，另一维反映学生应达到的学习水平。设置双向细目表的具体步骤如图 8-3 所示。

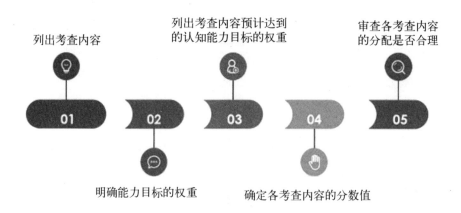

列出考查内容

列出考查内容预计达到的认知能力目标的权重

审查各考查内容的分配是否合理

明确能力目标的权重

确定各考查内容的分数值

图 8-3　设置双向细目表的流程

（3）试卷的编排：试卷的编排包括试题的安排和编制指导两个方面。在安排试题时，要充分考虑测验的目的、学生的发展水平和考试时间，尽可能做到将相同题型的所有题目放在一起；出于教学目的，把考查相同层次（如记忆、理解、应用）的题目放在一起；以难度递增的方式来排列题目等。

2. 生物学试卷的分析

生物学试卷的分析主要从难度、信度、效度、区分度等相关指标入手进行分析，相关指标的具体分析方法可参考前文。

第三节　生物学教学质性评价

随着课程改革的不断深入，质性评价越来越受到重视和应用，成为生物学教育评价领域的研究热点。

一、质性评价法概述

■ 现场直击

在高中必修一"观察根尖分生区组织细胞的有丝分裂"实验中，要求学生根据观察结果，绘出植物细胞有丝分裂后期示意图，有部分学生虽然在显微镜下并没有观察到细胞分裂图像，但仍然模仿着书中的插图画出了有丝分裂后期图。在这种情况下，能否按照传统的量化评价方式给学生做出评价？你认为应该如何进行评价？

有一位教师引导未观察到分裂图像的同学分析原因，同学们纷纷进行分析解释，有的说是取材时截取的根尖太长，以至于在显微镜下长时间找不到分生区；有的说是染色时间长、染色太深，所以看不到染色体的形态。在一番讨论后，大家分享了彼此成功与失败的经验。与此同时，教师也发现学生对这个实验的原理和过程认识得更加深刻。

经过刚才同学们的讨论和探究，之前没有得到实验结果的同学都顺利找到了有丝分裂图，并根据实验结果画出了有丝分裂后期示意图。最后，教师强调并总结今天这节课同学们的表现值得表扬，希望同学们能继续保持这种乐于探索的科学态度。

从这个案例中可以看出，教师的评价并不是简单地表扬和批评，也不是从最后学生得出的结果来直接量化评价。教师不仅关注结果，还关注学生的思维动态，学习心理。当学生遇到困难和挫折时，教师能及时用委婉的谈话改变学生对待科学不严谨的态度，还引导学生去自我反思和深入分析，从而转变学生对实验失败的畏惧心理，使其更加乐于探究。在此评价中，该教师运用了质性评价法。

（一）质性评价法的概念

质性评价是指以人文主义认识论为基础，通过文字、图片等描述手段，对评价对象的各种特质进行全面充分的揭示，以彰显其中的意义，促进理解的教育评价活动。

由于学生素养很多情况下不能被简化成数字或无法量化，因此量化评价无法全面评价素养，无法很好地满足生物学学科核心素养的评价要求。而质性评价能够全面真实地记录学生的行为表现情况以及学生在学习成长过程中的作品和对问题的思考、反思，能够对其成长做出全面性的描述，直观具体地反映出学生的差异性和发展的历程，现实地反映教育现象，促进学生素养的发展。[1] 因此当下生物学教育评价中更提倡质性评价。将质性评价与前述的量化评价进行比较，会发现二者存在较多区别如表8-3所示。

表8-3　量化评价和质性评价的比较

比较项目	量化评价	质性评价
理论基础	科学实证主义	人文主义自然主义
价值取向	工具理性	实践理性解放理性
评价功能	甄别区分鉴定	沟通反思改进
评价标准	一元标准	多元标准
评价内容	认知因素	非认知因素
评价主体	一元主体	多元主体
操作特征	简便易行	操作复杂
评价判断	客观	主观
评价结果	抽象分数	系统描述
信息反馈	小信息量	大信息量

质性评价通过自然真实的调查，关注学生的差异性，描述和揭示被评价者与他人不同的各种特质。质性评价并不是与量化评价完全对立，而是对量化评价的反思、批判、改革和创新。在教学评价中不能完全摒弃量化评价，对于某些适当的评价内容仍然可以使用量化的方式去评价。

---

① 杨向东. 核心素养测评的十大要点 [J]. 人民教育，2017 (Z1)：41-46.

（二）质性评价的理论基础

随着对课程改革运动的深刻反省，人们开始反思和批判量化评价，质性评价越来越受到人们的关注，并由此开始了对质性评价方法的追求。该方法的提出有着较为坚实的理论基础。

1. 多元智力理论

基于多元智力理论摒弃以成绩考核为重点的做法，提倡通过多渠道、多角度考查学生的综合能力。将质性评价运用到中学生物学教学过程中符合多元智力理论所提倡的评价理念。在实际的中学生物学教学中，尊重承认学生的个体智力领域存在不同的差异，运用质性评价可以有效促进被教育者核心素养的发展。

2. 建构主义学习理论

建构主义理论，重视学生对所学知识的主动建构和学生主动探究的过程。教师在学生建构的过程中起到促进、指导的作用。从建构主义的观点出发，质性评价关注的不仅仅是最后的结果，其关注的重点是学生在获得知识及在学习中产生的情感体验、各种能力提升的过程。

3. 后现代主义理论

后现代主义强调事物的多样性、多元性，对事物的认识应该是多视角、多层次的。提倡采用多种方法，广博容纳，摆脱形式，建立一个开放的、多元的方法群。后现代主义认为教学评价应采用反思、批判的思维方式，给教学评价提供了新的思路，倡导多元化的质性评价方式，淡化评价的甄别、选拔功能，突出评价的激励、发展功能。

4. 当代教育评价理论

20 世纪 70 年代末、80 年代初，在美国兴起了第四代教育评价理论并得到广泛认同。该理论认为，评价是所有参与评价的人，特别是评价者与被评价者双方的交互作用，统一观点、共同建构的过程；追求评价目标的多元性，并不完全排斥其他的评价模式，提倡重视具体的评价任务，与其他的评价模式相互补充，这一理论对质性评价的影响很深刻。

（三）质性评价的分类

根据评价手段或载体的不同可将质性评价分为课堂即时评价、课堂观察记录、作品分析以及档案袋评价等。

1. 课堂即时评价

课堂即时评价是指在课堂教学过程中，对于学生的行为表现，给予即时鼓励、调控及引导的评价活动。它强调对具体行为的判定，是以"质的记述＋价值判断"为主的评价，运用学生自评、学生互评和教师评价等多元化评价主体的评价方式，以多渠道的反馈信息促进学生的发展。课堂即时评价具有简单、灵活、易操作、反馈及时、针对性强等特点，是使用最频繁的质性评价方法。

（1）学生自评。

学生自评是指学生针对自己的课业学习和身心发展状况，按照自我认同的评价标准，进行观察、诊断、分析和判断，从中找出优点和缺点，以便明确今后努力方向的自我教育活动。在中学生物学学习过程中，学生通过对自己的发言、学习态度、学习习惯、学习方法等方面进行评价，认识自身的优势和不足，正确评价自己的学习过程，进而自觉地改进学习策略。

（2）学生互评。

学生互评是一种以群体互动为基础的评价方式，是课堂即时评价的重要组成部分，它能有效地激发个体间的互动与促进，便于学生张扬个性与集体共进的协调统一。在中学生物学课堂教学中，教师应该给学生提供彼此交流和相互评价的平台，引导和鼓励他们积极参与到对他人评价的活动中来，使学生不仅能够客观地评价别人的想法观点和行为表现，还可以清楚地看到自己的长处和不足，提高学生的批判性思维，让学生学会交流、合作与分享。

（3）教师是学生成长发展的指导者和驱动者。在中学生物学课堂教学中，教师可以灵活运用口头评价、体态语评价、多媒体评价等多种方式，对学生的表现情况、存在问题等进行及时反馈，使学生获得有效的信息，让学生能够客观、清醒地认识自我，修正学生自评和互评的主观性。

■ **案例剖析**

1. 在学习高中生物必修二"基因工程及其应用"一课前，教师布置学生课前了解关于基因工程应用的知识。有的同学利用网络资源和课外书，了解到自己感兴趣的内容，在上课时侃侃而谈，教师即时评价"瞧他真了不起，课前做了充分的准备，自己从课外资源中学到了许多有趣的知识。"

2.课堂上某位同学的解法独特或完成得又快又好，教师竖起大拇指、点头、脸上表现出赞许的神态等。而当某同学上课注意力不集中时，为了不影响课堂整体的教学气氛，教师可以一边讲课，一边很自然地走到这个学生身边，面带微笑并用眼睛关切地看着他。

3.当学生回答正确时，电脑屏幕上出现"回答正确，你很棒！"；当回答错误时，会显示"没关系，再试一次"。

上述案例1中教师采用了口头评价的方式，这既是对被评价者的表扬与鼓励，更主要的是这样的即时性评价实际上也是对学生的一种学习方法的指导，所有的学生均能感受到其中暗示的内容：课前准备充分，课堂表现会更出色，而且从课外资源中可以学到许多课本中没有的知识。案例2中教师采用了体态语评价，当学生表现好时，教师未用语言去激励他，而是用体态传达出赞扬和鼓励；当学生表现不好时，教师也并未用语言直接批评指正，而是用体态语巧妙地提醒他注意并改正自己的不良行为。案例3中教师采用了多媒体评价的方式，利用多媒体对学生进行辅助评价，既可以帮助学生巩固知识，反馈信息，还可以提高学生的学习兴趣，增强学习积极性，有效地实现了现代信息技术与教学的整合。

2.课堂观察记录

课堂观察记录，是一种较好地反映学生学习情况和展示学生进步的质性评价方法。它能够及时地、具体地评价学生，根据学生课堂学习过程中各个阶段的任务确定一些将要评价的项目，然后描述项目的具体内容和要求，并根据这些内容和要求对学生进行分项评定，评价结果可以采用等级划分或者简单描述等方式。

3.作品分析

作品分析是对被评价对象的创作成果或其他作品进行分析，从而获得有用的评价信息的工具。在中学生物学课程中，作品分析一般是指生物作业评语，是生物教师在学生作业、实验报告等一类练习上针对学生在生物学习中的具体表现和存在问题，采用质性描述的形式所写的有针对性的文字。

教师在进行作品分析时，需要注意评语的个性化。每个学生自我发展程度不同，抓住学生在某一方面或某些方面的特点予以描述，凸显其个性，而不必面面俱到。除此之外还要注意以下几点：第一，评语要突出学科特色。不仅要关注学生对基本概念的掌握情况，更要重视对生物科学方法、思维方法、实践能力等方面素质的评定。第二，评语的内容应具体。如果评语言之无物，便不能对学生作出准确评价，评语中应多写具体行为，避免一些笼统、抽象、结论性的陈述。第三，评语要突出优势，指明不足，提出建议。有效评语应该是让学生及时获知有关自己学业情况的信息以及如何采取积极有效的行动加以改进。

4. 档案袋评价

档案袋评价是指在某过程中为达到某个目的所收集的相关资料的有组织呈现，通过这些资料或材料，展示事情的进展过程或者个人的成长经历。让学生主动地参与选择档案袋装入的内容，制订和修改评价作品的标准与方式，并在评价自己作品的同时积极评价他人作品。在这一过程中，教师和家长应该全程关怀，恰当指导，帮助学生对档案袋里的内容进行合理分析，并向其提供反馈信息和评价意见，发挥指导和促进作用。

（四）质性评价的特点

1. 评价的情境是自然的

质性评价强调在自然、真实的评价情景中进行评价，其原因主要在于两个方面：第一，任何事情都不能脱离一定的社会环境而存在；第二，教育的真正意义在于引导学生解决真实生活的真实问题。因此，质性评价强调在自然、真实的或者接近真实的情景中进行教育评价，激发学生最真实的行为反应，同时了解学生真实行为背后的社会文化生活。

2. 评价的手段是描述性的

描述是质性评价的主要手段，质性评价追求对那些能够显现评价对象的内在规定性的具体特征进行细致而深刻的挖掘，通过观察、深入访谈、情景测验、作品分析等途径搜集评价信息，收集大量的事实材料并把它们组合之后，对被研究对象在研究现场中言语、行为、情绪等方面的特点进行分析，通过一种动态的、自下而上的归纳建构过程，抽象概括出对评价对象的解释和判断。

3. 评价的标准是多元的

传统评价模式中所追求的统一性、客观性和机械性，在很大程度上扼杀了学生的创新能力。质性评价认为，教育评价的根本目的是促进学生的发展，而不是给学生定等级、贴标签。现代社会的文化是多元的，现代社会迫切地需要创新型人才，教育作为培养人的活动，就应该采用多元的评价标准，顺应学生多元的文化背景，尊重和张扬学生的个性差异。

4. 注重评价主客体之间的互动与理解

质性评价主张评价者在评价的过程中不断地开展行动研究和反思，及时利用评价信息，针对自身教育教学工作中存在的问题及时调整自己的工作方式甚至工作理念；同时，被评价者也要在评价的过程中及时了解自己的发展状况，并有针对性地对自身的学习、生活状况进行反思和调整。质性评价主张消除传统评价中评价者与被评价者之间的隔阂与对立，强调评价者与被评价者之间的互动与理解，实现评价主、客体之间的双赢。

二、表现性评价

由于生物学的学科特点以及学生发展生物学学科核心素养的需要，生物学教育评价开始转向质性评价，其中表现性评价在质性评价中较为常用。

（一）表现性评价的概述

1. 定义

不同的学者对于表现性评价有不同的定义表述。一般认为，表现性评价是指要求学生创造出答案或产品以展示其知识或技能的测验。评价学生的能力表现是表现性评价的核心，任务情境是评价学生表现的载体和前提，它强调过程评价和结果评价的统一性。

2. 适合进行表现性评价的任务类型

表现性评价的形式多样，包括演示、实验与调查、科研项目、口头描述与戏剧表演等。

1）演示

演示是一种按要求作出的能力表现，学生借此展示他能够使用知识与技能来完成一件定义良好的复杂任务。构成演示的任务通常是定义良好的。而且学生和评价者通常也知道完成演示的正确或最佳方式。

在学校中，学生可以演示他们使用仪器设备的技能，如实验仪器；演示在图书馆或互联网上查找信息；在体育课上演示怎样打球。对大多数演示来说，演示集中于学生运用其技能的程度有多好，而不是集中于学生解释自己的思维或说出现象背后的原理的情况如何。

2) 实验与调查

实验与调查是一种按要求作出的能力表现，学生从中计划、实施及解释经验研究的结果。研究集中于回答具体的问题或调查具体的研究假设。

实验与调查可以评价学生是否运用了适当的探究技能与方法，还可以评价学生是否形成了适当的观念框架及对所调查现象是否形成一种理论性的、基于学科知识的解释。为评价这些能力，应要求学生在开始收集数据前作出估计与预测，而后收集、分析数据，展示分析的结果。接下来在所收集证据的基础上得出结论并进行论证。此外还要陈述其假设并能识别其方法或数据中可能的错误源。最后要能有效地交流实验或调查的结果。

3) 科研项目

让学生或学生群体完成一项科研项目，从而对其综合运用知识的能力做出评价。在实际运用时，主要有两种形式，个体项目和群体项目。其中个体项目是一种持续时间较长的学生活动，最终产出如下产品：模型，有一定功能的物体，实质性的报告或收集物。精心编制的研究项目，要求学生应用和整合广泛的知识与能力。作为评价技术的群体项目，其主要目的是评价学生能否以合作性的及适当的方式一起工作，来创造出一个高质量的产品。群体项目的学习目标取决于学科内容及所评价学生的水平。

4) 口头描述与戏剧表演

口头描述可允许学生说出他们掌握的知识，并以会谈、演讲的方式使用其口语技能。例如，在语言及语言艺术课程中，许多学习目标集中于语言的流利及交流技能的方式上，而不是内容的正确上。戏剧表演将演讲技能及运动能力表现结合在一起。例如，学生可以将他们对虚构人物或历史人物的理解，通过扮演角色将这些人个人特点表现出来。

适合进行表现性评价的任务类型包括表达性任务、操作性任务以及思考性任务。表达性常见于讨论、辩论、角色扮演、知识竞赛、课题汇报等。教师可从中了解学生的语言水平和表达技能，并进行综合的评价。操作性任务常见于一些操作性活动，如正确使用显微镜，正确进行徒手切片活动等。教师可对学生操作的规范性和熟练性进行评价，重点考查学生的动手操作技能。思考性任务常见于概念的理解、分析与应用的高层次的思维活动。这类任务又分为分析性任务、综合性任务、评价性任务和问题性任务。教师可考查学生思维的过程及产生的结果。其中适宜在生物学科中进行表现性评价的任务类型及评价内容如表8-4所示。

表8-4　生物学中常见表现性评价的任务类型及评价内容

观察	实验	调查	角色扮演	设计	制作	课外实践
观察目的、观察方法、观察记录、工具使用、得出结论……	提出问题、作出假设、设计实验、进行实验、收集实验证据、进行解释、得出结论、情感态度……	调查目的、调查计划、实施过程、信息处理、调查结果、调查态度……	扮演目的、准备工作、语言表达、表演动作、信息加工、团队合作……	设计目的、设计构思、设计准备、设计过程、设计成果……	制作对象、制作准备、制作过程、作品展示、情感态度……	实践目的、实践准备、实践过程、结果与结论、成果展示、实践态度……

（二）表现性评价在教学和学业评价中的实施

1. 表现性评价的实施流程

（1）明确评价目的：确定考查的知识、能力和情感态度倾向，抑或是确定评价素养的维度等。

（2）确定评价标准：评价标准可结合生物课程标准、教师的实践经验总结及其专业判断等。[①]

（3）选择表现类型：确定学生的活动类型，例如，实验、设计、角色扮演，等等。

---

① 邵朝友. 基于学科素养的表现标准研究 [M]. 上海：华东师范大学出版社. 2017：001-002.

（4）设置表现性任务：表现性任务的具体成分必须明确，即需要明确地告诉学生需要做些什么；应该详细规定展现能力的背景和条件；同时还应该让学生理解和记住评估他们表现的规则。

（5）制定评分规则：分项评分规则和整体评分规则，本环节需要师生共同参与。

（6）实施并选择样例：实施任务时要给予充足的时间；从学生的作业中挑选出典型的样例，结合评分规则进行分析。

2. 表现性评价工具的制定

表现性评价的工具可分为整体性评价和分析性评价。整体性评价主要侧重于从整体反应来观察学生的学习行为，评价时只需给出一个综合性的分数或等级。这种评分建立在对学生的"表现"或形成"产品"的整体印象之上，而不是对个别成分作出细致的考虑，具有总结性和概括性的特点。分析性评价则针对某项表现性任务的不同侧面，对学生的行为和技能进行分别评价。分析性评分有两种具体形式，核查清单和评分量表。评价的目标非常集中和明确，评价者不容易偏离评价中心，且对每一方面表现的观察都很细致。

（三）表现性评价的优点和缺点

1. 优点

表现性评价有利于明确教师的教学目标，促进教师教学质量和教学水平的提高，规范教师的教学和评价行为；帮助学生更好地学习，促进学生进步；优良的表现性评分规则既可以作为评价工具，也可以作为教学活动指导，还可以作为学生的学习目标；表现性评价可适当拓展评价范围，改善日常评价方式，为教师和学生提供更具针对性和更有效的反馈信息，体现教学诊断和反馈的功能。除此之外，表现性评价有利于学生自评和互评，使学生对自己的学习情况作出全面而准确的评估，并改进学习方法，强化学生技能的学习和掌握。

2. 缺点

与此同时，表现性评价也有一定的局限性，如表现任务与评分办法难以编制；实施比较困难，花费时间多，评价成本相对较高；表现性评价虽能较好评价学生素养水平，但其也不能同时评价所有类型的学习目标。除此之外，与复杂的实际生产生活相比，其任务真实性仍有所欠缺。

综合训练

1. 请结合课程标准的要求以及教材内容，选择相应的评价方式，命制评价某一生物学学科核心素养的试题并制定相应的评价标准。

2. 某试卷的 9 小题满分为 5 分，高一（3）班共 50 名学生，总分前 27% 和后 27% 的同学（各 14 人）在该题得分情况如下表所示，计算该题的区分度，并根据结果说说该题的区分度怎么样？

学生类别	第 9 题学生得分													
前 14 名	3.0	3.5	4.0	2.0	2.5	4.5	1.5	3.5	2.5	4.0	3.0	3.0	3.5	4.0
后 14 名	1.0	2.5	3.0	1.0	1.0	1.5	2.0	2.5	3.5	1.0	1.5	1.5	1.0	1.0

资源推介

[1] 高原 . 美国当代标准化测试的命运与教育权利的转移——从《不让一个孩子掉队法案》到《每一个学生成功法案》[J]. 课程・教材・教法, 2016 (09)：121−127.

该文通过回溯美国自 20 世纪末教育权利从地方集中到联邦的历史进程，指明联邦对于教育权利收回的目的在于提升美国学生总体的学业水平和学生之间的成就差距，加强标准化测试就是其中最为重要的举措之一，并直接揭露了在此过程中出现的种种问题，为我国当前大力倡导的基于标准的课程改革和评价制度的优化提供了参考借鉴的范本。

[2] 林大津 . 围绕美国标准化测试的争议及其启示 [J]. 外国教育研究, 1991 (03)：19−21.

该文梳理了美国标准化测试的历史以及对其争议。以一宗有关招生、招工中标准化测试的诉讼案为例直接呈现了标准化测试方式的优缺点，并结合我国的高考背景，提出了一些启示和建议。

[3] 从流程视角谈优秀试卷的编制 [J]. 中小学教师培训, 2013 (06)：83−85.

该文从"流程"这一视角谈了优秀试卷的编制，提出了普通教师编制优秀试卷的流程和步骤：了解测试性质，明确目标要求；研读命题依据，拟订命题计划；实施命题过程，科学命制试题；审查选编试题，组卷形成初稿；检查修改初稿，提升试卷质量；试答整份试卷，适当调整完善；编制参考答案，确定评分标准；积累实测数据，总结经验教训。为一线教师命制试题提供了实操性的参考。

[4] 张莉娜. PISA2015 科学素养测评对我国中小学科学教学与评价的启示[J]. 全球教育展望，2016（03）：15-24.

该文从评价的视角分析了 PISA2015 科学素养测评内容架构及其实施特点，阐释了 PISA 测试对我国中小学科学教学与评价的启示，包括：注重在教学与评价中细化能力的内涵；注重科学探究在教学与评价当中的实施；关注认知过程与深度思考；注重在教学与评价中创设科学情境等。

[5] 张锋，林静. 定量定性相结合的教研技术在生物学实验课堂观察中的运用 [J]. 生物学教学，2013，38（09）：6-8.

该文把基于课堂证据支撑的定量分析与生物学教学专业内涵为基础的定性分析结合起来，进而对生物学实验课的课堂观察作出基于证据的推论和评价。以此，让听评课能较好把握对课堂教学的整体感受，体现基于生物学科的理解、思考和分析，又能避免因为证据不足而面面俱到的经验之谈，为课堂评价提供充足的量化证据。

第九章　生物学教育科研与教研

本章要览

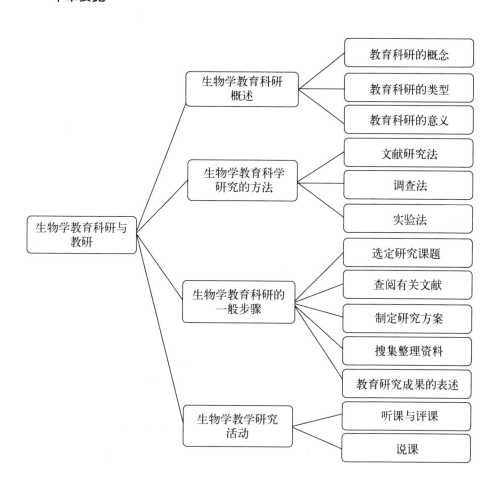

教育科研与教研（下文简称"教科研"）是教育的第一生产力，是教育改革与发展的基础和先导。教师作为教育实践最广泛的群体，应该成为教科研的主力军。将教科研与日常教学工作紧密结合，才能使教师真正实现从"经验型"向"科研型"、从"教书匠"向"教育家"转变。树立"主动科研"的意识，进行长期不间断性的研究活动是每个教师必须履行的职责，是提高教学质量的先决条件与提高自身价值的必由之路。为此，本章将从生物学教育科研与教研的内涵解读、常用研究方法、一般步骤与生物学教研活动形式四方面具体介绍生物学教学科研与教研。

学习目标

1. 能围绕中学生物学教科研的内涵和特点，阐明常见研究方法及教学研究的活动形式；

2. 能结合教学实际，选择一项个人感兴趣的小课题，运用本章介绍的研究方法等相关理论知识，模拟课题研究的基本流程和成果转化；

3. 能够运用听课、评课和说课的相关理论知识，解决教学实践中的常见问题，指导个人教学。

■ **现场直击**

> 刘老师在新教师入职培训会上听到了特级教师余映潮老先生关于《做优秀的学科教师》的报告，余老师提道：优秀的教师应该是非常关注提高自我理论、长期用"文字"的方式积累教育教研教学资料、坚持年年月月阅读专业杂志增长学问积累资料的老师……看到余老师做的读书笔记和书房里读书墙的照片，年轻的刘老师深受感染，写下了自己的职业愿景：我要成为一名研究型、成长型的优秀教师！
>
> 作为一名一线教师，我们面对的学生都是一个个鲜活的个体，正处于知识爆炸、瞬息万变的信息、人工智能时代，我们在学校所学的知识和技能很难再满足我们的岗位要求，当我们坚持不断学习，用一名学习者、研究者的眼光看待教学中的问题，用作科研的思想去解决这些困难，你会一次又一次爱上教师这个职业，爱上全情投入的自己。

第一节　生物学教育科研概述

　　教育科研是探索教学规律、促进教育发展、提高教育教学质量的第一推动力。明确教育科研的内涵是进行教育科研的基础。本节将深入剖析生物学教育科研的含义、类型和意义，并结合具体案例对生物学教育科研的类型进行解读。

一、生物学教育科研的概念

　　生物学教育科学研究是在现代教育思想指导下，以教育理论为依据，用教育科学方法对生物学教育领域的实践和理论进行有意识的探索活动。它是推进教育工作者不断提高自身素质，不断完善自己的理论体系，推动中学生物学教育教学工作向前发展的重要活动，具有极强的理论性和实践价值。

　　进行教育科学研究需要研究者具备一定的教育科研意识。教育科研意识就是教师对教育活动的有意识的追求和探索，它是由教育的信念与热情、教育的知识与经验、教育的眼光与智慧三个要素组成的，它既表现为行为主体对教育环境的主动适应，也表现为行为主体对教育环境的积极影响与改造。

二、中小学教育科研的类型

　　划分教育科研的类型有不同的方法，按照研究的目的可分为基础研究与应用研究；按照研究性质分类，可分为定性研究和定量研究；按照研究资料的来源分类，可以分为第一手研究和第二手研究。

（一）基础研究与应用研究

　　基础研究以获取某种知识为目的，为了增进人们对某些现象和事实的基本理解，会修正、补充、完善已有的一些概念或原理，也会提出新的理论，其成果具有概括性和不可预见性，不能直接应用于实践。

应用研究的目的是应用，应用已有的教育理论来解决实践中遇到的教育问题，是基础研究成果的具体化和操作化。

■ 案例剖析

> 以曹玉敏[①]的论文《初中生物学实验中应用 PBL 教学模式的实践探索——以"探究植物的呼吸作用实验"为例》为例，其摘要如下：
>
> 本文呈现了植物呼吸作用实验教学中运用 PBL 教学模式的具体方法：从真实情境导入、发现问题到以问题驱动引导、学生自主合作探究，再到回归情境解决问题，通过探索和实践发现该模式在培养学生探究能力、科学思维和社会责任方面具有很好的效果。

作者将 PBL 教学模式运用于初中生物学实验，并以某一具体课例阐述了如何实施教学。这类研究是把基础理论应用到教育教学中，所得到的结果对教育教学有比较直接的借鉴和指导意义，因而属于应用研究。

（二）定性研究与定量研究

国外学术界一般认为定性研究是指：在自然环境中，使用实地体验、开放型访谈、参与性与非参与性观察、文献分析、个案调查等方法对社会现象进行深入细致和长期的研究。方式以归纳为主，在当时当地收集第一手资料，从当事人的视角理解他们行为的意义和他们对事物的看法。近年来盛行的质性的研究方法，实际上也属于定性研究的范畴。

定量研究主要是指搜集用数据表示的资料和信息，并对数据进行量化处理、检验和分析，从而获得有意义的结论的研究过程。

案例剖析

> 以张文君、俞如旺[②]《2014—2020 年浙江省生物学学、选考的历史演

---

① 曹玉敏.初中生物学实验中应用 PBL 教学模式的实践探索——以"探究植物的呼吸作用实验"为例[J].生物学教学，2021，46（07）：47-49.

② 张文君，俞如旺.2014-2020年浙江省生物学学、选考的历史演变[J].生物学通报,2021,56(03)：48-51.

变》为例，其摘要如下：

> 通过对比浙江省生物学学考、选考合卷考试与目前实行的学考和选考分卷考试模式，分析合卷与分卷的试卷结构、分值分布和试题命题特点，为其他地区高中生物学科的考试改革提供可借鉴的经验。

作者通过统计分析浙江省 2018—2019 年最新的 3 次学、选考试卷，在文中具体列举了学考和统考的试卷结构、分值分布和考点分布的具体数据差异，最后得出学考和选考试卷的异同点。文中的结论是基于统计数据而展开的，此类研究属于定量研究。

（三）第一手研究与第二手研究

第一手研究是指研究人员或教师自己设计、自己收集数据、自己分析的研究。常见的第一手研究方法有调查法、实验法、观察法、个案研究和行动研究等。

第二手研究是指对某一领域的文献资料进行评述，综述别人所做的研究，对别人所做的研究做出评论。第二手研究通常是研究某个时期学术界在某一个研究领域上所进行的研究情况。一般硕、博毕业论文的综述部分就属于第二手研究。

三、中小学教育科研的意义

（一）指导中小学的教育改革

教育科研为教育改革提供了科学的依据和理论指导，教育改革与教育科学研究相结合是现代学校教育发展的重要途径。教育改革最根本的就是要通过教育科学研究进行实验探讨，寻找规律指导教育实践。[①] 以生物学而言，牵涉的问题和方面十分广泛，诸如教学内容的选择及编排、学科核心素养的体现、教学策略及模式的创新使用、现代信息技术手段的有效利用、学习效果的监测与评价等。大力开展教育科研活动是为建设中国特色社会主义教育体系提供科学依据的源泉，是引导教育改革与实践深化的动力。

---

① 王凤春.中学数学教育科研.[M].上海：华东师范大学出版社，2013：12.

（二）提高中小学教育质量

教学是教育的主要组成部分，提高教学质量是教育的永恒主题，要提高教学质量涉及方方面面的问题，其中一个重要的问题是如何依靠科学研究的引导。"实践的开拓需要理论的开拓"，教师从事教育科研，探索教学规律，能使教育教学实践经验得到理性的升华，获得科研成果，并把成果运用到教学中去，促进教学水平的提高。

（三）完善中小学教育理论

开展教育科学研究能够揭示生物学教学的基本原理和特有规律，把隐藏在大量实践经验背后的因果线索理清楚，并上升为理论，从而丰富我国教育科学研究理论宝库，促进教育科学发展。人们对教育规律、特点的认识，离不开教育研究，教育科研成果的积累丰富和发展了教育科学。人们通过教育科学研究将实践经验和感性认识上升为理性认识，总结出规律和理论，反过来指导教育实践，再通过实践和教育研究进一步发展和丰富教育理论。教育科学理论的形成离不开教育科学研究，教育科学研究使教育科学本身获得了丰富和发展。

■ 拓展延伸

推荐阅读：

1. 徐岳敏. 我的四大教育情愫——生物教学、心理教育、综合实践和科研写书 [J]. 中学生物教学，2016（09）.

2. 黄徐丰. 研读教育研究文献的五点建议 [J]. 中学生物教学，2022（05）.

3. 吴举宏. 走向名师的阶梯 [J]. 中学生物教学，2017（01）.

第二节　生物学教育科学研究的方法

研究结果的理想程度取决于研究过程的严谨程度，而研究过程的顺利程度又取决于研究方法的科学使用与否。研究方法就如砍柴的刀，我们要根据研究的目的、对象选择最合适的方法与手段，并在使用过程中不断对其进行调整优化。

一、文献研究法

文献研究法是指搜集、鉴别、整理文献，并通过对文献的研究形成对事实的科学认识的方法。它是一种古老而又富有生命力的科学研究方法[①]。如果要用一句话来概括文献研究的特征，就是"用研究文献来研究事实"，更直接地说，是把"文献当作一种事实来研究"。

（一）文献研究的特点

1. 超越时空

它能超越时间、空间的限制，通过对古今中外文献进行调查，可以研究极其广泛的社会情况。这一优点是其他调查方法不可能具有的。

2. 间接调查

它是一种间接的、非介入性调查。它只对各种文献进行调查和研究，而不与被调查者接触，不介入被调查者的任何反应。这就避免了直接调查中经常发生的调查者与被调查者互动中可能产生的种种反应性误差。

3. 方便自由

它是一种方便、自由的调查方法。文献调查受外界制约较少，只要找到了必要文献就可以随时随地进行研究；即使出现了错误，还可以通过再次研究进行弥补。

文献研究是在前人和他人研究成果的基础上进行的研究。它不需要大量研究人员，不需要特殊设备，可以用相对较少的人力、经费和时间，获得比其他调查方法更多的信息。

（二）文献研究的类型

文献研究依据研究的性质可分为基本型和高级型。

1. 基本型

它是对有关研究课题的现有知识进行总结和评价[②]。它的目的是陈述现有知识的状况，不断缩小和澄清一个研究主题。一般而言，教师做课题研究都

---

① 凤元杰.文献信息检索[M].北京：科学出版社，2010.

② Lawrence A.Machi Brenga T. McEvoy.怎样做文献综述——六步走向成功[M].上海：上海教育出版社，2011.

需要做这样的文献研究。

■ 案例剖析

> 以《"检测生物组织中的糖类、脂肪、蛋白质"实验改进综述及思考①》为例，该文章摘要如下：
>
> > 综合比较多位学者对"检测生物组织中的糖类、脂肪、蛋白质"实验改进方案，对比实验材料、实验方法的优缺点，提出改进方案：以葡萄为实验材料，用纱布包裹葡萄挤出汁液，加入斐林试剂，90℃水浴加热并观察颜色变化；以花生种子为实验材料，采用刀片刮擦涂片，滴加苏丹Ⅲ或苏丹Ⅳ染液，染色后在光学显微镜下观察；以熟鸡蛋白为实验材料，将熟鸡蛋白捣碎后加清水，添加双缩脲试剂，观察颜色变化。3个实验优化后时长在35min左右，为一线生物教师生物实验教学提供参考。

该文章在"已有研究对实验的改进"部分以表格的形式从实验材料和实验方法方面对前人的实验进行了详细介绍、罗列和优缺点分析，进而集百家之长，提出了新的改进方案。

2. 高级型

它在对相关文献进行回顾后，确定研究者的研究主题。它是确定原创性研究问题的基础，也是对一个研究问题进行探索的基础。高级的硕士论文和所有的博士论文都以此作为寻找研究课题中未知领域的垫脚石②。

■ 案例剖析

> 《互动媒体支持下的 PBL 课堂教学研究——以〈中学生物学教学设计〉为例》③这篇硕士论文以"课堂信息化教学""课堂媒体教学"两个相关主题词，对近几年中国知网的论文收录情况进行了全库精确主题检索，通过检

---

① 董拓颖，潘阳."检测生物组织中的糖类、脂肪、蛋白质"实验改进综述及思考 [J].中学生物教学，2019，(09)：54—58.

② Lawrence A, Machi Brenga T, McEvoy.怎样做文献综述——六步走向成功 [M].上海：上海教育出版社，2011.

③ 朱家华.互动媒体支持下的 PBL 课堂教学研究 [D].上海：华中师范大学，2015.

索数据对比发现关于"课堂信息化教学""课堂媒体教学"两个主题的研究仍出现逐年增多的趋势。但是，对于媒体与学习者之间的关系研究严重缺失。在教学研究中，关于互动媒体的研究也不多：以"互动媒体"作为关键词，在中国知网进行篇名索引，相关文献有275篇，且大部分文献发表于2013年之后。从而确定了论文的研究主题：一是研究信息技术工具支撑下的课堂教学生态，包括教学组织、教学资源、师生关系等多个方面；二是研究信息技术工具支撑下的课堂教学策略。

作为刚接触教育研究的新手教师，我们应先从海量阅读文献做起，从别人的研究中借鉴研究问题、研究方法、分析理论、分析工具，也可以对别人的研究方法、分析工具进行修改，对研究数据提出新的解释，从而完成一个新的研究。

（三）文献研究的实施

1. 依据主题，锁定关键词

确定研究的主题后，研究者就应该进一步锁定与之相关的关键词。为了有效检索，应该提出3~5个关键词。有时还需要确定与某些关键词相反的词语，例如以"惩罚教育"作为关键词时，应该同时将"赏识教育"也作为关键词。

关键词是文献检索的关键要素。一般来说，当研究者尚未确定自己的主题及其关键词时，应先翻阅相关文献，在查阅文献的过程中逐步形成自己的选题及关键词。等到主题和关键词确定之后，就可以有针对性地进行文献研究了。为了避免重复研究，在确定主题前，应进行全面、系统的检索，了解针对同一问题的综述是否已经存在或正在进行。

2. 依据关键词，检索文献

目前，常用的网络资源平台包括CNKI数据库、万方数据库、维普数据库、超星数字图书馆等。

CNKI数据库是"中国知识基础设施工程"的简称，已建成的数据库有"中国期刊全文数据库""中国优秀博硕士学位论文全文数据库""中国重要会议论文全文数据库"，等等。其中，"中国期刊全文数据库"是目前世界上最大的中文期刊全文数据库之一，它已经成为中国学者普遍使用的文献资源。

文献检索是否可以暂时中止，可以通过检查以下三个任务是否完成业决定：

第一，是否已经找到本领域的、频繁为其他研究者所引用的"三"份关键文献或"三"个"重要作者"。

第二，所找的文献是否已经显示出"三"个不同的意见和立场，是否已经找到正方和反方以及具有综述研究性质的关键文献。

第三，所找到的文献是否已经显示出"三"个不同的研究阶段，后面的阶段在哪些方面超过或遗忘了前面的研究。

3. 依据文献，分析解释

筛选后对所得文献进行书面描述和分类，以确定最终被纳入的文献。根据预先设计的表格提取有关的数据资料，其结果可反映研究质量的指标及其他重要的资料。接着按照统计原理对于提取的数据采用定性或定量的方法进行分析处理。一般采用定性分析即采用描述的方法，将研究文献按对象、干预措施、结果等进行解释总结，得出明确结论。

■ **拓展延伸**

教育研究观察法

观察法是研究者按照一定的目的和计划，在教育教学活动中，通过感官和辅助仪器，在自然状态下，对研究对象进行系统地观察研究，从而了解某些特征和规律的方法。它具有直接性、情境性和可重复性的特点。

行动与研究法

行动研究法是教育实践者在自然、真实的教育环境中，依托自身的教育教学实践，自行解决此时此地教育实际问题，即时自行应用研究成果的一种研究方法。也称现场研究。行动研究可以个人进行，也可以以小组或集体进行。其基本特点是：为行动而研究、在行动中研究、由行动者研究。

二、调查法

调查法是研究者通过有目的、有计划、有系统地对已有教育事实的现实状况和历史状况进行收集、整理、分析，从而了解教育现状、发现教育现象之间的联系、认识并探索教育发展规律的方法。

（一）特点

1. 经验性特点

调查法是在获取经验材料的基础上进行研究，是为了形成经验，而不是以严密的理论体系和论证方法去阐述教育现象与过程的理论性研究。

2. 间接性特点

调查法一般不受时间和空间的限制，是一种间接的研究某一教育问题的方法，不像观察法那样直接用感官去感知现实。例如学生的思想活动、兴趣爱好、理想志向，家长对学生学习态度的影响等都不能观察到，必须用调查法去了解情况。

3. 非干预性特点

调查法是在自然状态下搜集材料，对研究对象不施加任何干预影响，从而区别于有目的、有计划地对研究对象施加干预的实验研究和行动研究。

（二）种类

1. 按收集资料方式划分

（1）访问调查法

又称访谈法，是调查者与被调查者面对面地、有目的地谈话，直接收集材料的方法。优点在于调查者与被调查者对象之间保持面对面的关系，可以设法消除调查对象的顾虑，随机引导，相互启发，达到调查的目的。它的局限性在于调查者需要花费较多的时间和精力，要求调查者有较好的技巧、经验和机智，才能保证有良好的效果。

（2）问卷调查法

问卷调查是以书面语言或通信形式进行调查、搜集资料的调查形式，即研究者根据研究目的将编制成的系统问题或表格发给调查对象，请求填写答案，然后收回，加以整理、分析和研究。问卷调查具有标准统一、匿名客观、调查面广等优点，所以问卷调查是教育调查研究中常用的一种资料收集方式。但是问卷调查法也存在一些缺陷：弹性不足、回收率低、问题数量有限等[1]。

---

① 祝庆东. 教师如何做"小课题" [M]. 上海：华东师范大学出版社，2019（11）：76.

2. 按调查对象的范围划分

(1) 普遍调查

是对调查对象的总体全部进行调查。例如全国人口调查就是普查，既不能多一个，也不能少一个，因而耗费的人力、物力很大，但可信度大。

(2) 样本调查

是从总体中合理地抽取样本，用样本的特征值去估计总体。虽有一定的误差，但有一个置信区间，能做比较可靠的估计。应使总体的每个单位都有同等被抽取的概率。

(3) 个案调查

广义的个案调查法是针对单一个体在某种情景下的特殊事件，广泛系统地收集有关资料，从而进行系统的分析、解释、推理的过程。狭义的个案调查法则是指对单一个体或一个单位团体作深入细致研究的过程。个案调查研究的结论往往主观性较强，难以推广到更大群体，在使用时要谨慎选择。

（三）调查法的实施

英国社会学家莫泽曾说过，"十项社会调查中有九项是采用问卷调查的"。美国社会学家艾尔·巴比更认为，"问卷是社会调查的支柱"[①]。事实上，问卷调查法不仅是社会科学研究最普遍使用的方法，也是教育研究者普遍采用的方法之一。因此，下面我们重点介绍问卷调查法。

1. 明确调查目的

在进行问卷调查时，调查目的是首先要考虑的问题，因为调查目的是问卷设计的灵魂，是问卷调查的出发点和中心，它决定着调查的一切方面，如调查对象的选择、调查范围的确定、调查内容的设计、调查结果的分析。因此，在问卷调查的开始阶段，首先应该明确调查目的。

2. 确定问卷内容

问卷质量的好坏直接影响着调查资料的真实性、适用性，影响问卷的回收率，进而影响整个调查结果。问卷一般包含三个部分：题目、问卷主体和结束语。

---

① 朱雁. 调查研究法之问卷调查法 [J]. 中学数学月刊，2013（07）.

（1）题目

题目主要反映研究课题和研究内容，既要简明扼要，又要能吸引被调查者。还要注意不能诱导被调查者，否则会引起防范心理或抵触情绪。

（2）问卷主体

问卷设计最关键的环节是具体问卷的设计，包括导语、个人基本信息和具体问题的设计。

导语部分通常介绍调查的内容、目的和意义；关于匿名的保证，消除被调查者的顾虑；指导被调查者填写问卷的说明或注意事项；被调查者的个人身份或组织名称；如果是邮寄的问卷，要写明最迟寄回问卷的时间；对被调查者的合作与支持表示感谢。

通常，一份问卷主体部分的开头，会请被调查者填写一些个人的基本资料。个人基本资料的组成部分根据被调查者的情况而定，如果被调查者是学生，那么往往需要填写姓名、年龄、所在学校、年级等。个人基本资料中要填写的题目，一般都是研究中考虑到的变量。

（3）结束语

结束语要对被调查者的合作再次表示感谢，以及提醒被调查者不要漏填和进行复核。这一表达方式的目的在于显示调查者的礼貌，督促被调查者完整准确回答问题，以免漏答和错答。一般采用以下的表达方式：问卷到此结束，请您再从头到尾检查一次是否有漏答和错答的问题。最后，衷心地感谢您对我们调查的热情支持。

3．编制问卷

（1）初步拟定问卷的题目

确定问卷题目是问卷设计的关键。在对调查目的和内容有了比较清楚的了解后，就可以确定问卷的提纲，然后设计问卷初稿，比较规范的做法是采用卡片法或框图法[①]。

卡片法是把初步考虑的每一个问题和答案写在卡片上，每一题一张卡片，所有的问题和答案都考虑好以后，接下去按问题内容将卡片分类，再按一定的顺序排列，最后将调整好的卡片写到纸上或输入电脑，形成问卷。

---

① 王凤春．中学数学教育科研．[M]．上海：华东师范大学出版社，2013：12．

框图法是把问卷各个部分按一定的顺序编制成一个框架图，然后再写出每一部分的问题及答案，最后通过补充、修改、调整后，形成问卷。

（2）问卷题目数量的控制

一般来讲，一份问卷的题目应该控制在70题以内，如果问题较难回答，要考虑相应减少题目的数量。

（3）回答问卷时间的控制

一般情况下，让被调查者完成一份问卷的时间大约在30分钟左右，如果时间太短，调查的内容和范围往往受到局限；如果时间太长，被调查者往往会产生厌烦心理以致影响问卷调查的效果。

4. 问卷的试用与修改

（1）问卷的试用

设计好的问卷，一般要经过反复多次的修改才能完稿。由于问卷调查一旦进行，发现错误就将无法弥补，所以设计好问卷初稿以后，还必须经过试用和修改这两个环节，才能正式调查。

试用是将问卷初稿打印若干份（一般是30~100份），在正式调查的总体中抽取一个小样本进行试探性调查，以便了解问题是否全面、清楚，问卷内容和形式是否正确，填答是否完整，是否能满足调查的要求，问卷的编码、录入、汇总过程是否准确，等等。

（2）问卷的修改

根据试用情况，为提高问卷的信度和效度，对问卷进行修订，如果有必要，可以再进行试用，直至完全符合要求，最终定稿。

5. 问卷的发放与回收

问卷调查的质量不仅取决于问卷的设计，也取决于问卷从发放到回收各个环节的工作。

（1）问卷的发放

发放问卷必须关注两个问题：一是要有利于提高问卷的填答质量，二是要有利于提高问卷的回收率。可以由调查者本人亲自到现场发放问卷，也可以委托其他人发放问卷。如果用的是"问卷星"等电子问卷，则可以借助微信、QQ等媒介加以发放。

（2）问卷的回收

问卷回收要当场粗略地检查填写的质量，主要检查是否漏填和是否有明显的错误，以便能及时纠正，保证问卷有较高的有效率。因为问卷收回后，再发现问题就无法更正了，如果无效问卷多，就会影响调查质量。

《SPSS 其实很简单》封面和问卷星图标

根据有关专家测定，成功的问卷回收率应达到 70% 以上，而 50% 的回收率是问卷调查的最低要求。如果回收率达不到 50%，调查结果的可靠性就难以保证。

6. 调查数据的处理

在对所回收的问卷进行分析前，必须进行资料的转换与数据录入。在问卷设计时，我们给每个问题及答案分配一个数字作为它的代码，到了资料处理阶段，我们则将被调查者对问卷中问题的回答转换成供电脑统计的数字。目前，广泛应用的统计分析软件是 SPSS。

■ **拓展延伸**

数据统计中推荐的工具之一是 SPSS，这个工具的特点在于数据录入后，可以直接反馈数据分析结果，相对来说比较简单。

《SPSS 其实很简单》是由美国加利福尼亚大学教授罗纳德•D. 约克奇所编著的一本专注于 SPSS 统计分析的指导用书。本书语言通俗易懂、讲解深入浅出，较生动地阐述了统计原理和利用 SPSS 进行数据分析的方法。

如果是利用问卷星（https://www.wjx.cn/）发放问卷，平台将自动生成数据分析报告，可以查看下载原始数据。统计分析分为默认报告、分类统计、交叉分析和自定义查询四类，这些功能都是免费的。利用好问卷星可以让我们的研究过程事半功倍。

三、实验法

教育研究实验法是依据一定的教育理论假说，在教育实践中进行的，运用必要的控制方法，变革研究对象，探索教育的因果规律的一种教育科学研究活动。可预见性和可干预性是实验法最显著的两个特点。

（一）实验法的类型

1. 对照实验

是运用实验手段进行相对比较，找出两种事物和现象的异同，以揭示研究对象的某种性质或某种原因的实验。

2. 析因实验

是由已知结果和现象去探索产生这种结果或现象的原因的实验。

3. 定性实验

主要用来判明研究对象是否具有某种性质、某种因素是否存在、各种因素之间的关系、某种措施是否有效等。

4. 定量实验

是用来测定研究对象的某些方面或因素的数值，确定某些因素之间的数量关系的实验。

5. 预测性实验

即在进行大规模实验之前进行的抽样实验。用于预测研究课题的价值，以便进行大规模的实验和推广。

（二）实验法的基本要求

1. 提出假设和研究变量

实验的目的是验证假设。假设是指研究者预先说明的两种或两种以上变量之间的关系。一个假设起码有两种基本变量：自变量和因变量。

一个好的假设，理论上应说明自变量和因变量的因果关系，还必须具有实践操作方案，即实验的实施方法、过程以及结果的检验指标和测量方法。

2. 控制非实验因子

非实验因子（即不打算研究的因子）可归为两类：

变性因子：变性因子具有偶然性，对实验的影响或许有利，或许不利。例如，在进行比较两种教学方法的实验时，天气的冷暖、阴晴，教师、学生的心情等都是变性因子，我们没有绝对的办法可以控制，但可以使它们随机化。

恒性因子：其产生的影响是固定的有利或固定的不利。例如，在上述两种教学方法的比较实验中，某班教师的业务水平高，这种恒性因子会固定地使某种教学方法接受有利的影响。为了实验结果的准确，必须设法控制恒性因子。

3. 消除执行者及参与实验人员的偏向

实验的执行者及参与人员在心理上、技能高低上、态度上自觉或不自觉地带有一些偏向，这将会使实验蒙受不应有的影响。实验之前，应及时通过一些措施消除它们给实验带来的影响。

4. 对实验详细记录，对实验结果进行准确性检验

（1）从测验的效度与信度上来检验：效度是指测验的有效程度、准确程度；信度是指测验的可靠程度。

（2）用实验系数进行检验：实验系数的大小可以用来表示实验可靠程度的大小，实验系数越大，就表明实验结果越可靠。

（3）类推检验：即将实验结果与其有关的定理、定论进行对照，若二者相等或相近，说明实验结果有效；若二者相差很多，则需要扩大实验再一次证明。

（4）重复实验检验：检验实验结果的优劣，还可另行抽样，在改变实验对象不改变实验因子的情况下进行重复实验，并对实验结果进行比较。

（三）实验研究的实施

实验研究如同任何一项研究一样要有明确的步骤。然而，与其他研究方法相比，实验研究的步骤更强调每一步的准确性，并对每一个细节有更严格的要求。这样做的目的是避免无关因素对实验结果的影响。

1. 形成实验假说

实验假说必须以陈述句的形式简洁、明了地表述变量之间的因果关系。假说还必须是可检验的。因此，自变量要求有可操作性，因变量要求有可测性。

2. 界定实验变量

这一步主要是规定自变量的内涵、外延和操作特征，规定因变量的表现特征和检测指标、检测手段。

界定实验变量主要包括选择和设计自变量、确定和分解因变量以及确定需要控制的无关变量。要注意，自变量不能过于模糊，数量不能太多；因变量的描述要定量和定性相结合；控制无关变量要注意"霍桑效应"。

3. 确定实验对象

在选择实验对象时，要注意区分是否需要实验对象知晓实验内容和情况以及需要知道多少，以此来决定随机选择还是有控制地选择实验对象。

4. 制定实验方案

教育实验研究中的方案类似于项目方案，该方案详细规定了"实验总体构思、实施措施和评价体系三个内容"。

值得注意的是，如果研究中有子课题，那么子课题也应该制定实验方案。

5. 系统实施实验

这一步骤中，一方面要注意实施的规范，另一方面要重点关注过程中数据的记录。在不确定数据是否有用的情况下，尽可能保留所有数据，以便于数据分析的时候选择使用。

6. 评价实验结果

这一步是整个实验过程中对研究者的理论素养提出更高要求的一个环节，如同实验假设的提炼要求做出大量文献资料或者相关研究的梳理一样，这一部分需要实验研究者在实验假设的基础上分析实验数据，得出实验结论。

就一项实验研究来说，实验结果的分析是研究的重点，同时也是研究的难点。对于中小学教师来说，利用各种统计工具去分析数据比较困难。这个过程要求研究者有很好的问卷制作能力、数据统计与分析能力以及整合数据反馈到教学活动中的实践能力，因而对研究者本身的整体素养来说要求比较高。

教育科研方法有很多，在实际科研实践中往往是多种方法综合使用。研究方法的综合强调的是教师不再单一地钟情于某一方法或某些方法，而是在更为充分地认识到方法是为目的与内容服务的前提下，切实从研究目的和内容出发，将多种不同的研究方法综合加以运用，从而更有效地解决自身教育教学实践中面临的问题或疑难。方法只有综合，才能发挥出最大效力。

■ 拓展延伸

　　学完本节，如果你想进一步了解这些研究方法在具体案例中的运用，推荐你学习爱课程网的《教师如何做研究》这门课。主讲教师是北京大学的汪琼教授，通过对六个教学研究案例的全面剖析分析，介绍六种常见教学研究问题可以采用的研究方法和研究过程。这六个案例，如同六道菜谱，连同其中所采用的研究工具，一起帮助大家更好地开展解决教学问题的科学研究。

第三节　生物学教育科学研究的一般步骤

■ 现场直击

　　下表为某市 2021 年教育科学规划教师"个人课题"申报表。刘老师是一名刚刚师范专业毕业的新教师，对于一线教学有很多积极构想，对于教育科研有着非常大的热情。对于这次教师个人课题申报他摩拳擦掌，跃跃欲试，可是对着表格他困惑不已，不知道如何选择适合自己的课题。你能给刘老师一些建议吗？

某市 2021 年教育科学规划教师"个人课题"申报表

课题名称	
课题界定及理论依据（相关核心概念的界定）	
课题研究的背景及意义	
课题研究的相关文献简述（国内外研究现状）	
课题研究的目标及内容	
课题研究的过程及方法	
课题研究的条件及预期成果	
区（校）教科研主管部门意见	
市规划办审批意见	

　　教师做科学研究，碰到的第一个难关是课题的选择。选择一项值得研究而且自己也有能力研究的课题，是科研的起点，在整个研究过程中具有十分重要的意义。正如俗话所说，"良好的开端是成功的一半"。

一、选定研究课题

　　中国科学院外籍院士、诺贝尔物理学奖获得者李政道曾说，"对于科研工作者来说，最重要的是自己会不会提出正确的问题"。科学研究都是从问题开始的，其始于发现问题、提出问题。能否在教育教学及管理实践中发现有价值的问题，并把它设计为研究课题，是整个研究过程的关键一步。课题不仅决定了研究者在某一阶段内研究工作的主攻方向、目标和内容，而且规定了教育研究应采取的方法与途径。

（一）梳理课题的来源

任何研究课题都不是凭空臆想出来的，需要有一个经验积累过程和认识孕育过程，通过这个过程形成初始意念，而且要善于捕捉这个初始意念，完善研究的课题。一般而言，课题来源有以下途径：

（1）从教育发展的需要出发选择课题。如"在生物学课程中组织和开展跨学科实践活动教学的初步研究"；

（2）从教学实践中选择课题，包括教学中反映出来的矛盾，或教学经验与事实之间的内在联系。如"在大额教学班中有效组织探究活动的研究"；

从教育教学理念的变化中选择课题，包括对教育传统观念和结论有怀疑或可批判的问题以及有学术争论的问题；

从当前国内外教学改革信息的分析中提出课题。如"STS 教学策略在生物教学中应用的初步研究"；

从国家教育机构指定的课题指南或规划中选择课题。

课题的选定实际上是一个从产生研究动机到勾画出研究轮廓，并进一步形成研究思路的过程。

■ 案例剖析

下文截取临沂大学王学慧教授申报 2017 年山东省教育科学规划课题"乡村教师队伍专业素养整体提升的政策与路径创新研究"申报书中"选题依据"：

百年大计，教育为本；教育大计，教师为本。山东省是一个人口大省、农业大省，也是一个教育大省、农村教育大省。根据《山东省统计年鉴 2016》的统计，截至 2015 年，全省中小幼教师共计 1026768 人，其中农村教师占到四分之三左右。教育要实现"三个面向"，农村教育问题值得关注，其中教师是关键。农村教师的专业发展状况如何，直接关系到我省的教育质量，关系到人才强省战略的实施和我省经济的可持续发展。2015 年 6 月，国务院办公厅又印发了《乡村教师支持计划（2015—2020 年）》，以期采取切实措施加强老少边穷岛等边远贫困地区乡村教师队伍建设，明显缩小城乡师资水平差距，让每个乡村孩子都能接受公平、有质量的教育。

山东省制定了相应的实施办法，并出台了《2016山东乡村教师补助标准》，再一次将乡村教师队伍建设问题提到新的高度。

"选题依据"中从宏观层面明确了课题的研究来源：一方面，山东是教育大省、农村大省，农村教师占比高，点明了研究对象选定为农村教师队伍的必要性和合理性，也再次强调了农村教师在人才强省战略实施和经济可持续发展中的重要作用；另一方面，作者引用了国务院和山东省出台的乡村教师队伍建设的相关文件，表明课题内容的选定符合国家、山东省的政策导向。

（二）选题的基本原则

1. 实用性原则

教育科研的宗旨是为教育改革和发展服务，研究的中心要围绕教育改革、发展和提高过程中需要解决的问题来进行，选择课题要有一定的前瞻性。可以尝试问自己这样几个问题：选题的研究成果有什么意义？别人是否研究过，是从什么角度研究的，研究到什么程度？能否验证、修正、创新和发展学科教育理论？对当前的教学实践能起到什么指导作用？

2. 创新性原则

创新性原则要求课题要有新意，科学上早有定论的课题，一般不再具有较大的研究价值。它体现在：具有首创性；对同一课题的不同方面作补充研究；对已有课题进行补充完善；把基本原理转化为操作方法，等等。

3. 可行性原则

主要考虑客观条件和主观条件是否具备：客观条件是指必要的资料、设备、时间、时机、经费、技术、协作关系以及理论准备等；主观条件是指研究者本人的知识结构、职业专长、研究能力、工作经验、工作热情以及对课题的兴趣等。

4. 科学性原则

选题必须符合科学原理和教育教学规律，必须具备科学价值。在教学科研上要有新发现，或填补某方面的空白，或对某误说的纠正和对某前说的补充等。

（三）课题名称的表述

课题名称是课题研究内容的高度概括，能画龙点睛般地反映整个研究的主要特征。概括来说，一个好的课题名称，要准确、规范、简洁、醒目。

首先，结构要完整。用陈述式句型，并尽可能直接或间接反映出三要素：研究对象、研究问题、研究方法。

其次，含义要清晰。课题名称的表述要反映出研究问题最主要的信息，要力求反映研究的焦点和研究方向，这样有利于研究者明确研究内容，抓住研究重点。课题名称的表述还要力求简洁。表述在意义准确的前提下，用最简洁精练的课题名称表达出完整的意思，省去不必要的字，使人一目了然，一般不要超过 20 个字。

最后，表述要规范。课题名称表述所用的词语、句型要规范，要用学术性的科研术语，一般不预设价值判断；不用疑问句或结论形式；一般不使用比喻、夸张等修辞手法。

二、查阅有关文献

研究工作是从所期待或所预料的假说开始的，需要通过查阅资料澄清认识并进行检验。查阅文献可以区分已做过的和需要做的研究；为课题的论证提供理论根据和事实根据；为课题提供可供选择的研究方法；发现重要的研究变量。

注意，从课题的选题开始，一直到研究的结束，都离不开查阅文献。从某种意义上说，教育科学研究的过程，就是文献资料的寻觅、搜集、分析、使用和再创造的过程。具体的查阅文献方法参见本章第二节。

三、制定研究方案

确定研究主题和内容后，就需要制定具体的研究方案了。教育科研的方案一般包括以下内容。

（一）课题研究的目的和意义

目的是指对该课题所达到的最终结果或借助一定手段达到这种结果的途径的设想；意义则是对该研究活动所造成的影响的设想，是结果的结果，比目的更深一层。本部分也可以写成课题提出或研究的背景。可以参考本节前文"梳理课题的来源"的案例剖析。

（二）课题研究的现状

即国内外对该课题研究的进展情况、研究水平及发展趋势和存在的主要问题，还包括有关专家对相同或相似课题的不同观点及研究现状。

■ 案例剖析

下文截取临沂大学王学慧教授申报 2017 年山东省教育科学规划课题"乡村教师队伍专业素养整体提升的政策与路径创新研究"申报书中"国内外相关研究综述"：

国内外针对教师专业素养的研究较为丰富和全面，既有整体上的论述和总结，又有对每种素养的深入探索和分析。

在教师专业素养结构方面，美国著名教育家舒尔曼（L.S.Shulman）受专家新手比较研究的启发，于 1987 年提出，教师应具备七类知识的支撑。英国约克大学的基里亚库（C.Kyriscou）在 1991 年则将教师应具有的教学技巧分为七个领域。我国香港著名学者郑燕祥（1986）把教师素质看作是"教师拥有和带往教学情境的知识、能力和信念的集合，它是在教师具有优良的现存特性的基础上，经过正确而严格的教师教育所获得的"。叶澜（1998）则认为，教师专业素养主要包括"专业理念、知识结构和能力结构"。林崇德、申继亮等人（1999）从心理学角度对教师专业素养作出了界定，认为教师专业素养就是教师在教育教学活动中体现出来的心理品质的总和，它关系着教育教学效果，对学生的身心发展起着显著的影响作用。教育部师范教育司组织编写的《教师专业化的理论与实践》一书（2003），把专业知识、专业技能和专业态度作为教师专业素质的主要部分，且认为，这三个方面的发展水平决定了教师专业发展水平的高低。教育部 2012 年颁布的《教师专业标准（试行）》中界定，教师专业标准包含专业理念与师德、专业知识和专业能力三方面。

在教师专业素养提高策略研究方面，针对不同学段、不同学科、不同地域的教师素养提升文献较多，提出了一些有针对性的方法和措施，例如加强培训、更新观念、增强意识、互动交流等等。但总体来看，缺乏整体上的规划和设计，对乡村教师专业素养的政策的研究几乎没有。

王教授从教师专业素养结构和教师专业素养提高策略两个方面进行了文献综述，简要介绍并列举了不同学者的学术观点，最后给出了个人评价并再次点明了本研究的价值。

（三）课题研究的方法

围绕课题需要或阶段研究需要，采取具体方法进行研究。研究内容决定了研究方法，也就是说，不同的研究内容要用不同的研究方法，但是研究内容和研究方法并不是一对一的关系，有的研究内容可以或需要用多种方法进行研究。选择研究方法的一般依据有以下四点：一是根据阶段研究任务确定研究方法；二是根据研究对象确定研究方法；三是根据课题研究的延续方向确定研究方法；四是根据研究所使用的技术手段选择研究方法。

■ 案例剖析

下文截取临沂大学王学慧教授申报2017年山东省教育科学规划课题"乡村教师队伍专业素养整体提升的政策与路径创新研究"申报书中"具体研究方法"：

本课题研究的基本方法是文献研究法和调查研究法。

在充分调研的基础上，命制调查问卷，运用教师教育学、统计学、心理学等多种学科的分析方法和手段，采取多角度、多层次的研究思路，实行理论研究与理论研究相结合，定性分析与定量分析相结合，综合研究与专题研究相结合。采用文献调研、专题研讨、经验总结、抽样问卷调查、数据统计分析、个别访谈、实地考察、案例分析和专家咨询等方法，确保课题的科学性并努力有所创新。课题组成员分工合作、及时沟通、定时会商，保证按时完成课题研究。

王教授以分—总的方式论述了研究方法：先开门见山地列举出涉及的主要的研究方法，然后结合研究内容按照事件顺序讲述具体如何运用，详略得当，表述清楚。需要说明的是，进行一项课题研究，往往会综合运用多种研究方法，我们选择最主要的 2~3 种进行介绍即可。

（四）具体实施步骤

要作出课题研究的时间与进度安排，将研究的具体内容划分为几个阶段，分步设计。

第一阶段，确定选题，搜集文献资料，制订实验方案和工作计划；

第二阶段，修改并完善实施方案，科学有序地进行实验并验证假说；

第三阶段，整理研究成果，撰写研究报告或学术论文，推广经验。

■ 案例剖析

下文截取临沂大学王学慧教授申报 2017 年山东省教育科学规划课题"乡村教师队伍专业素养整体提升的政策与路径创新研究"申报书中"课题研究计划"：

第一阶段：2017 年 5 月—2017 年 11 月

①明确研究方向和项目分工，制定项目研究方案；

②查阅资料，购置必要的图书资料；

③完善研究方案，准备课题开题。

第二阶段：2017 年 12 月—2018 年 2 月

①深入乡村学校进行前期调研；

②深入研究相关文献，进行专家咨询，明确课题研究的相关理论问题；

③进一步修订完善研究方案，命制调查问卷和访谈提纲。

第三阶段：2018 年 3 月—2018 年 8 月

①展开问卷调查和个别访谈，深入分析调查数据，进行统计分析；

②调查数据分析，探索影响乡村教师专业素养提高的因素。

第四阶段：2018 年 9 月—2018 年 12 月

①对项目研究进行总结，分析项目的实施过程，研究项目积累的资料，总结成功经验，查找存在的不足；

②继续学习相关理论和专家咨询，理论联系实际，探索乡村教师专业素养提高的路径；

③撰写项目研究报告和研究论文。

第五阶段：2019 年 1 月—2019 年 4 月

修改完善研究报告，做好结题材料的收集、印刷和装订工作，准备结题。

王教授按照时间线划分为了五个阶段，即课题立项准备阶段、前期调研和理论学习阶段、课题实施阶段、课题成果转化阶段、资料汇总结题阶段，每个阶段都简要阐明了具体要做的事项。

（五）研究成果及表现形式

即研究取得成果后，用什么方式将成果反映出来，是报告、学术论文，还是专著，都应具体说明。

（六）课题保障措施

课题的保障措施即阐明完成本课题研究的时间保证、资料设备等科研条件，交代清楚课题的组织与管理，课题由谁主持，由谁具体实施，以及保证研究顺利完成的基本条件和措施是什么等等。必要时，可以列表说明课题研究所需经费的项目及具体金额，以便得到立项主管单位和教育行政部门的审核批准。

■ 案例剖析

下文截取临沂大学王学慧教授申报 2017 年山东省教育科学规划课题"乡村教师队伍专业素养整体提升的政策与路径创新研究"申报书中"研究可行性分析"和"条件保障"：

课题组成员均具有副高以上职称，年龄、职称等结构合理，既年富力强，又有一定的实践和教学科研经验，从事高等师范院校教师教育、校长培训、教育学、教育管理的教学和研究工作，或在教育政府部门从事教学研究和教师培训工作，既有利于课题研究，同时也便于和学校联系进行调查和实验。课题负责人王学慧作为主要成员参加的全国教育科学规划教育部重点课题"老区农村教师培训实效性模式研究"已经结题，有一定的前期研究基础。课题组成员多数主持或参与过省级以上教育科学科研课题的研究工作；掌握了大量的文献资料；课题组成员中既有高校的教授，又有省市县教育行政部门人员，利于开展调查工作。学校对教育科学研究工作非常重视，出台了一系列的支持和保障措施，从时间上、物力财力上保证课题研究的顺利开展。

课题负责人目前主持的省级以上科研项目均已完成，现没有主持研究国家和省自然科学基金、社会科学基金、教育科学规划、人文社会科学研究课题，在研究时间上完全有保证。

课题组成员已掌握了大量的文献资料，学校图书馆藏书达400多万册，资源丰富。与当地教育主管部门、教研部门、师训部门等联系紧密。学校和院领导对科研工作非常支持，努力创造条件保证科研工作的开展，科研时间充裕，科研条件具备，结合课程教学和社会兼职等具体工作，能保证课题研究顺利、按期完成。

王教授从硬件（配套设施、藏书等）和软件（即团队成员的构成、资历以及开展本研究涉及的相关部门）层面分别论述，理由充足，令人信服该团队有实力完成本课题研究。

四、教育研究成果的表述

教育科研，既要耕耘又要收获。只求耕耘，不问收获是空忙；不愿耕耘，只想收获是空想。研究者必须有成果意识，包括理论成果和实践成果。下面重点讲述理论成果的表述。

（一）教育研究成果的表述的类型

1. 实证性的研究报告

如观察报告、调查报告、实验报告、经验总结报告等。这类报告都以对事实直接研究所得的材料为依据，所以报告中的事实材料是主要的构成部分。又因对事实认识的形成与方法设计、操作过程有密切关系，所以报告中还必须包括对研究方法和研究过程的说明。用确凿的事实和科学的操作来获得可靠的结论，是这类报告的显著特点。

2．文献性的研究报告

如文献考证性论文、文献综述等。

这类报告以文献的分析、比较、综合为主要内容，应展现文献的考证过程，说明文献的来源与可靠程度，这些构成了文献性研究报告的主要特色。

3．理论性的研究报告

以理论分析为主要研究方法，阐述对某一事物、某一问题的理论性认识，要求能提出新的观点或新的理论体系。报告向人们展示的是论点及以论据为依据的论证过程。富有深刻的哲理性和逻辑力量，是这类报告所具备的魅力。

（二）教育研究报告的基本框架

撰写研究报告是教师进行教育科学研究的一个必不可少的重要环节。课题研究报告是反映课题研究过程和结果的书面材料，撰写研究报告不但是研究者对整个研究工作的全面总结，更主要的是为了让更多的人来批判、接受或应用这一研究成果。

研究报告有一个约定成俗的格式和规范，最常见的研究报告有调查报告、实验报告、学术论文。三者在结构上有相似之处，具体可见表9-1。

表9-1 常见研究报告的基本结构

调查报告	实验报告	学术论文
题目	题目	题目
作者署名	作者署名	作者署名
引言	前言	摘要
调查对象与方法	实验方法	关键词
调查结果与分析	实验结果	序言
调查结论与建议	分析与讨论	正文
附录及参考资料	结论	结论
	附录及参考资料	附录及参考资料

（三）撰写教育研究报告的步骤

1．确定报告类型并拟定题目

首先根据研究工作的性质和方法确定撰写哪种类型的研究报告，以便设定基本框架。

然后拟定直接反映主题的标题。标题必须准确、简明、醒目。例如：

揭示论点的标题，如"生物教学中应突出探究能力的培养"；

揭示所研究课题的标题，如"生物教师在教学中运用情感因素的情况调查"；

揭示主题的标题，如"生物教学设计理论体系构想"。

■ 拓展延伸

拟定题目常出现的问题：

①题目涵盖范围不当，过于宽泛，如"实施素质教育，推进生物教学改革"，会导致所要论述的问题在一篇文章中难以容纳；过窄过小，只讨论细节，就事论事，缺之高度，价值不大。

②题目包含两个以上的论题，如"浅谈且学生探索能力、自学能力和创新能力的培养"，使文章的论述无法集中，并且难以论述透彻。

③题目理论性过强，如"生物教学中学生主体价值的理论研究"，对于生物教师来说，不仅难以胜任，而且如果脱离教学实际泛泛而谈，意义也不大。

④题目冗长累赘，如"重视生物课对学生的点拨启发作用，把学生的自学与教师的辅导有机地结合起来"，会导致论题的中心论点意思分散，不明确，不能被读者很好地感知并且迅速理解其含义。

⑤题目缺乏新意，如"加强生物教学，培养学生能力"，中心论点的散在和平淡无力也会影响标题的新颖性和感染力。

⑥题目表述含糊，如"深入开展实验教学有助于增强生物教师的教育事业心"，题目中"开展实验教学"与"增强事业心"并无直接的必然联系，这样会令人费解，大大降低了题目的鲜明度，不仅增加了写作难度，也会造成逻辑上的失误。

⑦题目行文过于文辞修饰，如"精心雕琢，刻意求进"，造成主题思想丢失或含义不清。

2. 总体规划

总体规划需要重点考虑文章的主线是什么，怎样突出重点，文章结构层次如何划分，如何使文章前后呼应、逻辑缜密、浑然一体。

层次的顺序排列有三种：按时间顺序、按逻辑顺序、按重要性顺序，这三种顺序可以综合运用。如《生物学概念教学的尝试与探索》一文利用小标题紧扣"概念教学"这一中心论点设计了递进式的层次顺序：阐述概念，建立概念；揭示本质，理解概念；具体分析，深化概念；加强应用，巩固概念。

3. 拟定编写提纲

写作前的逻辑思维过程，要体现总体规划。常用的形式有以下三种：

标题式提纲，即用一级、二级、三级标题引出每一层次所要表述的主要内容；

句子式提纲，即用能够表达一个完整意思的句子，表达文章中某一段落的大致意思；

段意式提纲，即写出每一段落的内容提要。

无论哪种形式的提纲，作者都应在相应的部位注明所要使用的具体材料、参考材料和所想到的关键点，以备写作时采用。

4. 撰写初稿

好的教育研究报告需要反复修改打磨，初稿的质量至关重要。下面分前言、正文、结论三大部分分别讲述常见的写法。

（1）前言（引言、序言）的撰写表9-2。

表9-2 常见研究报告的前言撰写

使读者了解什么问题，在什么背景下产生的，为什么要研究这个问题		
调查报告	实验报告	学术论文
扼要说明调查什么，调查的缘由、目的、意义、任务、时间、地点、对象、范围等。特别要详细说明调查方法，使人相信调查的真实性，体现调查的价值	明确表示作者的研究方向、目的及针对性；说明选题的依据、课题的价值、实验工作的意义；目前国内外在这一方面的研究成果、现状、问题及趋势	说明研究的理由、动机；交代研究背景，提出论点；说明论证的方法和手段；概述研究成果的理论意义和现实意义

■ 案例剖析

> 下文截取临沂大学朱家华等人《基于教师专业标准的师范生教学能力现状研究——以临沂大学生物科学专业为例》一文的摘要部分：
>
> 增强师范生教学能力是建设专业化教师队伍的重要环节。在师范专业认证背景下，本研究以《中学教师专业标准（试行）》为依据，采用问卷调查法，以临沂大学生命科学学院生物科学二年级、三年级的141名师范生为调查对象，从教学理解、教学设计、教学实施、教学评价四个维度调查师范生的教学能力现状。研究结果表明，与既有研究数据比较，被测样本整体教学能力水平偏低，不同年级之间差异明显，女生教学设计能力强于男生。研究发现，教师教育类课程的学习质量对被测师范生教学能力有积极的影响。基于调查研究，提出了加强本体性知识与条件性知识的整合学习、重视师范生教材分析相关课程的培养、提高教育实践环节的比重、适度增强对师范生教学能力的针对性指导等建议。

这是一个内容非常完整的摘要，开门见山第一句话点明了研究的理由，第二句话交代了研究方法、研究对象、研究内容，第三句话简明扼要地概括了研究结果，最后一句话提出了建议，即表明了本研究的理论意义和现实意义。

（2）正文的撰写（表9-3）

表9-3 常见研究报告的正文撰写

研究报告中的主体，体现了不同类型报告的"个性"，在报告中具有极其重要的地位		
调查报告	实验报告	学术论文
按调查所得材料的逻辑分析顺序来写；按被调查事物的产生、发展和变化过程来写；按两种被调查事物的比较来写。 要求数据确凿、事例典型、材料可靠、观点明确、结论有说服力。可先列出材料，然后进行分析和推论，也可先摆明观点，然后用事实材料分析说明	系统地描述实验的操作过程：如实验对象的选择、假设、实验分组原则、取样方式、条件的控制、实验材料、测量工具、实验过程、所得数据、统计处理方法等。描述一定要有逻辑性，如有新方法，则要详细地介绍。实验结论直接来自实验结果，要准确简明，逻辑严密	包括论点、论据、论证，关键在于论证，即采用什么论据、根据什么理论、设计什么推理过程来证明作者提出的论点。论证要有逻辑性，主次分明、层次清晰、条理清楚，要特别详细地阐明作者独创的新观点，体现研究的重要性

（3）结论的撰写（表9-4）

表9-4　常见研究报告的结论撰写

结论涉及说明了什么，应怎么办，还需做什么等，是高层次的概括和思考		
调查报告	实验报告	学术论文
研究了什么问题，获得了什么结果、说明了什么问题，提出了什么建设性的意见。	是在对整个实验结果的分析和讨论的基础上进行的概括，指出实验过程中遇到的困难和不足，提出可继续研究的问题或方法	是围绕正文所作的结语，它未必是肯定式的，也可以是否定式的或假言式的。它是研究者深思熟虑的产物，能激起读者的深思与回味

（4）附录和参考文献

附录指篇幅太长而不便写入正文中，但又必须向读者交代的一些重要材料，如调查问卷、测试题、评分标准、原始记录、统计检验结果等。

参考文献是指在文章中参考和引用的别人的材料和文字，表示对别人研究成果的尊重，防止抄袭之嫌。

■ **案例剖析**

参考文献

[1] 梁福成. 专业认证背景下师范生培养模式研究 [J]. 天津师范大学学报（社会科学版），2019（04）：64-68.

[2] 沈忠华. 师范生实践教学标准构建与质量评价研究 [J]. 湖南师范大学教育科学学报，2019，18（03）：111-117.

[3] 葛文双，韩锡斌. 数字时代教师教学能力的标准框架 [J]. 现代远程教育研究，2017（01）：59-67.

[4] 蒋竞莹. 教师专业化及教师专业发展综述 [J]. 教育探索，2004（04）：104-105.

[5] 孙兴华，薛玥，武丽莎. 未来教师专业发展图像：欧盟与美国教师核心素养的启示 [J]. 教育科学研究，2019（11）：87-92.

[6] 熊建辉. 教师专业标准研究 [D]. 上海：华东师范大学，2008.

[7] 李文送.《普通高中生物学课程标准（2017年版）》六大革新 [J]. 中学生物教学，2018（09）：17–20.

[8] 余文森. 从"双基"到三维目标再到核心素养——改革开放40年我国课程教学改革的三个阶段 [J]. 课程.教材.教法，2019，39（09）：40–47.

[9] 王健，崔鸿，解凯彬. 基于教师专业标准的职前生物教师教学能力现状及对策研究 [R]. 第13届全国高等师范院校生物学课程与教学论专业学术论坛，烟台：2017，11.

根据 GB3469—83《文献类型与文献载体代码》的规定，以单字母方式标识，常见的文件类型有：专著M；报纸N；期刊J；专利文献P；汇编G；技术标准S；学位论文D；科技报告R；参考工具K；检索工具W；档案B；会议录C；其他E。

最常见的文献著录格式有：

期刊作者. 题名 [J]. 刊名，出版年，卷（期）：起止页码

专著作者. 书名[M]. 版本（第一版不著录）. 出版地：出版者，出版年：起止页码

论文集作者. 题名 [C]. 编者. 论文集名，出版地：出版者，出版年：起止页码

学位论文作者. 题名 [D]. 保存地点. 保存单位. 年份

专利文献题名 [P]. 国别. 专利文献种类. 专利号. 出版日期

标准编号. 标准名称 [S]

报纸作者. 题名 [N]. 报纸名. 出版日期（版次）

报告作者. 题名 [R]. 保存地点. 年份

电子文献作者. 题名 [电子文献及载体类型标识]. 文献出处，日期

5. 修改定稿

即在初稿的基础上反复梳理，主要从内容、结构、文字三方面加以完善。首先，要全文检查，即检查结构是否完整；材料和主题是否统一；发掘是否深刻；整个文章在格式上是否符合刊登标准。其次，以添、删、换的手法做部分检查，即检查段落之间的逻辑关系是否清晰；侧重点是否表达充分；举

例是否贴切。再次，进行语句检查，即检查语法是否正确；用词是否恰当；句子是否通顺。最后，进行细节检查，即检查文字是否有误；标点符号、数据、表格、插图等是否得当。

■ **拓展延伸**

> 推荐全国教育科学规划领导小组办公室网页的"重大项目"和"优秀成果"栏目，会具体呈现某一课题的研究内容、研究方法、主要结论、对策实施。网站地址：http://onsgep.moe.edu.cn/edoas2/website7/level2.jsp？infoid=1335254564530193。

第四节 生物学教学研究活动

■ **现场直击**

> 刘老师出色的教学业务水平得到了学生和领导们的一致认可，在第二年就被委任生物备课组长的职务，负责本年级生物教学研究活动的开展。刘老师谦虚谨慎的性格让他先向前辈们讨教经验：学校常规的教学研究活动包括哪些？开展频次如何？自己能否有所突破？
>
> 如果你是刘老师的同事，你会给他什么建议？

教研和科研是两个不同的概念。教研工作是在了解学生现状、钻研教材和研究人才培养总体目标的基础上，去研究和优化教学方法和手段。它的主要特点是筛选已有经验，用于完成教育任务。而科研工作则是用科学的方法探索教育的客观规律，其特点是在面临现有对策的前提下，探索解决新问题的方法，或从已有经验中以科学的方法寻找尚未清楚认识的规律，或探索其他领域的新方法、新技术在教育中的应用。科研成果比教研成果更具开拓创新性；教研比科研层次低，进行起来则较之科研省时、省力，易于被教师接受；教研是基础，科研是指导，二者密不可分[①]。

常见的中学生物学教学研究活动一般体现为：听课、评课和说课。本节将针对每一类具体阐述其内涵、活动形式和操作要领，并结合具体案例对生物学教学研究活动的内涵进行解读。

一、听课与评课

听课是指教师或研究者凭借眼、耳、手等感官，运用有关的辅助工具（记录本、调查表、录音录像设备等），从课堂情境中获取相关信息资料，从感性到理性的一种学习、评价及研究的教学研究活动。听课是教学的常规工作之一，也是一种技能和方法，需要一定的学习和培训。听课者一方面应具备一定的教学修养和经验，另一方面应掌握一定的听课要领，需要以原有教育思想和类型经验参与为基础，是以看、听、想、记和谈多种听课方式协调为保证的立体性综合技能。

评课是指对课堂教学的成败得失及其原因做出切实中肯的分析和评价，并且能够从教育理论的高度对一些现象做出正确的解释。评课活动主要解决这样教好不好、为什么、该怎么教、为什么这样教等问题，为授课教师提高理论层次，发扬长处和优势，克服缺点，从而达到提高水平、改进教学的目的。[②]

（一）听课评课的目的和意义

1. 交流发展功能

不同的学校有各自的实际情况，即使同一学校，教师之间的能力、风格、专长、实践经验等也有很大的差异。教师之间、学校之间、管理及研究人员与学校及教师之间，通过听课、评课，可以了解自己或其他教师课堂教学的实际情况，做到相互学习和交流，取长补短，共同提高。

2. 教学诊断功能

听课评课有利于掌握和了解学校、教师贯彻落实教育教学法规、政策和

---

① 王凤春. 中学数学教育科研 [M]. 上海：华东师范大学出版社，2013：12.

② 方贤忠. 教师专业发展的 4 项基本技能 .[M]. 上海：华东师范大学出版社，2013（8）：128.

要求等的现状。学校的教育教学常规执行得如何？教育教学管理是否到位？课程标准、课时计划执行得如何？新课程改革的精神和要求等是否贯彻落实？通过听课，有关部门可以获得基本的了解，从而掌握指导教学工作的主动权。同时也有利于了解学校和教师的教育教学质量及水平。

3. 教学研究功能

通过听课评课，可以促使他人先进的教育理念、方法得以推广，更能有效促进教师的专业化成长。还可以融洽各方面的人际关系，增进相互的信任感，有助于集体合作，营造良好的教研氛围，促进教学改革的深入和质量的提高。

（二）听课评课的类型

听课评课类型的划分是相对的。根据当前一线教学的实际情况，可将听课评课划分为学习型听课评课、发展型听课评课、指导型听课评课、研究型听课评课、考核型听课评课等五种类型。

1. 学习型听课评课

主要形式体现在新教师、年轻教师听有经验教师的课，当然也包括听公开课、示范课、评优课和研究课。听课主要是以学习和吸取课堂的精华为己用为目的。

2. 发展型听课评课

主要形式体现教师间的互相听课，当然也包括听公开课、评优课，听课的目的是使教师个人和整体教学活动得到改进和提高。评课都应该积极发现和肯定任教者的闪光点。在阐述缺点时，不可采取嘲讽或者挖苦的态度，应该诚恳地分析原因，提出合理的纠正建议共同探讨。说话应该注意分寸，措辞应该到位，中肯的评价会使任教者感到振奋和受益，达到共同提高的目的。

3. 指导型听课评课

主要形式体现在专家、有经验的教师听新教师、年轻教师的课，他们会统揽教学全过程，从教学目标的完成到组织教学的落实各方面去衡量，充分肯定成功和不足之处，提出整改意见。评课的出发点是从爱护和帮助的角度尽快提高教学水平，故新教师、年轻教师不必过分负担，而应积极配合。

4. 研究型听课评课

在中小学阶段，以课改、科研、课题研究为背景的听课，是以产生和发展一种不同的教学模式和新教育理念为目的的，在听课后要展开讨论与研究探讨，共同寻求改革的新路。

5.考核型听课评课

这种类型的听课评课一般用于各级优质课评比或课堂教学比赛中。往往具有统一的标准和条件，客观、公正地进行评价，结论力求准确。

（三）如何听课

1.新教师听课步骤

（1）课前有准备

新教师在听课前应做好学识准备、情况准备和物质准备。学识准备指听课者要熟悉课程标准，充分把握教材。情况准备是指听课者要了解所听班级学生和教师的基本情况。物质准备是指听课时需携带的常规材料，如听课笔记、教科书、参考书，有时候还需带上录音笔、摄像机和电脑以便做好现场记录。

（2）课中有观察和记录

听课记录包括两个主要方面：一是教学实录，二是教学评点。教学实录包括对被听课者的基本信息、教学过程、各个教学环节的时间安排、学生活动情况、教学效果的如实记录。教学评点则是听课者对本节课教学的优缺点的初步分析与评估，以及提出的建议。

（3）课后有思考和整理

整理听课记录的主要任务有三个：一是理清课堂教学的结构和思路，二是把重要的细节补充完整，避免损失有意义的内容，三是为评课作好准备。

2.听课的内容

听课重点关注以下内容：听教育观念；听教学过程的设计与实施；听教学内容的安排与语言；看教师的基本功；记录教学的主要过程和评价反思。

（四）如何评课

1.评课的方式

评课的方式主要包括个别交谈、集中讨论、书面评议和答辩式。其中个别交谈和集中讨论最为常见。

个别交谈比较易于为教师所接受，朋友式的平等交谈容易建立宽松和谐的气氛，双方可以开诚布公地交换意见，对于评课者提出的问题不会使教师难堪，交谈机会多，容易深入地讨论问题。

集中讨论可以对一些问题进行较为深入的探讨，适用于研讨课。对于集中讨论，主持人的工作很重要，要适当地归纳启发和引导，努力创造一个和谐的气氛；要少作结论，多做探讨，要发扬民主，集思广益，使参加讨论的教师能知无不言、言无不尽，要允许不同意见的存在。

2. 评课的内容与方法

（1）从教学目标上分析

教学目标是教学的出发点和归宿，它的正确制定和达成，是衡量一堂课好坏的主要尺度。所以分析课首先要分析教学目标。主要从目标制定和目标达成两个方面进行分析。

从教学目标制定来看，要看是否全面、具体、适宜。全面是指要从核心素养的几个维度来确定教学目标；具体是指教学目标要有明确要求，需体现学科特点（参见课标）；适宜是指确定的教学目标能以课程标准为指导，需体现年段、年级、单元教材特点，符合学生年龄实际和认知规律，难易适度。

从目标达成来看，要看教学目标是不是明确地体现在每一个教学环节中，教学手段是否都紧密地围绕目标，为实现目标服务。要看课堂上是否尽快地接触重点内容，重点内容的教学时间是否得到保证，重点知识和技能是否得到巩固和强化。

（2）从处理教材上分析

评析教师一节课上得怎么样不仅要看教学目标的制定和落实，还要看教师对教材的组织和处理。评析教师一节课时，既要看教师知识教授得是否准确科学，更要注意分析教师教材处理和教法选择上是否突出了重点、突破了难点、抓住了关键。

（3）从教学程序上分析

①看教学思路设计

教学思路是教师上课的脉络和主线，它是根据教学内容和学生水平两个方面的实际情况设计出来的。它反映了一系列教学措施怎样编排组合，怎样衔接过渡，怎样安排详略，怎样安排讲练有机结合等。

教师课堂上的教学思路设计是多种多样的。为此，评课者评教学思路，一要看教学思路设计符不符合教学内容实际，符不符合学生实际；二要看教学思路的设计是不是有一定的独创性，是不是给学生以新鲜的感受；三要看教学思路的层次、脉络是不是清晰；四要看教师在课堂上教学思路的实际运作效果。

②看课堂结构安排

教学思路与课堂结构既有区别又有联系，教学思路侧重教材处理，反映教师课堂教学纵向教学脉络，而课堂结构侧重教学技法，反映教学横向的层次和环节。课堂结构是指一节课的教学过程各部分的确立，以及它们之间的联系、顺序和时间分配。课堂结构也称教学环节或步骤。

计算上课教师的教学时间设计，能较好地了解教师的授课重点、结构。安排授课时间设计包括：

a.计算教学环节的时间分配。看教学环节时间分配和衔接是否恰当；看有无前松后紧或前紧后松现象；看讲与练时间搭配是否合理，等等。

b.计算教师活动与学生活动的时间分配。看是否与教学目标和要求一致；有无教师占用时间过多、学生活动时间过少的现象。

c.计算学生的个人活动时间与学生集体活动时间的分配。看学生个人活动、小组活动和全班活动时间分配是否合理，有无集体活动过多，学生个人自学、独立思考、独立完成作业时间太少的现象。

d.计算不同程度学生的生活动时间。看不同程度学生生活动时间分配是否合理；有无优等生占用时间过多、潜能生占用时间太少的现象。

e.计算非教学时间。看教师在课堂上有无脱离教学内容，做别的事情，浪费宝贵的课堂教学时间的现象。

(4) 从教学方法和手段上分析

一看是不是量体裁衣，优选活用。教学有法，教无定法，贵在得法。教学是一种复杂多变的系统工程，不可能有一种固定不变的万能方法。一种好的教学方法总是相对而言的，它总是因课程、因学生、因教师自身特点而相应变化的。也就是说，教学方法的选择要量体裁衣，灵活运用。

二看教学方法的多样化。教学方法最忌单调死板。教育对像的多样性、教学活动的复杂性决定了教学方法的多样性。所以评课既要看教师是否能够面向实际恰当地选择教学方法，同时还要看教师能否在教学方法多样性上下工夫，使课堂教学超凡脱俗，常教常新，富有艺术性。

三看教学方法的改革与创新。评析教师的教学方法既要评常规，还要看改革与创新。尤其是评析一些素质好的骨干教师的课，要看课堂上的思维训练的设计，要看创新能力的培养，要看主体作用的发挥，要看新的课堂教学模式的构建，要看教学艺术风格的形成等等。

四看现代化教学手段的运用。教师还要适时、适当运用录音录像、计算机多媒体等现代化教学手段辅助教学。

（5）从教师教学基本功上分析

教学基本功是教师上好课的一个重要方面，所以评析课还要看教师的教学基本功。具体包括：一看板书，要求设计科学、布局合理、言简意赅、条理性强、富有艺术性（字迹工整美观，板画娴熟等）；二看教态，教师课堂上的教态应该是明朗、快活、庄重的，富有感染力，仪表端庄，举止从容，态度热情，热爱学生，师生情感交融。三看语言，教学也是一种语言的艺术，教师的语言有时关系到一节课的成败，教师的课堂语言要准确清楚，精当简练，生动形象，有启发性，教学语言的语调要高低适宜，快慢适度，抑扬顿挫，富于变化；四看操作，看教师操作实验仪器等教具的规范和熟练程度。

（6）从教学效果上分析

课堂教学效果是评价课堂教学的根本依据。优秀的课堂效果包括以下几个方面：一是教学效率高，学生思维活跃，气氛热烈；二是学生受益面大，不同程度的学生在原有基础上都有进步，教学目标达成；三是有效利用40(或45)分钟，学生学得轻松愉快，积极性高，当堂问题当堂解决，学生认知负荷合理。

课堂效果的评析，有时也可以借助于测试手段。即刚上完课时，评课者当场做测试，然后通过统计分析来对课堂效果做出评价。

3.评课的基本原则

（1）导向性原则

评课应有利于引导教师端正教育思想，有利于推进课堂教学改革，有利于发挥向素质教育转轨的导向功能。

（2）科学性原则

评课必须遵循教育教学的客观规律，符合教育学、心理学的基本原理，评价标准和评价方法要科学并切合实际。

（3）激励性原则

评课要调动执教者和所有参评人的教学积极性，激励人们钻研教学、学习理论，加强教学技能训练的积极性。

（4）针对性原则

评课不仅要根据听课的目的的不同，针对不同的侧重点进行评价，还要针对不同的对象因人而异地进行评价，使评课易于达成既定的目的，并使不同层次的教师在各自的基础上都有提高，都有发展。

（5）全面性原则

评课应将执教人自评、听课人他评、学生参评结合起来，将讨论评价、量表评价、绩效评价等评价方式结合起来，以克服评课的片面性。评课不仅要评教师的教，更要评学生的学；不仅要评教学过程，还要评教学思想；不仅要评课，也要评人，评教师的素质，这样才有利于教师教学能力的全面提高。

作为听课人，还要"听一听"自己的心声。也就是说在自己听课和评课的同时，还要反思一下如果这一节课让自己来执教的话，自己又会采取什么样的教学过程。别人在一些环节的处理上，有没有值得自己学习或是借鉴的地方。也就是说要学会吸收别人的长处，弥补自己的不足。

二、说课

所谓说课，是指教师以语言为主要表述工具，在备课的基础上，面对同行、专家，系统而概括地解说自己对具体课程的理解，阐述自己的教学观点，表述自己具体执教某课题的教学设想、方法、策略以及组织教学的理论依据等，然后由大家进行评说的活动。说课时教师主要说明教什么、怎么教、为什么这样教。它能集中而简明地反映教师的教育理念、教学技能与教学风格。说课是集体备课的一种重要形式。它不受时间、空间、人数限制，简便易行，具有较强的参与合作性，能很好地解决教学与教研、理论与实践相脱节的矛盾。它对教师深化备课、完善教学设计方案具有重要意义。

说课和上课有以下三个方面的相同点：

一是主要内容相同。说课与备课的课题、教学内容是相同的。

二是主要任务相同。都属于课前准备工作。

三是主要做法相同。都是学习课程标准，钻研教材，了解学生，选择教法，设计教学过程。

但是，说课与上课有着根本的不同。见表9-5所示。

表9-5　比较说课和上课的不同点

比较项目	说课	上课
目的不同	提高教师知识水平与教学能力	全面提高学生的整体素质
要求不同	教什么、怎么教、为什么这样教	主要解决教什么、怎样教的问题
对象不同	教学同行或专家	学生
形式不同	是面对教师的单边活动	是面对学生的多边活动
内容不同	运用教材及相关教育科学理论	运用教材（教科书及相关资料）
评价不同	以教师整体素质为评价标准	以学生的学习效果为评价标准

（一）说课的类型

总的来说，课的类型决定了说课的类型。不同性质的课、不同形式的课在说课的程序和注意事项上都是大同小异的。当前最常见的说课类型有：研究型、专题型、示范型、评比型。

（二）说课的内容

说课具体包括：说教材、说学生、说方法、说教学程序和说板书设计等，其全过程的具体操作可以描述为：分析教材的地位和作用、学生的认知基础和特点，确定本节课的重点、难点和教学目标，选择相应的教法、学法和教学手段，并逐一说明依据；按照教学环节简述教学进程，说明课堂教学活动的组织安排，突出重点，突破难点，解释疑点，布置作业、展开板书等各项教学的操作意图及其效果。

在说课开始之前，应当先做自我介绍，再报出课题，指出本课题是哪个年级使用的哪个版本的教材，在教材中的哪节、哪课时。整个说课可以分为以下几个部分。

1. 说教材

说教材就是要全面正确地理解教材，这样做要达到两个目的：一是确定学习内容的范围与深度，明确"教什么"；二是揭示学习内容中各项知识与技能的相互关系，为设计教学顺序奠定基础，知道"如何教"。具体来说，说教材一般包含以下内容：

一说教材的地位和作用。教师在认真阅读教材的基础上，要向听课的教师介绍这部分教学内容是在学生学习了哪部分知识的基础上进行的，是前面所学哪些知识的延伸与应用，又是后面哪些知识的基础，在整个知识体系中处于什么地位。

二说教学目标和重难点。教学目标的介绍主要有两个目的：一是阐述目标确定的依据，如课标要求、学生实际、教育理论与教学经验中的依据等；二是要将目标细化。课时目标越具体，越有条理，说明备课越充分。教学目标要涵盖生命观念、科学思维、科学探究和社会责任四个方面。教师要说清重点和难点，阐述重点、难点确定的依据，说明难点的关键是什么。

三说教材的处理。对教材进行分析，其目的是要准确把握教材、处理教材。说课，就是在教学目标确定之后，教师为实现目标而组织材料、筛选材料，经加工之后将其转化为自身的教学内容的过程，也包括课时划分和知识点的顺序调整等。

2. 说学情

就是分析教学对象。因为学生是学习的主体，因此教师说课必须说清楚学生情况。这部分内容可以单列，也可以插在说教材部分里一起说。说学情包括：

一说学生的知识经验。要说明学生学习新知识前他们所具有的基础知识和生活经验，以及这种知识经验对学习新知识产生了什么样的影响。

二说学生的技能态度。就是分析学生掌握学习内容所必须具备的学习技巧，以及是否具备学习新知识所必须掌握的技能和态度。

三说学生的特点风格。说明学生年龄特点，以及由于身体和智力上的个别差异所形成的学习方式与风格。

■ 案例剖析

下文是某老师"DNA 是主要的遗传物质"说课稿的"说学情"部分：

高二学生有较强的自主学习能力，并积累了一定的关于 DNA 的生物学知识。学生乐于采用自主探究的学习方法，改变了原有的传统学习方式和地位。通过对实验的介绍和分析，让学生亲身体验科学的研究思路和方法。联系学生有关的化学知识，使知识化难为易，化抽象为具体，使学生学会并体会到学习的乐趣，使其具有成就感，进一步激发学生学习的兴趣和信心。

3. 说方法（教法、学法）

教法是为完成教学任务，师生相互作用所采取的方式、手段和途径。

说教法，要根据本课题内容的特点、教学目标和学生情况，说出选用的教学方法和教学手段以及采用这些方法和手段的依据。

教学方法的选择与应用。应该注意，在现代教育教学理论指导下，对常用的讲解教学、谈话教学、探究教学、直观教学、练习教学等方法进行优化组合，发挥各种教学方法的长处和优点，最终实现教学方法与教学过程最优化。

教学方法的选择和使用往往受教材内容、学生特点、教学媒体、教师教学风格以及授课时间的制约。但一般情况下，本源性知识一般采用观察、实验、讨论等方法，以培养学生观察现象、动手实验和分析问题的能力；派生性知识一般采用讲授、讨论、自学等方法，以培养学生的推理能力、演绎能力和抽象思维能力。

学法是指学生学习知识、掌握知识的方法和途径。学习方法的选择要考虑多方面的因素，但是切忌单一、机械，要注意促进学生学习方式的变革，实现自主学习、合作学习、探究学习的统一。当然，必要的接受学习也是不可少的。

教学手段是为教学方法服务的，因此，一是忌教具的选择过多，不能使用过频，使课堂教学变成教具或课件的展览；二是忌教学手段过于简单，不能反映学科特点；三是忌教学手段流于形式。教学手段的选择也要简要说明选择依据，即是怎样依据教学目标、教材内容、学生的年龄特征、学校设备条件、教具的功能等来选择教学手段的。

4. 说教学程序

说教学流程是说课的主要内容。说教学流程要说清各教学环节的名称、主要教学内容和教学活动的组织安排。

设计思路就是教学流程主要环节的概括。说设计思路，有助于听者了解和把握说课者关于教学活动的整体安排。例如：创设情境—提出问题—猜想与假设—制订计划—进行实验—收集证据—解释与结论—巩固应用。

教学流程就是围绕教学设计思路，说具体的教与学的活动安排以及这样安排的理论依据。在说教与学的具体内容时，要详略得当，说出"教什么""怎样教"和"为什么这样教"。

案例剖析

"神经调节"说课稿（教学过程部分）：

1. 创设情景

①处理：本节课通过展示图片并提问，引出"神经调节"一节。（组织学生观看并思考：为什么烤火的时候孩子可以保持一个合适的距离，既可取暖又不会被灼伤？）

②优点：通过生动、有趣的情节引入课题，可以很快地激发起学生的好奇心和迫切了解知识的欲望，使学生在一上课就进入学习和探究的氛围中，并为课堂教学奠定了一个轻松、和谐的基调。

2. 新课教学

本节课我准备分三个层次进行教学：(1) 反射和反射弧的有关知识；(2) 兴奋在神经纤维上的传导过程；(3) 兴奋在神经元之间的传递过程。

(1) 第一层次：反射、反射弧。

①原因：考虑到反射的概念较为浅显，这里主要采用教师提问引导，学生探究自学的方法。

②处理：在新课开始时首先与学生一起进行一个"膝跳反射"的演示实验，然后提出问题："为什么 A 的腿会不由自主地抬起来呢？"然后组织学生阅读课本，自学反射内容，并提问："谁能给我一个反射的定义呢？"然后借助"反射弧结构模式图"向学生讲解反射弧的结构，以及兴奋的传递方向，（组织学生思考、自学，并展开讨论、分析，得出结论）。

③优点：在本层次中，通过开篇实验，引起学生对这部分内容的兴趣，激发学生的学习动机。还可以使学生的思维与老师的问题"形影相随"，为教学的良好延伸奠定了基础。借助多媒体展示图片，使整个结构清晰地呈现，可以使学生一目了然，更加直观地理解内容。

（2）第二层次：兴奋在神经纤维上的传导

略

（3）第三层次：兴奋在神经元之间的传递

略

3.总结

利用简练、清晰的语言，突出本节课的重点，起到画龙点睛的作用，培养了学生的表达能力。利用动态的动画向学生展示兴奋从神经纤维传递到下一个神经元的整个过程，使学生形成一个完整的知识框架

4.知识运用，巩固练习

分别针对反射弧、动作电位、兴奋在神经元之间的传导设置相关练习，并以综合性的题目进行巩固。用大屏幕投影把题目投影在屏幕上，让学生思考，然后回答。

5.活动探究，感悟生命

①以小组为单位，收集关于神经调节失常，或神经系统受损所引起的疾病的相关资料，并根据成病机理，尝试寻找解决办法。

②以小组为单位，收集关于吗啡、海洛因等依赖性药物对神经系统所产生的危害的相关资料，谈谈自己对"珍爱生命，远离毒品"的认识。

■ 拓展延伸

好的说课有以下几个重要特征：突出教学理念，诠释教学思想，体现教学能力，展现教学境界，展示演讲才华，可以参考下列说课评分表。

生命科学学院师范生说课评分表

学号_____ 姓名_____ 综合评分_____

授课课题_____ 时间_____年____月____日

评价内容		评价指标	分值	得分
一	说教材（15分）	1.清楚、准确阐述本节课教学内容在教材中的地位及作用。	5	
		2.教学目标明确、具体，重点、难点突出。	10	
二	说方法（10分）	3.具体说明教师的教法和指导学生学习的方法。	5	
		4.说明所采取的教法和学法的依据。	5	
三	说教学过程（30分）	5.说明教学程序以及教学环节间的衔接。	5	
		6.阐明各教学内容特别是教学重点、难点的具体处理过程，包括教学方法、手段，以及师生双方的活动等。	20	
		7.说明教学设计的理论依据，以及整个教学过程中所贯穿的新的教育理念。	5	
四	说板书设计（5分）	8.所表述的板书提纲重点突出，内在联系清楚。板书工整条理。	5	
五	教态语言（40分）	9.教态自然、大方，肢体语言恰当。	15	
		10.普通话准确、流利；语言简明，表述条理清楚；有激情和感染力。	25	
自我评价 主要优点 不足之处				
小组评价 突出特点 一点建议				
教师评语				

综合训练

1. 请参考 GB/T 7714—2015，判断下列参考文献格式是否有误并订正。

A. 朱正威，赵占良 . 遗传与进化 [M]. 北京：人民教育出版社，2007，2：119.

B. 刘建全 . "整合物种概念"和"分化路上的物种". 生物多样性 [J]，2016，24（09）：1004-1008.

C. Mayr E（1940）Speciation phenomena in birds.The American Naturalist，74，249-278.

D. 万锦 . 中国大学学报文摘（1983—1993）. 英文版 [DB/CD]. 北京：中国大百科全书出版社，1996.

2. 请自选内容，设计一节说课稿，填到下列表格中，并小组内互相参考评议。

教学内容	
说教材	
说学情	
说方法	
说程序	
说板书	

资源推介

[1] 费孝通 . 江村经济 [M]. 北京：北京大学出版社，2016.

该文原本是作者用英文写成的博士论文，在国外先出版，后译成中文在国内出版。它是一份严谨的田野调查学术论文（田野调查被公认为是人类学学科的基本方法论，也是最早的人类学方法论。它是"直接观察法"的实践与应用），同时更是一篇出色的人类学论文。费孝通以人类学的方法对江苏吴江开弦弓村的地理环境、村民的家庭结构、经济生产方式、财产分配与继承等进行了详细的描述，旨在通过一种人类学的描绘展现我国传统农村社会的深层结构和功能。本文的研究范式具有相当大的影响力，作者扎根实践，其人类学田野调查的研究方法已成为"江村精神"，成为学术的里程碑。

[2] 郑金洲 . 教师如何做研究 [M]. 上海：华东师范大学出版社，2012.

本书从研究的方向、研究的内容、研究的方法、研究的形式四个方面展开阐述，最后还给了教师做科研的十条建议，其中穿插了很多教育实例，鲜活生动，充分将理论与实际紧密结合，使读者在阅读时有理可依、有据可循。该书自出版后引起了很多一线教师和教研员的关注。

第十章　生物学教师的专业发展

本章要览

　　教师素养是教师在教育教学活动中表现出来的，决定其教育教学效果，并对学生身心发展具有直接和间接影响的知识、能力与信念的总和，这种素养需要经过系统的师范教育，并在长期的教育实践中逐渐发展而成。随着时代的发展，教育的重要性日益凸显，社会对教师素养的要求不断提高，教师专业素养的内容也在发生着不断的变化。

　　教师专业发展是一个持续不断的过程，贯穿于教师的整个职业生涯，不同的发展阶段具有不同的特质。教师的专业发展程度可以从多种维度进行考查，教师可以综合多种理论的视角，全面地审视自身的发展状态，从而促成自身的专业成长。随着《义务教育生物学课程标准（2022版）》的发布，生物学教师教育进入了核心素养的时代，生物学教师应当明确自身发展的内容与途径，并对自身的专业发展作出合理的规划与选择。

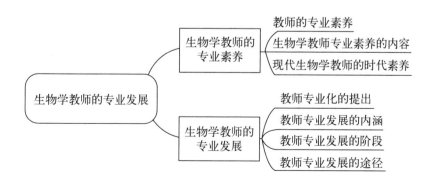

学习目标

1. 说出生物学教师需要具备的基本素养
2. 概述教师专业化发展的定义和特点
3. 概述生物学教师专业发展的内容与途径
4. 能够进行生物学教师专业发展规划和选择

第一节 生物学教师的专业素养

■ 现场直击

小吴是某师范大学生物学专业大四的一名学生，今天，教师招考的面试成绩发布了，小吴被一所重点中学录用了，她特别开心地打电话给自己大学的指导老师王教授。王教授说："我早就看出你的专业素养很好，将来你一定能成为一名优秀的生物教师！"小吴却有点困惑，王教授夸奖的是自己的哪些素养呢？要成为一名合格的生物教师需要具备哪些素养呢？

一、教师的专业素养

《国家中长期教育改革和发展规划纲要（2010—2020年）》中提出，要"提升教师素质，努力造就一支师德高尚、业务精湛、结构合理、充满活力的高素质专业化教师队伍。"

所谓教师素养是指"教师为完成教育教学任务所应具备的心理和行为品质的基本条件。"[①] "如果缺乏或没有达到这些心理和行为品质的要求就不能成为一个有效的教师。"[②] 我们可以认为，教师素养是教师在教育教学活动中表现出来的，决定其教育教学效果，并对学生身心发展具有直接和间接影响的知识、能力与信念的总和，需要经过系统的师范教育，并在长期的教育实践

---

① 顾明远. 教育大辞典（卷2）[M]. 上海：上海教育科学出版社，1990：16.

② 谢安邦，朱宇波. 教师素质的范畴和结构探析 [J]. 教师教育研究，2007，019（002）：1-5.

中逐渐发展而成。

随着时代的发展，教育的重要性日益凸显，社会对教师素养的要求不断提高，教师专业素养的内容也在发生着不断的变化。

美国教师教育协会发布的文件中规定了教师应该掌握基础的教育学和心理学知识，教学过程注重学生"21世纪知识与技能"的培养，掌握多种教学形式，能够将现代信息技术与学科知识和教育学知识进行融合，能对学生进行多样化的评估，具备知识信息共享能力和合作能力，终身学习等素养。欧盟提出的教师素养包括特定的学科知识，通用的教育技能，以及反思精神、研究意识等态度方面的要求。

我国对于教师专业素养的结构划分也在不断演变中，叶澜教授将教师素养分为教师基础素养、教育专业素养和复合型专业素养三大类。2012年教育部公布的《小学教师专业标准（试行）》和《中学教师专业标准（试行）》（简称《专业标准》）指出，中学教师是履行中学教育教学工作职责的专业人员，需要经过严格的培养与培训，具有良好的职业道德，掌握系统的专业知识和专业技能。《专业标准》分别就小学、中学教师的专业理念与师德、专业知识和专业能力提出了具体要求，提出师德为先、学生为本、能力为重和终身学习的基本理念和要求。

以下内容摘自《中学教师专业标准（试行）》

表10-1 中学教师专业标准的基本内容

维度	领域	基本要求
专业理念与师德	（一）职业理解与认识	1. 贯彻党和国家教育方针政策，遵守教育法律法规。 2. 理解中学教育工作的意义，热爱中学教育事业，具有职业理想和敬业精神。 3. 认同中学教师的专业性和独特性，注重自身专业发展。 4. 具有良好职业道德修养，为人师表。 5. 具有团队合作精神，积极开展协作与交流
	（二）对学生的态度与行为	6. 关爱中学生，重视中学生身心健康发展，保护中学生生命安全。 7. 尊重中学生独立人格，维护中学生合法权益，平等对待每一位中学生。不讽刺、挖苦、歧视中学生，不体罚或变相体罚中学生。 8. 尊重个体差异，主动了解和满足中学生的不同需要。 9. 信任中学生，积极创造条件，促进中学生的自主发展

维度	领域	基本要求
专业理念与师德	（三）教育教学的态度与行为	10. 树立育人为本、德育为先的理念，将中学生的知识学习、能力发展与品德养成相结合，重视中学生的全面发展。 11. 尊重教育规律和中学生身心发展规律，为每一位中学生提供适合的教育。 12. 激发中学生的求知欲和好奇心，培养中学生学习兴趣和爱好，营造自由探索、勇于创新的氛围。 13. 引导中学生自主学习、自强自立，培养良好的思维习惯和适应社会的能力。 14. 尊重和发挥好共青团、少先队组织的教育引导作用
	（四）个人修养与行为	15. 富有爱心、责任心、耐心和细心。 16. 乐观向上、热情开朗、有亲和力。 17. 善于自我调节情绪，保持平和心态。 18. 勤于学习，不断进取。 19. 衣着整洁得体，语言规范健康，举止文明礼貌。
专业知识	（五）教育知识	20. 掌握中学教育的基本原理和主要方法。 21. 掌握班级、共青团、少先队建设与管理的原则与方法。 22. 掌握教育心理学的基本原理和方法，了解中学生身心发展的一般规律与特点。 23. 了解中学生世界观、人生观、价值观形成的过程及其教育方法。 24. 了解中学生思维能力、创新能力和实践能力发展的过程与特点。 25. 了解中学生群体文化特点与行为方式
	（六）学科知识	26. 理解所教学科的知识体系、基本思想与方法。 27. 掌握所教学科内容的基本知识、基本原理与技能。 28. 了解所教学科与其他学科的联系。 29. 了解所教学科与社会实践及共青团、少先队活动的联系
	（七）学科教学知识	30. 掌握所教学科课程标准。 31. 掌握所教学科课程资源开发与校本课程开发的主要方法与策略。 32. 了解中学生在学习具体学科内容时的认知特点。 33. 掌握针对具体学科内容进行教学和研究性学习的方法与策略
	（八）通识性知识	34. 具有相应的自然科学和人文社会科学知识。 35. 了解中国教育基本情况。 36. 具有相应的艺术欣赏与表现知识。 37. 具有适应教育内容、教学手段和方法现代化的信息技术知识

续表

维度	领域	基本要求
专业能力	（九）教学设计	38. 科学设计教学目标和教学计划。 39. 合理利用教学资源和方法设计教学过程。 40. 引导和帮助中学生设计个性化的学习计划
	（十）教学实施	41. 营造良好的学习环境与氛围，激发与保护中学生的学习兴趣。 42. 通过启发式、探究式、讨论式、参与式等多种方式，有效实施教学。 43. 有效调控教学过程，合理处理课堂偶发事件。 44. 引发中学生独立思考和主动探究，发展学生创新能力。 45. 发挥好共青团、少先队组织生活、集体活动、信息传播等教育功能。 46. 将现代教育技术手段整合应用到教学中
	（十一）班级管理与教育活动	47. 建立良好的师生关系，帮助中学生建立良好的同伴关系。 48. 注重结合学科教学进行育人活动。 49. 根据中学生世界观、人生观、价值观形成的特点，有针对性地组织开展德育活动。 50. 针对中学生青春期生理和心理发展特点，有针对性地组织开展有益身心健康发展的教育活动。 51. 指导学生理想、心理、学业等多方面发展。 52. 有效管理和开展班级、共青团、少先队活动。 53. 妥善应对突发事件
	（十二）教育教学评价	54. 利用评价工具，掌握多元评价方法，多视角、全过程评价学生发展。 55. 引导学生进行自我评价。 56. 自我评价教育教学效果，及时调整和改进教育教学工作
	（十三）沟通与合作	57. 了解中学生，平等地与中学生进行沟通交流。 58. 与同事合作交流，分享经验和资源，共同发展。 59. 与家长进行有效沟通合作，共同促进中学生发展。 60. 协助中学与社区建立合作互助的良好关系
	（十四）反思与发展	61. 主动收集分析相关信息，不断进行反思，改进教育教学工作。 62. 针对教育教学工作中的现实需要与问题，进行探索和研究。 63. 制定专业发展规划，积极参加专业培训，不断提高自身专业素质

2021年4月，教育部颁布了《中学教育专业师范生教师职业能力标准（试行）》，从师德践行能力、教学实践能力、综合育人能力、自主发展能力四个方面明确了中学教育师范生的教师职业能力标准：

中学教育专业师范生教师职业能力标准（试行）

一、师德践行能力

1.1 遵守师德规范

1.1.1【理想信念】

学习贯彻习近平新时代中国特色社会主义思想，深入学习习近平总书记关于教育的重要论述，以及党史、新中国史、改革开放史和社会主义发展史内容，形成对中国特色社会主义的思想认同、政治认同、理论认同和情感认同，能够在教书育人实践中自觉践行社会主义核心价值观。

• 树立职业理想，立志成为有理想信念、有道德情操、有扎实学识、有仁爱之心的好老师。

1.1.2【立德树人】

• 理解立德树人的内涵，形成立德树人的理念，掌握立德树人途径与方法，能够在教育实践中实施素质教育，依据德智体美劳全面发展的教育方针开展教育教学，培育发展学生的核心素养。

1.1.3【师德准则】

• 具有依法执教意识，遵守宪法、民法典、教育法、教师法、未成年人保护法等法律法规，在教育实践中能履行应尽义务，自觉维护学生与自身的合法权益。

• 理解教师职业道德规范内涵与要求，在教育实践中遵守《新时代中小学教师职业行为十项准则》，能分析解决教育教学实践中的相关道德规范问题。

1.2 涵养教育情怀

1.2.1【职业认同】

• 具有家国情怀，乐于从教，热爱教育事业。认同教师工作的价值在于传播知识、传播思想、传播真理，塑造灵魂、塑造生命、塑造新人；了解中学教师的职业特征，理解教师是学生学习的促进者与学生成长的引路人，创造条件帮助学生自主发展。

• 领会中学教育对学生发展的价值和意义，认同促进学生全面而有个性地发展的理念。

1.2.2【关爱学生】

• 做学生锤炼品格、学习知识、创新思维、奉献祖国的引路人，公正平等地对待每一名学生，关注学生成长，保护学生安全，促进学生身心健康发展。

• 尊重学生的人格和学习发展的权利，保护学生的学习自主性、独立性和选择性，关注个体差异，相信每名学生都有发展的潜力，乐于为学生创造发展的条件和机会。

1.2.3【用心从教】

• 树立爱岗敬业精神，在教育实践中能够认真履行教育教学职责与班主任工作职责，积极钻研，富有爱心、责任心，工作细心、耐心。

1.2.4【自身修养】

• 具有健全的人格和积极向上的精神，有较强的情绪调节与自控能力，能积极应变，比较合理地处理问题。

· 掌握一定的自然和人文社会科学知识，传承中华优秀传统文化，具有人文底蕴、科学精神和审美能力。

· 仪表整洁，语言规范健康，举止文明礼貌，符合教师礼仪要求和教育教学场景要求。

二、教学实践能力

2.1 掌握专业知识

2.1.1【教育基础】

· 掌握教育理论的基本知识，能够遵循中学教育规律，结合中学生认知发展特点，运用教育原理和方法，分析和解决教育教学实践中的问题。

2.1.2【学科素养】

· 了解拟任教学科发展的历史、现状和趋势，掌握学科的基础知识、基本理论、体系结构与思想方法，能分析其对学生素养发展的重要价值，理解拟任教学科的核心素养的内涵。

2.1.3【信息素养】

· 了解信息时代对人才培养的新要求。掌握信息化教学设备、软件、平台及其他新技术的常用操作，了解其对教育教学的支持作用。具有安全、合法与负责任地使用信息与技术，主动适应信息化、人工智能等新技术变革积极有效开展教育教学的意识。

2.1.4【知识整合】

· 了解拟任教学科与其他学科的联系，了解学习科学相关知识，掌握学科教学知识与策略，能够结合社会生活实践，有效开展学科教学活动。

· 了解融合教育的意义和作用，掌握随班就读的基本知识及相关政策，基本具备指导随班就读的教育教学能力。

2.2 学会教学设计

2.2.1【熟悉课标】

· 熟悉拟任教学科的课程标准和教材，理解教材的编写逻辑和体系结构，能够正确处理课标与教材的关系，具有依据课标进行教学的意识和习惯。

2.2.2【掌握技能】

· 具备钢笔字、毛笔字、粉笔字、普通话与相关学科实验操作等教学基本功，通过微格训练学习，系统掌握导入、讲解、提问、演示、板书、结束等课堂教学基本技能操作要领与应用策略。能依据单元内容进行整体设计，科学合理地依据教学目标及内容设计作业，并实施教学。

2.2.3【分析学情】

· 了解分析中学生学习需求的基本方法，能根据学生已有的知识水平、学习经验和兴趣特点，分析教学内容与学生已有知识经验的联系，预判学生学习的疑难处。

2.2.4【设计教案】

· 准确把握教学内容，理解本课（单元）在教材中的地位以及与其他课（单元）的关系，能根据课程标准要求和学情分析确定恰当的学习目标和学习重点，设计学习活动，选择适当的学习资源和教学方法，合理安排教学过程和环节，科学设计评价内容与方式，形成教案与学案。

2.3 实施课程教学

2.3.1【情境创设】

· 能够创设教学情境，建立学习内容与生活经验之间的联系，激发学习兴趣，引导学生积极参与学习活动。

2.3.2【教学组织】

·基本掌握教学组织与课堂管理的形式和策略，能够科学准确地呈现和表达教学内容，控制教学时间和教学节奏，合理设置提问与讨论，引导学生的主动学习和探究学习，达成学习目标。

2.3.3【学习指导】

·能够依据学科特点、中学生认知特征和个体差异，指导学生开展自主、合作、探究性学习，注重差异化教学和个别化指导，帮助学生针对学习重点与难点进行有效学习。

·知道不同类型的信息技术资源在为学生提供学习机会和学习体验方面的作用，合理选择与整合信息技术资源，为学生提供丰富的学习机会和个性化学习体验。

·能够运用课堂结束技能，引导学生对学习内容进行归纳、总结，合理布置作业。

2.3.4【教学评价】

·树立促进学生学习的评价理念，理解教育评价原理，掌握试题命制的方法与技术。能够在教学实践中结合作业反馈等实施过程评价，初步运用增值评价，合理选取和运用评价工具，评价学习活动和学习成果。

·能够利用技术工具收集学生学习反馈，跟踪、分析教学与学生学习过程中存在的问题与不足，形成基于学生学习情况诊断和改进教学的意识。

三、综合育人能力

3.1 开展班级指导

3.1.1【育德意识】

·树立德育为先理念，了解中学德育原理与方法，以及中学生思想品德发展的规律和个性特征，能有意识、有针对性地开展德育工作。

3.1.2【班级管理】

·基本掌握班集体建设、班级教育活动组织的方法。熟悉教育教学、中学生成长生活等相关法律制度规定，能够合理分析解决教学与管理实践相关问题。

·基本掌握学生发展指导、综合素质评价的方法。能够利用技术手段收集学生成长过程的关键信息，建立学生成长电子档案。能够初步运用信息技术辅助开展班级指导活动。

·熟悉校园安全、应急管理相关规定，了解中学生日常卫生保健、传染病预防、意外伤害事故处理等相关知识，掌握面临特殊事件发生时保护学生的基本方法。

3.1.3【心理辅导】

·关注学生心理健康，了解中学生身体、情感发展的特性和差异性，基本掌握心理辅导方法，能够参与心理健康教育等活动。

3.1.4【家校沟通】

·掌握人际沟通的基本方法，能够运用信息技术拓宽师生、家校沟通交流的渠道和途径，积极主动与学生、家长、社区等进行有效交流。

3.2 实施课程育人

3.2.1【育人理念】

·具有教书育人意识。理解拟任教学科课程独特的育人功能，注重课程教学的思想性，有机融入社会主义核心价值观、中华优秀传统文化、革命文化和社会主义先进文化教育，培养学生适应终身发展和社会发展所需的正确价值观、必备品格和关键能力。

3.2.2【育人实践】

·理解学科核心素养，掌握课程育人方法和策略。能够在教育实践中，结合课程特点，挖掘课程思想政治教育资源，将知识学习、能力发展与品德养成相结合，合理设计育人目标、主题和内容，有机开展养成教育，进行综合素质评价，体现教书与育人的统一。

3.3 组织活动育人

3.3.1【课外活动】

·了解课外活动的组织和管理知识，掌握相关技能与方法，能组织中学生开展丰富多彩的课外活动。

3.3.2【主题教育】

·了解学校文化和教育活动的育人内涵和方法，学会组织主题教育和社团活动，对中学生进行教育和引导。

四、自主发展能力

4.1 注重专业成长

4.1.1【发展规划】

·了解教师专业发展的要求，具有终身学习与自主发展的意识。根据基础教育课程改革的动态和发展情况，制定教师职业生涯发展规划。

4.1.2【反思改进】

·具有反思意识和批判性思维素养，初步掌握教育教学反思的基本方法和策略，能够对教育教学实践活动进行有效的自我诊断，提出改进思路。

4.1.3【学会研究】

·初步掌握学科研究与教育科学研究的基本方法，能用以分析、研究教育教学实践问题，并尝试提出解决问题的思路与方法，具有撰写教育教学研究论文的基本能力。

·掌握专业发展所需的信息技术手段和方法，能在信息技术环境下开展自主学习。

4.2 主动交流合作

4.2.1【沟通技能】

·具有阅读理解能力、语言与文字表达能力、交流沟通能力、信息获取和处理能力。

·掌握基本沟通合作技能与方法，能够在教育实践、社会实践中与同事、同行、专家等进行有效沟通交流。

4.2.2【共同学习】

·理解学习共同体的作用，掌握团队协作的基本策略，了解中学教育的团队协作类型和方法，具有小组互助、合作学习能力。

二、生物学教师专业素养的内容

生物学教师需要具备哪些专业素养？郑晓蕙教授认为生物学教师需要具备精深的生物科学知识、广博的综合文化知识、丰富的教育科学知识等专业知识；在能力方面需要有扎实的生物学实验能力、科研创新能力、纯熟的教学技巧，以及教学语言和教学技术艺术化的能力；另外还需要具备角色转换和终身学习的时代素质。

我国教育部教师工作司把教师素养分为专业知识、专业能力和专业情意三个方面，本书也将从这三个方面论述生物学教师应该具备的专业素养。

1. 生物学教师的专业知识

现在通常认为，要成为一名合格的教师，至少需要具备三方面的专业知识：所教学科知识（content knowledge，CK）、一般教法知识（pedagogical Knowledge，PK）和学科教学知识（pedagogical content knowledge，PCK）。

在生物学的学科知识方面，生物学教师需要对包括大学本科及中学生物学的知识体系有广泛而深刻的理解，理解生物学的基本原理、生物学科学研究的本质和科学探究的一般方法，掌握中学生物课堂所需的实验操作、常用实验仪器的使用和调试、各种生物标本的制作技能，了解生物学最新研究进展以及与其他学科、与社会实践的联系等。

一般教法知识是脱离具体学科的限制，任何一个学科的教师都必须具备的，包括各种教育理论、教学策略、教学方法、教育心理学知识等。

生物学的学科教学知识是在教师自己理解生物学学科知识、掌握丰富的教法知识的基础上，用一种创造性的方式来解读学科知识，对知识进行分割和重组，通过各种教学活动，运用多种教学策略和评价，将生物学的专业知识进行基于学生立场的转化，目的是使学生掌握这些学科知识，属于"如何传授知识"的知识。

■ 案例剖析

成为教师后，我愈发觉得，生物学课堂越来越有意思了，我们给学生提供豌豆种子，将"被子植物的一生"展现在教室阳台上；我们和学生一起，见识实验室中的各种奇迹；我们将课本知识展开在学生眼前，应用于真实生活中，这都是我想都没想过的尝试。成为教师后，我才意识到上课并不是那么简单的，不是简单地将知识讲给学生听就算完成任务了。我深深地体会到，有经验的教师们对于课本内容的把握、知识之间的联系、课堂环节的设置，都有着自己独到的见解。而我距离他们，还有很长的路要走。我渴望像他们一样在课堂上运筹帷幄，而这前提，必然是自己的知识储备足够丰富，教学基本功足够扎实，因此，今后的教学中，我也将不断加强学习，向书本学，向教师学，向学生学，向自己学，不断优化自己的课堂，实现课堂的高效。我坚信，兴趣是最好的老师，我在自己的课堂上也将一直秉承这个原则，我希望我的学生能够在我的生物课上找到学习的乐趣，时时刻刻带着一颗探索的心去学习，那么所有问题都将迎刃而解。

在这个案例中，新教师在接受过大学本科系统性的生物学知识的学习之后，已经获取了丰富的生物学科内容知识（CK），但是解读知识的能力还不够。而有经验的教师对知识之间的联系有了更深刻的认识，在了解学生的兴趣和能力和认知规律的基础上，对学科内容知识的再加工，针对特定主题确定教学的组织、呈现和开展过程，比如案例中新教师通过引导学生"种一颗豌豆"将生物学知识"应用于真实生活"等，就是教师积累学科教学知识（PCK）的体现。

2. 生物学教师的专业能力

专业能力是在专业知识的基础上，在一定的情境下运用知识的能力，这些能力的培养可以通过专业的训练获得，根据《教师专业标准（试行）》中对专业能力的划分，生物教师需要具备的专业能力包括：①教学设计的能力；②教学实施的能力；③教育教学评价的能力；④教师进行交流与合作的能力。

3. 生物学教师的专业情意

一位教师这样说道："每次走进课堂，屡屡春意拂面而来，犹如和老朋友重逢般开心。即使我身体不舒服或心情烦躁，但只要一踏进那让我倾心的课堂，我就像被魔法棒点过似的精神百倍，我享受着学生和课堂给我带来的快乐。"

教师的专业情意是指教师基于对所从事专业的价值、意义深刻理解的基础上，在实践过程中逐步形成并深化的对教育教学工作倾注的情感，专业情意是教师开展教育教学活动的动力系统。教师的专业情意亦可理解为教师对教育教学工作倾注情感的浓度与深度。一般包括专业情感、专业信念、专业伦理和专业态度[①]。

教师的专业情意是教师专业素质中的非智力因素，也是专业发展的内在动力。生物学教师需要对教师职业有深入和理解和认同，对生物学课程的价值和意义有透彻的理解，能够遵循教育规律和学生的身心发展规律，热爱学生、为人师表、严谨治学、善于反思，主动提升自身的专业情意。

三、现代生物学教师的时代素养

进入 21 世纪，我们的社会的经济已经经历了重大的变革——从工业型社会转变为知识型社会，社会对人才的要求发生了巨大改变，对学生的深度理解能力、创造性思维等提出了更高的要求。相应的，社会对教师素质的要求也在不断提高，生物学教师也需要顺应社会发展的要求，不断提高自身的时代素养。

1. 终身学习的素养

1972 年，联合国教科文组织在《学会生存：教育世界的今天和明天》的报告中提出了"终身学习"和"学习型社会"的重要教育概念，并在世界范围广泛传播，各国纷纷将终身学习作为国家教育政策的基石。我国教师教育政策对于中小学教师的终身学习也提出了具体的要求。2011 年 10 月，教育部发布《教育部关于大力推进教师教育课程改革的意见》，颁布并施行《教师教育课程标准》，提出"教师是终身学习者，在持续学习和不断完善自身素质的过程中实现专业发展"。2012 年 2 月，教育部发布《中学教师专业标准》，要求教师"具有终身学习与持续发展的意识和能力"，做"终身学习的典范"。

教师作为教育改革的重要行动者，终身学习始终是支持教师职业发展的重要途径。作为生物学教师，为了自身的发展和学生的全面成长，都要有终身学习的意识和能力。在学科专业知识方面，关注生物科学领域的科研进展，更新学科专业知识、了解生物学科与其他学科的联系、了解生物学科与社会实践的联系；在教育理念方面，要对现代心理学、教育学理论进行再学习、

---

① 李建辉，王志广. 简论师范生的教师专业情意——态度与价值观 [J]. 福建师范大学学报（哲学社会科学版），2013（5）：168–173+178.

再认识，及时对教育实践进行反思；在教育技术方面，要学习新媒体新技术的使用方法，提高信息素养。

2. 学科育人的素养

"学科育人"是指学习者在学习学科知识和发展学科能力之外，在心智能力、情感态度、思想品德、社会责任等方面的发展。《义务教育生物学课程标准（2022年版）》中提出义务教育生物学课程"以习近平新时代中国特色社会主义思想为指导，贯彻党的教育方针，落实立德树人根本任务，充分发挥学习育人价值。"

在教学工作中，生物学教师眼中不能只有孤立的知识点，而是需要思考生物学对于发展学生的全面素养有哪些独特的学科价值，引导学生用生物学的眼光观察世界，用生物学的思维方式思考世界，用生物学的价值观解释世界，用生物学的语言表达世界，充分发挥生物学科育人的功能，实现立德树人的根本要求。

3. 教育科研创新的素养

2019年，教育部印发的《关于加强新时代教育科学研究工作的意见》中要求中小学教师增强科研意识，积极参与教育教学研究活动，深化对教育教学改革的规律性认识，探索适应新时代要求的教书育人的有效方式和途径，推进素质教育发展。

如今，"教师成为研究者"的理念得到普遍认可，一位特级教师在谈起教师参与研究的经历时说道："每一个课题在研究中和结束时，总是有一大批教师接受了课题研究的思想，总结出一定的方法和经验。连续的课题研究对教师教育观念的影响是持续而有冲击力的。"生物学教师须提升自身的科研素养，主动开展科学研究。

4. 信息技术应用素养

信息技术在教育领域的深度应用，为教师专业发展增加了新的内容。2014年5月，教育部发布《中小学教师信息技术应用能力标准（试行）》提出"全面提升中小学教师信息技术应用能力，促进信息技术与教育教学深度融合"，2016年6月，教育部关于印发《教育信息化"十三五"规划》要求"增强教师在信息化环境下创新教育教学的能力，使信息化教学真正成为教师教学活动的常态。"2018 年 4 月，教育部启动《教信息化 2.0 行动计划》，旨在大力提升教师信息素养。2022 年全国教育工作会议提出"实施教育数字化战略行动"，这是"十四五"时期加快教育数字化转型的国家战略。习近平总书记在党的十大报告中也明确指出："建设全民终身学习的学习型社会、学习型大国。

教师的信息技术素养是指教师在驾驭信息技术媒介方面所具备的较为稳定的内在品质与涵养[①]。在"互联网+"时代，生物学教师的信息技术素养可以从两个层面来分析[②]：①将信息技术应用于教学本身所应具备的理念、意识、知识、方法和技能等；②将信息技术应用于生物学教学实践过程所应具备的信息化教学创新设计、开发、实施、评价等。

社会需求的改变对现代教师提出了更高的要求，促使教师在从业之前必须进行较长时间的专业准备，并且在从业之后，仍然要不断地进行自我更新。对生物学教师而言，教师专业发展是指通过一系列有利于提升生物学专业知识、专业技能、专业情意和其他支持性素养的活动，从而在一定程度上提高教师的职业能力和专业水平，使教师能够应对学生群体和社会需求的新变化，能够胜任当前和未来的教育教学工作，最终使他们的学生受益。

■ 拓展延伸

美国著名教育家舒尔曼（L.S.Shulman）于 1987 年提出，教师应具备的专业知识包括：①学科内容知识；②一般教学法知识；③课程知识；④学科教学法知识；⑤有关学生知识；⑥有关教育情况知识；⑦其他课程知识。

近年来，有学者在舒尔曼的学科教学知识（PCK）的概念的基础上融入了教育技术的部分，提出了整合技术的学科教学知识（technological pedagogical content knowledge，TPACK）的概念，主要考量教师信息技术融入教学的观念和利用信息技术进行有效教学的知识，这是教育信息化对教师知识提出的新要求。TPACK 包含八个要素：①技术知识；②教学知识；③学科内容知识；④学科教学知识；⑤整合技术的教学法知识；⑥整

① 赵婧，李永杰．信息技术素养：教师专业素养应有之义 [J]．教育理论与实践（中小学教育教学版），2014（5）：3.

② 宋权华，于勇．高校教师信息技术素养：现状，困境与路径——以我国西部地区部分高校为例 [J]．国内高等教育教学研究动态，2020（23）：1.

合技术的学科内容知识；⑦整合技术的学科教学知识；⑧教学所处的境脉（context）。近年来的研究表明，TPACK 已成为教育信息化时代背景下教师专业化发展的基础知识。以生物学科为例，TPACK 不仅关注信息技术本身，更关注技术如何在生物学科教学活动中发挥功能，提升教学效果。

第二节　生物学教师专业发展

■ 现场直击

在某市一次教学研讨会上，一位省教学能手进行了一次课例展示，在观摩过课例之后，老师们分组进行了讨论。在一个 6 人小组的讨论过程中，有 4 位老师表达出从这节课中受到很多启发，充满了在工作中进行尝试的想法；而另外两位老师觉得这节课没什么意思，跟自己平时上课也没什么差别（但实际情况真的是这样吗？）。这是教师生活中非常常见的一个场景。时代与教育在不断变化，教师的专业水平也必须不断发展，所以教师在职阶段还需要通过各种方式更新自己的专业知识，提高自身的专业技能、发展自己的专业情意。那么，假如你成为一名生物教师，你知道如何规划自己的专业发展吗？这就需要了解教师专业发展的规律和实现专业发展的有效途径。

一、教师专业化的提出

专业是社会分工、职业分化的结果。从社会学的角度讲，专业是指一群人在从事一种需要专门技术的职业，这种职业需要特殊的智力来培养和完成，其目的在于提供专门性的社会服务。职业的专业化程度越高，从事该项职业人员的不可替代性越强，其社会地位、经济待遇也相应越高。

一种职业要真正成为专业，需要具备四个特点：

①要对社会有不可或缺的功能；

②具有完善的专业理论和成熟的专业技能；

③具有高度的专业自主权和权威性；

④专业人员需要经过长期、严格的专业培养与发展。

教师职业能够成为一种专业，是教师职业自身的特殊属性决定的。顾明远总结出教师职业的四个特点：教师职业是复杂的脑力劳动，需要极大的创造性和灵活性，具有鲜明的示范性，具有长期性和长效性。① 可见，教师在社会发展中具有不可替代的作用，教师在工作中需要遵循一定的理论指导，需要各类知识和智慧，以及较高的道德要求，都必须通过专门的训练、实践和持续的更新才能获得和保持。

教师职业属性是随着社会发展不断演变而来的，经历了从非正式到正式，从简单到复杂的演变过程。

在人类漫长的历史上，很早就存在着传授知识和经验的教育活动，但专门培养学校教师的专业性教育只有三百多年的历史。很长的历史阶段里，教育是少数统治阶级的特权，社会还没有普及教育，普通人通过日常生活中的非形式化的教育就足够让新的一代融入当时的成人社会，对专门的教育的需求很少，所以，也很少有人把教学作为自己的专门职业和终身职业，教师职业的专业化程度十分有限。

伴随着工业革命的兴起，社会经济文化不断发展和教育的普及，由于教育对象的数量迅速扩大，教师已经成为人数众多的职业群体。20世纪以后，制度化的学校教育中的教育内容变得复杂而系统，教师需要花费较长的时间对任教领域的内容进行准备，除此之外，社会对教师在教学过程中的方法和技艺的要求愈加提高。到了20世纪后期，随着整个社会经济、文化的发展，特别是教育科学和心理科学对教育活动的深度研究，也让更多的人意识到教师在育人方面有重要的不可替代的作用。总之，社会需求的改变对现代教师提出了更高的要求，促使教师在从业之前必须进行较长时间的专业准备，并且在从业之后，仍然要不断地进行自我更新。

在1966年，联合国教科文组织和国际劳工组织在《关于教师地位的建议》中首次提出"应把教育工作视为专门的职业，这种职业要求教师经过严格的、持续的学习，获得并保持专门的知识和特别的技术"的观点。从那以后，教师

---

① 顾明远. 教师的职业特点与教师专业化 [J]. 教师教育研究，2004.16（6）：4.

专业化已成为国际教师教育改革的趋势。

我国 1993 年 10 月颁布的《中华人民共和国教师法》中提出，"教师是履行教育教学职责的专业人员"，并于 1995 年颁布《教师资格条例》，使教师的专业资格认定得到了国家教育制度的保障。

进入 21 世纪以来，随着社会的深刻变化，教育的普及，以及教育理论知识的不断发展和丰富，当代教育工作对从业人员提出了比以往任何时期都高的要求，使得无论从教师队伍整体还是以教师个体而言，都有必要成为真正的"专业"教师。

二、教师专业发展的内涵

2018 年 1 月，中共中央、国务院印发《关于全面深化新时代教师队伍建设改革的意见》，这是新中国成立以来党中央出台的第一个专门面向教师队伍建设的里程碑式的政策文件，对如何建设一支高素质、专业化的教师队伍作出了国家层面的战略部署。2021 年 3 月，《中华人民共和国国民经济和社会发展第十四个五年规划和 2035 年远景目标纲要》发布，将"建设高素质专业化教师队伍"作为"提升国民素质，促进人的全面发展"的重要途径。

"教师专业发展"是一个内涵相当丰富的概念，综合国内外现有研究看，最常见的是从个体和群体的角度来解释教师专业发展：

（1）从个体角度看。教师专业发展被定义为"通过系统的努力来改变教师的专业实践、信念，以及对学校和学生的理解"，它"强调教师个体知识、技能的获得，以及教师生命质量的成长"。

（2）从群体的角度看。教师专业发展是指教师这个职业群体符合专业标准的程度，即职业专业化过程。

从二者的关系上看，教师专业发展的个体角度和群体角度是相互影响的过程：教师个人不断提高专业水平可以促使整个教师群体的整体素质和专业化水平，从而使教师这一职业的社会地位不断提升，而教师职业获得更广泛的社会认可和支持，又可以给教师个人专业成长提供更高更好的资源。

综合各项研究，我们可以认为，对生物教师而言，教师专业发展是指通过一系列有利于提升生物学专业知识、专业技能、专业情意和其他支持性素养的活动，从一定程度上提高教师的职业能力，使教师能够应对学生群体和社会需求的新变化，能够胜任当前和未来的教育教学工作，最终使他们的学生受益。

三、教师专业发展的阶段

教师专业发展是一个持续不断的过程，贯穿于教师的整个职业生涯，不同的发展阶段具有不同的特质。有关教师发展阶段问题的研究始于 20 世纪 60 年代末期的美国，比较著名的有美国学者弗兰西丝·富勒（F.Fuller）提出的"教师关注的四个阶段"理论（见表 10–2）。

表 10–2　富勒的教师关注阶段理论

阶段名称	主要特征
任教前阶段	职前阶段的学生只是想象中的，教师仅关注自己
早期生存关注阶段	实习教师所主要关注的是自我胜任能力以及作为一个教师如何"幸存"下来，关注对课堂的控制、是否被学生喜欢和他人对自己教学的评价
教学情境关注阶段	教师主要关心在目前教学情境对教学方法和材料等的限制下，如何正常地完成教学任务，以及如何掌握相应的教学技能
关注学生阶段	教师开始把学生作为关注的核心，关注他们的学习、社会和情感需要以及如何通过教学更好地影响他们的成绩和表现

叶澜教授也采用关注阶段理论将教师专业发展分为非关注阶段（在进行正式的教师教育之前）、虚拟关注阶段（师范学习阶段）、生存关注阶段（初任教师阶段）、任务关注阶段、自我更新关注阶段。

另外还有学者从不同的角度进行划分，比较著名的有费斯勒（Ralph Fessler）提出的"教师生涯循环理论"，利斯伍德（Leithwood）提出的"心理发展阶段理论"等。

费斯勒将教师职业发展阶段划分为职前教育期、入职期、形成能力期、热心和成长期、职业受挫期、稳定和停滞期、职业低落期和职业退出期，共八个阶段。他认为教师的职业周期呈现出动态的、灵活的，而不是线性的发展过程，而是在个人与环境的互动过程中，教师不断进入或者退出某个阶段的动态变化过程。

利斯伍德则摆脱了教师专业发展水平与教师年龄的绑定关系，将不同年龄但是心理发展水平接近的教师划分为同一个阶段，共分为四个阶段：第一阶段的教师把"权威"当作最高准则，鼓励学生顺从和机械学习；第二阶段的教师把"规则"放在最重要的位置，课堂规则明确，但无视学生之间的个体差异，表现为"墨守成规"；第三个阶段的教师有较强的自我意识，针对具体教学情境中的学生行为可以作出灵活的处理；第四个阶段的教师有自己的主见，强调有意义地学习，富有创造性。

通过比较不同的教师发展阶段的理论，我们可以看出，教师的专业发展程度可以从多种维度进行考查，教师可以综合多种理论的视角，全面地审视自身的发展状态，从而促成自身的专业成长。近期有研究发现，教师专业发展的实际情况并非单向地按照顺序进行，在许多情境中，教师可以实现跳跃式发展，或者退行性变化，教师的专业发展的实际路径呈现出多样化。

综合理论研究和实践经验，我们发现，教师成长生涯中有两个非常关键的阶段，第一个是新入职阶段，第二个是稳定期的教师专业发展阶段。

1. 新任教师的专业发展

从新教师走上教学岗位开始，到对教学工作完全熟悉、适应并开始走向稳定的这个阶段，大约需要 1 到 5 年的时间，是教师专业发展的关键时期。

新任教师阶段是教师生涯中的全面快速发展的时期，具备一些独有的发展优势，主要体现在：①在经过了完整的职前教育之后，新任教师对最新教育理念的掌握程度和教育学知识的丰富程度上通常占据较大的优势；②新任教师的好奇心和求知欲都比较旺盛，具备自我发展的动力和改变的意愿，具有很高的可塑性；③新任教师与学生的年龄差距较小，更容易建立融洽的师生关系。

同时，新任教师在学校管理、学生工作特征、社会压力、职业发展和身心特征方面容易承受较大压力[①]，在心理上和实践上都将面临一些挑战，在遇到挫折时容易产生自我否定等消极的情绪，需要对面临的问题进行及时的省察和调整，用良好的心态和有效的策略去克服这些问题，从而迅速实现从新

---

① 吴文春，余洁玲. 新任教师压力源研究 [J]. 教学与管理，2014 (33)：80-83.

手到成熟的转变。

■ 案例剖析

　　这是小吴踏上讲台的第一个学期，今天她将要执教《植株的生长》这一节课的内容，而她的指导老师李老师要来听她的课。

　　为了这堂课，小吴精心准备了PPT和丰富的实验材料。课的开始，为了引起学生的学习兴趣，她朗读了一首小诗，赞美植物的顽强生长，想要以此引出本节课的主题，但是糟糕的是——学生们并没有按照她预设的答案回答，她一下子慌了神。还好的是，接下来的实验环节进行得还比较顺利，同学们在观察大豆和玉米的幼根的时候都非常认真，小吴松了一口气，马上追问学生："考虑一下，根毛为什么这么多？是从哪里长出来的？"接下来，小吴又引导学生观察了根尖的永久切片，许多学生对显微镜的操作不是很熟练，所以能看到清晰物像的小组只占到三分之一，小吴一看时间有点不够了，下面还有不少内容，就赶紧进行下一个环节了，后面的讨论环节也是尽量压缩时间，最后紧赶慢赶地终于把之前设计好的内容处理完了。

　　课后，她有点紧张地等待李老师的点评，李老师看出她的紧张情绪，笑着安慰她："你的PPT制作得很用心，对这节课的知识也准备得很充分，语言很有条理，这些都是你的优点。但是有几处问题，我必须坦诚地给你指出来。第一，你是否思考过这节课的重点和难点到底在哪里呢，这节课要达到的教学目标是什么？第二，照你设计的内容这么讲，时间显然不够用，有没有考虑到更好的办法？第三，要注意提出问题的方法和时机，你问了"根毛为什么这么多？"这种问法是不符合自然科学的提问方式的，还有"根毛是从哪里长出来的？"这个问题提得过早，也不符合学生的认知规律。第四，学生实验过程中，许多学生没有观察到目标物像，而教师给的操作时间是不够的，教师也没有对实验结果进行确认和进一步指导。另外，给学生讨论的时间也是不够的，讨论有利于学生生成和构建知识，不要吝啬时间。"

　　小吴听完，头上直冒汗，原来她对学生的了解还是很少，她还不知道如何有效地进行教学设计和组织教学，更不知道如何处理课堂上预设之外的事件。看来，要成为一名合格的教师，仅仅具有丰富的知识是不够的，还应当具有一定的教学技能和智慧。

从上面的案例，我们明显地看出新教师入职初期容易遇到的问题：①缺乏对中学生物学知识结构的系统把握，对教学重难点的把握不准确；②对学生的反应不敏感，较多地关注自己的预设，较少关注到教学过程中学生的观点和学习进展；③无法处理课堂中的其他突发情况，教学效果不稳定。

实践证明，师徒制的教师发展模式对新任教师的专业成长非常有效，新任教师在与有经验的教师交流的过程中，可以获取非常多的实用性知识。另外，课堂观摩和模仿也是新任教师迅速成长的重要路径，从行为上的模仿开始，揣摩优秀教师每一个教育行为背后的目的，循序渐进地形成自己的教学风格。

■ 拓展延伸

(Simmons P E, Emory A, Carter T, et al. Beginning Teachers: Beliefs and Classroom Actions[J]. Journal of Research in Science Teaching, 1999, 36(8): 930–954.)

Simmons 在研究中，一方面对新任教师的教学实践进行科学的观察，一方面询问新教师以下几个方面的问题：①你认为应该如何与学科内容和过程互动；②教师在课堂上应该做什么；③学生在课堂上应该做什么；④你如何看待自己作为教师的角色。结果显示，对这些教学实践的观察与教师的信念形成了鲜明的对比：虽然教师声称以学生为中心的信念，但他们的行为是以教师为中心的方式。

新任教师在职业的开始阶段面对的主要是"生存的压力"，经常出现信念和行为不匹配的现象，这些问题可以经过一段时间的适应之后逐渐改善。你也可以经常问自己以上几个问题，并记录下来，看看几个月之后你的回答会有什么不同。

2. 稳定期的教师专业发展

进入稳定期的教师已经能够胜任常规的教学工作，具备充足的学科教学知识，能够灵活运用各种教学策略，并且能够针对课堂教学的实际情况及时作出适当的调节，能够关注学生的理解程度和兴趣，开始思考教学的内在价值，关注学生核心素养的达成和综合素质的提高。但是这一阶段也是教师专业发展出现较多差异的时期，一部分教师由于无法突破专业发展的高原期，无法走向更高的平台，所以这一阶段也是教师职业生涯发生转折的关键阶段。

■ 案例剖析

小朱大学毕业后成为一名乡镇中学的生物学教师，她的家人对她找到一份平稳的工作十分满意，但是时间久了，小朱有时会羡慕那些去大城市打拼的同学，他们虽然要面对更激烈的竞争环境，但是日子每天都不重样，不像自己的生活——平淡似水，几乎从现在就能看到退休的样子。小朱身边的很多老教师最关心的话题就是晋职称，一位老教师说，等她带完这一届学生，再拿一个成绩奖，就差不多能聘上高级职称了，在那之后她就打算颐养天年，再也不这么拼命抓学生成绩了。小朱很困惑，这份"平稳"的工作是否能实现自己的人生价值？

教师职业的"高原期"通常发生在进入稳定期后的3~7年，也就是入职后8~12年左右，表现为专业发展欲求明显降低、学习动力下降、职业倦怠的情况。

刘恩山等认为，教师职业"高原期"出现的原因主要有：①社会迅速发展的因素。表现在教师的专业发展速度落后于社会科技进步的速度，出现以往的教学能力和方法与社会发展的要求不匹配的现象。②教师的心态变化。表现在教师的倦怠、守旧和畏缩不前[1]。

能够意识到"高原期"的现象，是专业发展突破的第一步。教师要认识到，"高原期"是存在于很多职业中的一个阶段，职业生涯中出现"高原期"属于正常现象，从而科学地认识并用积极的心态和行动去应对、突破"高原

① 刘恩山，崔鸿. 生物学教师专业发展概论[M]. 北京：北京师范大学出版社，2021：72.

期"，进入专业发展的新阶段。

四、教师专业发展的途径

（一）教师教育一体化

2001 年，《国务院关于基础教育改革与发展的决定》中，"教师教育"正式取代了以往使用的"师范教育"的概念，"教师教育"这一概念的提出意味着将教师的职前培养、入职教育和职后培训连成一体，将教师教育过程视为一个可持续性的、发展性的终身学习过程，国家层面的政策指导也为教师专业发展提供了基本的制度保障。

2011 年 10 月，教育部发布《教育部关于大力推进教师教育课程改革的意见》，颁行《教师教育课程标准》，2012 年 2 月，教育部发布《中学教师专业标准》，这两份关键文件的颁布，变革了以往教师教育培养方式，昭示着我国教师教育进入标准化时代。2013 年，教育部发布关于教师资格国家级考试的意见，明确规定："国标、省考、县聘、校用"原则，师范生必须参加考试、实施教师资格五年一认定。2016 年 3 月，教育部《关于加强师范生教育实践工作的意见》，明确提出开展科学、规范、基于实践档案的教育实践课程建设。2017 年 10 月 26 日，教育部印发《普通高等学校师范类专业认证实施办法（暂行）》，全国范围内启动基于 OBE（学习产出的教育模式）理念的师范专业认证。

我国的教师教育培养与发展体系，既追求高度，也追求宽度，建立了多元一体的发展系统，教师教育的一体化除了包含纵向的一体化（将职前培养、入职教育、职后培训视为一个统一的整体），还包含横向上打通高校、地方政府、教研机构和中小学校的联结，从时间到空间上全方位涵盖教师专业发展的全过程。

（二）教师学习

教师学习是教师专业发展的关键途径。以往的教师专业发展的多是用教育理论去指导实践，将教师看成"不完整的人"，按照通用标准，通过各种培训，传授预设的知识。而"教师学习"更加尊重教师的个人经验，是以教师的经验为逻辑起点，以教学实践的情景化问题的创新性为依托，通过自我探究、与同行和专家对话，从而共同生成知识的过程。综合各项研究，我们认为教师学习具有自主建构性、真实情境性和实践指向性的特征。

教师学习的主要途径有自我反思、同伴互导、参加教师学习共同体等。

1. 自我反思

■ 案例剖析

大学毕业后，经过紧张的备考、笔试、面试，终于成功入职成为一名初中生物学教师，在这三个月内实现了由学生到教师角色的转变，这种身份的转变是很难快速适应的。

还记得第一次正式上课站上讲台时的紧张和不适应，当全体学生的目光都集中在我身上时，明显感觉到自己底气不足，只能把注意力集中到课件和课本上来，很难和学生进行有效的交流沟通，较少地关注学生学的状态。这样的状态大约持续了两周，以至于在自己一脸懵地听其他老师讨论班里一对长得一模一样的双胞胎时，才发现自己对学生的情况知之甚少。上课时的互动交流也只是与部分活跃积极的学生进行，而对大部分学生的状态是没有关注照顾到的。而教师只有了解学生的特点，针对学生特点因材施教，才能达到好的教学效果。因此，我之后在旁听同学科优秀教师的课时，认真观察老师与学生的相处模式，以及教师如何把控课堂，关注学生。在上课时，努力调动学生积极性，尽可能使全体学生都参与到课堂中来，及时关注学生状态，了解学生学习状况。慢慢地，我与学生的距离越来越近，课堂氛围也越来越轻松，与学生的交流互动越来越游刃有余。

新教师在教学中教学方式比较单一，主要是采用讲授法向学生传授知识，这就容易出现课堂内容单调乏味，学生注意力不集中的情况。还记得一位老教师在听完我的课后说，教师讲得太多，学生自己学得太少；这样你累，学生也累。我们教师应该要更加注重学生的自学，适当把课堂交给学生，而不要教师自己一味地灌输。学生是学习的主体，教师是教学的组织者、引导者与合作者。教师应尊重学生的主体地位，在课堂教学中发挥学生的主导作用，使学生积极主动地参与到课堂中。

　　作为一名新手教师，最欠缺的就是丰富的教育教学经验，因此要不断向优秀教师学习请教，虚心听取建议，并及时反思，积累经验。对教育教学满怀热情与激情，不断提高业务水平和自身素质，努力向优秀教师靠近。

　　案例中的教师对自己的教育实践过程进行了回顾和审视，从专业水平、课堂教学、个人成长等方面进行了反思，从而对自己所处的状态和问题解决的路径有了比较理性的看法。

　　大量研究表明，反思是促进教师专业发展的重要内在途径。自我反思对教师的专业发展的重要意义已经被广泛认可，主要原因在于：

　　（1）自我反思指向问题的解决。著名教育家杜威（J.Dewey）认为，教师的反思不是简单的经验总结，它是伴随着整个教学过程的检视、分析和解决问题的活动。也就是说，反思是教师对教学活动过程的深入思考，这种对自己的教育教学能力、方法的深度思考可以促使教师寻找解决问题的路径，从而对自己的教育实践活动产生积极的影响。

　　（2）自我反思促进思维的转化。教学过程中的情境具有流动性和不确定性，往往转瞬即逝、难以固化，而反思的过程能够激活教师在过去事件中的情感体验，在反思过程中，教师通过"什么""如何""为什么"等追问，将复杂教育情境中的体验进行梳理和放大，进而对教育经验进行重新组织和构建，从而产生新的理解。我们可以这样认为：反思促成了教师由"见"到"识"的思维转化。

　　（3）自我反思塑造教育价值观。教师通过对不同教育理念、教育现象的反思，结合自己的教育实践，形成自己对教育的个人认识，从而在面对新的教育情境的时候，能够透过现象看透本质，预期不同的行为会带来什么样的后果。教师的每一个教学行为都折射出教师内心的教育价值观，善于反思的教师对自己的教育价值观有更清晰的认识，并能够进行主动塑造。

　　2. 同伴互导

　　同伴互导是指具有相当身份（如职称、教龄、学科、地位）的教师结成伙伴关系，在一起工作，通过共同阅读与讨论、示范教学、课例研究，特别是有系统的课堂观察与反馈等方式，学习并彼此分享新的知识，改革教学策略，进而提高教学质量，并促进自身的专业发展。[1]

■ 案例剖析

下课铃声响起，三位中学教师上完课后走出教室，在走廊里遇到对方，互相打了个招呼，顺便聊起刚刚的上课情况。

小吴老师很有挫折感地说："今天我在班里搞了个小测验，不考不知道，有一个知识点我上课都强调了好几遍了，一做题，还是有不少同学会出错，可悲的是，刚才是我今天上的第四节课了，在四个班讲同样的内容，教师这个工作真是重复的劳动。"

张老师一边笑一边说："你这才是上班的第二年而已，今年是我教学的第二十年了，二十年都在重复讲书本上这点内容，岂不是更重复。习惯就好了。"

赵老师说："其实，我倒认为不一定非要重复，前几天我出去听课，有位老师用到一个不错的软件，把骨骼尤其是关节的活动状态展示得非常清楚，学生还能结合现场解剖的实物进行总结归纳，这个方法我也打算试试。"

小吴老师说："你这么一说倒是启发了我，再过两周咱们学校就要开运动会了，要想取得好成绩，肯定要涉及一些运动、营养、神经等方面的知识，说不定还涉及一些物理学的内容，我们可以引导学生把《如何健康的运动》当成一个课题来研究。"

赵老师说："这个创意很好，我们可以让学生分组，根据课题任务提出系列性问题，然后通过自学、查找资料、讨论、探究和实验学习。我们去把教学方案做一下。"

上述案例中，我们可以看到，即使在一些非正式情境中，教师同伴之间就一个问题展开的讨论和交流可以激发教师的教育智慧和灵感，同伴们之间的互相激励和启发也有利于预防职业倦怠的产生。

---

[1] 崔允漷. 指向专业发展的教师同伴互导 [J]. 当代教育科学，2005，000（020）：3-5.

3. 教师学习共同体

■ 案例剖析

> 一位教师回忆起观摩一个课题小组的研讨时的经历。一天一天地备课、上课、再备课、再上课……重复而单调的生活让我经常感慨：教学真的不是一件轻松的事情。转折是发生在一个雨天，淅淅沥沥，冬转春的时节，天气微微凉，很是舒服。我跟着我的指导老师参加了一场大咖云集的小型研讨会议，那次会议带我从另一个角度走近生物学科的教学，跟我之前理解的生物教学完全不一样，他们研讨的热情唤醒了我沉睡已久的对于生物学科的喜爱和对于具有专业精神的人的敬佩。在那之后，我对于教学有了不一样的感觉，我不再着眼于这节课怎么上，而是会想着怎么连贯前后几节课的内容；我不再觉得这节课我上过一遍了，在下个班上课是不是就会轻松了，而是想是不是还可以用更好的方式。

案例中的一位教师参加过课题小组的研讨后，激发了专业发展的动力。其实像这样的课题小组就属于教师学习共同体。所谓教师学习共同体，是指基于教师共同愿景和目标而自发组织的，成员具有多样性和异质化的特点，旨在通过共享式合作学习、沟通和对话等活动来促进教师专业发展的教师团体，比如课题研究小组、集体备课研讨小组、青年教师小组、专家引领的小组等。

■ 拓展延伸

> 作为一个心智成熟而且已经具有相当人生经验的成年人，教师的知识、情感和技能究竟在什么条件下能够发生我们期望的变化？我们要想了解自己学习的过程是怎样的，就需要对"成人学习"理论进行一定的了解。美国著名心理学家桑代克所著《成人学习》一书的出版，标志着成人学习理论研究的开始。
>
> 成人学习理论假定成人与儿童具有不同学习风格和特点。概括起来，成人学习理论对成人学习者有如下基本界定：成人拥有认知需求，知道为

什么学习。

对于一个特定的主题，他们需要知道为什么要学习，他们需要学习的理由，因为只有学习可以应用于其工作或其他有价值的实践活动，他们才有学习的动力。成人学习者大多是带着职业的实际需要和工作中要解决的问题进入学习的。因此，他们学习的目的明确，学习的针对性非常强，要求所学内容与他们的工作实际相关，并且能够学以致用。

成人具有清楚的自我概念，具有自我导向学习的能力。成人学习者一般都具有较强的学习自主性和独立性。所以，当他们在学习中遇到问题时，他们更希望教师能够对他们的学习给以组织、引导和帮助，而不是以权威或领导的姿态出现。成人学习者常常希望与教师共同承担教学责任，希望能够和教师一起确定评估学习的目标，参与教学内容的选择，参与教学活动的评价。

成人具有丰富的学习经验和工作经验，这些经验是成人学习的重要资源。成人学习者都是带着个人丰富的生活经验和工作经验进入学习的，这些经验既是成人自己学习的基础，也是他们和其他成人学习者相互交流与学习的资源。因此，经验学习是他们最重要的学习方式之一。

成人学习以生活为中心，且以问题或任务为导向。他们特别关注学习效率，因为对于成人学习者来说，基本上都是在职学习，时间是非常宝贵的，有非常明确的学习目标，具有一种实用主义的学习观，对直接与工作或生活相关的主题最感兴趣。当主题对其有直接价值时，成人学得最好。

成人的学习动机主要来自内部，而不是外部。成人学习最好的动机就是兴趣和个人利益，内在的激励如自尊需求、成就需求是成人学习的最重要的驱动力，且这种动机会因为对良好的学习情境的主动参与而获得发展与增强。

成人的学习能力与儿童相比有较大的差异。成人具有比儿童更强的学习能力，主要表现在与生活经验相关的实践智力上，如语言能力、决策能力、分析和判断能力具有更强的元认知能力，能有效调整和控制自己的学习。但是，成人的某些与感知直接相关的能力显然不及儿童，如视力、听力、记忆力、动作反应速度等，这些给成人学习者也增加了一定难度。

　　请你尝试记录自己针对某个主题的学习经历，体会自己在这个过程中发生了哪些变化？

综合训练

1. 随着信息化社会的发展，有一部分人认为新的数字技术将逐步取代教师，但是联合国教科文组织在最新发布的《反思教育：向"全球共同利益"的理念转变》报告中指出，数字技术无法替代教师的作用，所有国家必须将有效的教学职业视为本国教育政策的优先事项。那么，在当今社会中，教师职业的不可替代性主要体现在哪些方面？结合所学内容和生活实例谈谈你的看法。

2. 有人说教师就像蜡烛，燃烧自己，照亮他人。也有人说，教师应该是一枚可充电的电池，只有不断充实自己，才能发出更多的"光"和"热"。这两种看法背后，对于教师的工作的认识有什么不同？你如何看待教师的专业发展？

3. 下面案例中的教师的经历对你有哪些启发？假如你是一名生物教师，你会如何规划你的职业生涯？以"假如我是一名生物教师"为主题，写出你对未来职业的规划和构想。

■ 案例剖析

生命的拔节

　　题记：在春天的田野里，能听见禾苗拔节的声音。而我的教育生命，也如同田野里的禾苗，经历一次次的拔节，努力向上生长。

迷茫之中，一个人的艰难行走

　　1983 年，刚刚师范大学毕业的我，满怀着对教育工作的憧憬与热情来到了一所城乡接合部的初中学校。学校安排我上初二年级的生物课。初为人师，我希望能成为学生喜欢的老师，能教给学生有价值的东西。但是中学的知识相对于大学所学，浅显得不知道该怎么讲才好，总是不由自主地就讲多了、讲深了，却抱怨学生"这么简单的东西怎么会不明白！"

我的心被失望、焦急等情绪填满，前面没有现成的路可走，后面更没有退路，只有一个人艰难地行走。还好，大学期间认真完成的教育实习给了我很大的帮助。每天，参照着实习时备课的思路去备课和上课，努力让课堂生动、活泼一些。

慢慢地，我找到了当老师的感觉，和学生之间也越来越融洽。尽管上课的情形没有太多印象，但始终记得有一次感冒发烧，满嘴起泡，学生送了我很多药，告诉我哪种可以服用、哪种可以涂抹，我为赢得了孩子们的关心而幸福不已。

教研路上，成长了他人也帮助了自己

在工作两年半之后，我成为区教研室生物教研员。

我开始尝试着模仿其他教研员开展活动，尝试走进各中学老师的课堂，去和老师们一起探讨，尽力给老师们提供帮助。但各学校走过一遍后却发现，全区 20 多位生物教师，没有一位是学生物专业的。

尽管老师们工作认真，但其专业知识几乎为零，怎么上课？尽管有老师专门来请教我，其他没有"请教"的老师怎么办？

翻出大学的教材，把相关的科目找出来，我开始了备课、绘制投影片，利用每周六下午的集体活动时间给全区的 20 多个生物老师"上课"。除了生物专业知识和技能，老师们课堂教学的水平更亟待提高。于是我收集全老师的课表，走遍了全区的每一所学校。课后我直接和老师们细致地研讨，使得我推门听课也被广大老师所接受和欢迎。

不知不觉，我竟然在教研员岗位上工作了 8 年。正是这种参与式的教研工作，使得我在帮助广大老师成长的同时，也促使自身不断学习、提高，对课堂教学有了更深的理解。

爱上读书，丰盈生命的精神之旅

虽然教研员当了许多年，但说起读书却非常惭愧，无外乎《生物学通报》等专业杂志和书籍，只是从中寻找教学技巧，并没有走出"生物"的狭小天地。真正的阅读是进入 20 世纪 90 年代再次踏上讲台以后。在教育图书还比较匮乏的年代，一次无意中在一位语文老师那里看到了《魏书生教

育文集》，才发现当老师可以这么丰富有趣、魏老师和学生一起寻找春天的镜头深深印在了我的脑海，他处理学生各种问题的方法，让我知道当老师可以这样细致、艺术！

读傅东樱《泛舟诲海》，突然发现教师的语言可以那样诗情画意；读苏霍姆林斯基《给教师的建议》，才知道教师的工作富有艺术性和创造性；读朱永新《我的教育理想》《新教育之梦》，这才感觉这么多年的工作缺失了梦想与探索；读李镇西《爱心与教育》才体会到当老师也可以享受这般的美好；读于春祥《用脚做梦》，才发现我也可以这样写出自己的教学感想，于是开始了笔耕不辍，并一直坚持到现在；阅读张文质《生命化教育的责任与梦想》，让我从此踏上了生命化课堂的构建之路……通过阅读，我眼前打开了一扇扇通向外界的窗口，原本沉寂的心灵有了活力，虚空的大脑开始变得丰富。

一次培训，奠定专业成长之基

2000年，我有幸参加了北京师范大学大举办的国家级骨干教师培训班。三个月的培训让我这井底之蛙来到了陆地，眼前是全新的风景——新的教育理念，新的教学思想，新的教学方式，教师专业成长，研究性学习，课程改革，创新能力培养，人文精神与科学精神……很多词汇都是第一次听说，给我带来了全新的感受！对于我来说，那是一场彻头彻尾的对灵魂的洗涤，成为我教师生涯中的重要转折点，奠定我专业成长的基础。

网海泛舟，生命在反思与积累中升华

受于春祥《用脚做梦》的启发，2005年在教育在线论坛开始了我的网络行走，记录自己的教育教学感悟，留下思考的轨迹，为自己的教育人生增添了靓丽的色彩。不到4年时间，教学随笔已达200多万字。更重要的是，在网络写作与交流中，促使我学会反思、不断积累，使生命得以升华。没想到我的努力引起了众多老师的关注，有的老师专门在自己的博客上开辟了"与明霞老师对话"专栏，有的网站也专门设立了"孙明霞随笔"，更意外的是还引起了媒体的关注。

正是由于网络的交流与研讨，拓展了交流学习的空间，在积累中提升了自己的教育教学水平，个人的教育生命不断提升，进而提炼总结出个人对生命化课堂探索的思考。

结语

我的探索，我的努力，只是希望能够在生物教学中，让学生认识到生命的美好，感悟到生命的伟大，体验到生命的珍贵，学会尊重，学会珍惜⋯⋯

（节选自孙明霞的博客《生命的拔节》，有删减）

参考文献

一、专著类

[1] 教育部．义务教育生物学课程标准（2022 年版）[S]．北京：北京师范大学出版社，2022．

[2] 教育部．普通高中生物学课程标准（2017 年版 2020 年修订）[S]．北京：人民教育出版社，2020．

[3] 顾明远．教育大辞典（第 1 卷）[M]．上海：上海教育出版社，1990．

[4] 刘恩山．义务教育生物学课程标准（2022 年版）解读 [M]．北京：北京师范大学出版社，2022．

[5] 刘恩山，曹保义．普通高中生物学课程标准（2017 年版）解读 [M]．北京：高等教育出版社，2018．

[6] 俞如旺．生物学教学技能微格训练 [M]．北京：科学出版社，2020．

[7] 崔鸿，郑晓惠．新理念生物教学论（第二版）[M]．北京：北京大学出版社，2016．

[8] 刘恩山．中学生物学教学论（第三版）[M]．北京：高等教育出版社，2020．

[9] 燕艳，张祥沛，徐宜兰．生物学教学论（第三版）[M]．北京：科学出版社，2019．

[10] 崔鸿．新理念生物教学技能训练（第二版）[M]．北京：北京大学出版社，2013．

[11] 郭永峰．生物学新课程课堂教学技能概论 [M]．北京：科学出版社，2009．

[12] 李娟. 生物教学技能训练 [M]. 武汉：华中师范大学出版社，2011.

[13] 中国大百科全书编辑委员会. 中国大百科全书·教育 [M]. 北京：中国大百科全书出版社，1985.

[14] 俞如旺. 生物微格教学 [M]. 厦门：厦门大学出版社，2007.

[15] 夏献平. 我是生物学教师 [M]. 广州：广东人民出版社，2021.

[16] 郭永峰. 生物学新课程课堂教学技能概论 [M]. 北京：科学出版社，2009.

[17] 胡兴昌. 基于新课标的高中生物学教学与评价设计 [M]. 上海：上海科技教育出版社，2020.

[18] 李秀军. 核心素养导向的高中生物学教学实践 [M]. 北京：北京师范大学出版社，2021.

[19] 马建兴，吴红漫，解凯彬. 高中生物学案例解读 [M]. 北京：北京师范大学出版社，2020.

[20] 崔鸿. 中学生物教学设计与案例研究 [M]. 北京：科学出版社，2012.

[21] 王健等. 基于学生核心素养的生物学科能力研究 [M]. 北京：北京师范大学出版社，2018.

[22] 郑晓蕙. 核心素养与生物学教学 [M]. 上海：华东师范大学出版社，2018.

[23] 王健. 深度学习：走向核心素养（学科教学指南·初中生物）[M]. 北京：教育科学出版社，2019.

[24] 刘恩山. 生物教学研究与案例 [M]. 北京：高等教育出版社 2006.

[25] 王永胜. 生物学课程与教学论（第二版）[M]. 长春：东北师范大学出版社，2019.

[26] 崔鸿，解凯彬. 发展生物学学科核心素养的教学设计：从理论到实践 [M]. 北京：人民教育出版社，2019.

二、期刊类

[1] 顾明远. 从教学计划、教学大纲到课程标 [J]. 课程·教材·教法，

2021（10）.

[2] 俞如旺，胡孟慧. 我国百年生物学课程标准或教学大纲蕴含核心素养的梳理与启示 [J]. 教育理论与实践，2017（11）.

[3] 余文森. 从三维目标走向核心素养 [J]. 华东师范大学学报（教育科学版）2016（1）.

[4] 林崇德. 构建中国化的学生发展核心素养 [J]. 北京师范大学学报（社会科学版），2017（01）：66-73.

[5] 钟启泉. 学科教学的发展及其课题—把握"学科素养的一个视角" [J]. 全球教育展望，2017（01）：11-23.

[6] 钟启泉. 基于核心素养的课程发展：挑战与课题 [J]. 全球教育展望，2016（12）：3-25.